पाश्चात्य आलोचक और आलोचना

पाश्चात्य आलोचक और आलोचना

नामवर सिंह

सम्पादक
डॉ. राजकुमार
उदयभान दुबे

सहयोगी सम्पादक
आकांक्षा बरनवाल

वाणी प्रकाशन

वाणी प्रकाशन
4695, 21-ए, दरियागंज, नयी दिल्ली 110 002
फ़ोन : +91 11 23273167 फ़ैक्स : +91 11 23275710

शाखाएँ
अशोक राजपथ, पटना-800 004, बिहार
कॉफ़ी हाउस कैम्पस, महात्मा गाँधी मार्ग, इलाहाबाद-211 001, उत्तर प्रदेश
महात्मा गाँधी अन्तरराष्ट्रीय हिन्दी विश्वविद्यालय, वर्धा-442 001, महाराष्ट्र
सुल्तानिया रोड, मोतिया पार्क, भोपाल-462 001, मध्य प्रदेश

www.vaniprakashan.com
marketing@vaniprakashan.in
sales@vaniprakashan.in

Pashchatya Aalochak Aur Aalochana
by Namwar Singh
Edited by Dr. Rajkumar, Udaybhan Dubey
Co-Editor Akanksha Barnwal

ISBN : 978-93-5518-087-2
Criticism

प्रथम संस्करण 2022

मूल्य : ₹ 595
मूल्य : $ 15.95
मूल्य : £ 7.99

आर. टेक ऑफ़सेट प्रिंटर्स, दिल्ली-110032 में मुद्रित

वाणी प्रकाशन का लोगो मक़बूल फ़िदा हुसेन की कूची से

आमुख

जवाहरलाल नेहरू विश्वविद्यालय, नयी दिल्ली में 1980-82 के एम.ए. सत्र में मुझे डॉ. नामवर सिंह का छात्र होने और उनसे 'साहित्य की रूपवादी दृष्टि' तथा 'साहित्य की मार्क्सवादी दृष्टि' नामक दो पाठ्यक्रम पढ़ने का सुअवसर प्राप्त हुआ था।

कक्षा में नामवर जी ने प्रसंगवश कभी कहा था कि विदेशों में छात्रों द्वारा अपने शिक्षकों के क्लासनोट प्रकाशित कराने की परम्परा है। इसी बात से प्रेरित होकर मैंने उनकी कक्षाओं में नोट की गयी बातों के प्रकाशन के विषय में सोचा। हमारे देश में एक से बढ़कर एक विद्वान प्राध्यापक हुए हैं जिन्होंने कोई पुस्तक भी नहीं लिखी बल्कि केवल कक्षाओं में व्याख्यान दिये। उनकी मूल्यवान बातें आज उपलब्ध नहीं हैं। यदि उनके व्याख्यानों को संग्रहीत और संरक्षित किया गया होता तो हमारे समक्ष एक विशाल ज्ञान-सागर होता।

रूपवादी साहित्य चिन्तन पर नामवर जी के कक्षा-व्याख्यानों से कुछ ऐसी प्रविधियाँ सामने आती हैं जिनसे काव्य की नयी प्रवृत्तियों को समझने में सहायता मिलती है; क्योंकि उन्हें रस, छन्द, अलंकार जैसे पुराने भारतीय प्रतिमानों के द्वारा ठीक से विवेचित नहीं किया जा सकता। इससे यह जानकारी भी प्राप्त होती है कि संस्कृत काव्यशास्त्र की चिन्तन धारा मुख्यतः रूपवादी रही है। हालाँकि, एक साहित्यिक आन्दोलन के रूप में रूपवाद का जन्म एवं विकास आधुनिक काल में यूरोप में हुआ।

ऐसे ही, मार्क्सवादी साहित्य चिन्तन सम्बन्धी व्याख्यानों से हम यह समझ सकते हैं कि साहित्य में मार्क्स, एंगेल्स और लेनिन जैसे क्रान्तिकारियों की न केवल गहरी रुचि रही है बल्कि उनके निर्माण में भी साहित्य की महत्त्वपूर्ण भूमिका रही है। लेनिन के तॉलस्तॉय सम्बन्धी विचारों से हम यह समझ सकते हैं कि

धर्म के आवरण में आवेष्टित साहित्य अनिवार्यतः प्रतिगामी नहीं होता। बल्कि, उससे एक युग को समझने और उससे सीख लेने की प्रेरणा भी मिलती है। इस दृष्टि से देखें तो भारत के आरम्भिक मार्क्सवादी साहित्यकारों द्वारा भक्ति साहित्य को तिरस्कृत और नज़रअन्दाज़ किया जाना ग़लत था।

उल्लेखनीय है कि क्लासनोट्स से नामवर जी की कक्षाओं की एक झलक मात्र मिल सकती है क्योंकि क्लासनोट में व्याख्यान की केवल मुख्य और परीक्षोपयोगी बातें ही आ पाती हैं। शिक्षक की भाव-भंगिमा, व्यंग्य-विनोद तथा कक्षा के सम्पूर्ण परिवेश को उपस्थित नहीं किया जा सकता।

'साहित्य की रूपवादी दृष्टि' और 'साहित्य की मार्क्सवादी दृष्टि' सर्वथा नये पाठ्यक्रम थे जो सम्भवतः अन्य किसी विश्वविद्यालय में नहीं पढ़ाये जाते थे। दरअसल, नामवर जी यह चाहते थे कि उनके छात्र हिन्दी साहित्य तक अपने को सीमित न रखें बल्कि विभिन्न विषयों और विधाओं में दक्षता प्राप्त करें तथा देश-विदेश की नवीनतम प्रवृत्तियों से अवगत रहें। वे आगे चलकर अच्छे लेखक, अच्छे वक्ता एवं अच्छे विमर्शकार बन सकें। वे इसी हिसाब से पढ़ाते थे और परीक्षाएँ लेते थे। एक दिन उन्होंने राजशेखर के हवाले से बताया था कि अच्छे वक्ता द्वारा भाषा का उच्चारण वैसा होना चाहिए जैसे व्याघ्री दाँत से अपने बच्चों को पकड़कर एक स्थान से दूसरे स्थान पर ले जाती है। वे बच्चे न तो दाँत से घायल होते हैं और न नीचे गिरते हैं। यानि, शब्दों को न तो बहुत ज़ोर से दबाएँ और न बहुत ढीला रखें। शिष्यों को तैयार करने की उनकी आकांक्षाएँ किस हद तक पूरी हो सकीं, यह एक अलग विषय है।

नामवर जी कभी भी हड़बड़ी में नहीं पढ़ाते थे। अनेक बार लगातार दो क्लास भी लिया करते थे। इस स्थिति में बीच में थोड़ा विराम दे देते थे और पान भी खा लेते थे। लगातार दो क्लास होने पर भी छात्र थकान या ऊब नहीं महसूस करते थे। वे आराम से एक-एक बात को बार-बार एवं तरह-तरह के उदाहरण देकर समझाने की कोशिश करते थे। सामान्यतः, उनके उदाहरण परिचित जगत के होते थे। विदेशी साहित्य-सिद्धान्तों को समझाने के लिए भी कबीर, सूर, तुलसी, जायसी, कालिदास, प्रेमचन्द, अज्ञेय, रघुवीर सहाय तथा अनेक पौराणिक कथाओं और ग्रामीण परम्पराओं का सन्दर्भ लेते थे। उनकी बातों से प्रकट होता था कि उनको अन्तरराष्ट्रीय स्तर पर भाषा, साहित्य, कला, संस्कृति, इतिहास, राजनीति का गहरा एवं सम्यक ज्ञान है।

इतना ही नहीं, अर्थशास्त्र, भौतिक विज्ञान, नृत्तत्व विज्ञान आदि के क्षेत्र में भी उनकी जानकारियाँ चमत्कृत करती थीं। न केवल गम्भीर ज्ञान के मामलों में, बल्कि वे आधुनिक फ़ैशन और हल्की-फुल्की समझी जानेवाली बातों की भी जानकारियाँ रखते थे। एक बार उन्होंने 'पोनी टेल' का अर्थ पूछा और छात्र-छात्राओं से सटीक उत्तर न पाने पर घोड़ी की पूँछ के समान लड़कियों के केश रखने के बारे में बताया था। अर्थात्, वे न केवल ज्ञान-विज्ञान के क्षेत्र में, बल्कि सामान्य जीवन एवं दैनिक व्यवहार के क्षेत्र में भी अद्यतन जानकारियाँ रखते थे, जबकि इन सब मायने में हिन्दी जगत के लोग प्रायः पुरातनपन्थी एवं दकियानूस होते थे।

इसमें कोई सन्देह नहीं है कि आलोचक नामवर सिंह चाहे जितने भी विवादास्पद हों, अध्यापक नामवर सिंह पर उँगली उठाना बहुत कठिन कार्य है। निःसन्देह वे एक उच्च कोटि के अध्यापक थे।

नामवर जी पर एक आरोप लगाया जाता है कि उनके वक्तव्यों में एकरूपता एवं सुसंगति नहीं होती। एक जगह जो बात बोलेंगे, दूसरी जगह उसका खण्डन कर देंगे या उससे भिन्न बात बोल देंगे। कुछ लोग इसे उनकी अवसरवादिता कहते हैं। किन्तु, नामवर जी इसे अवसरवाद नहीं, बल्कि अवसर-बात मानते थे।

'अवसर-बात' आलोचना या विचारधारात्मक प्रतिबद्धता के लिए भले ही दोष माना जाये किन्तु, अध्यापकीयता के लिए इसे गुण कहा जा सकता है। इसी गुण के कारण नामवर जी के अध्यापन में कोई विचारधारा या पक्षधरता हावी नहीं होती थी। वे जब रूपवाद की व्याख्या करते थे तो लगता था कि रूपवादी सिद्धान्त उपयोगी हैं और जब मार्क्सवादी साहित्य चिन्तन पढ़ाते थे तब ऐसा लगता था कि यही बेहतर है। उनके अनुसार एक छात्र के लिए ज़रूरी है कि पहले वह कृति, प्रवृत्ति और सिद्धान्त को ठीक से, मूल रूप से समझे। फिर वह उसकी आलोचना करे।

मेरे क्लासनोट में कुछ ऐसे स्थल हैं जिन्हें संक्षेपाक्षरों, संकेताक्षरों या अधूरे वाक्यों में लिखा गया है। पुस्तक रूप देते समय उन्हें स्मृति अथवा वक्तव्य की प्रकृति के आधार पर पूरा किया गया है। उद्धरणों, विशेष तौर पर अंग्रेज़ी के उद्धरणों को लिखने में अपूर्णता और वर्तनी सम्बन्धी ग़लतियाँ थीं। उन्हें यथासम्भव ठीक करने का प्रयास किया गया है।

अन्त में, मैं बी. एच. यू. के प्रोफ़ेसर तथा नामवर जी के योग्य शिष्य डॉ. राजकुमार को हृदय से धन्यवाद देना चाहूँगा क्योंकि उन्हीं के प्रयास से ये व्याख्यान इस रूप में प्रकाशित हो सके हैं। मेरे क्लासनोट को प्रकाशन योग्य बनाने के लिए उन्होंने काफ़ी श्रम एवं समय दिया है। इसके बावजूद, सम्भव है कि कुछ गलतियाँ रह गयी हों। निवेदन है कि पाठकगण उन कमियों की तरफ़ ध्यान दिलाएँ ताकि उन्हें यथासमय दूर किया जा सके।

सादर,

–उदयभान दुबे

सम्पादकीय

सुन रखा था कि नामवर जी जब बनारस में पढ़ाते थे, उनकी कक्षा में सुनने वालों की भीड़ लग जाती थी। जगह न मिलने पर लोग खिड़कियों पर खड़े होकर सुनते थे। एक बार बी.एच.यू. परिसर के मेरे आवास पर जब वे आये, तो मैंने झिझकते-झिझकते इसके बारे में पूछ ही लिया...कुछ अन्तराल के बाद वे अपनी सधी हुई आवाज़ में बोले, 'हाँ, अभी मैं नया-नया एम.ए. करके निकला था, पढ़ाने को मिल गया। मुझे वे चीज़ें पढ़ाने को दी गयीं, जो कोई पढ़ाना नहीं चाहता था, जिसे अनिवार्य हिन्दी कहा जाता था। पहली कक्षा में जब मैं गया तो अंग्रेज़ी की एक कविता Ode to A nightingale मैंने विद्यार्थियों को सुनायी। उस कविता का भाव ये था कि कवि नाइटिंगेल से पूछता है तुम्हारी आवाज़ इतनी सुरीली है तो जिस देश की तुम रहने वाली हो, वह देश धन-धान्य से परिपूर्ण होगा, चारों तरफ़ हरियाली ही हरियाली होगी, नदियाँ और सरोवर निर्मल जल से भरे होंगे।' वह कहती है, 'मैं जहाँ से आती हूँ, न तो वहाँ हरियाली है, न ख़ुशहाली। मेरा देश तो रेगिस्तान जैसा है।' कहने की ज़रूरत नहीं कि साहित्य, संगीत और कला की ज़रूरत उन समाजों को ज़्यादा होती है, जो भौतिक और आर्थिक रूप से सम्पन्न नहीं होते।

नामवर जी ने पढ़ाने के लिए जिस कविता का चुनाव किया, उसी से अन्दाज़ा लगाया जा सकता है कि बात को कहाँ से उठाना है, ये हुनर उन्होंने अपने जीवन की शुरुआत में ही सीख लिया था। और लोग जैसे बोलते और लिखते हैं, नामवर जी न तो वैसे बोलेंगे और न लिखेंगे। उनका अन्दाज़-ए-बयाँ कुछ और होगा। मुझे याद है कि एम.ए. की पहली या दूसरी कक्षा में ही नामवर जी ने बता दिया था कि 'एक राजा था, एक रानी थी' जैसी कहानी मैं नहीं सुनाने जा रहा। मैं उन बातों की चर्चा नहीं करूँगा, जो बातें किताबों में आसानी से मिल जाती हैं।

वही बातें बताऊँ जो किताबों में मिल जाती हैं, तो मेरे क्लास में आने की ज़रूरत ही क्या है? आप उन्हें स्वयं पढ़ लेंगे।

गुजराती के प्रसिद्ध लेखक रघुवीर चौधरी ने कहीं लिखा है कि नामवर जी को सुनते हुए ऐसा अहसास होता है, जैसे आप संगीत सुन रहे हों। उनके व्याख्यान की तासीर संगीत जैसी होती थी, ये बात केवल रघुवीर चौधरी ने नहीं कही; उन्हें सुनने वाले प्रायः सभी लोग ऐसा महसूस करते थे। ये अकारण नहीं है कि नामवर जी की भाषा में संगीत जैसा प्रभाव पैदा करने का जादुई गुण है। नामवर जी ने नयी कहानी आन्दोलन की पहली कहानी निर्मल वर्मा की 'परिन्दे' को माना है। उनके अनुसार परिन्दे कहानी की विशेषता यह है कि उसकी भाषा संगीत जैसा प्रभाव पैदा करती है। जो बात नामवर जी ने निर्मल वर्मा की कहानी की भाषा के बारे में लिखी है, वही बात उनकी भाषा के बारे में भी कही जा सकती है।

जिसने नामवर जी को सुना होगा उसे अहसास होगा कि व्याख्यान देते हुए उनकी आवाज़ मध्यम से ऊपर कभी-कभार ही जाती थी। ज़ोर-ज़ोर से, नेताओं की तरह दोनों हाथ ऊपर उठाकर, वे कभी नहीं बोलते थे। आँखों का इस्तेमाल ज़रूर करते थे। हाथ उठाकर, ज़ोर-ज़ोर से बोलने वालों को वे पसन्द नहीं करते थे। ऐसा नहीं है कि हाथ उठाकर ज़ोर-ज़ोर से बोलने वाले नेताओं को उन्होंने सुना नहीं था। किन्तु उनका मानना था कि साहित्य के व्याख्यान और राजनीतिक भाषण में अन्तर होना चाहिए। साहित्य के व्याख्यान में विचार और लालित्य महत्त्वपूर्ण होता है जबकि राजनीतिक भाषण में ओज गुण और वाक्पटुता महत्त्वपूर्ण होती है।

वे हमेशा गठी हुई भाषा का प्रयोग करते थे। ढीली-ढाली भाषा उनको रास नहीं आती थी। उनके कम लिखने की एक वजह शायद यही रही कि जैसी भाषा वे लिखते थे, वैसी भाषा धड़ल्ले से नहीं लिखी जा सकती। ऐसी भाषा में आद्योपान्त लिखने के लिए बहुत समय और श्रम की आवश्यकता होती है। ऐसी भाषा लिखने वाला ज़्यादा लिख ही नहीं सकता।

किसी भी रचना को पढ़ते समय नामवर जी का ध्यान सबसे पहले उसकी भाषा पर जाता था। यदि कोई अच्छी भाषा नहीं लिख सकता, तो वो लेखक कैसे हो सकता है! सीधी सपाट और अनगढ़ भाषा लिखकर भी क्या कोई लेखक बन सकता है! भाषा गठी हुई हो और उसमें कुछ बाँकपन भी हो। साहित्य और कलाओं का सौन्दर्य तो बाँकपन में ही है, सीधी-सपाट रेखा से कोई चित्र नहीं बनता।

...क्लास में नामवर जी शैली विज्ञान पढ़ा रहे हैं, शैली विज्ञान में 'डेविएशन (विचलन) से क्या आशय है' ये समझाया। अब बारी थी उसको दृष्टान्तों के ज़रिये बोधगम्य बनाने की। कठिन से कठिन अवधारणा को ठीक से समझकर आत्मसात (हस्तामलकवत) कर लेने के बाद उस अवधारणा को सटीक दृष्टान्तों द्वारा बोधगम्य बना देने की कला के मास्टर थे नामवर जी। ऐसे-ऐसे दृष्टान्त लाते कि आह और वाह करने के सिवा आपके सामने कोई विकल्प नहीं बचता। अवधारणा चाहे विदेशी ही हो, लेकिन उसे समझाने के लिए वे जिन दृष्टान्तों का इस्तेमाल करते, वे प्रायः भारतीय परम्परा से आते। नामवर जी के क्लास रूम लेक्चर्स इस दृष्टान्त-कला-जन्य लालित्य के कारण विद्यार्थियों के दिमाग़ में इस तरह बैठ जाते कि वे चाह कर भी उन्हें नहीं भुला पाते। मैं दूसरों के बारे में तो दावे के साथ नहीं कह सकता, लेकिन अपने बारे में ज़रूर कह सकता हूँ कि उनके द्वारा किसी अवधारणा को समझाने के लिए पेश किये गये बहुत सारे दृष्टान्त आज भी मुझे याद हैं।

बात कहाँ से कहाँ चली गयी! बात के स्वभाव में है कि वो चले कहीं से भी, अक्सर वहाँ नहीं पहुँचती, जहाँ पहुँचाने के इरादे से हम शुरुआत करते हैं। बात हो रही थी कि नामवर जी ने विचलन के सिद्धान्त को क्लास में कैसे समझाया! पहले तो ये बताया कि विचलन के तो बहुत सारे रूप हैं, जिनकी चर्चा शैली विज्ञान में की जाती है। फिर वे पूरी बात को इस बिन्दु पर ले आये कि विचलन का मतलब है, 'सामान्य से भिन्न', 'सीधे-सीधे नहीं बल्कि घुमा-फिराकर'। वैसे तो विचलन का अध्ययन भाषा से लेकर कथा-विन्यास तक कई सन्दर्भों में किया जाता है, लेकिन मुख्य बात ये है कि सामान्य या लीक से हट कर किये जाने वाले प्रयोग को विचलन कहा जा सकता है। अपने यहाँ संस्कृत में शब्द है बंकिम। उससे भी ज़्यादा व्यंजक शब्द है उसका तद्भव रूप बाँक या बाँकपन। बाँकपन से याद आया कि वृन्दावन में एक मन्दिर है, जिसका नाम है बाँके विहारी मन्दिर। ये तो आप जानते ही हैं, कृष्ण का एक नाम बाँके विहारी भी है और कृष्णावतार चौंसठ कलाओं से परिपूर्ण माना जाता है। इन कलाओं में रासलीला भी शामिल है। कृष्ण राधा और गोपियों के संग रासलीला रचाते थे। रासलीला या कोई भी नृत्य फ़ौजियों की तरह सीधे-सीधे सावधान की मुद्रा में खड़े रहकर नहीं किया जा सकता। नृत्य के लिए शरीर का लचीला होना ज़रूरी है। यदि शरीर लचीला नहीं है तो झुकेगा नहीं, और झुकेगा नहीं तो नृत्य नहीं होगा। नृत्य के लिए बाँकपन ज़रूरी है। चाहे साहित्य हो, चाहे कलाएँ हों, बाँकपन के बिना उनके वजूद की कल्पना कर पाना भी मुश्किल है। ग़ालिब के अन्दाज़-ए-बयाँ में भी यही बाँकपन है :

हैं और भी दुनिया में सुख़न-वर बहुत अच्छे
कहते हैं कि 'ग़ालिब' का है अन्दाज़-ए-बयाँ और

आपने देखा होगा जे.एन.यू. में लोग सीधे-सीधे सड़क पर चल रहे होते हैं और अचानक किसी झाड़ी की तरफ़ मुड़ जाते हैं। सौन्दर्य इसी मुड़ने में है। फ़ौजियों की तरह सीधे-सीधे सड़क नापने में नहीं है।

हिन्दुस्तानी संगीत के गायक, गायन के दौरान एक ही राग को अलग-अलग ढंग से गाते हैं। यहाँ तक कि एक ही गायक उसी राग को अलग-अलग मौक़ों पर अलग-अलग ढंग से गाता है। हिन्दुस्तानी शास्त्रीय संगीत की परम्परा में इसे ही बढ़त कहा जाता है। बढ़त का समानार्थी सबसे नज़दीकी शब्द इम्प्रोवाइजेशन है। किन्तु इसका सटीक अनुवाद सम्भव नहीं, क्योंकि इसका बहुत गहरा सम्बन्ध हिन्दुस्तानी शास्त्रीय संगीत परम्परा से है। हिन्दुस्तानी शास्त्रीय संगीत में रागों का ऐसा विधान है कि राग के दायरे में रहकर भी आप बहुत कुछ नया कर सकते हैं। पश्चिम में शास्त्रीय गायन की परम्परा तो नहीं है, लेकिन वादन की परम्परा ज़रूर है। वहाँ वादन की स्वर-लिपि इस तरह लिख ली जाती है कि किसी भी सिम्फनी को हमेशा एक ही तरह से बजाया जाता है, बढ़त की सम्भावना वहाँ नहीं होती। नामवर जी की कक्षाएँ हिन्दुस्तानी शास्त्रीय संगीत की तरह होती थीं। बढ़त अर्थात् सिद्धान्त को समझाने के लिए लाये गये दृष्टान्त।

...क्लास में नामवर जी टी.एस. इलियट के आलोचनात्मक अवदान की चर्चा कर रहे हैं। इलियट ने ऑब्जेक्टिव कोरिलेटिव का सिद्धान्त समझाने के लिए शेक्सपियर के किंगलियर नाटक के उस प्रसंग का उल्लेख किया है, जहाँ किंगलियर जंगल में अकेले भटक रहा है। तूफ़ान आया हुआ है। शेक्सपियर ने सीधे-सीधे कहीं नहीं कहा कि यह तूफ़ान वास्तव में किंगलियर के अन्दर उमड़-घुमड़ रहे भावावेगों का व्यंजक है, लेकिन नाटक देखने या पढ़ने वालों को समझ में आ जाता है कि ये तूफ़ान सिर्फ़ बाहरी तूफान नहीं है। तूफ़ान एक तरह से वो ऑब्जेक्टिव कोरिलेटिव है, जिसके सहारे शेक्सपियर किंगलियर के दुःख की व्यंजना करते हैं। ऑब्जेक्टिव कोरिलेटिव पढ़ाते हुए ज़्यादातर शिक्षक किंगलियर के इस प्रकरण की व्याख्या कर इस प्रसंग का समापन कर देते हैं, लेकिन हिन्दुस्तानी शास्त्रीय संगीत के गायक की तरह नामवर जी इस प्रसंग में बढ़त करते हैं; राम-लक्ष्मण-सीता का वन-गमन-प्रसंग जोड़ देते हैं।

कोटि मनोज लजावनि हारे। सुमुखि कहहु को आहिं तुम्हारे।।
सुनि सनेहमय मंजुल बानी। सकुची सिय मन महुँ मुसुकानी।।
तिन्हहि बिलोकि बिलोकति धरनी। दुहुँ सकोच सकुचति बरबरनी।।

सकुचि सप्रेम बाल मृग नयनी। बोली मधुर बचन पिकबयनी।।
सहज सुभाय सुभग तन गोरे। नाम लखनु लघु देवर मोरे।।
बहुरि बदनु बिधु अंचल ढाँकी। पिय तन चितइ भौंह करि बाँकी।।
खंजन मंजु तिरीछे नयननि। निज पति कहेउ तिन्हहि सिय सयननि।।
भईं मुदित सब ग्रामवधूटी। रंकन्ह राय रासि जनु लूटी।।

इस प्रकरण में तुलसीदास ने सीता की लज्जा को अनुभावों के द्वारा उपस्थित कर दिया है। सीता को यह कहने की ज़रूरत नहीं पड़ती कि साँवरे उनके पति हैं। अपने यहाँ काव्यशास्त्र की परम्परा में इसे ही विभावन व्यापार कहा गया है। अगर किसी कवि को अलग से ये कहना पड़े कि कोई पात्र दुःखी है या उसे लज्जा की अनुभूति हो रही है, तो ये कविकला की पराजय है। काव्यशास्त्र में इसे ही स्वशब्दवाचत्व दोष कहा गया है।

इलियट से लेकर तुलसीदास और काव्यशास्त्र तक, किसी प्रसंग में बढ़त पैदा करने की कला नामवर सिंह को हिन्दुस्तानी शास्त्रीय गायकों की परम्परा से जोड़ती है।

अभिज्ञान शाकुन्तलम् में मधुकर या भौंरे का जहाँ भी उल्लेख हुआ है, राजा की मधुकर/भ्रमर वृत्ति को व्यंजित करने के लिए हुआ है। भौंरे का सन्दर्भ अभिज्ञान शाकुन्तलम् में कई जगह आता है। वस्तुतः अभिज्ञान शाकुन्तलम् की शुरुआत ही भौंरे से होती है। एक भौंरा है जो शकुन्तला के चारों तरफ़ मँडराता रहता है, शकुन्तला जहाँ जाती है वहाँ पहुँच जाता है। यहाँ भौंरे के रूप में शकुन्तला के आस-पास मौजूद राजा दुष्यन्त की ही व्यंजना की गयी है :

अभिनवमधुलोलुपो भवांस्तथा परिचुम्बा चूतमंजरीम्।
कमलवसतिमात्र निवृत्तो मधुकर विस्मृतोऽस्येनां कथम्।।

हे मधुकर (भंवर)! आप तो मधु (नये-नये पुष्पों के रस) के लोभी हो, आप आम की नयी मंजरी (मेरे) के रस का उपभोग करने के बाद अब कमल को पाकर (कमला नामक दूसरी नयी नवेली नायिका को पाकर) उसके आनन्द में इतना विभोर हो गये कि इस सुरस आम्र की मंजरी को (मुझको) भूल गये? हे भ्रमर! कभी तो इसकी भी (मेरी भी) कुछ सुध लिया करो।

ईषदीषच्चुम्बितानि भ्रमरैः सुकुमार कैसरशिखानि।
अवतंसयन्ति दयमानाः प्रमदाः शिरीषकुसुमानि।।

सुन्दरियाँ हौले-हौले बहुत डरते-डरते शिरीष के फूल कान में खोंसती हैं, जिन्हें भौंरों ने भी हल्के-हल्के चूमा, कहीं ये फूल कुम्हला न जाय और जिनके केसर बड़े सुकुमार हैं, वे झर न पड़ें।

अम्मो सलिलसेक संभ्रमोद्गतो नवमालिकामुज्झित्वा
वदनं मे मधुकतेऽभिवर्त्तते।

ओह! जल के सींचने से घबड़ाकर उड़ा हुआ यह भौंरा नवमालिका को छोड़कर मेरे मुख की ओर आ रहा है।

साहित्य और विचारधारा का क्या सम्बन्ध है, ये नामवर जी क्लास में पढ़ा रहे हैं। अस्सी के दशक तक संरचनावादी मार्क्सवाद का बहुत ही गहरा प्रभाव उस दौर के लेखकों और कलाकारों पर था। विशेष रूप से लुई अल्थूजे के चिन्तन की उस समय धूम मची हुई थी। लुई अल्थूजे का प्रभाव साहित्यिक आलोचना पर भी पड़ा। उस दौर में फ्रांस के ही एक आलोचक थे, जिनका नाम है पियरे माशरे। ये अल्थूजे से प्रभावित थे। इन्होंने संरचनावादी मार्क्सवाद की छत्रछाया में साहित्य की भूमिका का अध्ययन किया। माशरे की प्रसिद्ध पुस्तक का नाम है 'थियरी ऑफ़ लिटरेरी प्रोडक्शन'। इस पुस्तक में माशरे ने यह दिखाया है कि साहित्य का स्वभाव ही कुछ ऐसा है कि वो अपने समय की विचारधारा का सिर्फ़ समर्थन नहीं करता, उसके अन्तर्विरोधों को भी (चाहे-अनचाहे) उद्घाटित कर देता है। साहित्य और विचारधारा के इस जटिल सम्बन्ध को समझाने के लिए नामवर जी ने पहले प्रेमचन्द की कहानी 'नमक का दरोगा' का उल्लेख किया और बताया कि कहानी का ठीक से विश्लेषण कर ये दिखाया जा सकता है कि गाँधीवाद की विचारधारा ने जहाँ उस दौर में रचनाकारों-कलाकारों का ध्यान ग्रामीण यथार्थ की ओर आकृष्ट किया और किसानों की दुर्दशा को देखने की दृष्टि दी, वहीं इसी गाँधीवादी विचारधारा ने यथार्थ को एक आदर्शवादी मोड़ देकर उसकी वास्तविकता को छिपा भी दिया। दूसरा उदाहरण उन्होंने कालिदास के 'अभिज्ञान शाकुन्तलम्' से दिया। अभिज्ञान शाकुन्तलम् में राजा दुष्यन्त के वास्तविक चरित्र को श्राप की युक्ति से ढँक दिया गया है, किन्तु साहित्य की प्रकृति ही कुछ ऐसी होती है कि वह इस तरह के विचारधारात्मक आवरण को (चेतन या अचेतन रूप से) अनावृत कर देता है। 'अभिज्ञान शाकुन्तलम्' में भौंरे के माध्यम से कालिदास राजा की 'मधुकरी वृत्ति' को उद्घाटित करते चलते हैं। साहित्य की ये दोनों वृत्तियाँ एक ही रचना में मौजूद हैं। इसे स्पष्ट करने के लिए नामवर जी ने अभिज्ञान शाकुन्तलम् के कुछ ऐसे अंशों को उद्धृत किया जिनमें साहित्य की इस दोहरी भूमिका का बोध होता है। अभिज्ञान शाकुन्तलम् के वे अंश पहले उद्धृत कर दिये गये हैं।

साहित्य और विचारधारा के विषय में इस तरह सोचिए तो उनका सम्बन्ध ज़्यादा जटिल लगता है। यहाँ विचारधारा से मतलब सभी विचारधाराओं से है, किसी एक विचारधारा से नहीं।

क्लास में नामवर जी मार्क्सवादी आलोचना पढ़ा रहे हैं। बताया कि मार्क्सवादी आलोचना में वर्ग की अवधारणा का केन्द्रीय महत्त्व है। प्रेम से लेकर किसी भी तरह की अनुभूति और आदर्श की व्याख्या मार्क्सवादी आलोचक वर्ग के आधार पर करता है। वह यह मानता है कि वर्ग से ऊपर कुछ भी नहीं है। रचनाकारों के कृतित्व का मूल्यांकन भी वह वर्ग के आधार पर करता है। आगे उन्होंने बताया कि कार्ल मार्क्स ने अपनी पुस्तक लुई बोनापार्ट की अठारहवीं ब्रुमेर में लिखा है कि ज़रूरी नहीं व्यक्ति जिस वर्ग में पैदा हुआ है, आगे चलकर उसी वर्ग के हितों का प्रतिनिधित्व करे। इसलिए सिर्फ़ ये देखना काफ़ी नहीं है कि कोई किस वर्ग में पैदा हुआ; उससे भी ज़्यादा ज़रूरी ये समझना है कि वह व्यक्ति अपने कार्यों से किस वर्ग के हितों को आगे बढ़ाता है। ...वर्गीय विश्लेषण अपर्याप्त है यदि वह व्यक्ति के वैशिष्ट्य का बोध नहीं कराता। सार्त्र ने लिखा है कि ये सही है कि पॉल वैलरी मध्यवर्गीय थे, किन्तु हर मध्यवर्गीय व्यक्ति पॉल वैलरी नहीं हो जाता। साहित्य के आलोचक का काम ये बताना है कि वो क्या चीज़ है जो मध्यवर्गीय होने के बावजूद पॉल वैलरी को पॉल वैलरी बनाती है। यदि साहित्य का आलोचक इस दायित्व का निर्वाह नहीं करता तो फिर वह कुछ सामान्य बातें दोहराता रह जाता है, जिनकी साहित्य के अध्ययन में कोई सार्थकता नहीं होती।

रूसी रूपवादी आलोचना पढ़ाने के दौरान नामवर जी ने अजनबीकरण की अवधारणा समझायी। तॉलस्तॉय की डायरी के एक अंश का उल्लेख किया। तॉलस्तॉय ने डायरी में लिखा है कि सफ़ाई के दौरान उन्होंने अपने ड्राइंग रूम में लम्बे समय से एक ही जगह पर रखे फूलदान को झाड़-पोंछ कर दूसरी जगह रख दिया। फूलदान की जगह बदलने से उसको देखने का कोण बदल गया। कोण बदल जाने के कारण उस पर ध्यान जाने लगा। काफ़ी समय से वह एक ही जगह पर रखा था, इसलिए उसका दिखाई पड़ना ही जैसे बन्द हो गया था।

साहित्य यही करता है। वह उन चीज़ों को अपरिचित या अजनबी बनाकर पेश करता है; जिनके हम इतने आदी हो जाते हैं कि उनका अहसास ही समाप्त हो जाता है।

रूसी रूपवाद के सिद्धान्तकार विक्टर श्लोव्स्की ने इस अवधारणा को समझाने के लिए तॉलस्तॉय की रचनाओं से उदाहरण देते हुए ये बताया कि वे इस तकनीक का अपनी रचनाओं में अक्सर प्रयोग करते हैं। विक्टर श्लोव्स्की ने इस प्रसंग में तॉलस्तॉय की कहानी 'इन्सान और हैवान' का उल्लेख किया है। इस कहानी में अस्तबल में बँधे घोड़े आपस में बातचीत कर रहे हैं।

घोड़े अपनी बातचीत में कहते हैं कि इन्सान हमेशा हर चीज़ को अपना बना लेने की कोशिश करता है, इसीलिए वो एक-दूसरे से लगातार लड़ता-झगड़ता रहता है। जबकि हम लोगों में इस तरह की कोई भावना नहीं है। मैदान में घास चरने के दौरान हम कभी इन्सान की तरह तू-तू मैं-मैं नहीं करते। एक तरह से ये पूरी कहानी घोड़ों की नज़र से रची गयी है। इसका उद्देश्य व्यक्तिगत सम्पत्ति की अवधारणा की आलोचना करना है। लेकिन अगर इसी बात को व्यक्तिगत सम्पत्ति की अवधारणा की आलोचना के रूप में लिखा गया होता तो ये बहुत ही उबाऊ और नीरस हो जाती। यह कहानी अपना प्रभाव इसलिए छोड़ती है क्योंकि एक परिचित बात को अपरिचित बनाकर पेश किया गया है, जिससे व्यक्तिगत सम्पत्ति की अवधारणा से जुड़ी विडम्बना का बोध नये सिरे से होता है।

नामवर जी तॉलस्तॉय की कहानी के साक्ष्य पर अजनबीकरण के सिद्धान्त को समझाकर ही नहीं रुके। एक सच्चे भारतीय बुद्धिजीवी की तरह इस 'अजनबीकरण राग' में बढ़त पैदा करते हुए साहिर के गीत की ओर गये :

चलो इक बार फिर से
अजनबी बन जायें हम दोनों।
न मैं तुमसे कोई उम्मीद रखूँ
दिलनवाज़ी की
न तुम मेरी तरफ़ देखो
ग़लत अन्दाज़ नज़रों से...

और मेरे एम.ए. की कक्षा में उनका अन्तिम व्याख्यान–

हिन्दी का प्रत्येक विद्यार्थी कवि-लेखक या आलोचक होता है। आप भी होंगे। आपका यह जन्मसिद्ध अधिकार है। हिन्दी में कूड़े का ढेर वैसे ही बहुत बड़ा है। उसे और मत बढ़ाइये। थोड़ा लिखिए। अच्छा लिखिए।

मुझसे जो बन पड़ा, मैंने आपको बताया। यदि कोई बात ठीक लगे तो उसे अपनाइये। कुछ भी ठीक न लगे तो सबकुछ छोड़ दीजिए। अपना रास्ता स्वयं खोजिए। दूसरे के बताये रास्ते पर कब तक चलेंगे। बुद्ध जब गम्भीर रूप से बीमार पड़े तो उनके प्रिय शिष्य आनन्द ने उनसे पूछा कि अभी तक तो आप रास्ता दिखाते थे, आप नहीं रहेंगे तो कौन बतायेगा...। बुद्ध ने कहा 'अप्प दीपो भव।'

अपना मार्ग स्वयं खोजिए।

नामवर जी की व्याख्यान-कला को हिन्दुस्तानी शास्त्रीय संगीत, शास्त्रार्थ और कथावाचकों की परम्परा से जोड़कर समझने की कोशिश करनी चाहिए।

यह सम्भव है कि आगे कोई ऐसा विद्वान आ जाये जिसका ज्ञान नामवर जी से ज़्यादा हो। वैसे यह भी कल्पना कर पाना आज की तारीख़ में मुश्किल लगता है। आज की पीढ़ी के पास न तो कथा-वाचकों और शास्त्रार्थ की देशज परम्परा का ज्ञान है, और न ही शास्त्रीय संगीत का बोध है। सिर्फ़ पढ़कर, और वह भी एक भाषा का साहित्य पढ़कर, कोई नामवर नहीं बन सकता। नामवर सिंह साहित्यिक आलोचना, साहित्य-सिद्धान्त और समाजविज्ञान के क्षेत्र में आने वाले अधुनातन लेखन को पढ़ते और समझते थे। हिन्दी साहित्य तो पढ़ते ही थे, संस्कृत, उर्दू, अपभ्रंश, बांग्ला और अंग्रेज़ी में उपलब्ध साहित्य का भी उन्होंने ठीक से अध्ययन किया था। इस अध्ययन की झलक उनके लेखों और व्याख्यानों में मिल जाती है। संस्कृत के श्लोक, उर्दू के शेर, अपभ्रंश, अवधी और ब्रजभाषा की बहुत-सी कविताएँ उन्हें ज़बानी याद थीं। ज़रूरत के मुताबिक़ अपने व्याख्यानों और लेखों में वे इनका इस्तेमाल भी करते थे। यही नहीं, समाजविज्ञान में भी उनकी गहरी रुचि थी और समाजविज्ञान से सम्बन्धित नयी-नयी पुस्तकों और लेखों को वे खोज कर पढ़ते थे। उनके पुस्तक-प्रेम को लेकर उनके सम्पर्क में आने वाले हर व्यक्ति के पास कुछ न कुछ क़िस्से ज़रूर होंगे। ज्ञान के प्रति उनकी उत्सुकता और जिज्ञासा लगभग सन् 2010 या 2012 तक बनी रही। साहित्य, कला, समाजविज्ञान का शायद ही कोई ऐसा विषय होगा, जिसके बारे में नामवर जी की जानकारी अपटूडेट न रही हो। आप चाहे जितने पढ़ाकू और जिज्ञासु हों, लेकिन ये मानकर नहीं चल सकते थे कि आपने जो पढ़ लिया है, उसे नामवर जी पहले न पढ़ चुके होंगे। वे वह भी पढ़ चुके होते थे, जो कई बार आप से छूट गया होता था। मुझे याद आ रहा है कि एक बार काफ्का की बात चल पड़ी। बातचीत के दौरान उन्होंने बताया कि काफ्का पर मिलान कुन्देरा का बहुत अच्छा लेख आया है, नहीं पढ़ा हो, तो पढ़ लेना। ऐसे ही एक दिन मैंने अमर्त्य सेन की पुस्तक 'द आर्ग्युमेंटेटिव इंडियन' की चर्चा की। अमर्त्य सेन की ये पुस्तक उन दिनों बहुत चर्चित हुई थी, लेकिन मैं यह जानना चाहता था कि इतिहास लेखन की परम्परा और उसकी समकालीन बहसों से वाक़िफ़ व्यक्ति को यह पुस्तक कैसी लगी। उन्होंने छूटते ही कहा कि अमर्त्य सेन की ये पुस्तक बहुत अच्छी नहीं है। इसमें इतिहास की उन बहसों में वे गये हैं, जिनके बारे में उनकी जानकारी बहुत ज़्यादा नहीं है। इसके बजाय उनकी दूसरी पुस्तक जो एक-दो साल पहले आयी थी, वो ज़्यादा अच्छी है।

आपका इशारा किस पुस्तक की ओर है?

बोले, 'आइडेंटिटी एंड वायलेंस'।

उत्तर भारत में श्रेष्ठ कथा-वाचकों की बड़ी समृद्ध परम्परा रही है। कथा-वाचकों की इस परम्परा का सम्बन्ध कहीं-न-कहीं भक्ति आन्दोलन के साथ विकसित होने वाली भजन, कीर्तन और अनुश्रवण की परम्परा से रहा होगा। यद्यपि इसे भक्ति परम्परा से जोड़ने वाले साक्ष्य उपलब्ध नहीं हैं। किसी भारतीय या विदेशी विद्वान द्वारा ऐसा अनुसन्धान नहीं हुआ, जो इस कड़ी को जोड़ता हो। हिन्दुस्तानी शास्त्रीय संगीत और कथावाचकों की सांस्कृतिक परम्परा में ही नामवर सिंह की व्याख्यान-कला का विकास सम्भव था।

भारतीय सभ्यता में शास्त्रार्थ की लम्बी परम्परा रही है। ये परम्परा प्रायः वाचिक थी। विद्वान एक-दूसरे से आमने-सामने बैठकर, तर्क-वितर्क करते थे। चाहे शास्त्रार्थ की परम्परा हो, चाहे कथावाचकों की व्यास शैली हो, चाहे क़िस्से कहानी सुनाने की लोकपरम्परा हो, सर्वत्र वाचिकता की उपस्थिति किसी-न-किसी रूप में दिखाई पड़ती है। यही नहीं, भले ही कालान्तर में वेदों को लिख लिया गया हो, पर वेदों की परिकल्पना सिर्फ़ लिखित शब्दरूप में नहीं की गयी। इसीलिए वेद का एक नाम श्रुति भी है; और वेदों के पाठ की अलग-अलग पद्धतियाँ हैं। ये माना जाता है कि निर्धारित विधि से वेद-विशेष का पाठ करने पर ही अपेक्षित भावबोध होता है, सिर्फ़ लिखित रूप पढ़ने से नहीं। संस्कृत में वाक् और भाषा दोनों का शाब्दिक अर्थ बोलना, कहना या व्यक्त करना है। ये अकारण नहीं है कि हमारी परम्परा में मन्त्र का इतना महात्म्य है। जितने भी मन्त्र हैं, उनका प्रभाव पाठ-पारायण से पैदा होता है। नाद या ध्वनि शब्दार्थ से ज़्यादा महत्त्वपूर्ण है। इसलिए नाद-ब्रह्म की परिकल्पना है।

भारतीय परम्परा में लिखित ग्रन्थ का महत्त्व था, लेकिन वाचिकता का महत्त्व उससे ज़्यादा था। वाचिकता की एक ख़ूबी ये भी है कि जितनी बार हम वाचन करते हैं, हर बार कुछ नया जोड़ देते हैं, और पुराने में से कुछ छोड़ देते हैं। प्रसंग के अनुसार वाचन का रूप बदलता रहता है। सम्भावना की नयी-नयी कोपलें फूटती रहती हैं। जैसे हिन्दुस्तानी शास्त्रीय संगीत में बढ़त-उपज है, वैसे ही कथावाचन की व्यास शैली है। कथावाचक सन्दर्भानुसार कथा में नयी-नयी उद्भावनाएँ करता चला जाता है। बात से बात निकलती रहती है। श्रोताओं को सिर्फ़ ज्ञान ही नहीं प्राप्त होता, उनका मनोरंजन भी होता रहता है। इसीलिए कथावाचकों को सुनने के लिए भीड़ इकट्ठा होती रही है। कथावाचन की परम्परा कब शुरू हुई, यह कह पाना मुश्किल है। एक मोटा अनुमान अवश्य किया जा सकता है कि उसकी शुरुआत भक्तिकाल के दौरान हुई होगी, लेकिन लगता है कि ये सिलसिला और भी पुराना होगा; क्योंकि इसका सम्बन्ध पुराणों की परम्परा से भी जुड़ जाता है।

ये सब अनुमान हैं। लेकिन ये बातें मैं क्यों लिख रहा हूँ? लिखना तो है नामवर जी पर। वाचिकता की बात बार-बार घूमकर क्यों आ जा रही है? पहले तो मुझे भी कुछ ठीक से समझ में नहीं आ रहा था, लेकिन अब तस्वीर थोड़ी-सी साफ़ हो रही है। भारतीय सांस्कृतिक परम्परा में वाचिकता के वैशिष्ट्य और महत्त्व को समझे बिना नामवर सिंह के अवदान का भलीभाँति मूल्यांकन नहीं किया जा सकता। असल में भारतीय परम्परा में पुस्तकस्थ विद्या को ज़्यादा महत्त्व नहीं दिया गया है। ज्ञान तो आपके दिमाग़ में होना चाहिए और कण्ठस्थ होना चाहिए। कण्ठस्थ ज्ञान से ही वाचिक परम्परा में विचार के नये-नये कल्ले निकलते हैं। पुस्तकस्थ ज्ञान से इस तरह की सम्भावनाएँ कम होती हैं। जो भी हो, भारतीय ज्ञानपरम्परा मूलतः कण्ठस्थ ज्ञानपरम्परा रही है। इसीलिए पुस्तकालयों को जलाकर भी उसे नष्ट नहीं किया जा सका। ये तो सही नहीं कि पुस्तकीय ज्ञान का हमारे यहाँ कोई महत्त्व नहीं रहा। वस्तुतः पुस्तकीय ज्ञान और वाचिकता में अनवरत आदान-प्रदान होता रहता था, इसे ही कुछ विद्वानों ने लोक और शास्त्र के रूप में समझने और समझाने की कोशिश की है। इनके बीच निरन्तर घटित होने वाली आदान-प्रदान की क्रिया से ही ज्ञान का चक्र आगे बढ़ता रहता था।

उन्नीसवीं सदी में औपनिवेशिक ज्ञानपरम्परा के दबाव में पुस्तकस्थ ज्ञान को ही ज्ञान मान लिया गया और वाचिक परम्परा में विकसित होने वाले ज्ञान को तिरस्कृत कर दिया गया। भारतीय विद्वानों को भी पश्चिमी ढंग के पुस्तकीय ज्ञान के अनुशासन में स्वयं को ढालना पड़ा। इसका परिणाम ये हुआ कि उनकी नैसर्गिक रचनात्मकता अवरुद्ध हो गयी। वाचिक परम्परा के स्वच्छन्द रागानुशासन में अप्रत्याशित रूप से प्रकट होने वाली रचनात्मक और वैचारिक उपज की सम्भावना सूखने लगी। औपनिवेशिक आधुनिकता की ज्ञानमीमांसा ने वाचिक परम्परा में विकसित होने वाले ज्ञान का भले ही निषेध कर दिया हो, सदियों से चली आ रही परम्परा का संस्कार इतनी जल्दी और इतनी आसानी से नहीं छूट सकता था। यही कारण है कि पश्चिमी ढंग के ज्ञानानुशासन से स्वयं को बाँध लेने के बाद भी हमारे महान चिन्तकों और साहित्यकारों के यहाँ वाचिकता का संस्कार, कई बार उनके सचेत रूप से न चाहने के बावजूद, मौक़े-बेमौक़े प्रकट होता रहा है। इसकी झलक कई बार उनकी रचनाओं में भी दिखाई पड़ जाती है। लेकिन इसकी ज़्यादा सहज अभिव्यक्ति अनौपचारिक गोष्ठियों और कक्षाओं में होती है।

मुझे लगता है कि नामवर सिंह ने जो लिखा है वो महत्त्वपूर्ण है, उन्होंने जो बोला है वो भी महत्त्वपूर्ण है, लेकिन व्यक्तिगत बातचीत के दौरान उन्होंने जो कहा और कक्षाओं में अपने विद्यार्थियों को पढ़ाते हुए जो बताया, वो और भी ज़्यादा महत्त्वपूर्ण है। ये बात मैं सिर्फ़ कहने के लिए नहीं, बल्कि कुछ ठोस साक्ष्यों की बुनियाद पर कह रहा हूँ। 'वसुधा' के 'नामवर सिंह विशेषांक' में उनके क्लास के दो व्याख्यान प्रकाशित हुए थे। उन व्याख्यानों को पढ़कर कोई भी ये अनुमान कर सकता है कि सार्वजनिक आयोजनों में दिये गये नामवर जी के व्याख्यानों के मुक़ाबले ये क्लास-रूम लेक्चर कमतर नहीं, बल्कि बेहतर हैं। इस प्रसंग में 'नामवर के नोट्स' पुस्तक को भी देखा जा सकता है। असल में नामवर जी के योगदान का सम्यक् मूल्यांकन तब होगा, जब उनके द्वारा क्लास में दिये गये व्याख्यान भी प्रकाशित हो जायेंगे। यह कार्य मुश्किल ज़रूर है, लेकिन असम्भव नहीं। एम.ए. के क्लास में मेरे एक सहपाठी थे, नाम था वसन्त कुमार वर्मा। नामवर जी के क्लास लेक्चर को वे रिकार्ड करते थे। असल में वसुधा के विशेषांक में नामवर जी के जो दो लेक्चर प्रकाशित हुए थे, वे वसन्त कुमार वर्मा द्वारा उपलब्ध कराये गये कैसेट को सुनकर तैयार किये गये थे। वसन्त कुमार वर्मा दिल्ली में रहते हैं। उनसे सम्पर्क कर ये रिकार्ड्स प्राप्त किये जा सकते हैं। उन्हें यूट्यूब पर अपलोड किया जा सकता है, उन्हें प्रकाशित भी किया जा सकता है। नामवर जी के और भी विद्यार्थी हो सकते हैं, जिनके पास उनके क्लास रूम लेक्चर बचे रह गये हों। इधर-उधर बिखरी पड़ी वाचिक ज्ञान-तरंगों को यदि समन्वित कर दिया जाय, तो नामवर जी के योगदान का सर्वथा अप्रत्याशित रूप प्रकट होगा। ये बात नामवर सिंह ही नहीं, उस दौर के दूसरे मनीषियों पर भी लागू होती है। इन मनीषियों के ज्ञान का मूल्यवान अंश वाचिक परम्परा में ही पड़ा हुआ है। जो नष्ट हो गया, उसकी भरपाई तो सम्भव नहीं, लेकिन जो बचा रह गया है, उसे ज़रूर समय रहते सँजो लेना चाहिए।

पश्चिमी ज्ञानानुशासन ज्ञान की सहज स्वतःस्फूर्त परम्परा को कैसे अवरुद्ध करता है, इसका अहसास नामवर जी को पहले भले न रहा हो, लेकिन कालान्तर में उन्हें इसकी सम्यक् प्रतीति हो गयी थी। मेरा अनुमान है कि हेडन व्हाइट की पुस्तक 'द कन्टेंट ऑफ़ द फॉर्म' के प्रकाशित होने के बाद वे रूप के संस्कृति सापेक्ष महत्त्व को ज़्यादा व्यवस्थित ढंग से व्याख्यायित करने लगे थे। वैसे तो उन्होंने 'पहल' पत्रिका द्वारा प्रकाशित नामवर विशेषांक में कहानी विधा के रूप की चर्चा के दौरान रहीम के दोहे का दृष्टान्त देते हुए कहा था, कि तलवार से आप सूई का काम नहीं ले सकते और सूई का इस्तेमाल तलवार की

जगह नहीं कर सकते। यदि सरलीकरण का ख़तरा उठाते हुए कहूँ तो 1987 में प्रकाशित 'द कन्टेन्ट ऑफ़ द फॉर्म' में 'हेडन व्हाइट' वही बात कर रहे होते हैं, जो बात कहानी विधा को लेकर नामवर जी ने 'पहल' पत्रिका के 1988 के विशेषांक में कही थी। 2010 में प्रकाशित 'पाखी' के विशेषांक में नामवर जी हेडन व्हाइट की इस पुस्तक का बाकायदा उल्लेख करते हैं; और बताते हैं कि सामान्य समझ के विपरीत रूप निर्धारित करता है कि उसमें आप क्या कह सकते हैं; और क्या नहीं कह सकते। रूप के अनुशासन को आप पूरी तरह तोड़ नहीं सकते; बिल्कुल वैसे ही जैसे आप सूई से तलवार का काम नहीं ले सकते और तलवार से सूई का। इस बात की ओर मेरा ध्यान इसलिए जा रहा है, क्योंकि इससे ये समझ में आता है कि वाचिक परम्परा की सहज स्वतः स्फूर्तता को पुस्तकीय ज्ञान परम्परा के ठण्डे अनुशासन में ढालना कितना मुश्किल है। इसलिए ये ज़रूरी है कि पुस्तकीय ज्ञानानुशासन से बाहर पड़ने वाली वाचिक देशज ज्ञान परम्परा के महत्त्व को नये सिरे से रेखांकित किया जाये और उस सिलसिले को बीसवीं सदी में भी बचाये रखने में नामवर सिंह के योगदान को समझा जाये।

सभ्यताएँ अपने सांस्कृतिक रूप और ज्ञान के अनुशासन धीरे-धीरे और कई बार सदियों में विकसित करती हैं। सांस्कृतिक रूप और शास्त्रीय अनुशासन प्रायः उस सभ्यता के वैशिष्ट्य को उद्घाटित करते हैं। सभ्यता की चिन्तनधारा उनमें ज़्यादा सहज और स्वच्छन्द रूप से प्रकट होती है। जैसे संस्कृत नाट्य रूपों की परिकल्पना आप पश्चिम में नहीं कर सकते, वैसे ही ग्रीक नाटक भारतीय परम्परा में सम्भव नहीं थे। जैसे भारतीय संगीत पश्चिमी परम्परा में सम्भव नहीं, वैसे ही पश्चिमी संगीत भारतीय परम्परा में मुमकिन नहीं। उन्नीसवीं सदी में औपनिवेशिक ज्ञान के वर्चस्व के कारण भारतीय रचनाकारों-विद्वानों ने पश्चिमी अनुशासनों में स्वयं को ढालने की कोशिश की। इस प्रक्रिया में कुछ पुरानी बातें तो ढल गयीं, कुछ बदल गयीं और कुछ उसमें आ ही नहीं सकीं। उल्लेखनीय है कि सबसे महत्त्वपूर्ण अन्तर्दृष्टियों का उन्मेष किसी कला-रूप या ज्ञान-अनुशासन के अन्दर होता है और प्रायः अप्रत्याशित ढंग से होता है। उनका वजूद कहीं बाहर अवस्थित नहीं होता। उनके वजूद की रूपनिरपेक्ष सत्ता नहीं होती। उनको आप किसी रूप के अन्दर मनमाने ढंग से ठूँस भी नहीं सकते। ठूँस उसी को सकते हैं, जिसका रूप-निरपेक्ष अस्तित्व सम्भव हो।

भारतीय ज्ञान-परम्परा लिखित (शास्त्र) और वाचिक (लोक) के द्वन्द्व से नव-नवोन्मेष शालिनी रूप में निरन्तर आगे बढ़ती रहती थी। औपनिवेशिक आधुनिकता ने शास्त्र और लोक के द्वन्द्व से आगे बढ़ने वाली परम्परा को तोड़ दिया।

ज्ञान की वाचिक परम्परा का तो उसने पूरी तरह निषेध कर ही दिया, शास्त्रीय परम्परा को भी कोई विशेष महत्त्व नहीं दिया। इसलिए ये अकारण नहीं है कि नामवर जी के चिन्तन का एक महत्त्वपूर्ण हिस्सा उन रूपों में व्यक्त हुआ, जिनका सम्बन्ध आधुनिकता के बजाय पूर्व-औपनिवेशिक परम्परा से रहा है। ये अकारण नहीं है कि उन्होंने जितना लिखा, उससे कहीं ज़्यादा बोला। उनकी बहुत सारी अन्तर्दृष्टियाँ उनके व्याख्यानों में आयीं, लेकिन व्याख्यान की भी अपनी कुछ सीमाएँ हैं। जैसे ज़्यादातर व्याख्यान एक घण्टे से बड़े नहीं हो सकते। श्रोताओं की भी सीमा होती है। बहुत लम्बा व्याख्यान उन्हें बोझिल लगने लगता है। उन्हें आप लम्बे समय तक बाँधे नहीं रह सकते। श्रोताओं को ध्यान में रखते हुए आपको अपनी बात सरल और आकर्षक बनाकर पेश करनी होती है। कई बार ज़्यादा गहरी और जटिल बातों को छोड़ना पड़ता है। उस दौर में नामवर सिंह और उनके जैसे अन्य विद्वान पश्चिमी ज्ञान-अनुशासन में पूरी तरह नहीं ढल पाये थे। इन विद्वानों के चिन्तन का एक बहुत महत्त्वपूर्ण अंश उनके द्वारा क्लास में दिये गये व्याख्यानों में प्रकट होता है। वहाँ विद्यार्थी के रूप में प्रतिबद्ध और जागरुक शिष्य मिल जाते हैं। कक्षा में पढ़ाने के दौरान अनेक ऐसे विचारों का जन्म होता है, जिनका वजूद इसके पहले कहीं नहीं होता। क्लासरूम व्याख्यानों में वो उपज और बढ़त सम्भव हो पाती है, जो पश्चिमी ज्ञान-अनुशासनों के दायरे में सम्भव नहीं हो सकती थी।

पाश्चात्य आलोचकों और आलोचना सिद्धान्तों पर हिन्दी में स्तरीय पुस्तकें ज़्यादा नहीं हैं। जो पुस्तकें हैं भी, वे पाश्चात्य आलोचना की अवधारणाओं को प्रायः अमूर्त रूप में प्रस्तुत करती हैं। विद्यार्थियों की क्या बिसात, अच्छे-ख़ासे विद्वान भी उनके निहितार्थों को ठीक से नहीं समझ पाते। ऐसी पुस्तक हिन्दी ही नहीं, अंग्रेज़ी में भी आसानी से नहीं मिलती जो इन अमूर्त अवधारणाओं को उदाहरणों के द्वारा बोधगम्य बनाकर समझा सके।

कठिन से कठिन अवधारणा को सुलझाकर सरल-सरस बनाने की व्यासशैली गुरुवर नामवर सिंह के व्याख्यानों की विशेषता रही है। जिन्होंने उन्हें सुना है, वे इसे समझते हैं। जिन्होंने उनसे कक्षा में पढ़ा है, वे इसे ज़्यादा गहराई से समझते हैं। मुझे भी उनसे पढ़ने का सौभाग्य मिला था, इसलिए मैं भी यह दावा कर सकता हूँ कि मैं उनका एक सहृदय श्रोता रहा हूँ।

सम्भव है कि भविष्य में नामवर सिंह से भी बड़े विद्वान हिन्दी में आ जायें। किन्तु नामवर सिंह जैसा कोई दूसरा शिक्षक हिन्दी को कभी मिल पायेगा,

यह सोच पाना मेरे लिए तो मुश्किल है। कोई विद्वान है तो अच्छा शिक्षक नहीं है, अच्छा शिक्षक है तो विद्वत्ता नहीं है। नामवर जी में विद्वान और अच्छे शिक्षक का मणिकांचन संयोग सम्भव हुआ था। और ऐसा संयोग बार-बार नहीं घटित होता।

मुझे ख़ुशी है कि इस पुस्तक में हम नामवर जी के रूपवादी और मार्क्सवादी आलोचना के विषय में दिये गये कक्षा-व्याख्यान हूबहू उसी रूप में दे रहे हैं, जिस रूप में उन्होंने अपनी कक्षाओं में दिये थे। ये व्याख्यान हमें उदयभान दुबे जी ने उपलब्ध कराये हैं। एम.ए. के विद्यार्थी के रूप में उन्होंने नामवर जी के इन व्याख्यानों को यथावत नोट किया था। किन्तु वाचन और लेखन की गति में पर्याप्त अन्तर होता है। इस कारण नोट करते समय उन्हें पश्चिमी आलोचकों के अधिकांश उद्धरणों के प्रारम्भिक शब्दों का केवल संकेत देकर आगे बढ़ जाना पड़ा। एम.ए. के विद्यार्थी के लिए अपरिचित कुछ विद्वानों के नाम और उनके उद्धरणों की स्पेलिंग में भी त्रुटियाँ हुईं। इसलिए इन उद्धरणों को उन विद्वानों की मूल पुस्तकों और लेखों से मिलाकर दुरुस्त किया गया है। पूरी-पूरी पुस्तक से एक-एक उद्धरण संकेत के आधार पर ढूँढ़ने का यह कार्य आसान नहीं था। उद्धरणों और स्पेलिंग्स को ठीक करने में और समय लगता यदि मेरी होनहार शोध अध्येता आकांक्षा बरनवाल ने यह दायित्व न ले लिया होता। पाठकों की सुविधा के लिए प्रत्येक उद्धरण के नीचे उसके स्रोत का उल्लेख कर दिया गया है। यह सारी सामग्री पहली बार प्रकाशित हो रही है।

रेमंड विलियम्स और लूसिएँ गोल्डमान पर नामवर जी के दो कक्षा-व्याख्यान पहले प्रकाशित हो चुके हैं। परन्तु, इनमें नाम और उद्धरण सम्बन्धी कई कमियाँ रह गयी हैं। कई वाक्य ऐसे छप गये हैं जिनमें तार्किक असंगति है और पढ़ने में अर्थ भी स्पष्ट नहीं होता है। नामवर जी की इन कक्षाओं में मैं स्वयं एक विद्यार्थी के रूप में मौजूद था और उनकी तर्कपद्धति और व्याख्यान कला से परिचित होने के कारण मैंने इन असंगतियों को विचार-प्रवाह के अनुरूप ढाल दिया है। इसलिए इन व्याख्यानों के पूर्व-प्रकाशित रूप और यहाँ दिये जा रहे रूप में कुछ अन्तर दिखाई पड़ेगा।

कक्षा-व्याख्यान के अतिरिक्त कुछ ऐसे व्याख्यान भी हैं, जो पाश्चात्य आलोचना और आलोचकों पर केन्द्रित हैं। ऐसे व्याख्यानों को भी यहाँ शामिल कर लिया गया है। पश्चिमी आलोचना के किसी-न-किसी पक्ष को उद्‌घाटित करने वाले 'आलोचना' के सम्पादकीय और निबन्ध भी इस पुस्तक में ले लिए गये हैं।

इस प्रकार तीन स्रोतों से तैयार की गयी यह त्रिवेणी मेरा विश्वास है कि विद्यार्थियों, शिक्षकों और विद्वानों, सभी के लिए उपयोगी साबित होगी।

मैं अपनी पत्नी प्रो. अर्चना कुमार जी का कृतज्ञ हूँ कि उनके सहयोग के बिना ये क्या कोई भी काम पूरा नहीं हो सकता था। मैं विजय प्रकाश सिंह जी का भी आभारी हूँ। उन्होंने मुझे इस पुस्तक को तैयार करने और इसे प्रकाशित कराने हेतु लगातार प्रोत्साहित और प्रेरित किया।

मैं वाणी प्रकाशन समूह के स्वामी श्री अरुण माहेश्वरी जी का आभार कैसे व्यक्त करूँ? उन्होंने इस पुस्तक को यथाशीघ्र प्रकाशित करने का उत्साह न दिखाया होता तो सम्भवतः यह पुस्तक इतनी जल्दी तैयार न हो पाती।

–राजकुमार

अनुक्रम

खण्ड-3

उत्तर-आधुनिकवाद

खण्ड-1

रूपवादी आलोचना

रूपवादी साहित्य दृष्टि

(कक्षा-व्याख्यान)

1

एम. एच. अब्राम्स (M.H. Abrams) के अनुसार काव्य सिद्धान्त के चार प्रकार हैं—

(1) Mimetic Theory (अनुकरणमूलक सिद्धान्त)

(2) Pragmatic Theory (व्यवहारवादी सिद्धान्त)

(3) Expressive Theory (अभिव्यंजनामूलक सिद्धान्त)

(4) Objective Theory (वस्तुनिष्ठ सिद्धान्त)

[पुस्तक : the Mirror and the lamp : Romantic theory and the critical tradition]

(1) वस्तुनिष्ठ सिद्धान्त : इसे कुछ आलोचकों ने 'बहिरंग आलोचना' कहा है। पाश्चात्य साहित्य में इसे जानने से पहले संस्कृत काव्यशास्त्र में वस्तुनिष्ठ सिद्धान्त को देखेंगे।

संस्कृत चिन्तन का इतिहास क़रीब 1500 वर्ष पुराना है। प्राचीनतम ग्रन्थ भरत मुनि का नाट्यशास्त्र है, जिसका अन्तिम रूप ईसा के 200 साल पूर्व पूरा हो चुका था। आरम्भ मालूम नहीं।

संस्कृत काव्यशास्त्र का अन्तिम ग्रन्थ पण्डित राज जगन्नाथ का 'रस गंगाधर' है, जो 17वीं शताब्दी का है। अतः संस्कृत काव्यशास्त्र इसी के बीच में फैला है। इस बीच के दो प्रसिद्ध आचार्य, 600 ई. के आसपास, भामह और दण्डी हैं। क्रमशः 'काव्यालंकार' और 'काव्यादर्श' इनके ग्रन्थ हैं। तत्पश्चात, 8वीं शताब्दी में वामन, अलंकार सम्प्रदाय के हैं। इनका ग्रन्थ है—'काव्यालंकार सूत्रवृत्ति'। तत्पश्चात, आनन्दवर्धन हैं। इनका ग्रन्थ है 'ध्वन्यालोक'। नवीं शताब्दी इनका समय है। तत्पश्चात, 10वीं शताब्दी के आसपास कुन्तक।

‘वक्रोति जीवितम्’ इनका ग्रन्थ है। तब अभिनवगुप्त। पुस्तक (1) ‘अभिनव भारती’। भरत मुनि के नाट्यशास्त्र पर लिखित टीका। (2) ‘ध्वन्यालोक लोचन’। यह भी टीका ही है। आनन्दवर्धन की कृति ‘ध्वन्यालोक’ की टीका इनका समय 10वीं शताब्दी के अन्त का है।

इनके बाद हैं, मम्मट। पुस्तक–‘काव्यप्रकाश’। समय 11वीं शताब्दी। किन्तु, इनसे पहले ही एक आचार्य महिम भट्ट हैं। इन्होंने ‘व्यक्ति विवेक’ नामक ग्रन्थ लिखा।

मम्मट के बाद आचार्य विश्वनाथ हैं। ‘साहित्य दर्पण’ इनका ग्रन्थ है। इस कड़ी में अन्तिम आचार्य पण्डितराज जगन्नाथ हैं। ‘रस गंगाधर’ इनके ग्रन्थ का नाम है। ये 17वीं शताब्दी में थे, जहाँगीर के काल में। ये संस्कृत काव्यशास्त्र के प्रमुख आचार्य हैं।

अनेक आचार्यों का स्थान कश्मीर है; जैसे आनन्दवर्धन, अभिनवगुप्त, मम्मट। कुछ दक्षिण भारत के हैं, जैसे दण्डी। आचार्य विश्वनाथ उड़ीसा के थे। अतः, संस्कृत या प्राचीन भारतीय काव्यशास्त्र का प्रसार सम्पूर्ण भारत में था।

भामह एवं दण्डी के ग्रन्थों से मालूम होता है कि काव्यशास्त्र के चिन्तन का केन्द्र बदलता रहा है। नाट्यशास्त्र–जिसका एक अंग काव्य हुआ करता था, इसमें अभिनय तथा नाटक के अंग-उपांगों का वर्णन है। यह ग्रन्थ शिक्षाप्रद है। इसमें नाटक के सभी पक्षों पर विचार किया गया है। इसका आरम्भ नाटक की उत्पत्ति से है। अभिनय के प्रकार, वेश-भूषा, दर्शक एवं प्रेक्षक, भाषा, उद्देश्य, रस, भाव आदि पर पूर्ण विचार किया गया है। इस सन्दर्भ में कुछ महत्त्वपूर्ण पुस्तकें–

(1) पी वी काणे–संस्कृत काव्यशास्त्र का इतिहास।

(2) गणेश त्र्यंबक देशपांडेय-भारतीय साहित्यशास्त्र।

(3) पं. बलदेव उपाध्याय की पुस्तक–भारतीय साहित्यशास्त्र

नाट्यशास्त्र का 6 और 7वाँ अध्याय विशेष महत्त्वपूर्ण है।

इस प्रकार, काव्यशास्त्र मुख्यतः भामह और दण्डी से प्रारम्भ होता है। काव्य का अर्थ क्या है, यह कैसे बनता है, आदि विषयों पर विचार करते हुए इन्होंने काव्यशास्त्र का निरूपण किया है। भामह, दण्डी से लेकर आनन्दवर्धन तक काव्य के रूप, तत्त्व आदि पर विचार होता रहा है। आनन्दवर्धन और कुन्तक के बाद संस्कृत काव्यशास्त्र का मुख्य विषय–कि काव्य का आस्वादन कैसे होता है, इस पर विचार हुआ। अर्थात्, दृष्टि रूप से हटकर पाठक पर आ गयी। 6वीं से 10वीं शताब्दी तक काव्य के रूप पर विचार होता रहा। 10वीं शताब्दी के बाद काव्य के आस्वाद पर। अलग-अलग विचार देने से अलग-अलग सम्प्रदायों की सृष्टि हुई।

काव्य के छह, सात सम्प्रदाय सिद्धान्त माने गये जो काव्य के रूप और आस्वाद को लेकर हैं। (1) अलंकार समुदाय, (2) रीति सम्प्रदाय, (3) वक्रोक्ति सम्प्रदाय, (4) ध्वनि सम्प्रदाय, (5) रस सम्प्रदाय, (6) अनुमिति सम्प्रदाय, (7) औचित्य सम्प्रदाय, (8) गुण सम्प्रदाय। किन्तु, गुण सम्प्रदाय महत्त्वपूर्ण नहीं है। कुछ लोग अनुमिति सम्प्रदाय को—अलग से सम्प्रदाय नहीं मानते। ऐसे ही गुण सम्प्रदाय को भी।

इस सम्बन्ध में महामहोपाध्याय कुप्पु स्वामी ने एक चार्ट बनाया है—

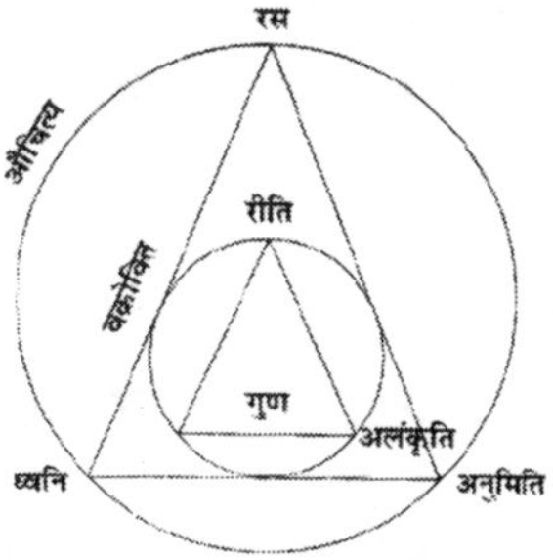

छोटा त्रिभुज—इसमें तीनों बिन्दु क्रमशः रीति, गुण और अलंकृति। इससे सटा जो वृत्त है, वक्रोक्ति। इसे छूता हुआ एक त्रिभुज है, जिसमें तीन बिन्दु (रस, ध्वनि, अनुमिति) हैं। इससे बड़ा वृत्त है—औचित्य। इस प्रकार इसमें आठ सम्प्रदाय हैं। कुप्पु स्वामी आधुनिक आचार्य हैं। बीसवीं सदी के विद्वान। मद्रास विश्वविद्यालय से सम्बद्ध रहे। उनका श्लोक है :

औचितीमनुधावन्ति
सर्वे ध्वनिरसोन्नयाः
गुणालंकृति रीतिनां
नयाश्चानृजुवाङ्मयाः।।

ध्वनि, रस और अनुमिति (अनुमान)। अर्थात् ये तीनों औचित्य का धावन करते हैं तथा गुण, अलंकृति और रीति, ऋजु (सरल) अनऋजु वाक्य का अर्थ है—वक्रोक्ति। इन तीनों का समावेश जिस वृत्त के अन्तर्गत होता है, वह वक्रोक्ति है।

छोटे त्रिभुज (रीति, गुण, अलंकृति) का अर्थ काव्य के रूप विधान अर्थात् फॉर्म से है तथा बड़े त्रिभुज (रस, ध्वनि, अनुमिति) का अर्थ काव्य की वस्तु, अर्थात् कॉन्टेंट से है।

काव्य के चार सम्प्रदाय हैं; जैसे—

अलंकार—इस सम्प्रदाय का नाम भामह से जाना जाता है। 'काव्यालंकार' उनका ग्रन्थ है।

रीति सम्प्रदाय—इसके आचार्य वामन हैं।

गुण सम्प्रदाय—यदि इसे सम्प्रदाय माना जाय तो इसका विवेचन विस्तार से दण्डी और वामन ने किया। इन दोनों के बीच घनिष्ठ सम्बन्ध माना गया है। अतः इसका श्रेय दोनों को दिया जाता है।

वक्रोक्ति—इसके एक ही आचार्य हैं, कुन्तक।

इन चारों का सम्बन्ध काव्य के शरीर या रूप से है।

बड़े त्रिभुज के अन्तर्गत रस, ध्वनि, अनुमिति और औचित्य में से रस के आदि आचार्य भरत हैं। ध्वनि के आदि आचार्य आनन्दवर्धन हैं—ध्वन्यालोक। अनुमिति के मुख्य आचार्य महिम भट्ट हैं। औचित्य के प्रबल आचार्य क्षेमेन्द्र हैं। ये कश्मीरी थे।

यद्यपि इन चारों का सम्बन्ध काव्य की वस्तु से है, तथापि दोनों त्रिभुज विरोधी नहीं हैं। सभी परस्पर सम्बद्ध हैं। अन्तर केवल समर्थन की प्रबलता का है। किसी ने किसी पर बल दिया, दूसरे ने किसी अन्य पर। अन्ततः सब मिलकर एक ही बन जाते हैं। जैसे, प्रथमतः, काव्य में रस की चर्चा नहीं थी किन्तु बाद में रस पर बल दिया गया। श्रेष्ठ उसे माना गया जिसमें रस और ध्वनि हो तथा उसमें औचित्य का निर्वाह किया गया हो।

काव्य को सीधा नहीं, थोड़ा वक्र होना चाहिए, अन्यथा उसमें कला नहीं होगी। वक्रता में कला होती है। कुन्तक ने यह कहा—यही वक्रता कई तरह की हो सकती है। प्रत्येक वक्रता में कोई अलंकार अवश्य होता है।

रीति का अर्थ है, मार्ग, शैली। काव्य में रीति होती है। प्रत्येक काव्य में कुछ गुण होते हैं। जैसे—सतोगुण, रजोगुण, तमोगुण, वैसे ही काव्य में प्रसाद, माधुर्य, ओज।

यों तो गुण अनेक हैं, पर तीन ही मुख्य हैं। महिम भट्ट का विचार है कि जिसे तुम रस कहते हो, वह वस्तुतः अनुमान का विषय है। रस सीधे व्यंजित नहीं हो सकता। रस 'स्वशब्दवाच्य' नहीं होता। जैसे, कहा जाये—आई लव यू। इससे भाव की व्यंजना नहीं होती। यह कहने से यहाँ शृंगार रस नहीं हुआ। जैसे सीता वन गमन का प्रसंग। जब रास्ते में औरतें पूछती हैं कि ये आपके कौन हैं, तो सीता का जवाब हाव, भाव, संकोच आदि, अर्थात् अनुभवों से मिल जाता है। यद्यपि वह सीधे भी कह सकती थी कि ये मेरे पति हैं। किन्तु, ऐसा नहीं किया। सीता ने कुछ कहा नहीं, किन्तु जो व्यंजित हुआ, जो ध्वनित हुआ, वह रस है। महिम भट्ट कहते हैं कि यह ध्वनि नहीं, व्यंजना नहीं, अनुमान है। अनुमान से ही लोग समझ गये कि ये सीता के पति हैं।

(दिनांक : 04.09.1980)

2

काव्यशास्त्र के इतिहास के क्रम में कहा गया है कि अभिनवगुप्त से पहले जो काव्य था, वह मुख्यतः रूप पर विचार करता था। इनके बाद आस्वाद पक्ष पर बल दिया गया तथा इसके मार्ग में आनेवाली बाधाओं का ज़िक्र किया गया। रस कहाँ होता है, इसकी बड़ी चर्चा हुई—कृति में या पात्रों में, या अभिनेता में या लेखक में या श्रोताओं और पाठकों में। बड़ी चर्चा हुई। अन्त में माना गया कि अन्ततः रस दर्शक, श्रोता, पाठक में होता है। अर्थात्, सहृदय में। सहृदय में सुप्त भावनाएँ जागती हैं। नाटक मात्र उद्दीप्त करता है, भावनाओं को जगाता है। अभिनवगुप्त के बाद इस पर चर्चा नहीं हुई। यह सर्वमान्य हो गया। विवाद नहीं रहा।

प्रारम्भ में कवि-शिक्षा के ग्रन्थ लिखे गये थे ताकि कवि कुछ दोषों से मुक्त और गुणों से युक्त हो सकें। 'ध्वन्यालोक' के अन्तिम अध्याय में काव्य की रचना प्रक्रिया पर विचार किया गया है। कवि की प्रतिभा पर विचार किया गया है। अतः संस्कृत काव्यशास्त्र में कवि की दृष्टि से भी, काव्य की दृष्टि से भी और कृति की दृष्टि से भी विचार किया गया है। किन्तु, जिस पर विशेष ध्यान दिया गया, वह यह है कि 'काव्य को काव्य मानकर' विचार किया गया है। कई लोगों ने इस पर विचार किया है।

इस सन्दर्भ में डॉ. एस.के. डे की पुस्तक Sanskrit Poetics as a Study of Aesthetics. दो उद्धरण देखें—

(1) "Although in the course of its advance, Sanskrit Poetics embraced a great deal more than the mere practical treatment of Rhetorical categories, it nevertheless never quite drew away from its analytic verbal formalism into a truly theoritic discipline of aesthetic."

विकासक्रम में संस्कृत काव्यशास्त्र ने आलंकारिक प्रकारों के व्यावहारिक निरूपण से अधिक व्यापक पक्षों को अंगीकार किया। किन्तु विश्लेषणात्मक भाषिक रूपवाद से सर्वथा मुक्त कभी नहीं हो सका।

1000-1500 वर्षों में संस्कृत काव्यशास्त्र का जो विकास हुआ उसमें रूप पक्ष पर, कला के पक्ष पर ज़्यादा विचार हुआ है। किन्तु, कविता में क्या कहा गया है, अर्थात् वस्तु पर संस्कृत आचार्यों का ध्यान नहीं गया था। अतः संस्कृत काव्यशास्त्र पर रूपवाद की गहरी छाया है।

(2) "It is no wonder that Sanskrit poetics started as a purely impirical and more or less mechanical study. It took the poetic

product as a created and finished fact and forth with went to analyze it as such, without pausing to consider its relation to the process of poetic creation as the expressive activity of the human spirit. It chooses to deal with what was already expressed, never bothering itself with the why and where forces of expression, it enquires who was directed chiefly to 'kim idam' (किम् इदम्) and not to 'Katham idam' (कथम् इदम्) or 'Kutah idam' (कुतः इदम्)।

सारांश यह कि संस्कृत काव्यशास्त्र कृति को सिद्ध सम्पूर्ण रूप में ग्रहण करके उसके विश्लेषण-विवेचन की ओर अग्रसर हुआ। वह काव्य की सृजन प्रक्रिया पर विचार करने के लिए नहीं रुका। काव्य कृति को created and finished fact के रूप में उसने स्वीकार किया।

कालिदास ने मेघदूत कैसे लिखा, क्यों लिखा, विरहानुभूति उन्हें स्वयं हुई है या नहीं, संस्कृत काव्यशास्त्र में इस पर विचार नहीं किया गया है। मेघदूत हमारे सामने है, हमें उसी का विचार करना चाहिए। अर्थात् उन्होंने माना कि कृति अपने आप में पूर्ण है। इस पर दूसरा विचार नहीं करना चाहिए। केवल 'किम् इदम्' पर विचार किया गया है, कथम इदम् या कुतः इदम् पर नहीं। यह एक वस्तुनिष्ठ आलोचना है।

परवर्ती काल में अवश्य रस पर विचार किया गया। सहृदय पर विचार किया गया।

'काव्य प्रकाश' और 'साहित्य दर्पण'—संस्कृत में दो मुख्य ग्रन्थ हैं। इनमें भी केवल रूपवादी विश्लेषण है।

(दिनांक : 09.09.1980)

3

ऑब्जेक्टिव थियरी का विकास संस्कृत काव्यशास्त्र में भले हुआ, किन्तु आधुनिक युग में उसका विकास पश्चिम के प्रभाव से जितना हुआ, उतना विकास संस्कृत परम्परा से नहीं हुआ है, बल्कि पश्चिम के द्वारा हुआ है। और, पश्चिम में भी मुख्यतः अंग्रेज़ी आलोचना में इसका विकास बीसवीं सदी में हुआ। इसके प्रवर्तन का श्रेय अंग्रेज़ी साहित्य में मुख्यतः दो आलोचकों को है। पहला, टी. एस. इलियट और दूसरा आई. ए. रिचर्ड्स। इलियट की मृत्यु 1964 में हुई। रिचर्ड्स की मृत्यु भी इसी साल हुई। इलियट कवि-आलोचक थे। इलियट की प्रयोगवादी कविता प्रथम महायुद्ध के समय शुरू हुई। उनकी कविता 'Love song of

Alfred J. prufrock' 1915 के आसपास की है। यह कविता क्रान्तिकारी साबित हुई थी। जो कविता सन्ध्या परी-सी आकाश में थी, यह अनुमान नहीं किया जा सकता था कि वह अस्पताल के ओ.टी. में मरीज़ की तरह लेटी मिलेगी, जो इलियट की उस कविता में है। अर्थात् इलियट ने ग़ैर-रोमांटिक रचना की।

'तार सप्तक' की 'चाँदनी' की तुलना पन्त की कविता 'भारत माता ग्रामवासिनी' से करें। छायावादियों की चाँदनी में कोमलता है, किन्तु प्रयोगवाद में कवियों को चाँदनी रात में जीवन का कड़वापन दिखाई पड़ता है। अज्ञेय की कविता—'धैर्य-धन-गदहा'।

इलियट का 'वेस्ट लैंड'। ऐसा लगा उसे कि सम्पूर्ण यूरोप बंजर ज़मीन हो गया है, प्रथम विश्वयुद्ध के बाद।

'ट्रेडिशन एंड इंडिविजुअल टैलेंट' इलियट का क्लासिक निबन्ध है। इस लेख का छायानुवाद अज्ञेय ने भी 1941 के आसपास 'त्रिशंकु' में किया था। स्पष्ट है कि हिन्दी में इलियट का प्रभाव पड़ने लगा था। 'The Sacred Wood' 1920 में छपी। यह इलियट का प्रमुख निबन्ध है। इसका बहुत ही क्रान्तिकारी प्रभाव पड़ा। इस पुस्तक में चर्चा मुख्यतः कविता के बारे में है। किन्तु इसके पीछे एक सांस्कृतिक सामाजिक धारणा भी है। कृतिकार कहे या न कहे, किन्तु रचना किसी-न-किसी रूप में समाज से जुड़ी होती है। संस्कृत में आचार्य कहीं खुलकर धर्म आदि की बातें नहीं करते, किन्तु...।

जैसे काव्य के प्रयोजन पर विचार करते हुए, यह अवश्य कहा गया है कि कविता का उद्देश्य धर्म, अर्थ, काम, मोक्ष—पुरुषार्थ हैं। प्रारम्भ में यह प्रश्न उठाया जाता था कि वेद पढ़ने का अधिकारी कौन है? योग, यज्ञ, तप आदि का अधिकारी कौन है? कुछ अधिकार थे, जो सीमित थे। वेद पढ़ने के अधिकारी स्त्री और शूद्र नहीं थे। वैसे ही काव्य पढ़ने के भी अधिकारी सब नहीं थे। अभिनवगुप्त ने विचार किया कि काव्य-पाठ का अधिकारी कौन है।

इस प्रकार, सारा काव्य जो विकसित हुआ, उसका लक्ष्य सहृदय या सहृदय-समाज होता था। संस्कृत काव्यशास्त्र में काव्य की योग्यता 'सहृदयता' बतायी गयी है। किन्तु, वह सहृदय साधारण व्यक्ति नहीं हो सकता है। सहृदय की जो परिभाषा बतायी गयी, वह भी जन साधारण के घेरे से बाहर थी। भरत मुनि ने दर्शक की जो विशेषता बतायी है, उसके अनुसार दर्शक को कुलीन होना चाहिए। उसे नाटक देखने का अवकाश या समय होना चाहिए। उस व्यक्ति को आर्थिक दृष्टि से सम्पन्न होना चाहिए। वात्स्यायन ने इसे 'नागरिक' कहा है। वही नाटक या काव्य का अधिकारी है।

अतः संस्कृत साहित्य का विकास उस समाज में हुआ, जिसमें हर अधिकार कुछ ख़ास लोगों के लिए सीमित थे। संस्कृत काव्य में अधिकतर शृंगार एवं विलासिता है, क्योंकि उस युग का साहित्य उस समय के सुखी व्यक्तियों तक ही सीमित था। अर्थात् वह सहृदय समाज भी एक विशेष प्रकार का सहृदय समाज था जिसे निम्न स्तर के लोगों के दुःख-दर्द का पता नहीं था। अर्थात्, वह जन सामान्य से दूर रहता था। विलासिता में जीवन व्यतीत करता था। विलासी वर्ग आनन्द एवं मनोरंजन के लिए कविता करता था। कविता के भाव (कॉन्टेंट) से कोई मतलब नहीं था। संगीत में भाव या कॉन्टेंट पर नहीं, कला और कारीगरी पर ध्यान दिया जाता था। ऐसे ही सहृदयों के बीच से आचार्य पैदा हुए और उन्हीं से सिद्धान्तों का निर्माण हुआ—रीति, वक्रोक्ति, रस, अलंकार। अतः उस संस्कृत साहित्य का विकास अल्प सुविधाभोगी लोगों द्वारा हुआ। इसलिए वह एक विशेष प्रकार का रूपवादी साहित्य बना।

अंग्रेज़ी में जिसे नयी आलोचना कहते हैं, इसका विकास भी ऐसे ही समय में हुआ; पूँजीवादी व्यवस्था में।

(दिनांक : 11.9.1980)

टी.एस. इलियट
(कक्षा-व्याख्यान)

1

निर्वैयक्तिकता का सिद्धान्त

हम टी.एस. इलियट के निबन्ध 'ट्रेडिशन एंड इंडिविजुअल टैलेंट' (परम्परा और प्रतिभा) की मान्यताओं पर विचार करेंगे। निबन्ध के दूसरे भाग के आरम्भ में बताया गया है कि आलोचना के पहले ईमानदार और आस्वादन के पहले संवेदनशील शब्द जोड़ा गया है।

अंग्रेज़ी की पंक्ति है, 'Honest criticism and sensitive appreciation is directed not upon the poet, but upon poetry.'

अतः स्पष्ट है कि इलियट कविता को केन्द्र में रखकर देखना चाहते हैं, कवि को नहीं। इससे स्पष्ट है कि रोमैंटिक (भावाभिव्यंजक) आलोचना का उन्होंने विरोध किया। कविता की रचना प्रक्रिया के विश्लेषण और वस्तुनिष्ठ आलोचना पर इलियट ने ध्यान दिया है और कहा है कि कवि और रचना में कोई सम्बन्ध नहीं होता। यदि होता भी है तो एक विशेष प्रकार का सम्बन्ध होता है। उन्होंने विज्ञान से उत्प्रेरक (catalyst) का उदाहरण, एनालॉजी लेकर अपनी बात समझाई है कि एक चैम्बर में ऑक्सीजन और सल्फर डाइऑक्साइड गैसें हों और उसमें प्लैटिनम तार डाल दिया जाये तो उक्त दोनों गैसों से सल्फ्यूरिक एसिड बन जाता है। किन्तु, यदि विश्लेषण करें तो उसमें प्लैटिनम का कोई तत्त्व नहीं है। किन्तु, सल्फर डाइऑक्साइड और ऑक्सीजन को यों ही मिला दिया जाये, उसमें प्लैटिनम तार नहीं रखा जाये, तो सल्फ्यूरिक एसिड नहीं बनेगा। प्लैटिनम का कोई अंश उसमें नहीं मिलता, मात्र उसकी उपस्थिति आवश्यक है।

उसी प्रकार कवि का मस्तिष्क रचना में मात्र उत्प्रेरक की तरह है। उसका कोई अंश रचना में नहीं होता है।

दोनों गैसें कवि के अनुभव हैं, जिनके मिलने से एक तीसरी चीज़ बनती है—कृति। उसको कवि-मस्तिष्क से कोई मतलब नहीं। कविता बनने की प्रक्रिया सल्फ्यूरिक एसिड के समान होती है और कवि का मन चैम्बर के समान क्योंकि उसमें तत्त्व एकत्र होते हैं। किसी का किसी से कोई सम्बन्ध नहीं है। इस सम्बन्ध में उन्होंने एक निष्कर्ष निकाला है। "कवि और कविता का सम्बन्ध बहुत परोक्ष होता है, प्रत्यक्ष नहीं।" कलाकार जितना सिद्ध होगा, उतना ही उसके भीतर के भोक्ता-मानव और स्रष्टा-मानव के बीच पार्थक्य पूर्ण होगा।

"The more perfect the artist, the more completely separate in him will be the man who suffers and the mind which creates; the more perfectly will the mind digest and transmute the passion which are its material."

Perfect Artist मायने परिपक्व और प्रौढ़ कलाकार। Imperfect Artist मायने कच्चा कलाकार। हो सकता है कि कच्चा कलाकार अपने अनुभवों को ज्यों का त्यों रूप दे दे। कुछ लोग अपने दुःख को आँसुओं के रूप में निकाल देते हैं। किन्तु, जैसे-जैसे वे परिपक्व होते जाते हैं...।

देह धरे को दण्ड है, सब काहू को होय।
ज्ञानी भुगते ज्ञान करि, मूरख भुगते रोय।

—कबीर दास

आदमी दुःख झेलता है, दिमाग़ रचना करता है। दोनों में काफ़ी अन्तर होता है। जब तक आप भोगनेवाले होंगे, तब तक रचनेवाले नहीं। अतः कवि की इन दोनों प्रवृत्तियों में काफ़ी अन्तर है।

संस्कृत काव्यशास्त्र में इसके लिए दो शब्द हैं—'शोक और श्लोक'। यह उदाहरण वाल्मीकि के सन्दर्भ में है। बहेलिये द्वारा क्रौंच पक्षी के वध के कारण मुनि का शोक श्लोक बन गया। कच्चा माल पक्के माल में बदल गया। कालिदास ने भी इस पर लिखा है और आनन्दवर्धन ने भी। अतः कविता उतनी ही पूर्ण होगी, जितना ही भोक्ता और सर्जक में अन्तर होगा। जब दोनों में अन्तर है तो सर्जक को समझने के लिए भोक्ता को जानना अनावश्यक है। कविता को जानने के लिए कवि को जानना अनावश्यक है; क्योंकि कविता और कवि में कोई सम्बन्ध नहीं होता। प्रसाद और प्रेमचन्द को जाननेवाले बहुत लोग थे, उनके आसपास के। किन्तु, क्या वे उनके साहित्य को समझते थे? इक़बाल ने लिखा है :

हज़ारों साल नर्गिस अपनी बेनूरी पे रोती है।
बड़ी मुश्किल से आता है, चमन में दीदा-वर पैदा।

नर्गिस एक साधारण-सा, एक छोटा-सा फूल है। इसलिए उसकी क़द्र नहीं होती। उपवन में उसपर कोई ध्यान नहीं देता। किन्तु, वास्तव में वह बहुत ही सुन्दर फूल है। उसके सौन्दर्य को, उसके गुणों को परखने और पहचानने वाले लोग बिरले मिलते हैं। जायसी ने कहा :

भँवर आइ बन खण्ड सन, लेई कंवल के बास।
दादुर बास न पावई, भलहि जो आछै पास॥

पानी में मेढक कमल के पास ही रहता है, किन्तु वह उसके सुगन्ध को नहीं जानता। भौंरा जंगल में रहता है, किन्तु वास लेने चला आता है।

अतः, इलियट का निष्कर्ष यह है कि कविता को समझने के लिए कवि को समझना बहुत आवश्यक नहीं है। इसी रचना-प्रक्रिया को समझते हुए आगे उन्होंने कहा कि 'कवि के पास अभिव्यक्त करने के लिए व्यक्तित्व नहीं, बल्कि एक विशेष माध्यम होता है, जो केवल एक माध्यम ही होता है, व्यक्तित्व नहीं।'

"The poet has not a 'personality' to express, but a particular medium, which is only a medium and not a personality."

(दिनांक : 17.09.1980)

2

इलियट के निर्वैयक्तिक सिद्धान्त को स्पष्ट करने के लिए हम लोग दूसरा उदाहरण देख रहे थे।

रोमांटिक काव्य सिद्धान्त में कवि कविता का कर्ता होता है। इसमें उसकी भूमिका महत्त्वपूर्ण होती है। सृष्टि निर्माण में जो स्थान विधाता का होता है, कविता में वही स्थान कवि का होता है। आनन्दवर्धन ने कहा कि 'अपारे काव्यसंसारे कविरेकः प्रजापति'।

प्रजापति अर्थात् विधाता, ब्रह्मा। अतः उसे जैसा रुचता है, वैसा संसार बनाता है। काव्य संसार का ब्रह्मा कवि है। काव्य उसकी रुचि एवं शक्ति पर निर्भर है। यह रोमांटिक काव्य सिद्धान्त है। इसके अनुसार काव्य को जानने के लिए कवि को जानना आवश्यक हो जाता है, क्योंकि वह काव्य का विधाता है। अतः इस सिद्धान्त में कवि के व्यक्तित्व पर बहुत बल दिया जाता है।

इलियट ने इसे ग़लत माना। उनके अनुसार कवि कर्ता नहीं, काव्य का माध्यम होता है। अतः उन्होंने कवि के महत्त्व को निरर्थक सिद्ध कर दिया।

कहा कि वह कुछ दूसरी चीज़ है जो उसके व्यक्तित्व से अभिव्यक्त होती है, स्वयं उसका व्यक्तित्व नहीं। व्यक्तित्व सिर्फ़ माध्यम है।

माध्यम का सिद्धान्त रोमांटिक आलोचना में भी मिलता है; जैसे टैगोर के यहाँ। कवि अपनी उपमा बाँसुरी से देता है! 'तुम्ही गाते हो अपना गान, व्यर्थ पाता हूँ मैं सम्मान'।

अर्थात्, कवि मैं नहीं हूँ। वह दूसरा है, एक पराशक्ति है। वास्तविक कवि पराशक्ति है। कवि मात्र माध्यम है।

अध्यात्म में विश्वास करने वाले सभी भक्त कवि स्वयं को कवि नहीं मानते। वे सब कुछ भगवान को मानते हैं। अतः कर्ता परम शक्ति है, कवि माध्यम है।

जेहि पर कृपा करहिं जनु जानी। कबि उर अजिर नचावहिं बानी।

किन्तु, दोनों माध्यमों में अन्तर है। रोमांटिक या रहस्यवादी या भक्त कवि किसी परम सत्ता को माध्यम मानते हैं किन्तु इलियट की मान्यता धार्मिक नहीं, इहलौकिक है। वे परम्परा अर्थात् साहित्य परम्परा को माध्यम मानते हैं, पराशक्ति को नहीं। उनके अनुसार कवि परम्परा का माध्यम होता है। उनका कथन है कि 'एक कलाकार की प्रगति एक अनवरत आत्म बलिदान है, व्यक्तित्व का निरन्तर निर्वापन'। वह क्षण विशेष में अपने से किसी अधिक मूल्यवान वस्तु के प्रति समर्पण करता जाता है।

"The progress of an Artist is a continual self & sacrifice, a continual extinction of personality."

निर्वापन, अर्थात् बुझाना, extinction। एक कलाकार जैसे-जैसे रचना करता है, वैसे-वैसे अपने व्यक्तित्व का बलिदान करता है, अपने व्यक्तित्व को बुझाता है। इसको इलियट ने डिपर्सोनलाइजेशन (depersonalization) कहा है, निर्वैयक्तीकरण कहा है। इसे उन्होंने कहा कि 'to the sense of tradition' अपने व्यक्तित्व को बुझाकर वह परम्परा के प्रति समर्पित होता है। अतः कहा कि 'कविता अहम् का विसर्जन है'। अतः वह परम्परा का एक माध्यम होता है।

कवि दूसरा माध्यम होता है, प्रभावों एवं अनुभवों का। उसके मानस में आये प्रभाव एवं अनुभव कविता का रूप लेते हैं। अतः कवि एक पात्र है। ये तत्त्व उसके मानस में रूप धारण करते हैं। अतः कवि माध्यम है।

यहाँ अहम् प्रधान नहीं है, अहम् का विसर्जन मुख्य होता है। अहम् मात्र माध्यम है। जैसे, कभी-कभी कुछ औरतों पर देवी या भूत आ जाता है। उस हालत में वे तमाम गूढ़ रहस्यों का उद्घाटन करती हैं, भविष्यवाणियाँ करती हैं।

तत्काल वह देवी ही रहती है। किन्तु, देवी के चले जाने के बाद वह पूर्ववत एक साधारण औरत रह जाती है। वैसे ही काव्य सृजन एक विशेष आवेश का परिणाम है। काव्य सृजन के बाद कवि का वह व्यक्तित्व नहीं रह जाता, एक साधारण व्यक्ति बच जाता है।

इस माध्यम के आधार पर इस तर्क परम्परा को आगे बढ़ाते हुए इलियट वर्ड्सवर्थ की कुछ मान्यताओं का खण्डन करते हैं। विज्ञान की एनालॉजी उन्होंने कविता के लिए इसलिए की क्योंकि वे कविता को विज्ञान के स्तर तक पहुँचाना चाहते थे। कविता एक साइंस है, वस्तु है। रोमांटिक कवि कविता को एक प्राकृतिक वस्तु समझते थे। अतः वे उसे एक 'सहज प्रवाह', भावों का उच्छलन मानते थे—"इश्क़ को दिल में जगह दे अकबर, इल्म से शायरी नहीं आती।"—अकबर इलाहाबादी। निर्वैयक्तीकरण (depersonalization) का सिद्धान्त कहता है कि कविता व्यक्तिगत सुख-दुःख न रहे बल्कि वह एक समष्टिगत वस्तु हो, एक वस्तुनिष्ठ अनुभव हो जो सबके काम आये। तुलसीदास के साहित्य को हम इसलिए नहीं पढ़ते कि उनकी रामकहानी सुनें, बल्कि इसलिए कि उसमें एक ऑब्जेक्टिव एक्सपीरिएंस है।

(दिनांक : 18.09.1980)

3

वस्तुनिष्ठ सह-सम्बन्ध का सिद्धान्त (Theory of Objective Correlative)

टी. एस. इलियट का दूसरा सिद्धान्त, जिसे नयी आलोचना की एक विशिष्ट अवधारणा माना जाता है, वह है 'ऑब्जेक्टिव को-रिलेटिव', वस्तुनिष्ठ-सह-सम्बन्ध। उनका एक निबन्ध है—'हैमलेट एंड इट्स प्रॉब्लेम्स' (Hamlet and its Problems)। इस निबन्ध का एक प्रसिद्ध उद्धरण है—"The only way of expressing emotion in the form of art is by finding an" Objective Correlative; in other words, a set of objects, a situation, a chain of events which shall be the formula of that particular emotion; such that when the external facts, which must terminate in sensory experience, are given, the emotion is immediately evoked."

आम तौर से कलाओं में कविता, कहानी, चित्रकला शामिल है। सभी कलाएँ भावों की अभिव्यक्ति करती हैं। चाहे वह चित्रकला ही क्यों न हो, कलाकार किसी-न-किसी रूप में अपने भावों की अभिव्यक्ति करता है; जैसे—

प्रेम की, करुणा की आदि। अतः, कलाओं से रचनाकार भावों की अभिव्यक्ति करते हैं।

प्रश्न उठता है कि कैसे करते हैं? सीधे?

आह, वाह! ये सबसे छोटे शब्द हैं जिनसे हम अपनी भावाभिव्यक्ति करते हैं।

इलियट के अनुसार भावों की अभिव्यक्ति सीधी हो ही नहीं सकती। अगर किसी सौन्दर्य का वर्णन आह, वाह! करके झूमते रहें तो दूसरा उस सौन्दर्य को नहीं समझ सकता। ऐसी भावाभिव्यक्ति रोमांटिक कवियों की ही होती है, जिसे भावाच्छ्वास कहा जा सकता है।

शेली—

"We look before and after, and pine for what is not; Our sincerest laughter with some pain is fraught; Our sweetest songs are those that tell of Saddest thought."

शेली एक जगह और कहते हैं कि मैं जीवन के काँटों पर इस प्रकार गिर पड़ा हूँ कि...

किन्तु वे काँटे क्या हैं, बिना यह कहे कोई क्या समझेगा?

इलियट ने कहा कि भावाभिव्यक्ति का तरीक़ा यह नहीं है, बल्कि को-रिलेशन होना चाहिए। वस्तुओं, स्थितियों, घटनाक्रमों का वर्णन किये बिना प्रभाव उत्पन्न नहीं होगा। वस्तुओं, स्थितियों, घटनाक्रमों, जिनके कारण मन में भाव पैदा हुए हैं, उन्हें रख देने से पाठक के मन में भी वे भाव उत्पन्न होंगे, जो द्रष्टा के हृदय में हुए थे।

वाल्मीकि ने लिखाः

मा निषाद प्रतिष्ठां त्वमगमः शाश्वतीसमाः।
यत्क्रौंचमिथुनादेकमवधी काममोहितम् ॥

वाल्मीकि ने पहले घटना का वर्णन किया, वस्तु का वर्णन किया। उसके बाद शाप दिया। केवल शाप दे देने से दूसरों के मन में वैसी करुणा उत्पन्न होती या नहीं, यह नहीं कहा जा सकता।

अतः, जिन घटनाओं, स्थितियों से हमारे मन में भाव पैदा हुए, उन्हें रखने से दूसरों के मन पर सदृश भाव पैदा होते हैं। इसे ही इलियट ने 'ऑब्जेक्टिव कोरिलेटिव' अर्थात् कोरिलेटिव टू सब्जेक्टिव इमोशन, आत्मनिष्ठ भाव के अनुरूप वस्तुनिष्ठ अभिव्यक्ति कहा जो बाहरी अनुभव दिये जाते हैं, उनकी अभिव्यक्ति, कविता का प्रभाव हमारे मन पर ही नहीं, बल्कि इन्द्रियों पर भी पड़ता है; जैस— रोमांच होना। इसे ही sensory experience, ऐन्द्रिय अनुभव कहते हैं।

[ऐन्द्रिक = इन्द्र से सम्बन्धित] ऐन्द्रिय = इन्द्रियों से सम्बन्धित।

इसलिए घटनाओं की परिणति आम तौर पर ऐन्द्रिय अनुभव में होनी चाहिए। वर्णन इतना मूर्तिमान हो कि आपके सामने उसका रूप खड़ा हो जाये। इलियट ने इन सबको इमेजरी या बिम्ब-योजना कहा। बिम्ब-योजना वस्तु का नाम लेने से नहीं, संश्लिष्ट चित्रण से होती है। जैसे, कमल कह देने से हमारे सामने उसका रूप नहीं आता। संश्लिष्ट चित्रण से हमारे सामने चित्र उपस्थित हो जाता है। और इससे सम्भव है कि ऐन्द्रिय अनुभव भी हमें हो जाये। भाव उत्पन्न हो। कालिदास ने शैवाल से लिपटा कमल कहा इससे हमारे सामने एक चित्र, बिम्ब उपस्थित होता है और यह हमारे मन पर प्रभाव डालता है। अतः भावाभिव्यक्ति के लिए वस्तु, स्थितियों, घटनाओं का ऐसा चित्रण होना चाहिए जिससे sensory experience हो। भाव evoked हो।

एक व्यक्ति का भाव दूसरे व्यक्ति में ट्रांसफर नहीं होता, और न हो सकता है। जैसे, एक व्यक्ति का क्रोध किसी नली द्वारा दूसरे में ट्रांसफर नहीं हो सकता। भाव एवोक (evoke) होता है, उद्‌बुद्ध होता है। पहले से मन में भाव राशि का होना अनिवार्य है। अन्यथा कितनी भी कविता पढ़ ले कुछ नहीं होगा। कलाकार भाव का सम्प्रेषण नहीं करता। वह वस्तु, घटनाओं को सामने रख देता है, उसी से भाव evoke होता है। काव्यगत भाव, जिसे रस कहते हैं, उसका कथन नहीं होता। रस 'स्वशब्दवाच्य' नहीं होता। अर्थात् क्रोध की अभिव्यक्ति क्रोध शब्द से नहीं होती। प्रेम कहने से प्रेम प्रदर्शित नहीं होता। इसलिए काव्यशास्त्र में कहा गया है कि भाव 'स्वशब्दवाच्य' नहीं होता। सीता ने वन गमन के समय रास्ते में स्त्रियों से कुछ नहीं कहा, किन्तु उनकी भाव-भंगिमा से लोग समझ गये कि क्या बात है। राम सीता के कौन हैं। इसलिए रस में 'स्वशब्दवाच्य' एक दोष माना जाता है। पण्डितराज ने कहा कि 'मेरे पुत्र हुआ है' कहने से कोई प्रभाव नहीं पड़ता। रस को उसी शब्दों से कहना गुनाह है। इसीलिए संस्कृत आचार्यों ने कहा कि भाव व्यंग्य होता है, संकेतित होता है।

वो बात सारे फ़साने में जिसका ज़िक्र न था,
वो बात उनको बहुत नागवार गुज़री है।

काव्य का एक रूप यह भी है। कविता में चुप्पी का भी बहुत महत्त्व होता है। और, जो बात नहीं कही गयी है, वह बात व्यंजित होती है। सजेस्टिव (suggestive) होती है। अतः वे नाटक, उपन्यास ज़्यादा अच्छे होते हैं, जिसमें कोई बात लेखक स्वयं न कहकर, न समझाकर रखता है, बल्कि पाठक स्वयं समझता है। 'पूस की रात' में यह कहीं ज़िक्र नहीं है कि किसानों का बहुत शोषण होता है।

हल्कू नहीं कहता है कि समाज में बहुत शोषण है, विषमता है; दुनिया में मैं आग लगा दूँगा, क्रान्ति कर दूँगा। ऐसा कहने पर कहानी दो कौड़ी की हो जाती। तीन रुपये कम्बल के लिए रखना, हल्कू का खेत में जाना, कुत्ते का साथ, आग तापना और अन्त में यह कहना कि अच्छा है, अब रखवाली तो न करनी पड़ेगी। यह सब बातें पाठकों पर प्रभाव डालती हैं और उन्हें स्वयं आगे समझने के लिए बाध्य करती हैं।

यह ऑब्जेक्टिव कोरिलेटिव का सिद्धान्त कला में यथार्थवाद का सिद्धान्त है। इसके द्वारा वे आत्मनिष्ठ काव्य सिद्धान्त के विरुद्ध वस्तुनिष्ठ काव्य सिद्धान्त की स्थापना करते हैं। मनोगत भाव के वर्णन के लिए उपयुक्त चरित्र, सही घटना, स्थिति या घटनाक्रम का चयन होना चाहिए।

इलियट ने आत्मनिष्ठ रोमांटिक काव्य का विरोध करके साहित्य के सभी रूपों में यथार्थवादी वस्तुनिष्ठ सिद्धान्त पर बल दिया।

(दिनांक : 14.10.1980)

4

संवेदना का पृथक्करण सिद्धान्त (Dissociation of Sensibility)

इस सिद्धान्त की स्थापना इलियट ने क्यों की, क्या प्रयोजन था?

इस सिद्धान्त की स्थापना इलियट ने रोमांटिक काव्य सिद्धान्त के विरुद्ध की। सबसे अधिक आपत्ति उन्हें उसके भावोच्छ्वास से थी। इसके विपरीत वे कविता में बौद्धिक तत्त्वों के हिमायती थे। अंग्रेज़ी कविता के इतिहास में एक विशेष अवधारणा उत्पन्न हुई जिसका परिणाम यह काव्य सिद्धान्त है। विज्ञान और इसके साथ-साथ टेक्नोलॉजी का वर्चस्व बढ़ने और औद्योगिकीकरण की प्रक्रिया तेज़ होने, इन तमाम चीज़ों के सामूहिक प्रभाव से संवेदना का पृथक्करण हो गया। अर्थात् बुद्धि और हृदय एक-दूसरे से अलग हो गये। किन्तु, कविता का सम्बन्ध हृदय से माना जाता रहा। अतः मस्तिष्क से उसका सम्बन्ध स्पष्ट अलग हो गया और कविता में रोमांटिक तत्त्वों की, भावोच्छ्वास की आत्माभिव्यक्ति की बढ़ोत्तरी हुई। संक्षिप्ततः, यही संवेदना का पृथक्करण है। इलियट के अनुसार इसके पहले अंग्रेज़ी कविता में 'मेटाफिजिकल पोएट्री' की रचना हो रही थी, जिसके प्रमुख कवि जॉन डन, हार्बर्ट मार्वेल आदि हैं। इन कवियों की कविताओं में संवेदना का पृथक्करण नहीं हुआ था।

इनमें हृदय और बुद्धि दोनों का संयोग मिलता है। यह अनुभूति और विचारों की कविता है। इलियट के शब्दों में 'फेल्ट थॉट' (felt thought) की कविता है।

इन मेटाफिजिकल कवियों की परम्परा को आगे बढ़ाते हुए आधुनिक काल में इलियट ने जिस आधुनिकतावादी कविता की नींव डाली, उसमें बुद्धि और हृदय के संयोग का प्रयास किया गया है, जिसे इलियट Unified Sensibility (अविभाजित संवेदना) कहते हैं। अविभाजित संवेदना की कविता स्वभावतः जटिल कविता है, complex poetry। इस सिद्धान्त के द्वारा इलियट ने जटिल काव्य की हिमायत की। इलियट की दृष्टि में रोमांटिक कविता सरलीकृत भावों की कविता है। इसे किशोर भावुकता की कविता भी कहा जाता है। इस जटिल काव्य की अवधारणा का प्रभाव आलोचना पर भी पड़ा। जटिल काव्य के विश्लेषण के लिए एक विशेष प्रकार की आलोचना का विकास हुआ, जिसकी प्रवृत्ति विश्लेषणात्मक और टेक्निकल थी। कामायनी का पूरा ढाँचा ही इस सिद्धान्त पर आधारित है। मनु (मन) पहले श्रद्धा को छोड़ता है और बुद्धि का सहारा लेता है। इससे उन्हें तमाम कष्ट झेलने पड़ते हैं।

ज्ञान दूर कुछ क्रिया भिन्न है, इच्छा क्यों पूरी हो मन की।
एक दूसरे से न मिल सके, यह विडम्बना है जीवन की।

रोमांटिक कवियों ने भी हृदय एवं मस्तिष्क में पार्थक्य माना है, किन्तु उन्होंने हृदय को अधिक महत्त्व दिया है। जैसे कामायनी में श्रद्धा हृदय का प्रतीक है, इड़ा बुद्धि का। मनु श्रद्धा को छोड़कर अपने भौतिक सुखों के लिए इड़ा का साहचर्य ग्रहण करते हैं, किन्तु इड़ा उनके लिए अभिशाप सिद्ध होती है। युद्ध होता है, आदि, आदि और मनु को पुनः श्रद्धा के ही शरण में वापस आना पड़ता है। कामायनी में इस प्रसंग का तात्पर्य यह है कि बुद्धि ही सारी बुराइयों की जड़ है।

किन्तु, इलियट कविता को हृदय से नहीं, बुद्धि से जोड़ते हैं। रोमांटिक कवि भावुकता, उच्छ्वास एवं प्रेम में इतने खो गये हैं कि चाँदनी रात में उन्हें सौन्दर्य ही सौन्दर्य दिखाई देता है, जबकि चाँदनी रात में जगत की कुरूपताएँ भी तो हैं, 'धैर्य धन गदहा' भी तो खड़ा दिखाई देता है। किन्तु, रोमांटिक कवि को यह दिखाई नहीं देता।

रोमांटिक कवियों ने कविता की दुनिया को अत्यन्त सरल बना दिया। रोमांटिक कवियों की कविता की दुनिया में प्रेम के अलावा कोई अन्य आर्थिक-सामाजिक आदि दायित्व नहीं।

जटिल कविता की आलोचना भी जटिल होगी। इसलिए इलियट ने जटिल, सूक्ष्म आलोचना की आवश्यकता महसूस की।

रेने वेलेक–"T.S. Eliot is by far the most important critic of the 20th century in the English speaking world. His influence on contemporary taste in poetry is most conspicuous. He has done more than anybody else to promote the shift of sensibility away from the taste of the Georgians and to revaluate the major figures and periods in the history of English poetry. He reacted most strongly against Romanticism. He criticized Milton and the Miltonic traditions. He exalted Dante, the Jacobean dramatist, the Metaphysical poets, Dryden and the French symbolies as the tradition of great poetry. But Eliot is at least equally important for his theory of poetry which buttresses this new taste and which is much more coherant and systematic than most commentators have the allowed. His concept of Impersonal poetry, his description of the creative process which demands a unified sensibility, and uses an objective correlative, his justification of tradition, his scene of the History of English poetry as a process that led to the dissociation of an originally unified sensibility, his emphasis on the perfection of common speech as the language of poetry, his discussion of the relation between ideas and poetry under the term 'belief' all these are important critical matters for which Eliot found memorable formulas, if not always convincing solutions."

–The Criticism of T.S. Eliot Rene Wellek

अंग्रेज़ी आलोचना में इलियट की क्या देन है, इसे रेने वेलेक के इस कथन के सहारे समझा जा सकता है। (देखें–आलोचना-7)

(दिनांक : 15.10.1980)

आई.ए. रिचर्ड्स
(कक्षा-व्याख्यान)

1

नयी आलोचना के दूसरे स्तम्भ आई. ए. रिचर्ड्स हैं। रिचर्ड्स को कवि के रूप में वह स्थान नहीं प्राप्त है, जो साहित्य सिद्धान्त के क्षेत्र में या आलोचक के रूप में। ये इलियट से छोटे हैं एवं इनका साहित्यिक जीवन इलियट से दो-चार साल बाद का है। ये बहुभाषाविद् थे एवं इनके अध्ययन का मुख्य विषय मनोविज्ञान था। इन्हें प्रतीक विज्ञान का अच्छा ज्ञान था। ये बहुत अच्छे वक्ता थे तथा शिक्षा शास्त्र में भी इनकी दिलचस्पी थी। इन्होंने स्वयं कवि के एवं अपनी कविता के अनुभवों को आलोचना या सिद्धान्त का रूप दिया। जी.ई. मूर (G.E. Moore) ने 'प्रिंसिपिया इथिका' ('Principia Ethica') पुस्तक में यह दिखाने की कोशिश की कि 'Good' (शुभ) की परिभाषा अत्यन्त कठिन है। 'Good' किसी वस्तु का गुण नहीं है, बल्कि मनुष्य के भाव, विचार एवं राय की अभिव्यक्ति है। 'सुन्दर' के सम्बन्ध में भी यही बात है। यह भी कोई ऐसी चीज़ नहीं जो किसी वस्तु में निहित है, बल्कि हमारी सलाह की अभिव्यक्ति है। तात्पर्य यह है कि ये चीज़ें वस्तुनिष्ठ नहीं, आत्मनिष्ठ हैं। नीति शास्त्र के सन्दर्भ में इस सापेक्षतावाद का बहुत ही क्रान्तिकारी असर पड़ता है।

दूसरी ओर लुडविग विटिंग्स्टाइन की महान दार्शनिक पुस्तक 'ट्रक्टेटस लॉजिको-फिलोसोफिक्स' ('Tractatus Logico philosophicus') है। यह सूत्रों में लिखी हुई पुस्तक है। यह किताब दर्शन के क्षेत्र में क्रान्तिकारी महत्त्व रखती है। इस पुस्तक से रिचर्ड्स का सम्बन्ध है। सी. के. आग्डेन (C.K. Ogden) ने इस पुस्तक का अनुवाद किया। ये रिचर्ड्स के मित्र और सहयोगी थे। रिचर्ड्स ने Ogden के साथ 1920-22 में 'Meaning of Meaning' किताब प्रकाशित कराई थी।

रिचर्ड्स की दार्शनिक पृष्ठभूमि–Logical Positivism, हिन्दी में विधेयवाद। मेटा-फिजिक्स–पराभौतिकी, अध्यात्म विद्या। ब्रह्म-जगत आदि की चर्चा। अर्थशून्य वाग्जाल, निरर्थक। कोई कथन सत्य तभी होगा, जब उसे जाँचा जा सके। विज्ञान यही कहता है। यदि कहा जाये–ब्रह्म सत्य, जगत मिथ्या। किन्तु, इस कथन को जाँचा ही नहीं जा सकता। इसको जाँचने का कोई सन्दर्भ ही प्रस्तुत नहीं है। अतः ऐसे सारे कथन व्यर्थ हैं। इसलिए विटिंग्स्टाइन ने कहा कि सारे दार्शनिक कथन व्यर्थ के वाग्जाल हैं। अतः ऐसा वक्तव्य देना चाहिए जिसकी जाँच की जा सके। लेकिन, अपने ग्रन्थ के अन्त में उन्होंने यह भी कहा कि कुछ ऐसा भी है जो अर्थ से परे है। सारा जगत एक भाषिक जगत है। उन्होंने एक विज्ञान सम्मत दर्शन दिया। कुछ चीज़ें शब्दातीत अवश्य हैं, किन्तु उसके बारे में कुछ कहा नहीं जा सकता, जिसके लिए कोई शब्द नहीं है। उसका वर्णन करने से अच्छा है, चुप रहना। सभी दार्शनिक जो समक्ष है, उसको नहीं कहते थे। जिसे नहीं कहा जा सके, उस पर ग्रन्थ के ग्रन्थ लिखते थे। विटिंग्स्टाइन ने इसका विरोध किया। उसने कहा कि कथन वही होना चाहिए जिसका वेरीफिकेशन किया जा सके।

ठीक यही सिद्धान्त रिचर्ड्स ने साहित्य के क्षेत्र में लागू किया, जिसे विटिंग्स्टाइन ने दर्शन के क्षेत्र में कहा था।

कवियों में भी कुछ दार्शनिक कवि थे, जिनकी दृष्टि में संसार नहीं था, बल्कि एक पराभौतिक चीज़ थी। उदाहरण के लिए जायसी 'मानसरोदक' खण्ड में किसी परम सुन्दर वस्तु को ब्रह्म मानते हैं। पद्मावती के रूप को पारस रूप कहा है। पद्मावती की हँसी हंस के रूप में फैल गयी। परम सुन्दर तत्त्व, अतीन्द्रिय वस्तु की एक अलग दुनिया है। उसकी छाया जगत पर पड़ती है। जगत की सुन्दरता उसकी छाया मात्र है। प्रतीकवाद। दर्शन में जो अध्यात्मवाद था, कविता में वही प्रतीकवाद हुआ। विटिंग्स्टाइन की तरह रिचर्ड्स ने कहा कि यह सौन्दर्य (परम सत्ता) का वर्णन मात्र वाग्जाल है। इस परम सौन्दर्य की सत्यता जाँची नहीं जा सकती। दर्शन में जो अध्यात्म विद्या है, कविता में वही प्रतीकवाद है; और कला के क्षेत्र में वही सौन्दर्यवाद है। रिचर्ड्स के अनुसार Beauty चुड़ैल है। प्रतीकवादी और सौन्दर्यवादी दार्शनिक सौन्दर्य को जो महत्त्व देते थे, उसे रिचर्ड्स ने चुड़ैल और लकवा कहा।

सूफ़ी भी सौन्दर्य को अलौकिक मानते थे। रिचर्ड्स ने ऐसी मान्यता को ध्वस्त किया।

रिचर्ड्स ने भाषा के बारे में 'The Meaning of Meaning' में विचार किया। उन्होंने कहा कि भाषा के दो प्रयोग होते हैं।

रिचर्ड्स ने भाववादी सौन्दर्य शास्त्र की सौन्दर्यवादी अलौकिक कल्पना, प्रतीकवाद तथा कलावाद के विरुद्ध अपना सिद्धान्त दिया। उन्होंने व्यापक रूप से इन चीज़ों पर तथा प्रकारान्तर से रोमांटिक कविता पर भी प्रहार किया।

(दिनांक : 22.10.1980)

2

द्वितीय महायुद्ध के बाद कैम्ब्रिज का वातावरण...। लॉजिकल पोजिटिविज़्म (Logical Positivism) का एक पहलू है—विज्ञान का प्रभाव। विज्ञान के समक्ष कविता के स्वरूप का प्रश्न खड़ा हो गया था। विज्ञान का सर्वप्रथम प्रभाव धर्म पर पड़ा। ईश्वर की सर्वशक्तिमत्ता को चुनौती मिली। डार्विन के सिद्धान्त के अनुसार मनुष्य का विकास एक निश्चित नियम के अनुसार हुआ है। वह भगवान द्वारा निर्मित नहीं है। न्यूटन के मेकानिक्स के नियम से भी ईश्वर की प्रभुता समाप्त हो गयी जब ईश्वर इतना कमज़ोर और शक्तिहीन हो गया तो फिर मनुष्य उसमें क्यों विश्वास करे। अब धर्म इतना अवश्य रहा कि इससे मानसिक शान्ति मिलती है। विज्ञान के बढ़ते प्रभाव से धर्म निःशक्त हो गया। इस युग में धर्म का काम कविता करती है। जब धर्म से मानसिक शान्ति मिलती है, तो यह काम कविता भी कर सकती है। मैथ्यू आर्नल्ड ने घोषणा की कि कविता यह काम कर सकती है। किन्तु, कैसे कर सकती है, जिससे वैज्ञानिक सोच वाले लोग भी कविता से सन्तुष्ट हो सकें।

दर्शन के क्षेत्र में जैसे तमाम निरर्थक वाग्जाल थे, वैसे ही कविता और आलोचना में भी निरर्थक वाग्जाल और भावुकता थी। रिचर्ड्स ने इसका विरोध किया, जैसे इलियट ने किया था। आलोचना के क्षेत्र में वैज्ञानिक पद्धति की स्थापना का प्रयास हुआ। आलोचना को वैज्ञानिक बनाने का प्रयास हुआ। हिन्दी साहित्य के इतिहास में शुक्ल जी ने लिखा है कि आधुनिक काल में किस प्रकार रिचर्ड्स ने आलोचना के मार्ग के झाड़-झंखाड़ को साफ़ किया। कविता की आलोचना कविता की भाषा में की जाती थी। यह प्रवृत्ति अंग्रेज़ी में भी थी। इस आलोचना शैली से वस्तुस्थिति स्पष्ट नहीं हो पाती थी।

उदाहरण के लिए—'वाह रे अन्धे कवि सूर...!'

ऐसी आलोचनाओं के सम्बन्ध में रिचर्ड्स ने कहा कि यह आलोचना नहीं है। इससे लोगों के उद्गार व्यक्त होते हैं। उनके पूर्वाग्रहों, सम्मतियों का पता चलता है। यदि आलोचना मूल्यांकन है तो इसे वैज्ञानिक होना चाहिए; जैसे विज्ञान में प्रत्येक चीज़ों की नाप तौल निश्चित है, उसमें मतभेद नहीं होता। रिचर्ड्स ने प्रयास किया कि आलोचना को कैसे वैज्ञानिक बनाया जाये।

रिचर्ड्स का दूसरा प्रयास आलोचना की पद्धति के विकास के क्षेत्र में था। इस जीवन-जगत के बारे में सत्य या ज्ञान का साधन विज्ञान के युग में विज्ञान है। विज्ञान के कारण हमारा ज्ञान बढ़ गया है। प्रश्न यह है कि कविता वैज्ञानिक मस्तिष्क के अनुकूल हो सकती है या नहीं। विज्ञान के विकास के साथ सन्देह में वृद्धि तथा आस्था में कमी हुई है। इसलिए जीवन में अनिर्णय एवं अनिश्चय की स्थितियाँ आती गयी हैं। पहले धर्म में लोगों की आस्था थी। आर्नल्ड ने कहा कि कविता का उपयोग विज्ञान के नज़दीक हो सकता है। किन्तु, कैसे हो सकता है, यह रिचर्ड्स ने बताया। उन्होंने भाषा के दो उपयोग बताये। 'टू यूजेज ऑफ़ लैंग्वेज़' उनका मशहूर सिद्धान्त है। इसमें उन्होंने दिखाने की कोशिश की कि भाषा का एक प्रयोग विज्ञान में होता है और दूसरा विज्ञान से इतर।

"A statement may be used for the sake of the reference, true or false, which it causes. This is the scientific use of language. But it may also be used for the sake of effects in emotion and attitude. This is the emotive use of language."

[The Principles of Literary Criticism' by I.A. Richards.]

किसी कथन का प्रयोग सन्दर्भ के लिए किया जा सकता है, चाहे वह सत्य हो या असत्य। यह भाषा का वैज्ञानिक प्रयोग है। इसका प्रयोग उस प्रभाव के लिए भी किया जा सकता है, जो इसके कारण संवेग और अभिवृत्ति पर पड़ता है। यह भाषा का रागात्मक प्रयोग है।

रेफेरेंस-1. "Science makes statements, but poetry makes pseudo statements. Their referential value is nil."

विज्ञान वक्तव्य देता है, किन्तु कविता छद्म वक्तव्य देती है—उनका सन्दर्भगत मूल्य शून्य होता है।

विज्ञान की भाषा तथ्यात्मक होती है। इसका रेफेरेंस अवश्य होता है। उसकी व्यंजना नहीं की जा सकती। किन्तु, कभी-कभी भाषा का प्रयोग तथ्य-निर्देश के लिए नहीं, बल्कि भावोद्रेक के लिए, स्वभावाभिव्यक्ति के लिए भी होता है। जैसे— मनुष्य के लिए गदहा सम्बोधन, माता के लिए गंगा सम्बोधन।

अतः एक ही वाक्य का प्रयोग तथ्य-निर्देश के लिए भी हो सकता है और भावाभिव्यक्ति के लिए भी। एक ही भाषा का प्रयोग विज्ञान और कविता—दोनों के लिए हो सकता है; केवल उनके प्रयोग के प्रयोजन में अन्तर होगा। प्रयोजन-भेद से विज्ञान और कविता की भाषा में अन्तर होता है। ऐसा नहीं कि भाषा के दो रूप होते हैं— विज्ञान का अलग, कविता का अलग। जब वाक्य का प्रयोग भाव जगाने के लिए होता है, तो यह भाषा का काव्य-प्रयोग होता है तथा जब तथ्य-निर्देशन के लिए होता है तो वह भाषा का वैज्ञानिक प्रयोग। भाषा के दो प्रयोग होते हैं, दो रूप नहीं। स्यूडो स्टेटमेंट न झूठे होते हैं, न सच्चे। क्योंकि, उनकी झुठाई-सच्चाई की जाँच नहीं हो सकती। 'चल खुसरो घर आपने, रैन भई चहुँ देस' से हम प्रभावित होते हैं, किन्तु यह पता नहीं लगाया जा सकता कि वास्तव में चारों ओर रात हुई थी या नहीं। कविता में तथ्य की दृष्टि से नहीं, भावोद्रेक के लिए वाक्य का प्रयोग होता है। उसमें ग़लत सही का पता नहीं लगाया जा सकता। छद्‌म वक्तव्य का अर्थ भ्रम नहीं है, बल्कि वह कथन है, जो न तो सत्य है, और न झूठ। जिसकी सच्चाई झुठाई की जाँच नहीं की जा सके। रिचर्ड्‌स ने कविता की भाषा को छद्‌म वक्तव्य कहा। इस छद्‌म का अर्थ कुछ लोग भ्रम से लगाते हैं। उनके अनुसार रिचर्ड्‌स ने कहा कि कविता झूठ होती है। ऐसे लोगों ने रिचर्ड्‌स पर आरोप लगाया कि वे विज्ञान की अपेक्षा कविता को नीचा दिखाते हैं।

(दिनांक : 23.10.1980)

3

भाषा के दो प्रयोग हैं—वैज्ञानिक प्रयोग और रागात्मक प्रयोग। रागात्मक प्रयोग में छद्‌म वक्तव्य होता है, जो न सही होता है, न ग़लत। कविता किसी तथ्य को न स्वीकार करती है, न इनकार। जगत के बारे में जो स्थापना वैज्ञानिक करता है, कविता ऐसा कोई काम नहीं करती। कविताओं में हम जीवन के बारे में सन्देश पाते हैं। उसमें राजनीति पर टिप्पणी भी होती है। ऐसे तमाम काम कविता करती है। वह दृष्टि, दर्शन, ज्ञान देती है। किन्तु, रिचर्ड्‌स कविता का काम मात्र भावाद्रेक मानते हैं। रिचर्ड्‌स के अनुसार वह ज्ञान, उपदेश, दर्शन नहीं देती। कवि जो कहता है, उससे असहमत होते हुए भी कविता को हम पसन्द कर सकते हैं। कविता एक ब्यूटीफुल लाइ, एक सुन्दर झूठ है। यही रिचर्ड्‌स कहते हैं। रामचरितमानस में तमाम भ्रान्तियाँ, अविश्वसनीय बातें हैं; फिर भी काव्य के

रूप में मानस श्रेष्ठ है, लोकप्रिय है। रिचर्ड्स कहते हैं कि कविता में विश्वास या आस्था का प्रश्न नहीं उठता।

काव्यानुभूति एवं जीवनानुभूति में कोई अन्तर नहीं होता। दोनों एक-दूसरे से जुड़े हैं, दोनों एकस्तरीय हैं। काव्यानुभूति भी उतनी ही लौकिक होती है, जितनी लौकिक जीवनानुभूतियाँ। कविता कोई अलौकिक वस्तु नहीं है। रिचर्ड्स इस माध्यम से धर्म, रहस्य और अलौकिकता का विरोध करते हैं। इस तरह उन्होंने कविता को यथार्थ के धरातल पर रखा है।

प्रश्न है कि रिचर्ड्स की मुख्य चिन्ता यह है कि जब कविता विश्वसनीय नहीं हो सकती है तो फिर वह कैसी हो सकती है कि उसमें आस्था हो सके, वह अपना मूल्य रख सके।

'भावों का सामरस्य या सन्तुलन'।

कविता मानसिक या मनोवैज्ञानिक उपचार है। इस वैज्ञानिक युग में जब सन्देह, अनास्था, तनाव, निराशा के कारण समाज में एक मनोव्याधि दिखाई देती है, रिचर्ड्स के अनुसार कविता इसका उपचार कर सकती है। कैसे? जैसे प्राचीन काल में काम, क्रोध आदि के दमन के लिए योग आदि। किन्तु, अब यह माना जाता है कि मनो-वृत्तियों के दमन से अस्वस्थता आती है, विस्फोट होता है। अतः उसका दमन नहीं होना चाहिए। उन्मोचन होना चाहिए।

बेंथम का सिद्धान्त—अधिकाधिक लोगों को अधिकाधिक सुख एवं सुविधा मिलनी चाहिए। यह उनका जनतान्त्रिक सिद्धान्त था। रिचर्ड्स ने इसी को कविता के क्षेत्र में लागू किया।

मनुष्य में अनेक वृत्तियाँ, अनेक एषणाएँ होती हैं। जब अधिक एषणाएँ तुष्ट हों और कम एषणाएँ अतृप्त, क्षुब्ध हों, तब मानसिक सन्तुलन है, भावों का सन्तुलन है।

व्यक्ति की मानसिक वृत्तियों का सन्तुलन कैसे हो? यह एक बड़ा प्रश्न है। इसी को रिचर्ड्स ने सायनेस्थीसिया (Synaesthesia) कहा कविता के द्वारा इन अनेक मानसिक वृत्तियों का सन्तुलन किया जा सकता है। आज के युग में कविता का सर्वाधिक मूल्य यही है—भावात्मक सन्तुलन, भावात्मक सामंजस्य। रिचर्ड्स ने कहा कि कविता आस्था, विश्वास, सत्य, ज्ञान आदि नहीं दे सकती है। जबकि, पहले कविता का यही उद्देश्य माना जाता रहा है।

रागात्मक सामंजस्य का जीवन में बहुत मूल्य है। कविता यह कार्य करती है। विज्ञान मानसिक सामंजस्य को नहीं स्थापित कर सकता। अतः कविता बहुत महत्त्वपूर्ण है।

वैज्ञानिक विकास के चलते व्यक्ति का मानसिक असन्तुलन हो गया। मन में कुण्ठा, निराशा, सन्देह, तनाव आदि भर गये। विज्ञान के पास इसके निवारण का कोई उपाय न था। अतः रिचर्ड्स ने कविता को इस उपयोग के लिए ठीक समझा। उसने कहा कि कविता व्यक्ति को इससे मुक्त रख सकती है।

अब प्रश्न यह है कि क्या सभी कविताएँ ऐसा कर सकती हैं?

(दिनांक : 24.10.1980)

4

रिचर्ड्स ने वृत्तियों के सन्तोष एवं विरोधी वृत्तियों के सामंजस्य या सन्तुलन का प्रयास किया और इसे उसने बड़ा मूल्यवान माना। उसने इस मूल्य को पाठक से हटाकर काव्य के स्वरूप पर भी लागू किया। इस मूल्य को कविता में कैसे संयोजित किया जाता है, सामंजस्य किस तरह से लाया जा सकता है, इसके लिए उन्होंने दो प्रकार के काव्य निरूपण किये।

(1) पोएट्री ऑफ़ इक्सक्ल्युजन (Poetry of Exclusion)–अपवर्जी काव्य।

(2) पोएट्री ऑफ़ इन्क्ल्युजन (Poetry of Inclusion)–अन्तर्वेशी काव्य।

प्रथम के अन्तर्गत कविता में संश्लिष्ट अनुभवों में से कुछ अनुभवों को अलग कर सजातीय अल्प अनुभवों को संयोजित किया जाता है। इसमें कवि विषमतावादी अनुभवों का अपवर्जन करता है। अतः कविता में कोई विषम स्वर नहीं होता और कविता एक संश्लिष्ट इकाई नहीं बनती है।

दूसरी कोटि में वह कविता आती है, जिसमें विरोधी, विषमतावादी, विजातीय और अप्रीतिकर अनुभवों का भी समावेश किया जाता है। और, इस प्रकार परस्पर विरोधी भावों के बीच सन्तुलन स्थापित करके अन्तर्वेशी काव्य का निर्माण होता है। स्वभावतः, इस प्रकार की कविता पहली की तुलना में जटिल होती है। रिचर्ड्स की दृष्टि में यह दूसरे प्रकार का काव्य, जो जटिल होता है, अधिक मूल्यवान है।

औसत रोमांटिक कविताएँ प्रायः अपवर्जी होती हैं। सभी रोमांटिक कविताएँ नहीं। इनमें प्रेम की कविताएँ अधिकांशतः ऐसी हैं, जिनकी अनुभूतियाँ, सभी तत्त्व प्रेम के स्वरूप में बाधा नहीं पहुँचाती। बल्कि, इन कविताओं में प्रेम निर्बाध गति से आगे बढ़ता है। आद्यन्त एक भाव का ही चित्रण होता है। किन्तु, जीवन में ऐसा नहीं होता कि प्रेम निर्बाध आगे बढ़े। कोई मानसिक या अन्य चिन्ता न हो। अतः वह समाज की परिस्थितियों से कटा हुआ एकभाव, एकांगी कवि है,

जो जीवन की जटिलता से दूर है। इसीलिए रोमांटिक कवियों को पलायनवादी कहा जाता है। प्रेम के साथ परिवार की चिन्ता, खाने-पीने की चिन्ता भी होती है। प्रेम में रोक-टोक भी होती है। किन्तु, रोमांटिक कविताओं में केवल एक ही भाव की अभिव्यक्ति होती है। उसमें कोई विरोधी भाव नहीं आते। कभी-कभी विरोधी विचार आते भी हैं तो वे अलग से लादे हुए मालूम होते हैं। जैसे, पन्त का 'नौका विहार'। चाँदनी और नौका प्रकरण में कोई ऐसा तत्त्व नहीं जो इसमें बाधा उत्पन्न करता हो। उस सौन्दर्य को खण्डित करने वाली कोई असुन्दरता इस पूरी कविता में कहीं नहीं है। एक यथार्थवादी साहित्यकार असुन्दरता को भी दिखाता है। पन्त की इस कविता में सर्वस्व सुन्दर दिखता है। अतः कुछ चीज़ें, जो यथार्थ हैं, इस कविता से अपवर्जित की गयी हैं। पूरी कविता भावमय ही न हो जाये, इसमें विचार भी आये, इसलिए उन्होंने अन्त में एक दार्शनिक निष्कर्ष रखा है, जो अलग से चिपकाया हुआ लगता है। रोमांटिक कविताओं में ही कुछ श्रेष्ठ कविताएँ भी हैं, जैसे—'सरोज स्मृति', 'राम की शक्तिपूजा'।

'सरोज स्मृति' एक शोक गीत है, किन्तु पूरी कविता में मात्र उस व्यक्ति का विलाप नहीं है, जिसकी पुत्री मर गयी है। उस करुणा में आर्थिक समस्याएँ भी हैं, जीवन के कड़वे प्रसंग भी हैं। विचार भी हैं, भाव भी हैं। उस लड़की के सन्दर्भ में उन्होंने अनेक बातें लिखी हैं। सरोज की बाल-क्रीड़ा भी है, विवाह के अवसर पर प्रकट होनेवाला सरोज का सौन्दर्य-वर्णन भी है। अर्थात् प्रीतिकर सन्दर्भों का भी वर्णन है। समाज पर व्यंग्य भी है। इसमें तमाम अनुभूतियाँ हैं। सारे खट्टे-मीठे अनुभवों से मिलकर यह कविता कहीं बाधित नहीं, बल्कि एक पूर्ण कविता प्रतीत होती है। यह भी ध्यातव्य है कि यह कविता सहज रोमांटिक से अधिक जटिल एवं पेचीदी हो गयी है। इसे अन्तर्वेशी काव्य कहते हैं। यह एक श्रेष्ठ कविता है।

इस प्रकार रिचर्ड्स ने काव्य में अन्तर्वेशी सिद्धान्त की स्थापना की और किस प्रकार कविता श्रेष्ठ हो सकती है, यह बताया।

जटिल काव्य के विश्लेषण का सिद्धान्त क्या है, उन्होंने बताया। जटिल काव्य की आलोचना भी जटिल होगी। कविता का सूक्ष्म विवेचन (क्लोज एनालिसिस) करना होगा। इस सिलसिले में रिचर्ड्स ने कुछ तत्त्वों का उल्लेख किया है। जैसे, आयरनी (Irony) या विडम्बना, जो अन्तर्वेशी काव्यों में होती है। जैसे 'सरोज स्मृति' में केवल शोक ही नहीं, अपने जीवन की विडम्बना भी है। बेटी की मौत का दायित्व कवि अपने ऊपर भी लेता है।

कविता में निहित विडम्बना को जानने के लिए सूक्ष्म विश्लेषण की ज़रूरत है। इस प्रकार, जटिल काव्य के साथ ही रिचर्ड्स ने आलोचना के जटिल स्वरूप का भी निरूपण किया।

(दिनांक : 28.10.1980)

5

रिचर्ड्स के आलोचना सिद्धान्त

(1) Principles of Literary Criticism, (2) Practical Criticism

रिचर्ड्स की पहली पुस्तक सिद्धान्त पर है और दूसरी व्यावहारिकता पर।

रिचर्ड्स द्वारा कविता के शीर्षक और कवि के नाम को गुप्त रखकर कविता देने पर उसकी आलोचना में छात्रों ने बहुत भूल की। भ्रान्तिपूर्ण आलोचनाएँ कीं। रिचर्ड्स ने कविता की क़रीब दस बाधाओं की चर्चा की, जिसे पार करने के बाद कविता का आस्वादन किया जा सकता है।

व्यावहारिक समीक्षा में उन्होंने छात्रों की प्रतिक्रियाओं को व्यक्त किया है। आलोचना नहीं की। इसलिए कुछ लोग उन्हें सिद्धान्तकार कहते हैं, समीक्षक नहीं।

ध्यान देने की बात है कि नयी समीक्षा के साथ रिचर्ड्स का सम्बन्ध विलक्षण है। रिचर्ड्स की आलोचना को नये समीक्षकों ने Affective Criticism कहा। नयी समीक्षा का आग्रह है कि कविता की आलोचना वस्तुनिष्ठ, अर्थात् कवि-पाठक निरपेक्ष होनी चाहिए। सापेक्ष आलोचना से हेत्वाभास दोष होगा। कविता को जाँचने का दूसरा माध्यम प्रभाव है। अर्थात्, यह कि इसका प्रभाव पाठक पर क्या पड़ता है। किन्तु, प्रभाव भिन्न भी हो सकता है। अतः प्रभाव के आधार पर कविता को जाँचना भ्रामक है। एक रागात्मक या प्रभावपरक हेत्वाभास है। Affective Fallacy–नये समीक्षकों ने कविता को कवि एवं पाठक से मुक्त करके देखने की हिमायत की है। लेकिन, रिचर्ड्स की आलोचना में हम बराबर देखते हैं कि उनकी सारी आलोचना पाठक को ध्यान में रखकर लिखी गयी है तथा कविता सम्बन्धी सारे विचार पाठकों के मन के विश्लेषण एवं उनकी प्रतिक्रिया पर निर्भर हैं। इसलिए उनकी आलोचना पाठकोन्मुख होने के कारण Affective Fallacy का शिकार होती है। अतः नये समीक्षकों से रिचर्ड्स का मतभेद यह है कि रिचर्ड्स पाठकों की भूमिका को बहुत महत्त्वपूर्ण मानते हैं। यह दोनों में बुनियादी मतभेद है।

आई.ए. रिचर्ड्स की राय में आस्वादक के बिना साहित्यिक कृति अपूर्ण है। और, किसी कृति का मूल्य कृति और पाठक के बीच की क्रिया-प्रतिक्रिया की सम्भावनाओं में निहित होता है। इसलिए केवल कृति की चर्चा करने का अर्थ है, कलात्मक समीकरण के आधे भाग की उपेक्षा, अर्धांश की उपेक्षा।

आई.ए.रिचर्ड्स आलोचना को क्या मानते हैं, इसे निम्नलिखित उद्धरण से समझा जा सकता है–"Criticism, as I understand it, is the endeavor to discriminate between experiences and to evaluate them. We cannot do this without some and understanding of the nature of experience or without theory of valuation, communication. Such principles as spply in criticism, must be taken from these more fundamental studies. All other critical principles are arbitrary and the history of the subject is record of their Obstructive influence."

इससे स्पष्ट है कि रिचर्ड्स अनुभव के मूल्यांकन को आलोचना का सबसे बड़ा कर्तव्य समझते हैं तथा उस काव्यानुभव की आलोचना की माँग करते हैं, जो किसी पाठक को कविता पढ़ने पर प्राप्त होता है। इससे यह भी स्पष्ट है कि रिचर्ड्स कविता के मूल्यांकन से ज़्यादा पाठक के अनुभव पर बल देते हैं, जो कविता पढ़ने के बाद होता है।

रिचर्ड्स ने आलोचना के दो रूप बताये हैं।

(1) **टेक्निकल क्रिटिसिज़्म**–इसका सम्बन्ध कृति से है। (2) **क्रिटिकल क्रिटिसिज़्म**–इसका सम्बन्ध पाठक की प्रतिक्रिया अथवा उसके अनुभव से है। प्रथम की अपेक्षा वे दूसरे को अधिक महत्त्व देते हैं।

The mistakes that is most common to the critics of art according to Richards is to attribute qualities to the work, when they should more properly speak of certain effects that the work has upon its perceiver.

आलोचना पाठक की प्रतिक्रियाओं का ही मूल्यांकन होती है। व्यक्ति वस्तु को देखकर उसपर अपनी प्रतिक्रिया व्यक्त करता है। पाठक, पाठक का आस्वादन, उसका अनुभव और उसकी प्रतिक्रिया ही आलोचना में महत्त्वपूर्ण है। इसलिए technical criticism is no criticism. क्योंकि बिना अनुभव और ज्ञान के technical instruments कोई काम नहीं कर सकते।

(दिनांक : 29.10.1980)

नयी समीक्षा का सर्वेक्षण

(कक्षा-व्याख्यान)

1

नयी समीक्षा के दोनों मुख्य प्रवर्तकों (अर्थात् टी. एस. इलियट एवं आई. ए. रिचर्ड्स) पर विचार हो चुका है। दोनों का सम्बन्ध इंग्लैंड से था। इस आलोचना का जन्म इंग्लैंड में हुआ तथा विकास और विस्तार अमेरिका में। कैम्ब्रिज में रिचर्ड्स के शिष्य थे–विलियम एम्पसन (William Empson)। ये कवि भी थे और आलोचक भी। 'सेवेन टाइप्स ऑफ़ एम्बिग्विटी' इनकी मशहूर पुस्तक है। ये व्यावहारिक आलोचना के लिए जाने जाते हैं। इनकी उक्त पुस्तक भी व्यावहारिक समीक्षा ही है। रिचर्ड्स के सिद्धान्त से ही सूत्र ग्रहण कर इन्होंने कहा कि काव्य में अस्पष्टता (Ambiguity) एक गुण है। एम्बिग्विटी अस्पष्टता नहीं, बल्कि श्लेष के ढंग की अनेकार्थकता है। इसे पहले दोष समझा जाता था। एम्पसन ने कहा कि यह दोष नहीं, गुण है।

हमारे यहाँ भी ध्वनि या व्यंग्य को काव्य कहा गया है। लक्षणा को द्वितीय कोटि का और अभिधा को निम्न कोटि का माना गया है। एम्पसन ने कहा कि कविता की महत्ता तभी है, जब उसमें अनेक अर्थ हों। अनेकार्थकता के प्रमुखतः सात प्रकार हैं। इनके अलावे अन्य प्रकार भी हो सकते हैं। यह विश्लेषण एक तरह से रूपात्मक या रूपवादी है। इस प्रकार वे नयी समीक्षा प्रणाली को व्यवहार में लाये और इंग्लैंड में यह नयी आलोचना प्रतिष्ठित हो गयी।

नयी आलोचना में एक दूसरे समीक्षक हैं–डॉ. एफ.आर. लिविस (F.R. Livice)। किन्तु, ये नयी आलोचना के पूर्ण नहीं, अर्ध आलोचक हैं। ये भी कैम्ब्रिज में ही थे। इन्होंने स्वीकार किया है कि इन्हें अपने काव्य-सिद्धान्त और जीवन की प्रेरणा मुख्यतः इलियट से ही प्राप्त हुई। रिचर्ड्स के प्रति भी इनके हृदय में प्रेम था। ये 'स्क्रूटिनी' नामक एक त्रैमासिक पत्रिका भी निकालते थे।

इन्होंने कविता के साथ-साथ उपन्यासों की भी आलोचना की। ये नये समीक्षकों के समान आलोचना में सूक्ष्म विश्लेषण पर बल देने के साथ-साथ नैतिकता पर भी ध्यान देते हैं। अतः ये अन्य नये समीक्षकों से अलग पड़ जाते हैं।

जॉन क्रो रैन्सम (John Crowe Ransom) ने इस समीक्षा को न्यू क्रिटिसिज़्म नाम दिया। इसी नाम से उन्होंने 1941 में एक पुस्तक भी लिखी। न्यू क्रिटिसिज़्म नाम का श्रेय इनको ही है। इनकी शिष्य परम्परा में क्लिंथ ब्रुक्स, रॉबर्ट पेन वारेन, एलेन टेट, विलियम के. विमसाट आते हैं। इसके अलावा, न्यू क्रिटिसिज्म के आलोचक आर. पी. ब्लैकमर, केनेथ बर्क आदि हैं। केनेथ बर्क अमेरिका की नयी आलोचना के आलोचक हैं। उत्तरी अमेरिका के दक्षिण भाग में नयी आलोचना का विकास हुआ। अमेरिकन साउथ में केनियन (Kenyon) एक छोटा-सा कॉलेज है। यह नयी आलोचना का केन्द्र था। रैन्सम वहाँ इंगलिश के प्रोफ़ेसर एवं अध्यक्ष थे। 'केनियन' नामक एक पत्रिका भी उन्होंने निकाली।

इलियट ने कैथोलिक मत स्वीकार कर लिया था। अतः इनके विचारों का प्रभाव अमेरिकी आलोचकों पर ज़्यादा पड़ा। रिचर्ड्स का कम प्रभाव पड़ा। इलियट विज्ञान और औद्योगिक क्रान्ति का विरोध करते थे और औद्योगिक क्रान्ति के पहले के धार्मिक समाज को आदर्श समाज मानते थे। रिचर्ड्स विज्ञान को मानते थे। इलियट के विचारों को वहाँ के आलोचकों ने और भी बढ़ाया।

जॉन रैन्सम ने अमेरिकी नयी आलोचना के लिए मुख्यतः दार्शनिक आधार प्रस्तुत किया। साहित्य की दृष्टि से उनकी सबसे प्रभावशाली पुस्तक है–

(1) The World's body (2) God without thunder

इन दोनों पुस्तकों से मालूम होता है कि धार्मिकता का असर है।

टेक्सचर एंड स्ट्रक्चर (Texture & Structure), बुनावट और बनावट, कविता के ये दो रूप हैं जिनके आधार पर किसी कविता का मूल्यांकन किया जाता है।

रैन्सम के अनुसार कविता में दो चीज़ें होती हैं। (1) विचार-अमूर्त, (2) कविता के जीवन्त मूर्तिमान अनुभव।

कविता की एक आत्मा होती है और एक शरीर होता है। दोनों का समन्वय आवश्यक है। आत्मारहित शरीर शव और शरीररहित आत्मा प्रेत हो जायेगी।

(दिनांक : 30.10.1980)

2

कविता के दो तत्त्व–स्ट्रक्चर (Structure) एवं टेक्सचर (Texture)

स्ट्रक्चर अर्थात् कविता का कथ्य। स्थानीय ब्यौरे जिसके अन्तर्गत मुख्यतः बिम्ब और भाव चित्र आते हैं। ये ब्यौरे कविता को ऐन्द्रियता प्रदान करते हैं। सेन्सुअसनेस।

इन दोनों तत्त्वों से मिलकर एक अच्छा काव्य बनता है। वस्त्र की पहचान, उसका मूल्यांकन उसकी बुनावट से होती है। कई बार बुनावट के समय ताने-बाने उलझ जाते हैं। उसको ठीक करना होता है। बुनावट जितनी ही 'फाइन' होती है, वह कपड़ा उतना ही अच्छा माना जाता है। ऐसे ही कविता की भी एक बुनावट होती है–"जो सुलझ जाती है गुत्थी, फिर से उलझाता हूँ मैं।" कविता को अच्छी बनाने के लिए उलझाना-सुलझाना भी पड़ता है ताकि उसमें गाँठ न रहे। 'जो उलझी थी कभी आदम के हाथों, वो गुत्थी आज तक सुलझा रहा हूँ।'

अतः रैन्सम (Ransom) के अनुसार ऐसी आलोचना होनी चाहिए जो कविता के स्थानीय ब्यौरे एवं उसके विन्यास से उत्पन्न होने वाले कथ्य को भी देख सके। कविता के सूक्ष्म विश्लेषण से ही यह प्रणाली सम्भव है।

रैन्सम (Ransom) के इस सिद्धान्त को अन्य आलोचकों ने आगे विकसित किया।

एलेन टेट–इन्होंने Tension या तनाव की बात कही। एक अच्छी कविता तनाव से बनती है, और यह कविता अर्थ के धरातल पर होती है। उन्होंने दो और शब्दों का प्रयोग किया–टेंशन एंड इंटेशन।

क्लिंथ ब्रुक्स–इस क्रम में इनका नाम उल्लेखनीय है। इनकी पहली पुस्तक 'Modern poetry and Tradition' तथा दूसरी पुस्तक 1947 में प्रकाशित हुई–'The Well Wrought Urn' (सुनिर्मित कलश)। ब्रुक्स कविता में Paradox और Irony को महत्त्वपूर्ण मानते हैं। विरोधाभास और विडम्बना। इसके अतिरिक्त ब्रुक्स ने कविता के Organic Form, आवयविक रूप की भी हिमायत की। 'सुनिर्मित कलश' नाम से ही स्पष्ट है कि कविता एक सुघटित कलश के समान होती है। इसके बीच रूप और अन्तर्वस्तु के प्रति आवयविक समन्वय होता है।

[देखिए–नयी समीक्षा के प्रतिमान, निर्मला जैन]

'The Heresy of Paraphrase' ('दि वेल रॉट अर्न' का एक मुख्य अध्याय) का अर्थ यह है कि किसी कविता का सारांश बताने की प्रक्रिया ग़लत है, भ्रामक है। कविता और उसके गद्य में लिखे सारांश को मिलकर देखें तो काफ़ी अन्तर होगा। अगर किसी वस्तु का सारांश ही बताया जा सके तो फिर परिश्रम करके कविता लिखने की क्या ज़रूरत। कविता अपनी समग्रता में महत्त्वपूर्ण होती है। सारांश बताना कविता के प्रति अन्याय है। किसी कविता को पैराफ्रेज नहीं किया जा सकता। इसलिए उन्होंने 'The Heresy of Paraphrase' लिखा। संक्षेप में क्लिंथ ब्रुक्स का सिद्धान्त यही है। इन्होंने सिद्धान्त की अपेक्षा व्यावहारिक आलोचना पर अधिक बल दिया।

दूसरे आलोचक हैं—आर. पी. ब्लैकमेर, R.P. Blackmer। इनकी पुस्तक है—'Language as Gesture'। इस पुस्तक के नाम से स्पष्ट है कि वे कविता की आलोचना में 'भाषा की भंगिमा' को महत्त्वपूर्ण मानते हैं। यानी, कविता का अर्थ करने, उसे समझने में सबसे महत्त्वपूर्ण होता है, उसकी भंगिमा की पहचान। नृत्य में नर्तक की मुद्राओं का महत्त्व होता है। आँख की मुद्रा, उँगलियों की मुद्रा। विशेषकर, भरतनाट्यम में यदि मुद्राओं को नहीं समझा जाये तो नाट्य व्यर्थ मालूम होगा। इन भंगिमाओं के द्वारा भाव को जाना जाता है। कविता नाट्य और नृत्य नहीं है, तथापि इसमें भाषा की भंगिमा होती है। शब्द तो बड़े सीधे-सादे हो सकते हैं, किन्तु उसमें कवि का जो तेवर है, वही कविता का मूल अर्थ है। इसलिए भाषा की भंगिमा को पकड़ना आलोचक का मुख्य कर्म है। ऐसा ब्लैकमेर ने माना।

इस क्रम में Kenneth Burke का नाम भी उल्लेखनीय है। हालाँकि, नयी समीक्षा से इनका सीधा सम्बन्ध नहीं माना जाता है। इनका मुख्य सिद्धान्त 'Symbolic Action' है। इसे उन्होंने सूत्र रूप में रखा है। सामान्यतः कविता में नाटकीयता के गुणों पर उन्होंने विचार किया है।

नये आलोचकों में जिन्होंने आलोचना सिद्धान्त को शास्त्रीय रूप प्रदान किया, उनमें William K. Wimsett प्रमुख हैं। आलोचना के विविध विचारों का समन्वय कर एक शास्त्र का रूप दिया जाता है; जैसा कि मम्मट ने किया। इनके पहले वक्रोक्ति, अलंकार, रीति, गुण, रस, औचित्य आदि कई सम्प्रदाय थे। किन्तु, किसका स्थान कहाँ होगा, यह 'काव्य प्रकाश, के द्वारा मम्मट ने बताया। ऐसा ही काम Wimsett ने नयी आलोचना में किया। 'The Verbal Icon' इनकी प्रसिद्ध पुस्तक है। शाब्दिक प्रतिमा—'आइकॉन' शब्द धार्मिक है। ईसाई धर्म में इसकी महत्ता है।

कविता श्रद्धा की प्रतिमा-सी पूज्य एवं पवित्र होती है, किन्तु यह प्रतिमा शब्दों से बनती है; मिट्टी से नहीं। इसलिए यह प्रतिमा सजीव होती है। टेक्सचर और स्ट्रक्चर को मिलाकर आइकॉन वर्वल होता है। 'concrete universal' (मूर्त सार्वभौम) हीगेल के शब्द हैं, जिसका उदाहरण विमसाट ने दिया। जातिवाचक शब्द अमूर्त एवं व्यक्तिवाचक शब्द मूर्त होते हैं। इसी को concrete universal कहा गया है। कविता में concrete universal and verbal Icon होता है। विमसाट और क्लिंथ ब्रुक्स के द्वारा 'Literary Criticism : A short History' में प्लेटो से लेकर नये आलोचकों तक क़रीब 2000 वर्षों के पाश्चात्य साहित्य और आलोचना का इतिहास नयी आलोचना की दृष्टि से प्रकाशित किया गया। नयी आलोचना की परम्परा एवं उसके मूल स्रोतों का परीक्षण ब्रुक्स ने इस ग्रन्थ में प्रस्तुत किया है। इस ग्रन्थ का अन्त मेटाफर के गान से होता है। अतः मालूम होता है कि ये कविता में मेटाफर को महत्त्वपूर्ण मानते हैं। Truth of coherence तथा Truth of correspondence—अन्तःसंगति का सत्य और संवादिता का सत्य। जो अन्य आलोचकों ने स्पष्ट नहीं किया था, उसे विमसाट ने स्पष्ट किया। रिचर्ड्स मानते थे कि कविता से ज्ञान नहीं मिलता। इसके विपरीत सभी अमेरिकी नये समीक्षकों ने कहा कि कविता से हमें सत्य मिलता है, ज्ञान मिलता है। नये समीक्षकों ने कहा कि विज्ञान जिस सत्य को छोड़ देता है, कविता उसे उद्‌घाटित करती है। विमसाट ने कहा कि वह सत्य Truth of correspondence नहीं होता। अर्थात्, जो संसार में है, वही कविता में है, ऐसा विमसाट नहीं मानते। बहुत-सी चीज़ें कविता में होती हैं, जो संसार में नहीं होतीं। जैसे—बाँझ का पुत्र कबीर। आकाश-कुसुम। कविता का सत्य विज्ञान से भिन्न होता है। कविता का सत्य कोहेरेंस अर्थात् अन्तःसंगति का सत्य होता है। कविता में तर्कगत विरोध नहीं होना चाहिए, तर्कसंगति होनी चाहिए। कथन में अन्तर्विरोध नहीं होना चाहिए। इससे कविता झूठी हो जायेगी। अतः कविता में कोहेरेंस होना चाहिए। कविता में ट्रुथ ऑफ़ कोहेरेंस होता है।

(दिनांक : 31.10.1980)

खण्ड-2

मार्क्सवादी आलोचना

साहित्य की मार्क्सवादी दृष्टि

(कक्षा-व्याख्यान)

1

इस विषय को मुख्यतः दो भागों में बाँटकर देखेंगे।

(1) मार्क्सवादी साहित्य चिन्तन का इतिहास।

(2) मार्क्सवादी साहित्य चिन्तन के मुख्य सिद्धान्त और समस्याएँ।

मार्क्सवादी साहित्य चिन्तन के इतिहास का सर्वेक्षण

रूपवादी दृष्टि बीज रूप में पुरानी है, पर विकास क्रम में 20वीं शताब्दी में इसकी अनेक नवीन शाखाएँ हैं। मार्क्सवादी साहित्य चिन्तन का इतिहास लगभग 150 वर्षों का है। 19वीं सदी के मध्य से लेकर अबतक। इस इतिहास के प्रारम्भिक 50 वर्ष स्वयं मार्क्स और एंगेल्स के जीवन काल से सम्बद्ध हैं। सामान्यतः 19वीं शताब्दी का उत्तरार्ध। दूसरा चरण प्रथम मार्क्सवादी चिन्तन को कहेंगे। जो लोग मार्क्स और एंगेल्स के शिष्य थे, उन्होंने उनके दर्शन और विचारधारा को साहित्यिक आलोचना के रूप में व्यवस्थित करके आगे बढ़ाया। यह चरण 20वीं शताब्दी का है।

इस काल में तीन बड़े विद्वान हुए। (1) फ्रांस के पॉल लाफार्ग (Paul Lafargue)। मार्क्स के दामाद। एक अच्छे विचारक, साहित्यिक रुचि के व्यक्ति, समाजवादी आन्दोलन के सक्रिय कार्यकर्ता। (2) जर्मनी के प्रसिद्ध विद्वान फ्रांज़ मेहरिंग (Franz Mehring)। (3) रूस के जी.वी. प्लेखानोव (Georgi Plekhanov)।

यह दूसरा चरण है, जिसमें फ्रांस, जर्मनी और रूस के विद्वान शामिल हुए। इसके बाद, 20वीं शताब्दी में मार्क्सवाद का जो विकास हुआ, उसकी दो धाराएँ हैं—

(1) पहली धारा राजनीतिज्ञों और क्रान्तिकारियों की, जिन्होंने मार्क्सवादी दर्शन और साहित्य को आगे बढ़ाया। इस परम्परा में लेनिन, जे.वी. स्तालिन और माओत्सेतुंग आते हैं।

(2) विकास की दूसरी धारा साहित्य चिन्तकों एवं सामाजिक विचारकों से जुड़ी है।

यह विकास सामान्यतः, कुछ तो दो महायुद्धों के बीच का है और कुछ द्वितीय विश्व युद्ध के बाद का है। इस विकास के क्रम में जर्मनी में जो सबसे महत्त्वपूर्ण नाम आते हैं, वे हैं–

(1) जॉर्ज लूकाच (Lukacs), (2) वाल्टर बेंजामिन (Walter Benjamin), (3) Frankfurt School, जर्मनी के (i) थियोडोर एडोर्नो (Theodor W.Adorno) तथा (ii) हरबर्ट मार्क्यूज (Herbert Marcuse)।

जर्मनी के अलावा ब्रिटेन में दोनों महायुद्धों के बीच दो विद्वानों का नाम लिया जाता है। (1) राल्फ फॉक्स (Ralph Winston Fox), (2) क्रिस्टोफर कॉडवेल (Christopher Caudwell)।

दूसरे महायुद्ध के बाद के ब्रितानी मार्क्सवादी चिन्तकों में महत्त्वपूर्ण हैं– (1) रेमंड विलियम्स (Raymond Williams) (2) अरनॉल्ड केटल (Arnold Kettle)।

इंग्लैंड के अलावा अमेरिका में भी कुछ मार्क्सवादी आलोचक हुए हैं; जैसे–(1) सिडनी फिन्केल्स्टाइन (Sydney Finkelstein), (2) हॉवर्ड फास्ट (Howard Fast) (3) जेम्स टी. फारेल (James T. Farrell)।

यह अमेरिका में लगभग दूसरे महायुद्ध के बाद का विकास है। परवर्ती दोनों क्रिएटिव लेखक भी हैं। इन्होंने उपन्यास भी लिखे। बाद के दौर में ये मार्क्सवादी नहीं रहे।

एक अन्य मैक्सिकन मार्क्सवादी आलोचक हैं–एडोल्फो सांचेज़ वाजक्वेज़ (Adolfo Sanchez Vasquez)। इन्होंने स्पेनिश में लिखा। इनकी प्रसिद्ध पुस्तक है–'आर्ट एंड सोसाइटी : एस्सेज इन मार्क्सिस्ट एस्थेटिक्स', जिसे उन्होंने द्वितीय महायुद्ध के बाद (1973 में) लिखा।

भारत से बाहर मार्क्सवादी साहित्य चिन्तन का इतिहास यही है। इस पूरे विकास को ध्यान से देखने पर एक प्रवृत्ति दिखाई पड़ेगी कि कुछ विचारक मार्क्सवादी विचारों के विश्लेषण मात्र के पक्षधर हैं, किन्तु अनेक उन विचारों में संशोधन के समर्थक हैं और वे ऐसा करते भी हैं। इस विचारधारा में मिलावट–सी है। मार्क्स और एंगेल्स के विचारों को कुछ संशोधनवादी

विचारकों ने संशोधन के साथ रखा है। इन लोगों ने उनके विचारों को विस्तृत करके रखा है। इसमें लूकाच, राल्फ फॉक्स आदि सभी आ जाते हैं। केवल लेनिन और माओत्सेतुंग पर संशोधनवादी होने का आरोप नहीं लगता है। शेष अधिकांश विचारक संशोधनवादी ही हैं। उपर्युक्त विचारकों के उनके मार्क्सवादी होने की सीमा को लेकर विवाद जारी है।

विश्व साहित्य चिन्तन के इतिहास में मार्क्सवादी साहित्य चिन्तन की भूमिका बहुत महत्त्वपूर्ण है। इससे मतभेद रखनेवाले विद्वान भी इसे उपेक्षणीय नहीं मान सकते। इस चिन्तन ने साहित्य के रचनात्मक कार्यों में भी प्रेरणा दी। इसने सामाजिक परिवर्तन के क्षेत्र में भी ऐतिहासिक भूमिका निभायी है। अनेक विचारधाराएँ जिन मुद्दों को सुलझा नहीं सकी थीं, मार्क्सवादी चिन्तन ने उन्हें सुलझाया। ग़ैर-मार्क्सवादी साहित्य चिन्तकों में भी अनेक विद्वान हैं जो साहित्य में मार्क्स और एंगेल्स के विचारों से अंशतः प्रभावित हैं। बीसवीं सदी की अनेक साहित्यिक धाराएँ मार्क्सवाद से प्रभावित हैं, जैसे कि अस्तित्ववादी विचारक सार्त्र। सार्त्र के निबन्ध उनकी 'मार्किसिज़्म एंड आर्ट'(1984) नामक पुस्तक में संकलित हैं।

20वीं शताब्दी में मार्क्सवाद की टकराहट के फलस्वरूप अनेक साहित्य-धाराओं का विकास हुआ। इस टकराहट से साहित्य चिन्तन में गति आयी। सोवियत संघ में आरम्भिक दिनों से ही मार्क्सवादी साहित्य-चिन्तन की परम्परा थी। सोवियत संघ में पहली मार्क्सवादी पुस्तक, जिसमें मार्क्स-एंगेल्स के विचारों का संग्रह था, 1933 में मिखाइल लिफ्शित्ज़ ने लिखी, जिसका नाम था—'द फिलोसोफी ऑफ़ आर्ट ऑफ़ कार्ल मार्क्स' (The Philosophy of Art of Karl Marks)। 1938 में इसका अंग्रेज़ी अनुवाद प्रकाशित हुआ। इसके अलावा, रूस में मार्क्सवादी साहित्य चिन्तन के साथ मैक्सिम गोर्की का नाम भी जुड़ा। इनके निबन्ध महत्त्वपूर्ण दस्तावेज़ हैं। तत्पश्चात, सोवियत यूनियन में समाजवादी-यथार्थवादी (Social Realism) साहित्य चिन्तन के नाम से मार्क्सवादी साहित्य का विकास हुआ। इस विकास की दो अवस्थाएँ हैं। (1) 1934 से 1956 तक (2) 1956 के बाद।

1934 में सोवियत लेखकों की कांग्रेस में समाजवादी-यथार्थवाद की स्थापना हुई। 1956 में, स्टालिन की मृत्यु के तीन वर्ष बाद 20वीं कम्युनिस्ट कांग्रेस पार्टी के बाद जो परिवर्तन हुए उसी क्रम में साहित्य चिन्तन में भी परिवर्तन हुए। इसलिए 1956 के बाद समाजवादी-यथार्थवादी चिन्तन में हम एक नया मोड़, एक नया परिवर्तन देखते हैं। सोवियत संघ के मार्क्सवादी साहित्य चिन्तकों में अनेक नाम हैं, किन्तु सबसे उभरा हुआ नाम मिखाइल खारचेंको का है।

रूस में, मार्क्स-एंगेल्स के बाद कई जनवादी विचारक (Democratic Thinkers) हुए जो पूर्णतः मार्क्सवादी तो नहीं थे, किन्तु मार्क्सवाद से प्रभावित अवश्य थे। उनमें निम्नलिखित नाम महत्त्वपूर्ण हैं—

(1) विक्टर वेलेंस्की—1840
(2) दोब्रोल्युबोव—1857-58
(3) एन.जी. चर्निसेव्स्की
(4) डी.आई. पिसारेव
(5) अलेक्सान्द्र गेर्त्से (एलेक्जेंडर हेर्जे)

पिसारेव एवं अलेक्सान्द्र भी इसी परम्परा में हैं, किन्तु इन लोगों ने साहित्य के बारे में ज़्यादा नहीं लिखा है। ऊपर के तीन विचारकों ने साहित्य की जो प्रणाली अपनाई थी, वह मार्क्सवाद के निकट थी। विक्टर वेलेंस्की और दोब्रोल्युबोव लगभग मार्क्स के समकालीन थे। ऐसा माना जाता है कि चर्निसेव्स्की पर मार्क्सवाद का सीधा प्रभाव है। सोवियत यूनियन में लेनिन आदि के द्वारा प्रचारित होने के पहले साहित्य में समाजोन्मुख यथार्थ का जो चित्रण अपनाया गया था, वह मार्क्सवाद के अत्यन्त निकट है। इसलिए इन तीनों को मार्क्सवादी साहित्य चिन्तन के साथ जोड़ा जाता है। किन्तु कायदे से वे उसमें आते नहीं हैं।

(दिनांक 05.02.1981)

मार्क्स-एंगेल्स के साहित्य सम्बन्धी विचार

इस कक्षा में हम देखेंगे कि मार्क्स और एंगेल्स के साहित्य सम्बन्धी विचार, जो सुलभ हों, उन पर किस तरह से विचार करना चाहिए।

मार्क्स का समय—1818 से 1883 तक।

एंगेल्स का समय—1820 से 1894 तक।

पठनीय पुस्तकें—

(1) Karl Marx and Friedrick Engels on Literature & Art.

(स्टीफन मोराव्स्की और मैक्डोनोल्ड डेली द्वारा सम्पादित और मास्को से प्रकाशित)

(2) मिखाइल लिफ्शित्ज़—'The Philosophy of art of Karl Marx'.

मिखाइल लिफ्शित्ज़ ने मार्क्स-एंगेल्स साहित्य का संकलन 1933 में किया था। फिर, 1947 में मार्क्स एवं एंगेल्स के साहित्य सम्बन्धी विचारों का चयन हुआ।

(3) एस.एस. प्रेवर (S.S. Prawer)–'Karl Marx and world Literature'. यह अत्यन्त प्रामाणिक पुस्तक है।

मार्क्स एवं एंगेल्स पर स्वतन्त्र पुस्तकें भी लिखी गयीं।

(1) 'Marx, Engels and the Poets'–Peter Demetz.

यह पुस्तक अमेरिका, शिकागो से छपी है। मोराव्स्की ने इस पुस्तक में एक लम्बी भूमिका लिखी है। इसका हिन्दी अनुवाद 'आलोचना' में भी छपा है। पीटर की यह पुस्तक पूर्वाग्रहग्रस्त है।

(2) 'Proudhon, Marx, Picasso'–Max Raphael

पुस्तक मूल फ्रेंच में है। इसका अंग्रेज़ी अनुवाद भी सुलभ है।

ऐसा समझा जाता है कि मार्क्स और एंगेल्स अर्थशास्त्री और राजनीतिशास्त्री थे। साहित्य से इनका सम्बन्ध गौण माना जाता है। किन्तु तथ्य इसके विपरीत है। मार्क्स ने अपना जीवन कविता लेखन से प्रारम्भ किया। अपनी प्रेमिका को लिखे पत्रों में उसका उपयोग किया था। एंगेल्स ने कविताएँ नहीं लिखी थीं।

वे (मार्क्स) अपनी शिक्षा के प्रारम्भ में श्लेगेल (Friedrich Schlegel) की सौन्दर्यशास्त्र सम्बन्धी कक्षाओं में गये थे और सौन्दर्यशास्त्र के विधिवत विद्यार्थी थे। प्राचीन ग्रीक ट्रेजेडी तथा ग्रीक साहित्य और कला का भी उन्होंने विधिवत अध्ययन किया था। इसमें मार्क्स की रुचि थी और उन्होंने इसकी प्रशंसा भी की है। मार्क्स ग्रीक, लैटिन, जर्मन, फ्रेंच, इंग्लिश, रूसी, इटालियन भाषाओं को अच्छी तरह से जानते थे। इनके अतिरिक्त वे अन्य भाषाओं के भी जानकार थे। अतः वे बहुभाषाविद् थे। जर्मन साहित्य में गेटे, शिलर के वे प्रशंसक थे और फ्रांसीसी-जर्मन कवि हेनरिक हाइने उनके मित्र थे। इटली के प्रसिद्ध कवि दान्ते की 'डिवाइन कॉमेडी' के अनेक उद्धरण मार्क्स की रचनाओं में मिलते हैं। अतः इन्हें भी मार्क्स ने पढ़ा था। शेक्सपियर की बहुत-सी रचनाएँ उन्हें कण्ठस्थ थीं। उनकी रचनाओं से प्रमाण मिलते हैं कि फ्रांसीसी साहित्य से उनका गहरा सम्बन्ध था। उन्होंने बाल्जाक को ध्यान से पढ़ा था। डिकेंस को पढ़ा था। उनकी प्रशंसा भी करते थे। रूसो और दिदरोट को भी पढ़ा था। दिदरोट एक भौतिकवादी क्रान्तिकारी थे। उनके गद्य को मार्क्स आदर्श गद्य मानते थे और बहुत पसन्द करते थे।

इस प्रकार, मार्क्स ने इन कृतियों का अध्ययन किया था, जिनके उद्धरण उनकी रचनाओं, पैम्फलेट्स आदि में मिलते हैं। मार्क्स के साहित्यिक विचार जर्मनी के क्लैसिकल सौन्दर्य दर्शन और परम्परा में हैं। मार्क्स ने उस परम्परा को विकसित करने की कोशिश की थी जिसमें सबसे महत्त्वपूर्ण भूमिका हीगेल की थी।

मार्क्स के दार्शनिक विचारों के मूल में हीगेल की प्रेरणा रही है। किन्तु, हीगेल एक दर्शनशास्त्री के अलावा सौन्दर्यशास्त्री भी थे। उनकी पुस्तक 'जर्मन फिलॉसफी' में साहित्य, कला और सौन्दर्य की चर्चा मुख्य रूप से की गयी है।

जर्मनी में सौन्दर्यशास्त्र की दो परम्पराएँ हैं। पहली कांट की और दूसरी हीगेल की। मार्क्स हीगेल की सौन्दर्यवादी परम्परा के अधिक निकट हैं। किन्तु, मार्क्स के शिष्यों ने कांट की परम्परा को अपनाया। हीगेल के अतिरिक्त ग्रीक साहित्य और कला में मार्क्स की दिलचस्पी थी। विंकिलमान, श्लेगेल, फिशर में भी मार्क्स की रुचि थी। मार्क्स ने फिशर की सौन्दर्यशास्त्र सम्बन्धी पुस्तक 'Necessity of Art' पर अपनी टिप्पणी भी लिखी थी। अमेरिका से प्रकाशित होनेवाली इनसाइक्लोपीडिया ने मार्क्स से एस्थेटिक्स पर लेख माँगा था। इससे पता चलता है कि सौन्दर्यशास्त्र में मार्क्स की रुचि एवं पहुँच थी। मार्क्स के कला एवं साहित्य सम्बन्धी विचारों को समझने के लिए यह आवश्यक है।

समकालीन साहित्यिक आन्दोलनों से सम्बन्ध मार्क्स से अधिक एंगेल्स का रहा है। एक 'यंग जर्मनी' (युवा जर्मनी) नामक आन्दोलन था, जो अपने उग्र विचारों के लिए प्रसिद्ध था। प्रारम्भ में एंगेल्स का सम्बन्ध इससे था। परन्तु बाद में उन्होंने इसकी आलोचना भी की। उस काल में रोमांटिसिज़्म प्रधान था। प्रारम्भ में रोमांटिसिज़्म के प्रति मार्क्स-एंगेल्स का झुकाव था, किन्तु बाद में उन्होंने इसकी कड़ी आलोचना की। 1844 की 'पेरिस मैन्युस्क्रिप्ट', पूरा नाम 'इकोनॉमिक एंड फिलोसोफिकल मैनुस्क्रिप्ट', मार्क्स की कृति है।

दूसरी पुस्तक 1845 की है–'जर्मन आइडियोलॉजी', जिसे मार्क्स और एंगेल्स ने अपने विचारों की अभिव्यक्ति के लिए लिखा। इस पुस्तक की कड़ी आलोचना हुई। यह मार्क्स की खण्डनात्मक पुस्तक है। उन्होंने इस पुस्तक को अधूरी छोड़ दिया। लिखा है कि 'इस पुस्तक को चूहों के कुतरने के लिए छोड़ दिया था किन्तु, वह पुस्तक बच गयी है।' 'कम्युनिस्ट मैनिफेस्टो' (1848) के बाद की रचनाओं में मार्क्स का ध्यान अर्थशास्त्र की ओर होता गया। उस समय इसका नाम था 'पॉलिटिकल इकोनॉमी', मात्र इकोनॉमी नहीं। अतः प्रारम्भ में मार्क्स का ध्यान राजनीतिशास्त्र पर था और 1848 के बाद इकोनॉमिक्स पर हो गया। इस पॉलिटिकल इकोनॉमी की चरम उपलब्धि 'दास कैपिटल' नामक पुस्तक में दिखाई दी। यह पुस्तक तीन भागों में विभक्त है। पहला भाग मार्क्स ने ही प्रकाशित किया। दूसरा और तीसरा भाग उनकी मृत्यु के बाद एंगेल्स ने प्रकाशित किया।

'ए कंट्रीब्यूशन टू दी क्रिटिक ऑफ़ पॉलिटिकल इकोनॉमी' (राजनीतिक अर्थशास्त्र की आलोचना) में अर्थ पर विचार हुआ है। वे अर्थशास्त्र के इतिहास पर लिख रहे थे, जो मास्को से प्रकाशित हुआ। 'थ्योरी ऑफ़ सरप्लस वैल्यू' हाल में उनकी पाण्डुलिपि में से प्राप्त हुई है। पुस्तक 'गुंड्रिस' एक विशाल ग्रन्थ है। यह पूर्ण ग्रन्थ की कल्पना है। 'कैपिटल' उसका अंश लगता है।

इस प्रकार हम देखते हैं कि मार्क्स ने आरम्भ में दर्शन पर विचार किया और बाद में अर्थशास्त्र पर। उनके साहित्य और कला का ऐतिहासिक चिन्तन पॉलिटिकल इकोनॉमी (1844) से ही मिलता है। यानी, साहित्य और कला मार्क्स के विचार के अभिन्न अंग हैं और इसकी समस्या पर वे बार-बार लौटते थे। आरम्भ में उन्होंने साहित्य और कला की उत्पत्ति पर विचार किया है। श्रम के मानवीय बोध और कला पर विचार किया है। उनका साहित्य 'लेबर थ्योरी ऑफ़ वैल्यू' के नाम से जाना जाता है। उन्होंने कला आदि के विकास का मूल उत्स मानव श्रम को माना है। मार्क्स-साहित्य की थीम इस प्रकार से हो सकती है–

(1) कला आदि के विकास का मूल मानव श्रम है।
(2) साहित्य और कला का मूल आधार वर्गीय संघर्ष है।
(3) विचार प्रणाली तथा साहित्य और कला का सम्बन्ध।
(4) पूँजीवादी समाज में साहित्य और कला।
(5) एलिनेशन अथवा अलगाव और साहित्य-कला का सम्बन्ध।
(6) टेंडेंशन आर्ट अर्थात् कला की सोद्देश्यता और पक्षधरता।
(7) साहित्य और यथार्थवाद।

ये कुछ विषय हैं, जिनपर आद्यंत मार्क्स और एंगेल्स समय-समय पर टिप्पणी करते रहे हैं। मार्क्स-एंगेल्स के पत्र भी बहुत महत्त्वपूर्ण हैं, क्योंकि उनके साहित्यिक विचार इन पत्रों में भी बिखरे पड़े हैं। इस दृष्टि से दो डॉक्यूमेंट ज़्यादा महत्त्वपूर्ण और उल्लेखनीय हैं–

(1) मिस्ट्रीज़ ऑफ़ पेरिस (1842-43)। लेखक युजीन सू का उपन्यास। मार्क्स ने इस पर लम्बी टिप्पणी लिखी थी। ऐसी बेस्ट सेलर किताबों की समीक्षा कैसे की जानी चाहिए, यह बताने के उद्देश्य से।

(2) लासाल (Lassalle) की एक ट्रेजिडी थी, जिसे संक्षेप में 'सिकिंगन' (Sickingen) कहते हैं। एक दुखान्त ऐतिहासिक नाटक। इसकी मार्क्स और एंगेल्स दोनों ने लम्बी समीक्षाएँ लिखी थीं और लासाल से पत्र-व्यवहार भी हुआ था।

मार्क्स ने बाल्जाक पर एक पुस्तक लिखने की योजना बनायी थी। एक और महत्त्वपूर्ण दस्तावेज़ है, 'राजनीतिक अर्थशास्त्र की समीक्षा की भूमिका' (The Critique of the Political Economy)। इसमें मार्क्स का दर्शन सूत्रबद्ध है।

(दिनांक 06. 02.1981)

2

मार्क्स एवं एंगेल्स के बाद इनके विचारों को आगे बढ़ाने का श्रेय इनके दो शिष्यों को जाता है।

(1) फ्रांज़ मेहरिंग, (2) प्लेखानोव।

मार्क्स ने स्वयं 'कम्युनिस्ट इंटरनेशनल' कायम किया था; दुनिया के मज़दूरों के लिए, मज़दूर संगठन और कम्युनिस्ट पार्टी के सहयोग के लिए। बाद में अनेक विरोधियों के कारण इसे भंग भी कर दिया। मार्क्स-एंगेल्स की मृत्यु के बाद सेकेंड इंटरनेशनल कायम हुआ। इसे काउत्स्की ने कायम किया था। तीसरा इंटरनेशनल लेनिन ने स्थापित किया था। चौथा इंटरनेशनल ट्राटस्की ने कायम किया। इन चारों में कम्युनिस्ट आन्दोलनों के अन्तर्गत प्रथम और तृतीय का महत्त्व अधिक है। प्रथम को मार्क्स ने स्वयं कायम किया था, किन्तु इसे विरोधियों के कारण बन्द करना पड़ा। तीसरा इंटरनेशनल लेनिन ने स्थापित किया। शेष दोनों इंटरनेशनल्स ने मार्क्स के विचारों में संशोधन करने की कोशिश की। इन्होंने मार्क्स की क्रान्तिकारी भावना को बदल कर उसे विकृत रूप में पेश किया। इन्होंने परिवर्तन के क्रान्तिकारी सिद्धान्त को नहीं, विकासवादी सिद्धान्त को कायम किया। इनका कहना था कि पूँजीवादी व्यवस्था स्वयं समाप्त हो जायेगी जबकि मार्क्स ने इसके लिए क्रान्ति और संघर्ष को आवश्यक बताया था। अतः परिवर्तन के सम्बन्ध में मार्क्स की धारणा क्रान्तिकारी है तथा इनकी धारणा विकासवादी है। ट्राट्स्की को जब सोवियत संघ से निकाल दिया गया तो इन्होंने चौथे इंटरनेशनल की स्थापना की। किन्तु हम लोगों के लिए यह महत्त्वपूर्ण नहीं है। ट्राट्स्की का ख़याल था कि एक देश में नहीं, सम्पूर्ण संसार में समाजवाद की स्थापना होनी चाहिए। सेकेंड इंटरनेशनल की पहल करने वाली पार्टी 'सोशल डेमोक्रेटिक पार्टी' जर्मनी की महत्त्वपूर्ण पार्टी थी। यह काउत्स्की की पार्टी थी। मार्क्स-एंगेल्स के बाद जो विकासवादी और सेकेंड इंटरनेशनल पार्टी है, इसमें डार्विन के विचारों की अहम भूमिका रही है। इस अहम भूमिका का आधार स्वयं मार्क्स-एंगेल्स के विचारों में बीज रूप में मिलता है।

तात्पर्य यह कि मार्क्स और एंगेल्स पर भी डार्विन के सिद्धान्त का प्रभाव रहा है। मार्क्स की मृत्यु पर एंगेल्स ने जो ऐतिहासिक भाषण दिया, उसमें मार्क्स के विचारों को वैज्ञानिक और क्रान्तिकारी घोषित किया। एंगेल्स ने मार्क्स की तुलना डार्विन से की और बताया कि मार्क्स ने पूँजीवादी समाज के विकास के नियम खोजे; जैसे डार्विन ने प्रकृति के विकासवादी सिद्धान्त का कारण खोजा।

इस चर्चा से स्पष्ट है कि मार्क्स और एंगेल्स डार्विन के विचारों से परिचित थे और अंशतः उसका, अर्थात् 'थ्योरी ऑफ़ ओरिजिन' का स्वागत भी किया था। पर समर्थन इनका आंशिक था। इस आधार पर बाद में मार्क्स के शिष्यों ने यह निष्कर्ष निकाला कि मार्क्सवाद, डार्विनवाद से मिलता-जुलता है। डार्विन ने भी संघर्ष की बातें (Survival of the fittest) कहीं। एंगेल्स को लिखे गये पत्रों में मार्क्स ने डार्विन और उनके विचारों की चर्चा की है कि किस प्रकार वर्गीय संघर्ष और सामाजिक विकास की बात डार्विन के सिद्धान्त में मिलती है।

मार्क्सवादी चिन्तन में दो चीज़ें दिखाई पड़ती हैं। (1) साहित्य और कला के विकास के निरूपण में डार्विन के विकासवाद को स्वीकार करना। यह बात प्लेखानोव में सर्वाधिक मिलती है। आगे चलकर अंग्रेज़ी के मार्क्सवादी साहित्य चिन्तक कॉडवेल में भी। जॉर्ज थाम्पसन के 'मार्किसिज़्म एंड पोएट्री' में भी इसी बात का तर्क है। 'वानर के नर बनने की प्रक्रिया में श्रम की भूमिका'– एंगेल्स का एक पैम्फलेट है।

एंगेल्स के कार्यों में यह स्पष्ट दिखता है कि विज्ञान पर इनका ज़्यादा ज़ोर रहा है। एंगेल्स ने उन अनेक क्षेत्रों को चुना जिन्हें मार्क्स ने छोड़ दिया था। मार्क्स ने अपना ध्यान मुख्यतः पूँजीवाद पर केन्द्रित किया। एंगेल्स का ध्यान मानव समाज के इतिहास पर था। उन्होंने मानव को इतिहास के परिप्रेक्ष्य में देखा। 'वानर के नर बनने की प्रक्रिया में श्रम की भूमिका' से स्पष्ट है कि उन्होंने प्रकृति और प्राणी जगत से मानव निर्माण की प्रक्रिया को समझाने की कोशिश करते हुए प्रागैतिहासिक मानव जीवन की खोज कर समाज और परिवार के नियमों को ढूँढ़ा।

मार्क्सवाद तथा डार्विन के सिद्धान्त, दोनों ही विकासवादी सिद्धान्त हैं। दोनों एक-दूसरे के पूरक हो जाते हैं। मार्क्स और एंगेल्स दोनों ने मानव के सौन्दर्यबोध के विकास पर ध्यान नहीं दिया था। अतः साहित्य, कला, सौन्दर्यबोध का विकास मार्क्स-एंगेल्स के शिष्यों ने किया। मार्क्स-एंगेल्स ने कोई सौन्दर्यशास्त्रीय ग्रन्थ नहीं लिखा था। अतः उनके शिष्यों ने इससे बाहर आकर सौन्दर्यबोध को अपनाया।

यूरोप में उस समय कांट का अत्यधिक प्रभाव था। ये हीगेल से पहले हुए थे। इनका दर्शन बहुत प्रभावशाली रहा है। कांट ने तीन पुस्तकें लिखीं–

(1) Critique of Pure reason (1781)

(2) Critique of Practical reason (1788)

(3) Critique of judgment (1790)

अब कांट के दर्शन या सौन्दर्यशास्त्र के बारे में विचार करेंगे। चूँकि कला का आधार ब्यूटी है, सौन्दर्य है, इसलिए कांट ब्यूटी को अनुचिन्तन की वस्तु मानते हैं और इस अनुचिन्तन का उद्देश्य है–'प्रयोजनहीन प्रयोजनशीलता', 'अहैतुक प्रयोजन'। कला व्यावहारिक लाभ से अलग एक शुद्ध आनन्द की वस्तु मात्र है। कला से व्यावहारिक लाभ नहीं होता। इसलिए कांट के सौन्दर्यशास्त्र का सार है उपयोगितावाद का निषेध।

फ्रांज़ मेहरिंग (Franz Mehring)

कांट और डार्विन, दोनों के विचारों में कोई तालमेल नहीं है। किन्तु, सेकेंड इंटरनेशनल के दौरान मार्क्सवादी विचारक इन दो छोरों में तालमेल बैठाने का कार्य करते रहे। इसमें सर्वप्रथम मेहरिंग थे। इनका समय 1846 से 1919 तक है। ये 'सोशल डेमोक्रेटिक पार्टी' के सदस्य रहे। जब यह पार्टी मार्क्स के विचारों को छोड़ने लगी तो मार्क्स-एंगेल्स के शिष्य कार्ल लाइब्नेच्त और रोज़ा लग्जेमबर्ग ने जर्मनी में कम्युनिस्ट पार्टी की स्थापना की, उसे मेहरिंग ने अपना लिया। रोज़ा लग्ज़ेमबर्ग विदुषी एवं साहसी महिला थी। 1919 में इनकी हत्या कर दी गयी थी। मार्क्सवाद के इतिहास में इनका आदरणीय नाम है। मेहरिंग व्यक्तिगत रूप से मार्क्स-एंगेल्स को जानते थे। उनके मित्र थे और पत्र-व्यवहार होता था। मार्क्स की पहली प्रामाणिक जीवनी इनकी पुस्तक 'कार्ल मार्क्स' मानी जाती है। मेहरिंग सक्रिय राजनीति में भाग लेनेवाले व्यक्ति थे, विचारक थे। मार्क्सवादी आलोचना में भी उन्होंने योगदान दिया। मार्क्सवादी आलोचना में मेहरिंग के दो अवदान हैं, इनकी दो पुस्तकें–(1) The Lessing Legend (1893), (2) शिलर (1905)।

बताया जा चुका है कि मार्क्स ने बाल्जाक पर लिखने की योजना बनायी थी पर लिख न सके। मेहरिंग ने लेसिंग और शिलर, दो प्रूसिया/जर्मन विद्वानों को चुना।

लेसिंग के विषय में मेहरिंग के विचार

मार्क्सवाद की यह स्थापना थी कि युग की आर्थिक स्थितियाँ साहित्यिक प्रवृत्तियों को निर्धारित करती हैं। पर मानसिकता और आर्थिक परिस्थितियों का तालमेल कैसे होता है, मेहरिंग यह नहीं दिखा सके। मेहरिंग ने उनके सुखान्त नाटकों को कमज़ोर बताया, क्योंकि उसमें उस युग के बुर्जुआ वर्ग की वर्ग चेतना भी उतनी ही कमज़ोर थी। इसी कारण अपनी साहित्यिक कृतियों में वे असफल हुए न कि प्रतिभा की कमी की वजह से। प्रतिभा उनमें थी। उनकी असफलता का कारण बुर्जुआ वर्गीय चेतना की कमज़ोरी थी। मार्क्सवादी आलोचक कृतियों में कृतिकार का मात्र निजी पक्ष नहीं देखता, बल्कि उसका सामाजिक आधार, सामाजिक कारण भी होना चाहिए। भारतेन्दु के नाटकों की अपेक्षा प्रसाद के नाटक अधिक समृद्ध और श्रेष्ठ हैं। भारतेन्दु युग में कोई प्रेमचन्द नहीं हुआ, इसका कारण यह नहीं कि भारतेन्दु या उस युग के सभी साहित्यकार कम प्रतिभावान थे। अपनी केवल 35 साल की उम्र में भारतेन्दु की कृतियाँ उनकी अद्‌भुत प्रतिभा का परिचय देती हैं। वस्तुतः लेखक की रचना में उसकी युगीन परिस्थितियों की अहम भूमिका होती है। मार्क्सवादी आलोचक इसपर भी ध्यान देता है। यदि भारतेन्दु युग में भी राष्ट्रीय आन्दोलन एवं जनता की जागरूकता की वैसी स्थिति होती तो अवश्य ही उस काल में भी प्रेमचन्द-सी रचना हुई होती। अतः लेसिंग की कृतियों की कमज़ोरी का कारण मेहरिंग ने उस युग की बुर्जुआ वर्ग की वर्ग चेतना की कमज़ोरी बताया।

(दिनांक 10.02.1981)

3

शिलर

शिलर गेटे के मित्र एवं जर्मनी के प्रसिद्ध नाटककार थे। जर्मनी में दोनों का नाम साथ-साथ लिया जाता है। शिलर के नाटकों पर मार्क्स एवं एंगेल्स ने टिप्पणी भी की थी और अपने एक पत्र में एक साहित्यकार को सलाह भी दी थी कि 'तुम्हें शिलर की तरह नहीं, शेक्सपियर की तरह बनना चाहिए।' उनके कहने का अभिप्राय यह था कि शिलर के नाटकों में पात्र अपना व्यक्तित्व नहीं खड़ा कर पाते बल्कि उनके नाटकों में केवल विचारों की चर्चा रहती है। मार्क्स-एंगेल्स को साहित्य की यह प्रवृत्ति पसन्द नहीं थी। इसलिए इनकी अपेक्षा उन लोगों

ने शेक्सपियर की पद्धति को ठीक माना; जहाँ लम्बी बहस नहीं, घटनाएँ स्वयं बोलती हों। लेखक का अभिप्राय परोक्षतः और नाटक के चरित्रों एवं घटनाओं से व्यक्त होता है। इस सन्दर्भ की चर्चा मार्क्स-एंगेल्स की यथार्थवादी धारणा के सम्बन्ध में की गयी है। इससे स्पष्ट है कि शिलर के बारे में मार्क्स-एंगेल्स के विचार और धारणा ठीक नहीं थी।

शिलर के विषय में फ्रांज़ मेहरिंग के विचार

मेहरिंग, शिलर के प्रति मार्क्स एवं एंगेल्स की धारणा और उनके सम्बन्ध को ठीक से नहीं जानते थे। मेहरिंग ने शिलर को अत्यधिक बौद्धिक विचारक (conceptual thinker) कहा। दूसरी बात यह कही कि शिलर अपने समाज की संकीर्ण और विभीषिकापूर्ण परिस्थितियों पर विजय प्राप्त करने में समर्थ नहीं होते। फलतः उन्होंने कला की शरण ली। उनके विचार, दर्शन और साहित्य की यथार्थ भूमि को छोड़कर आसमान में बादलों के ऊपर उड़ते हैं। और उनके विचारों की इस वायवीय प्रकृति का शुभ पक्ष यह है कि वे अपने ज़माने की गन्दगी से एकदम बचे रहे तथा इस प्रकार भावी पीढ़ियों के लिए अपनी सर्जनात्मक शक्ति की ईमानदारी को बेदाग़ बचाये रख सके। शिलर की इस समीक्षा में मेहरिंग ने उनके पलायनवाद का औचित्य सिद्ध करने का प्रयत्न किया है। मेहरिंग ने साबित करना चाहा है कि यह शिलर का पलायन नहीं है। बल्कि, इससे वे अपने युग की गन्दगी से बच गये। अपनी कला को पवित्र रख सके।

वस्तुतः, अपने समय की विभीषिका से विद्रोह कर काल्पनिक दुनिया में शरण लेना ही पलायनवाद है। जबकि कुछ साहित्यकार उससे जूझते हैं। शिलर के पलायन के पीछे कला की स्थापना है। इन्होंने कांट के दर्शन का उपयोग किया है। उन्होंने कहा कि मज़दूर वर्ग के लिए यह दुर्भाग्यपूर्ण होगा, अगर वे शिलर की उपेक्षा करेंगे। और विशेषतः उनके दो गुणों की–

(1) आततायियों के विरुद्ध चीख (Outcry against tyrants)

(2) अपनी आस्था का उदात्तीकरण (Elevation of conviction)। यह मज़दूर वर्ग की आस्था की पूँजी है।

इसके बावजूद आततायियों के विरुद्ध वे मज़दूर वर्ग के प्रेरक थे। भले ही वे एक महान साहित्यकार न माने जायें। शिलर पर लिखी मेहरिंग की आलोचना एक तरह से पुराने स्वच्छन्दतावादियों, आदर्शवादियों की पुनः प्रतिष्ठा करती है।

मार्क्सवादी दृष्टिकोण से की गयी रोमांटिसिज्म की आलोचना दोरुखी तथा विवादास्पद है। पर मेहरिंग ने शिलर को स्थापित किया है। मेहरिंग के कुछ सामान्य कथन या उनकी स्थापनाएँ, मार्क्स-एंगेल्स को आलोचना के ऐसे बिन्दु पर ला देती हैं, जहाँ कुछ और विवादास्पद प्रश्न उठते हैं। मेहरिंग ने वर्तमान साहित्य के बारे में कहा कि वर्तमान परिस्थिति में श्रेष्ठ साहित्य का निर्माण असम्भव है। मार्क्स का विचार था कि पूँजीवादी व्यवस्था कला के कुछ रूपों के लिए घातक है। हालाँकि, पूँजीवाद की कुछ ख़ूबियाँ भी हैं। पूँजीवाद की जितनी ख़ूबियों की चर्चा मार्क्स ने अपने घोषणापत्र में की है, उतना शायद पूँजीवादी भी नहीं कर सके हों।

औद्योगीकरण से बँधुआ मज़दूरों का बन्धन ख़त्म हुआ। होरी और गोबर के माध्यम से भी हम समझ सकते हैं कि सामन्तवाद की अपेक्षा पूँजीवादी व्यवस्था में आदमी अधिक स्वतन्त्र होता है। गोबर होरी को डांटता है कि क्यों किसी की धौंस सहते हो। हालाँकि, पूँजीवादी व्यवस्था में मज़दूर और मालिक दोनों एक तरह से उत्पादन की एक मशीन बन जाते हैं। इसलिए कला के कुछ रूपों के लिए पूँजीवादी व्यवस्था घातक होती है। यही कारण है कि आधुनिक ज़माने में महाभारत जैसे वृहद् ग्रन्थ या प्रबन्ध पुस्तकें नहीं लिखी जा सकती हैं। उस तरह का संगीत नहीं हो सकता जो सामन्तवादी व्यवस्था के दिनों बनाया गया। पूँजीवाद मानसिक, कलात्मक आदि स्तरों से भी मनुष्य को नीचे गिराता है। एंगेल्स ने उस वर्तमान व्यवस्था के बारे में लिखा है कि जिस दौर में सभी वर्ग अपनी स्वतन्त्रता के लिए संघर्ष कर रहे हों, वहाँ एस्थेटिक जजमेंट (कलात्मक निर्णय) एवं उसके पर्यवेक्षण की क्षमता बराबर दबाव महसूस करती रहेगी। इसलिए ऐसे काल में जहाँ सभी वर्ग अपने अधिकार और स्वतन्त्रता के लिए लड़ रहे हों, वहाँ श्रेष्ठ साहित्य-कला का निर्माण नहीं हो सकता। ऐसा मार्क्स का विचार था। मेहरिंग ने इससे बढ़कर लिखा कि इस कलात्मक विपन्नता के ज़िम्मेदार पूँजीपति और सर्वहारा दोनों ही वर्ग हैं। यानि, दोनों में से कोई भी वर्ग महान कला का निर्माण नहीं करेगा।

"If the declining bourgeoisie class can no longer create a greats art, the rising working class can not yet create. A great Art, regardless of the passionate longing for art that burns in the depth of it's soul–" (Lessing Legend, Critics Group Press, New York, 1938)

ध्यातव्य है कि यह बात 1905 के आसपास कही जा रही है, जब बुर्जुआ वर्ग अपने वजूद को बनाये रखने के लिए संघर्षरत है और सर्वहारा वर्ग अपनी स्वतन्त्रता एवं अधिकारों के लिए प्रयत्नशील है। तात्पर्य यह कि मरणशील प्राणी तो महान कला नहीं पैदा कर सकता। पर उभरते हुए सर्वहारा वर्ग को सृजन करना चाहिए। किन्तु वह अभी इस स्थिति में नहीं है। सम्भव है, उसकी आत्मा में महान कला सृजन की आकांक्षा हो।

मेहरिंग की तीसरी स्थापना विचित्र और विलक्षण है। फ्रांसीसी नाटककार मोलियर के बारे में मेहरिंग का कथन है कि—"Moliere would not have been a great writer of comedies if he had not been to certain degree above the class struggle of his time—" (Lessing Legend, Critics Group Press, New York, 1938)

अर्थात्, मेहरिंग के अनुसार, मोलियर एक हद तक अपने समाज से ऊपर थे। इसलिए बड़े थे।

प्रश्न यह है कि जब उपर्युक्त स्थिति में श्रेष्ठ साहित्य का निर्माण नहीं होता तो फिर मोलियर श्रेष्ठ साहित्यकार क्यों हो गये? अतः मेहरिंग के इस कथन और उनकी पहली स्थापना में विरोधाभास दिखाई पड़ता है। इस प्रकार, मोलियर के बारे में मेहरिंग का यह कथन मार्क्सवाद के अनुकूल नहीं है।

मेहरिंग की एक अन्य स्थापना भी है। महान कला की भावी सम्भावनाओं पर मेहरिंग ने लिखा और कहा है कि सर्वहारा की विजय के साथ ही ऐसी स्थिति, ऐसा वातावरण पैदा होगा जब महान साहित्य की रचना होगी। यह विचार एक हद तक यूटोपियन है।

पहले, कवि केवल कवि ही नहीं थे। कलाकार अन्य काम भी करते थे और कलाकारी भी। जैसे— प्राचीन ऋषि-मुनि, निर्गुण सन्त आदि। प्रसाद सुरती भी बेचते थे। मेहरिंग ने भी यही सम्भावना व्यक्त की थी।

मार्क्सवाद इस तरह का यूटोपिया नहीं है। मार्क्स ने कहीं नहीं कहा है कि भविष्य में साम्यवाद आयेगा, तब सभी अच्छे काम होंगे। अभी काम बन्द रखे जायें।

(दिनांक 11.02.1981)

कार्ल मार्क्स और साहित्य

लेनिन ने मार्क्सवाद के तीन मूल स्रोतों का उल्लेख किया है जिनसे आप में से अधिकांश लोग भली-भाँति परिचित होंगे। वे तीनों मूल स्रोत हैं : जर्मन दर्शन, ब्रिटिश अर्थशास्त्र और फ्रेंच समाजवाद। मैं एक अरसे से यह अनुभव करता रहा हूँ कि एक चौथा स्रोत और है जिसका उल्लेख किया जाना चाहिए। और यह चौथा स्रोत साहित्यिक है। मेरी दृष्टि में वह चौथा स्रोत ग्रीक ट्रेजेडी है। यह किस प्रकार है और कैसे उसे मार्क्सवाद के मूल स्रोतों में गिना जा सकता है, इसे हम लोग कुछ तथ्यों के आधार पर देखने की कोशिश कर सकते हैं।

सन् 1841 में, जब मार्क्स तेईस वर्ष के युवक थे, बर्लिन विश्वविद्यालय में उन्होंने अपनी डॉक्टरेट की थीसिस प्रस्तुत की। इसका शीर्षक था 'एपिकुरुस और देमोक्रुतुस के प्रकृति-दर्शनों का अन्तर।' एपिकुरुस और देमोक्रुतुस ग्रीक दार्शनिक थे। ख़ासतौर से हिन्दी के विद्यार्थियों का ध्यान इसकी ओर जाना चाहिए, जो शोध-प्रबन्ध के नाम पर किसी समकालीन कहानीकार, उपन्यासकार या किसी कवि को चुनकर आसानी से थीसिस लिखकर शोध की नैया के सहारे डिग्री हासिल कर लेना चाहते हैं। युवा मार्क्स ने अपने शोध-प्रबन्ध के लिए दो प्राचीन ग्रीक दार्शनिकों को चुना था और उनके बीच प्रकृति-दर्शनों के अन्तर-जैसे विषय को चुना था! इस शोध-प्रबन्ध की भूमिका में (उसे अपने भावी श्वसुर को समर्पित करते हुए उन्होंने भूमिका लिखी थी) प्रसिद्ध ग्रीक ट्रेजेडी लेखक एस्खिलुस की, जिसे अंग्रेज़ी उच्चारण के अनुसार आमतौर पर एस्काइलस के नाम से ज़्यादातर लोग जानते हैं, प्रसिद्ध ट्रेजेडी 'प्रॉमेथ्युसबाउंड' (बद्ध प्रॉमेथ्युस) से, जिसे पुनः अंग्रेज़ी उच्चारण के अनुसार 'प्रॉमिथियस बाउंड' के नाम से ज़्यादातर लोग जानते हैं, मार्क्स ने जो उद्धरण दिया था, उसमें विशेष रूप से एक प्रसंग उन्होंने चुना था। प्रॉमेथ्युस चट्टान से बँधा हुआ है। उसे दण्ड दिया गया है। देवताओं के पिता 'जेउस' ने, जिसे अंग्रेज़ी उच्चारण के अनुसार 'जियस' कहा जाता है,

संस्कृत के बहुत नज़दीक जिसे 'द्यौस' कह सकते हैं और जो 'इन्द्र' के पर्याय-जैसा है, हेरमेस को भेजा था प्रॉमेथ्युस को समझाने के लिए कि तुम चट्टान से बँधे हुए हो, गिद्ध तुम्हारे सीने को नोच रहा है, इस दण्ड से बेहतर है कि तुम समझौता कर लो, पितर जेउस तुम्हें क्षमा कर देंगे। प्रॉमेथ्युस ने चट्टान से बँधी हुई अवस्था में हेरमेस को जवाब दिया कि "विश्वास रखो, मैं अपनी दुर्भाग्यपूर्ण स्थिति के बदले तुम्हारी सेवकवाली स्थिति कभी स्वीकार नहीं करूँगा। मैं पितर जेउस की ताबेदारी करने के बदले इस चट्टान की सेवकाई करना बेहतर समझता हूँ।" इस उद्धरण के बाद मार्क्स ने टिप्पणी की थी कि दर्शनशास्त्र के पंचांग में प्रॉमेथ्युस सबसे बड़े शहीद और सन्त थे। उसी 'प्रॉमेथ्युस बाउंड' से शोध-प्रबन्ध के अन्तर्गत उन्होंने एक और उद्धरण दिया था—"सच तो यह है कि मैं समस्त देव-मण्डल से नफ़रत करता हूँ।" तेईस वर्ष के युवा मार्क्स ने दर्शनशास्त्र के शोध-प्रबन्ध की भूमिका में एक साहित्यिक कृति का उद्धरण देते हुए अपना मन्तव्य स्पष्ट किया था। यह युवा दार्शनिक का साहित्य से पहला स्रोत-ग्रहण था, जिसमें मार्क्स का हीरो आदि विद्रोही प्रॉमेथ्युस था। 1843 में जब मार्क्स डाक्टरेट पाने के बावजूद विश्वविद्यालय की नौकरी नहीं पा सके, तब उन्होंने पत्रकारिता का व्रत लिया और कुछ मित्रों की सहायता से 'राइनीश त्साइटंग' नामक पत्र का सम्पादन आरम्भ किया। उस अख़बार के राज-विरोधी और क्रान्तिकारी तेवर को देखते हुए प्रशियन सरकार ने सेंसर का, एक नया कानून पास किया था। उस क़ानून का विरोध मार्क्स ने अपने अख़बार के द्वारा किया। उस अख़बार में 1848 में एक प्रसिद्ध कार्टून छपा। शायद आप लोगों में से कुछ लोगों ने मार्क्स की जीवनी पर लिखी हुई पुस्तकों में, ख़ासतौर से फ्रांज़ मेहरिंग की प्रसिद्ध पुस्तक में, कार्टून का चित्र देखा हो। कार्टून का शीर्षक है 'प्रॉमेथ्युस बाउंड', लेकिन ऊपर जो कार्टून बना हुआ है उसमें स्वयं कार्ल मार्क्स छापेखाने की मशीन से ज़ंजीरों में बँधे हुए हैं और उनके सीने में नोचनेवाला एक गिद्ध है और वह गिद्ध प्रशियन सरकार का सेंसर है। उस गिद्ध के पंजे से बँधी हुई एक डोरी है, जिसका संचालन करने वाली शक्ति दूर बैठी हुई है, जो राजसत्ता है। शीर्षक है 'प्रॉमेथ्युस बाउंड'! बँधा हुआ जो व्यक्ति है, वह स्वयं कार्ल मार्क्स हैं। लेनिन ने टिप्पणी की है कि मार्क्स दुनिया के इतिहास में दूसरा प्रॉमेथ्युस था और वह दूसरा प्रॉमेथ्युस किन अर्थों में था (और गहरे अर्थों में था), फ्रांज़ मेहरिंग ने इसका वर्णन किया है। प्रॉमेथ्युस वह आदि विद्रोही था, जिसने आग चुराई थी, जो आग देवताओं के पास थी। प्रॉमेथ्युस स्वयं देवता था, लेकिन उसने अग्नि चुराई थी मानव-जाति

के लिए, उसके हित के लिए, जिस मानव-जाति का वह सदस्य नहीं था। मार्क्स ने आग चुराई थी सर्वहारा के लिए, जिस सर्वहारा का वह सदस्य नहीं था। और इस अग्नि-चोरी में किस साहस का परिचय दिया था प्रॉमेथ्युस ने? इसमें पाना कुछ नहीं था, अपने लिए कुछ नहीं पाना था; सिर्फ़ खोना ही खोना था। मार्क्स ने मज़दूरों के लिए कहा था कि दुनिया के मज़दूरो, एक हो! तुम्हारे पास खोने के लिए कुछ नहीं है और पाने के लिए सारी दुनिया है। अगर खोने के लिए हैं, तो ज़ंजीरें हैं, इसके सिवा तुम्हारे पास खोने के लिए कुछ भी नहीं है। यह था दर्शन के पंचांग का सबसे बड़ा सन्त और शहीद दूसरा प्रॉमेथ्युस।

मार्क्स को लेनिन ने जो दूसरा प्रॉमेथ्युस कहा, तो कौन-सी आग थी जिसे मार्क्स ने चुराया था? वह आग ज्ञान की आग थी और जैसा हमारे यहाँ कहा गया है, ज्ञान मुक्ति है। ज्ञान को हमारे यहाँ अग्नि कहा गया है। 'ऋते ज्ञानान्न मुक्तिः'—ज्ञान ही मुक्ति है। ज्ञान अग्नि है। गीता में ज्ञान को अग्नि कहा गया है और कहा है कि इस ज्ञान की अग्नि से पवित्र करो अपने को। उस 'ज्ञान' की अग्नि को, जो कुछ लोगों तक सीमित थी, मुक्त करके उस सम्पूर्ण दलित, पीड़ित, शोषित और अन्ततः अज्ञान में पली हुई विशाल वाहिनी के लिए, जिसे सर्वहारा के नाम से जानते हैं, मार्क्स ले आया था, इसलिए इतिहास में वह दूसरा प्रॉमेथ्युस था।

आरम्भिक दिनों में ही मार्क्स को अपने लेखन को लेकर संघर्ष का पहला अनुभव 'राइनी समाचार-पत्र' पर लगाये गये सेंसर के प्रसंग में हुआ। यहाँ भी प्रेसबिल आया था। पत्रकारों ने संघर्ष किया था। बहुत कुछ लिखा गया होगा। आप लोगों में से कदाचित् कुछ लोगों ने मार्क्स के वे लेख, जो अब संकलित रचनाएँ, जिल्द-1, 2, 3 में संकलित हैं, देखे होंगे। आप उनमें देख सकते हैं कि सेंसर पर मार्क्स ने जो लेख लिखे हैं, वे केवल सेंसर के विरुद्ध क़ानूनी संघर्ष चलाने के लिए नहीं लिखे गये! वे जिस भाषा में, जिस शैली में लिखे गये हैं उससे कोई भी रचनाकार ईर्ष्या कर सकता है, स्पर्धा अनुभव कर सकता है। उसमें एक महत्त्वपूर्ण स्थापना यह है कि सेंसर के विरुद्ध संघर्ष वस्तुतः लेखन की स्वतन्त्रता के लिए संघर्ष है। मार्क्स ने यह महत्त्वपूर्ण स्थापना की थी, और सेंसर ने कहा था कि तुम यही बातें कह सकते हो, लेकिन इस भाषा में नहीं, इस शैली में नहीं। इस सन्दर्भ में मार्क्स ने कहा था कि लेखक के लिए साहित्य साधन नहीं है, साध्य है और इस हद तक साध्य है कि उसके लिए और उसकी रक्षा के लिए, उसकी स्वतन्त्रता के लिए, अक्सर वह अपने अस्तित्व की बाज़ी

लगा दिया करता है। जो साहित्य को साधन समझते हैं, वे साहित्य के व्यापारी हैं। वे उसकी स्वतन्त्रता को, उसकी रचनाशीलता के महत्त्व को नहीं समझते हैं। यह युवा मार्क्स की पहली घोषणा थी और यह घोषणा उन लोगों के लिए आँख खोलनेवाली साबित होनी चाहिए, जिनका ख़याल है कि मार्क्स साहित्य को वर्ग-संघर्ष का साधन समझते थे, हथियार समझते थे, और साहित्य की स्वायत्तता-स्वतन्त्रता में विश्वास नहीं करते थे। ऐसी धारणा जो लोग पाले हुए हैं, वे मार्क्स के लिखे सेंसर-सम्बन्धी भाग को देखें, उन निबन्धों को देखें और देखें कि किस प्रकार मार्क्स साहित्य के साध्य होने में विश्वास करते थे। उस साध्य के लिए एक लेखक, एक रचनाकार अपने जीवन की, अपने अस्तित्व की बाज़ी लगा देने का जोख़िम उठाता है।

1841, 1842, 1843 के आरम्भिक तीन वर्षों के बाद की उनकी प्रसिद्ध कृति है 1844 की, जिसे 'पेरिस पाण्डुलिपि' के नाम से जानते हैं–'इकॉनॉमिक एंड फिलॉसिफिकल मैनुस्क्रिप्ट्स' अंग्रेज़ी अनुवाद है। 'आर्थिक और दार्शनिक पाण्डुलिपियाँ' के नाम से हम सभी लोग परिचित हैं, जिसमें पहली बार मार्क्स ने, युवा मार्क्स ने अपने सिद्धान्तों की बुनियाद रखी। इस ग्रन्थ का पता बीसवीं सदी में पहली बार 1932 में चला और इस ग्रन्थ के प्रकाशन के बाद मार्क्सवादी मानववाद की एक नयी लहर पूरे विश्व-चिन्तन में फैली, जिसे आधार बनाकर लोगों ने युवा मार्क्स और प्रौढ़ मार्क्स के क्रान्तिकारी और मानववादी विचारों के अन्तर को उछालने की कोशिश की थी।

यह है मार्क्स के निर्माण का काल, जब मार्क्स मार्क्स हुए और उस निर्माण के काल में, जैसा मैंने आपसे निवेदन किया, नियामक भूमिका अदा करने वाला वह मिथक है, जो प्रॉमेथ्युस का था और जो प्रतीक बन गया था मार्क्स के जीवन का, विद्रोह का, संघर्ष का, क्रान्ति का! मार्क्स के जीवन का संघर्ष प्रॉमेथ्युस का संघर्ष था। मार्क्स के जीवन के संघर्ष की यातना, वेदना, व्यथा और पीड़ा उस प्रॉमेथ्युस के संघर्ष-सी थी। आकस्मिक नहीं है कि इस प्रॉमेथ्युस के मिथक को मार्क्स का समकालीन और इंग्लैंड में थोड़ी ही दूर पर स्थित एक दूसरा क्रान्तिकारी, जिसके बारे में मार्क्स ने कहा था कि वह जीवित रहता तो समाजवादी होता, अपना रहा था। अंग्रेज़ी के प्रसिद्ध रोमांटिक कवि शेली ने उसी प्रॉमेथ्युस के प्रतीक से प्रेरित होकर, ग्रीस की ट्रेजेडी से प्रभावित होकर, 'प्रॉमेथ्युस अनबाउंड' लिखा था। यह था वह मिथक, जो मुक्ति का, संघर्ष का, निजी और व्यक्तिगत संघर्ष का नहीं, मानवता की मुक्ति का और उसके संघर्ष का मिथक था।

इसीलिए मैंने आपसे निवेदन किया कि मार्क्स के निर्माण में जहाँ एक ओर जर्मन दर्शन का, जिसमें मुख्य स्थान है—हेगेल का, ब्रिटिश अर्थशास्त्र का, जिसमें मुख्य स्थान एडम स्मिथ और रिकार्डो का है, और फ्रेंच समाजवाद का हाथ है जिसमें सेंट साइमन और फूरिये आदि का नाम लिया जाता है। वहाँ इन तमाम स्रोतों के अलावा उनके साथ एक दूसरा प्रेरणा-स्रोत भी था, जो साहित्य से आया था और जिसमें प्रथम स्थान ग्रीक ट्रेजेडी का है। इस ग्रीक ट्रेजेडी के अलावा, जैसा उल्लेख किया जाता रहा है और आप सभी लोग परिचित हैं, मार्क्स ट्रेजेडी के दूसरे प्रसिद्ध लेखक शेक्सपियर के, उतने ही बड़े प्रेमी थे। जो लगभग उनके परिवार की नित्य चर्चा का और दैनिक पाठ का अंग बन गया था, साहित्यकारों की एक और लम्बी सूची है जिन्हें मार्क्स ने पढ़ा था। इसलिए जब मैंने कहा कि मार्क्सवाद और मार्क्स के मूल प्रेरणा-स्रोतों में साहित्य को गिना जाना चाहिए और ख़ास करके ग्रीक ट्रेजेडी को गिना जाना चाहिए, तो यह कोई चौंकानेवाली नयी बात नहीं है, मार्क्सवाद के निर्माण में वस्तुतः उसका योग है। यह जो साहित्य से मार्क्स ने लिया उसके बारे में विद्वानों ने कहा है कि मार्क्स ने साहित्य के बारे में जो कुछ कहा वह बहुत महत्त्वपूर्ण है। लेकिन उससे किसी कदर कम महत्त्वपूर्ण नहीं है वह भावबोध जिसका निर्माण मार्क्स ने साहित्य को आत्मसात् करके किया था।

साहित्य से प्राप्त होनेवाली यह भाव-सम्पदा है साहस, धैर्य, करुणा और क्रोध की मानवीय शक्तियाँ। जब तक मनुष्य में ये गुण न हों, तब तक वह क्रान्तिकारी नहीं हो सकता। केवल विचारों से अगर क्रान्तिकारियों का निर्माण हुआ करता, तो जैसा डॉ. रामविलास शर्मा ने एक जगह लिखा है, क्रान्तिकारियों की भीड़ लग जाती। केवल विचारों से ही यदि क्रान्तिकारी बनते होते, तो अनेक व्यक्ति द्वन्द्वात्मक भौतिकवाद की पोथियों को पढ़कर, उसके जानकार बनकर क्रान्तिकारी के रूप में गली-गली मारे-मारे फिरते। वे मानवीय गुण-अवगुण हैं, वह भाव-सम्पदा है, जो क्रान्तिकारी के व्यक्तित्व का निर्माण करती है, जिस व्यक्तित्व के निर्माण के द्वारा वह विचार वस्तुतः कार्य में प्रवृत्त हुआ करता है, क्रान्तिकारी अमल का रूप लिया करता है। प्रायः मनुष्य की भाव-वृत्ति उसे प्रेरित करने वाली शक्ति हुआ करती है, स्रोत हुआ करती है और वह स्रोत अक्सर साहित्य से आया करता है। जानना ही, क्रान्ति के दर्शन को जानना ही क्रान्ति नहीं है। उस दर्शन को महसूस करना, महसूस करके अमल में ले आना क्रान्ति के लिए उपयोगी हुआ करता है। एक फ़िल्म का मशहूर गाना है 'कुछ लोग जो

ज़्यादा जानते हैं/इन्सान को कम पहचानते हैं।', 'जानना' और 'पहचानना' ये दो चीज़ें हैं। मार्क्स आजीवन एक दर्शन, एक क्रान्तिकारी दर्शन और विज्ञान का निर्माण करते रहे और विकास करते रहे और जीवन की, व्यक्तिगत जीवन की कठोर परिस्थितियों के बीच, अभावों के बीच, असुविधाओं के बीच करते रहे। उसके लिए जो शक्ति उन्हें मिली थी, जो धीरज, जो ताक़त, जो उत्साह उन्हें और मिला था उसका स्रोत साहित्य था। उनका क्रान्तिकारी व्यक्तित्व जिन तत्त्वों से निर्मित हुआ था, उनमें एस्खिलुस, शेक्सपियर, दान्ते, गेटे, हाइने, बाल्ज़ाक जैसे महान् साहित्यकारों का विशाल साहित्य था, जो कहीं-न-कहीं उनको शक्ति देता रहा। इसीलिए मार्क्स जिस क्रान्तिकारी दर्शन का, विचार का निर्माण कर सके उसका एक बहुत बड़ा स्तम्भ वह साहित्य है। यह आकस्मिक नहीं है कि कम्युनिस्ट मेनिफेस्टो को लेनिन ने 'सर्वहारा का गीत' कहा है, गीत यानी 'लिरिक'। कम्युनिस्ट मेनिफेस्टो के विचारों से असहमत होते हुए भी, उसकी उठान जिस साहित्यिक ढंग से, काव्यात्मक ढंग से होती है, उसको पढ़कर कोई भी आदमी झूम सकता है।

मार्क्स की रचनाएँ सिर्फ़ सिद्धान्तों की तर्कसम्मत व्याख्या और विवेचन नहीं हैं। आमतौर से जो युवा मार्क्सवाद के विशेषज्ञ हैं, उनकी एक आम शिकायत है कि मार्क्स ने एक शुष्क तर्कशास्त्र का जटिल जाल रचा है और उन्होंने एक अमूर्त मानव, उसमें भी आर्थिक मानव की, 'इकॉनॉमिक मैन' की प्रतिष्ठा करने की कोशिश की है। ऐसा कहनेवाले भूल जाते हैं कि मार्क्स की रचनाओं का मनुष्य अमूर्त मनुष्य नहीं है, आर्थिक मनुष्य भी नहीं है उसके पीछे छिपा हुआ दरअसल एक मानव-हृदय का स्पन्दन है। मार्क्स आर्थिक मनुष्य के लिए संघर्ष नहीं कर रहे थे। मार्क्स सम्पूर्ण मनुष्य के लिए संघर्ष कर रहे थे, उस मनुष्य के लिए, जो आत्म-निर्वासन से, 'एलिएनेशन' से मुक्त होने के बाद केवल आर्थिक सुविधाएँ पानेवाला ही न रहे, बल्कि जो जीता-जागता इन्सान हो। शोषण के कारण जिसकी इन्द्रियाँ कुण्ठित हो गयी हों, जो सुन्दर कपड़े बनाता हो, सुगन्धित द्रव्यों का निर्माण करता हो, रंग, रूप, रस, स्पर्श से भरी हुई सुन्दर वस्तुओं का निर्माण करते हुए भी उस शोषण की मशीन के चक्र में पिसता हुआ अपनी घ्राण-शक्ति खो चुका हो, श्रवण-शक्ति खो चुका हो, स्वाद खो चुका हो, स्पर्श खो चुका हो, वह मनुष्य जब इस चक्र से मुक्त हो तो वह मुक्त मनुष्य, सजीव जीता-जागता इन्सान हो, जिसमें सूँघने की, देखने की, रंगों को पहचानने की और संगीत का आनन्द लेने की क्षमता हो, जो हृदयहीन न हो, बल्कि जो क्रुद्ध होकर

तमतमा उठता हो और करुणा से विगलित हो उठता हो– इस सम्पूर्ण मनुष्य के लिए मार्क्स ने संघर्ष किया था। इसीलिए मार्क्स की रचनाओं में तर्क-कर्कश रूप नहीं मिलता, बल्कि उसके पीछे, जैसा कि मैंने कहा, एक तर्कशास्त्री मानव-हृदय का वह स्पन्दन मिलता है, जहाँ मार्क्स क्रोध से तिलमिलाते हैं, व्यंग्य से चोट करते हैं और यथास्थान मनुष्य के लिए करुणा से विगलित हो उठते हैं। मार्क्स की रचनाएँ प्रचलित अर्थ में अर्थशास्त्र नहीं हैं। आप लोगों में से जिन लोगों ने एडम स्मिथ, या कीन्स को पढ़ा हो, वे उसके समानान्तर मार्क्स की रचनाओं को रखकर पढ़ें तो लगेगा कि वे अर्थशास्त्र की पुस्तकें नहीं हैं, बल्कि अर्थशास्त्र के साथ ही वे अनूठे दस्तावेज़ हैं, जिनमें मानव का मस्तिष्क ही नहीं गूँजता है, बल्कि जहाँ मनुष्य का धड़कता हुआ हृदय है। यही हृदय और मस्तिष्क दोनों का योग है जिसके बारे में कहा गया है कि मार्क्सवाद यदि मुक्ति का दर्शन है तो इस मुक्ति के दर्शन का मस्तिष्क दर्शन है और सर्वहारा उसका हृदय है। यदि इस हृदय को निकाल दीजिए, तो अन्य दर्शनों के समान फिर हेगेल और मार्क्स में कोई अन्तर नहीं रह जायेगा। दर्शन उसका मस्तिष्क है और इतिहास की क्रान्तिकारी शक्ति, बदलनेवाली शक्ति, 'सर्वहारा' उसका हृदय है और इन दोनों के योग से मार्क्सवाद निर्मित हुआ है। इसीलिए मैंने आपसे निवेदन किया कि मार्क्सवाद के मूल स्रोतों में जहाँ तीन का उल्लेख किया जाता है वहाँ चौथे का, अन्तिम स्रोत का उल्लेख करना नितान्त आवश्यक है। कदाचित् यही वजह है कि मार्क्स अपने व्यक्तित्व से और अपनी रचनाओं से साहित्य को जितना प्रेरित और प्रभावित कर सके, संसार के इतिहास में दूसरा विचारक और दूसरा दर्शन नहीं है जिसने उतने बड़े पैमाने पर रचनाकारों को प्रेरित किया हो। प्रभाव और प्रेरणा का स्रोत केवल मार्क्स की सृष्टि नहीं है। जैसा मैंने कहा, वह क्रान्तिकारी व्यक्तित्व है, जिसका मूल प्रॉमेथ्युस के व्यक्तित्व से पता चलता है। यह मूल तत्त्व है, जिसे सामान्यतः मानववाद कहा जाता है। मार्क्सवाद मानववाद है कि नहीं है, इस पर स्वयं पिछले दो दशकों में काफ़ी बहस हुई है। मार्क्सवाद के अन्दर भी ऐसे विचारक हुए हैं, जिन्होंने इसका विरोध किया है और 'मानववाद' का एक विशेष अर्थ है। मैं उन फ्रांसीसी संरचनावादियों का ज़िक्र करके आपका माथा इस गर्मी में भारी नहीं करना चाहता, किन्तु इस पर भी बहस है कि मार्क्सवाद मानववाद नहीं है, वह विज्ञान है और एक वैज्ञानिक विचारधारा है, और इस पर ज़्यादा बल दिया गया है। गोया मानववाद और विज्ञान, दोनों विरोधी चीज़ें हैं, मित्रो, मैं आपसे निवेदन करना चाहता हूँ कि हज़ारों हज़ार लोग, करोड़ों जन,

वे किसान-मज़दूर जो संघर्ष करने वाले हैं और अपनी ज़िन्दगी को बदलनेवाले हैं, वे मार्क्सवाद से वह चिनगारी पाते हैं, जो उनके बुझे हुए दिल में आग पैदा करती है, वह आग उन्हें गर्मी और रोशनी देती है। वह केवल विज्ञान का एक सूत्र या सिद्धान्त नहीं है, बल्कि वह मानववादी चेतना है, तड़प है, जिससे प्रेरित होकर वे लोग क्रान्ति की आग में कूदने के लिए तैयार हो जाते हैं। यह मानववाद मार्क्सवाद का पुछल्ला नहीं है, परिशिष्ट नहीं है, बल्कि मार्क्सवाद का मर्म है, उसका अभिन्न अंग है। मार्क्सवाद के इस मानववाद का गहरा सम्बन्ध सौन्दर्यशास्त्र, सौन्दर्य की कल्पना अथवा कला और साहित्य के बुनियादी सिद्धान्त से है, जोकि मार्क्सवाद के केन्द्र में है।

मैंने 1844 में रचित 'आर्थिक और दार्शनिक पाण्डुलिपियाँ' का ज़िक्र किया है। उन आर्थिक और दार्शनिक पाण्डुलिपियों में मार्क्स ने वह सिद्धान्त दिया, जिसे अंग्रेज़ी में 'लेबर थ्योरी ऑफ़ वैल्यू' कहते हैं। समस्त मूल्यों का स्रोत श्रम है और इस श्रम के आधार पर ही उत्पादन, इसकी प्रक्रिया, इसकी शक्तियाँ और इसके विकास के द्वारा ही पूरे मनुष्य का इतिहास निर्मित हुआ है। मुझे कल की चर्चा तो नहीं करनी चाहिए, लेकिन कल साहित्यिक गोष्ठियों में बार-बार जो चर्चा हुई थी, वह याद आ रही है। यह सामान्य धारणा है और कल इस स्थापना को लेकर सभी लोग एकमत थे कि साहित्य की भाषा में जो 'सृजनशीलता' आती है, वह लोकभाषा से आती है। लोकभाषा सृजनशील होती है, सृजनात्मक होती है। उसी से शक्ति लेकर साहित्य अपने रूढ़ घिसे हुए प्रतीकों और रूपकों से मुक्त होता हुआ सृजनशीलता की ओर अग्रसर होता है। सवाल उठता है कि लोकभाषा क्यों सृजनशील होती है? क्योंकि लोकभाषा के निर्माण करने वाले सृजनशील हैं, जो लोक है, जो मेहनत करने वाला है, वही सृजनशील होता है। 'उत्पादन' और 'सृजन' एक ही सिक्के के दो पहलू हैं। इसलिए जो सामाजिक मूल्यों, नैतिक मूल्यों और आर्थिक मूल्यों का निर्माता है, वही सौन्दर्य के मूल्यों का, कला के मूल्यों का, साहित्य के मूल्यों का भी निर्माता है। संक्षेप में आर्थिक और दार्शनिक पाण्डुलिपि की यही स्थापना है।

सृष्टि के आरम्भ में उत्पादन-प्रक्रिया के साथ जिस सामूहिक जन ने अपने श्रम से पहली बार कोई हथियार या 'औज़ार' बनाया होगा जंगल काटने के लिए, जिसने पहली बार धान का एक पौधा रोपा होगा, उसी के साथ उसने अपने कण्ठ में एक गीत भी रोपा होगा। कॉडवेल ने इसे बड़े विस्तार से 'इल्यूज़न एंड रिएलिटी' के 'द बर्थ ऑफ़ पोएट्री' शीर्षक निबन्ध में दिखाया है कि सामूहिक

श्रम के साथ, उत्पादन-प्रक्रिया के साथ ही गीतों की सृष्टि हुई है, उत्पत्ति हुई है। यह आकस्मिक नहीं है कि वैदिक ऋचाओं का घोष जो मानव-कण्ठ से हुआ, उसके साथ ही मानव-सभ्यता में नयी ऋषि-व्यवस्था की और बाक़ी चीज़ों की रचना हुई थी। इसलिए सौन्दर्यशास्त्र मार्क्सवाद को लागू करने के लिए कोई दूसरा, अलग से बना हुआ क्षेत्र नहीं है, जैसे एक 'भाषाविज्ञान' होता है, दूसरा 'व्यावहारिक भाषाविज्ञान' होता है। कुछ लोगों के लिए 'प्रिंसिपुल्स ऑफ़ लिटररी क्रिटिसिज़्म' होते हैं और फिर 'प्रैक्टिकल क्रिटिसिज्म' होते हैं।

सौन्दर्यशास्त्र 'एप्लाइड मार्क्सिज़्म' नहीं है। मार्क्सवाद के बुनियादी सिद्धान्तों में से, 'लेबर थ्योरी ऑफ़ वैल्यू' के मूल में ही सौन्दर्य था, इसलिए मार्क्स ने यह महत्त्वपूर्ण स्थापना की थी कि पशुओं से इतर प्राणियों में मनुष्य इस बात में भिन्न है कि मनुष्य सौन्दर्य के नियमों के अनुसार निर्माण करता है। उदाहरण के लिए उन्होंने कहा कि अदना मकड़ी जिस महीन जाले का निर्माण करती है, किसी मनुष्य के लिए वह सम्भव नहीं है। बड़ा-से-बड़ा 'जुलाहा' या तन्तुवाय भी उतना बारीक़, महीन जाल बुन नहीं सकता। चिड़ियों में इंजीनियर कहलानेवाली बया जितना ख़ूबसूरत घोंसला बनाती है, आप खुद वैसा घोंसला बनाकर देख लीजिए, चूक सकते हैं। मार्क्स ने कहा कि यह सही है किन्तु उस मकड़ी से, उस बया से मनुष्य इस माने में भिन्न है कि बया केवल अपने आकार का भवन बना सकती है, मकड़ी अपने लिए ही जाला बना सकती है, जबकि मनुष्य ऐसा भवन बना सकता है, ऐसी चीज़ें बना सकता है, जो केवल उसी के आकार की न हों। वह स्वयं पशु के या पक्षी के लिए भी भवन बना सकता है। बया अपने लिए घोंसला बना सकती है, लेकिन अपने मालिक या किसी मनुष्य के लिए घर नहीं बना सकती है। यह मनुष्य की ही क्षमता है कि वह उसके लिए घोंसला भी बना सकता है, पिंजड़ा भी बना सकता है और अपने लिए, रहने के लिए घर भी बना सकता है। जिसे 'टेकनीक' और जिसे 'मेजर' कहा गया है, उस माप का बोध मनुष्य को होता है और उस 'माप'-अनुपात की सारी चीज़ों को हम कभी शिल्प निर्माण करना कहते हैं, कौशल कहते हैं, आगे चलकर हम उसे 'कला' कहते हैं। इसलिए आप देखें कि सात सुर पशुओं और पक्षियों से ही मनुष्य ने लिए हैं, लेकिन कोयल केवल पंचम में ही गा सकती है, ऐसा नहीं कि पूरा सरगम गाये! यह मनुष्य का ही वैभव है, गरिमा है कि वह कोयल का पंचम ही नहीं, बल्कि ऋषभ भी गा सकता है, षड्ज भी गा सकता है, सातों सुर आयत्त करके मनुष्य संगीत का निर्माण कर सकता है।

यह जो क्षमता है इसी को सौन्दर्य-नियम कहते हैं, इसी को 'लॉज ऑफ़ ब्यूटी' कहा गया है। इसीलिए सौन्दर्य के नियम कोई रहस्यात्मक सत्ता नहीं हैं, जिसे सिर्फ़ सौन्दर्यशास्त्री जानता हो अथवा क्रोचे का 'सौन्दर्यशास्त्र' पढ़ने से ही समझ में आयेगा। मार्क्स ने जब यह कहा कि यह मनुष्य की, श्रम की और श्रम करने वाले मनुष्य की विशेषता है कि वह सौन्दर्य के नियमों के अनुसार है, तो यह कथन इस बात का सूचक है कि सौन्दर्यशास्त्र स्वयं मार्क्सवाद के केन्द्र में है; उसका 'बाइ-प्रोडक्ट' नहीं है, कोई 'फोकट का माल' नहीं है कि मुख्य चीज़ तो चीनी है और साहित्य शीरे के रूप में पैदा हुआ है। इसलिए विश्व-दर्शन है मार्क्सवाद और इस विश्व-दर्शन के केन्द्र में वह सौन्दर्य है, साहित्य है, कला है।

यही वजह है कि मार्क्स अपने दर्शन, चिन्तन और व्यक्तित्व के द्वारा सहज ही कला-प्रेमियों, कला-निर्माताओं, साहित्यकर्मियों और साहित्य-सर्जकों को दूर-दूर तक प्रभावित और प्रेरित कर सके। विरोधियों के कहने के बावजूद कि मार्क्सवाद साहित्य और कला का शत्रु है, लोग उससे प्रेरणा लेते हैं। मित्रो, यह आकस्मिक नहीं है कि आमतौर से जिन-जिन लोगों को साहित्य और कला का शत्रु कहकर उनसे दूर रखने की कोशिश की गयी है, अपने सहज ज्ञान से और सहज प्रतिभा से साहित्यकारों और कलाकारों ने उन चिन्तकों और विचारकों से सहज प्रेरणा ली है। आप परिचित होंगे, प्लेटो को कवियों का दुश्मन कहा जाता है, इसलिए कि उसने अपने 'रिपब्लिक' से कवियों को निकाल बाहर किया था; अरस्तू को कवियों का हिमायती कहा जाता है, उसने 'पोएटिक्स' लिखी और उसका औचित्य साबित किया। लेकिन विचित्र विडम्बना है कि दुनिया के रोमांटिक कवियों ने प्लेटो से प्रेरणा ली, अरस्तू से नहीं ली। शेली, कीट्स, बायरन उस प्लेटो से प्रेरित और प्रभावित थे, जो कवियों का दुश्मन कहा जाता था; उस अरस्तू से प्रभावित होने वाले तो मध्ययुगीन धार्मिक चिन्तक थे! पूरा का पूरा 'मध्ययुग' जिसमें एक चावल के दाने पर कितने फरिश्ते खड़े हो सकते हैं, इस पर चर्चा करने वाले, बाल की खाल निकालने वाले लोग थे। वह प्लेटो था, जिसने रोमांटिक कवियों की कल्पना को पंख दिये और उड़ने की ताक़त दी। इसलिए दुश्मन कहते रहे कि मार्क्सवाद साहित्य और कला का दुश्मन है, पर दुनिया के कवियों ने, नाटककारों ने, उपन्यासकारों ने, कथाकारों ने मार्क्स से प्रेरणा ली। जो अंजाम प्लेटो की विचारधारा का हुआ, विचित्र विडम्बना है कि कहीं-न-कहीं मार्क्स की विचारधारा के साथ भी वही हुआ, और यह आकस्मिक नहीं है कि बहुत से मार्क्स-विरोधी इन दोनों को एक ही खाने में रखते हैं।

आप लोगों में से जिन्होंने कार्ल पॉपर की 'दि ओपेन सोसाइटी एंड इट्स एनेमीज' नाम की किताब पढ़ी होगी उन्होंने देखा होगा कि उसने विस्तार से साबित किया है कि मार्क्स एक निरंकुशतावादी, तानाशाही टोटेलिटेरियन-राज्यसत्ता का निर्माण करने वाला सिद्धान्तकार है, जो दरअसल प्लेटो और हेगेल की परम्परा में आता है। यानी बार-बार मार्क्स को उस ग्रीक चिन्तन से जोड़ा जाता है, जिससे उन्होंने स्वयं अपने को कहीं-न-कहीं जोड़ा था। यह दूसरी बात है कि उन्होंने प्लेटो की जगह अपने को एपिकुरुस से जोड़ा था और नाटककारों में एस्खिलुस से।

मैं इस बात की ओर आपका ध्यान आकृष्ट कर रहा था कि सौन्दर्यशास्त्र और कला को मार्क्स इसलिए प्रेरित और प्रभावित कर सके कि स्वयं उनके क्रान्तिकारी चिन्तन के मूल में सौन्दर्यशास्त्र है, कलाशास्त्र है। इसलिए आप देखेंगे कि वैचारिक संघर्ष समाजवादी दुनिया में साहित्य और कला को लेकर जितनी गम्भीरता से होते हैं, कदाचित् दूसरी किसी जगह नहीं। जॉर्ज लूकाच 'एस्थेटिक्स' की दुनिया में राजनीतिक और दार्शनिक संघर्ष करते रहे। यही नहीं, बल्कि समाजवादी देशों में एक उपन्यास और कविता को लेकर जितना बड़ा हंगामा होता है, साहित्य और कला से प्रेम का दावा करने वाले दुनिया के दूसरे देशों में नहीं, वहाँ प्रायः बड़ी रचनाएँ एक पुरस्कार या इनाम के साथ ख़त्म हो जाया करती हैं। समाजवादी देशों में साहित्य कसौटी पर होता है। साहित्य पर पूरी व्यवस्था 'दाँव' पर लगायी जाती है। बर्तोल्ट ब्रेख्त से किसी ने कहा कि तुम्हारी रचनाओं को लेकर, नाटकों को लेकर जर्मनी में और रूस में इतनी बहस होती है, विरोध होता है, हमारे यहाँ आकर अगर नाटक खेलो, वे बहुत लोकप्रिय होंगे। उसने कहा, "जिस समाज में मेरे नाटक गम्भीरता से लिए जाते हैं, भले ही वहाँ विरोध होता हो, मैं वहीं रहना पसन्द करूँगा। उसकी जगह मैं उन लोगों के बीच जाना पसन्द नहीं करूँगा, जो मसखरे हैं और जो हमारे नाटकों को मनोरंजन की चीज़ समझते हैं।" एक कलाकार के लिए यह ज़्यादा बड़ी चीज़ है कि उसकी साहित्यिक कृति को गम्भीरता से लिया जाय। समझ-बूझ के साथ किया गया विरोध, एक गम्भीर विरोध सस्ते समर्थन और स्वीकृति की अपेक्षा एक रचनाकार का ज़्यादा बड़ा सम्मान है। मार्क्सवाद साहित्य और कला को जो गम्भीरता से लेता है, वह प्रमाण है कि सौन्दर्यशास्त्र, कलाशास्त्र, साहित्यशास्त्र मार्क्सवाद के केन्द्र में है, उसके मर्म में है। यह मार्क्स के समस्त विवेचन से प्रमाणित होता है। उसमें से और चीज़ों को छोड़कर केवल एक बात का उल्लेख करके मैं अपना वक्तव्य समाप्त करूँगा।

मार्क्स की प्रसिद्ध कृति 'पूँजी' में उनकी सबसे बड़ी देन यह है कि उन्होंने पूँजीवादी समाज का, अपने ज़माने के पूँजीवादी समाज का, बहुत गहराई से विश्लेषण किया है और विश्लेषण करने के बाद स्थापना की है कि इस समाज ने अपनी क़ब्र खोदनेवालों को अपने साथ ही पैदा किया है। वह सर्वहारा है, जो इसके जन्म के साथ पैदा हुआ है। पूँजीवाद के जन्म के साथ ही पूँजीवाद की क़ब्र खोदनेवाला सर्वहारा पैदा हुआ है, जो इसको समाजवाद में बदलेगा और नयी समाज-व्यवस्था की ओर ले जायेगा। मार्क्स ने पूँजीवाद की आलोचना आर्थिक स्तर पर, राजनीतिक स्तर पर, नैतिक स्तर पर की है, उसी विश्लेषण के क्रम में उन्होंने जिन दो बातों की ओर संकेत किया है उनसे अन्दाज़ा लगा सकते हैं आप कि किस प्रकार सौन्दर्यशास्त्र और कलाशास्त्र के नियम मार्क्सवाद के मूल में हैं।

पूँजीवादी समाज के दो अभिशाप हैं, जो साहित्यिक रूप में दिखाई पड़ते हैं। वह सिद्धान्त प्रसिद्ध है, जिसे अंग्रेज़ी में 'फेटिशिज़्म ऑफ़ कमॉडिटी' कहते हैं। पूँजीवाद की बुनियाद है माल-निर्माण। हर चीज़ यहाँ बाज़ार में बिकाऊ है। जो चीज़ बेचने-ख़रीदने की नहीं थी, पूँजीवाद ने उसे भी माल बना दिया। सिर्फ़ कपड़ा, चीनी, इस्पात को ही नहीं, बल्कि उसने विद्या को, ज्ञान को, प्रेम को भी माल बना दिया। 'घोषणापत्र' में मार्क्स ने यह स्पष्ट लिखा है। जिस विद्या को इसी देश में हम लोग भली-भाँति जानते हैं—गुरु प्रेम से दे दिया करता था और शिष्य श्रद्धा से ले लिया करता था, आज के हम गुरु-घंटाल उसे वेतनों द्वारा देते हैं और फीस द्वारा शिष्य लिया करते हैं। विद्या बेचने और ख़रीदने की चीज़ हो गयी है और स्वयं प्रेम किस हद तक बेचने-ख़रीदने की चीज़ हो गया है, यह हम अपने परिवारों में भी देख सकते हैं। प्रेमचन्द ने अपने उपन्यास 'ग़बन' में एक जगह दिखाया है कि पति रमानाथ जिस दिन साड़ी ख़रीदकर लाया उस दिन दाल में घी कुछ विशेष पड़ गया था और एक नयी सब्ज़ी भी बनी थी। प्रेम-जैसी चीज़, जो सहज एवं हृदय का व्यापार माना जाता है, इस समाज-व्यवस्था में वह भी बेचने और ख़रीदने की चीज़ हो गयी है। बहुत-से लोग, जो कहते हैं कि तुम पर मैं जान दे सकता हूँ और जो दिल तो न्योछावर करते ही रहते हैं, भली-भाँति जानते हैं कि वहाँ दिल का मतलब पैसा हुआ करता है, उसे दिया और ख़रीदा भी जाता है। मार्क्स ने दिखाया कि इस व्यवस्था में विद्या और प्रेम-जैसी चीज़ें भी बेचने और ख़रीदने की चीज़ें हो गयी हैं। परिणामस्वरूप इस पूँजीवादी व्यवस्था में साहित्य एक ओर व्यवसाय बनता है और दूसरी ओर 'फेटिशिज़्म' के सिद्धान्त के अनुसार वह जड़-पूजा की वस्तु बनता है। ऊपर से देखने में दोनों चीज़ें विरोधी मालूम होती हैं साहित्य का बाज़ारू होना और साहित्य का पूजा की वस्तु होना।

साहित्य की जड़-पूजा का मुख्य रूप है—कलावाद, सौन्दर्यवाद। आकस्मिक नहीं है कि पूँजीवाद में साहित्य अथवा कला 'कला' हो जाती है। एक है कला और दूसरी 'कला'। इसलिए आप देखेंगे कि आधुनिक समाज में, इस पूँजीवादी व्यवस्था में एक ओर साहित्य का बाज़ारूकरण होता है, बाज़ारूपन उसमें आता है और दूसरी ओर यह वही दौर है जिसमें शुद्ध साहित्य, शुद्ध कविता, शुद्ध कला, सौन्दर्यवाद और कलावाद की सृष्टि होती है। यह आकस्मिक नहीं है कि इसी दौर में एक ओर गुलशन नन्दा और दूसरी ओर निर्मल वर्मा साथ-साथ पैदा होते हैं। एक ओर साहित्यिक कृति नितान्त बाज़ारू है और दूसरी ओर साहित्य अत्यन्त शुद्ध, पवित्र जड़-पूजा की वस्तु हो गया है। आप आसानी से समझ सकते हैं कि यह वह समाज-व्यवस्था है, जिसमें नारी एक ओर वेश्या होती है और दूसरी ओर देवी होती है, वह या तो पूजनीय होती है या वेश्या होती है। दोनों के बीच, जो सहज रूप से मानवी हो, और बिना देवी हुए भी यह हाड़-मांस की, घरेलू स्त्री हो, जिसमें प्यार भी मौजूद हो, इस रूप में वह बहुत कम आती है। इसलिए मार्क्स ने पूँजी का विश्लेषण करते हुए यह स्थापित किया और यह निष्कर्ष निकाला कि पूँजीवाद इन्सानियत का, मनुष्यता का दुश्मन है और चूँकि यह मनुष्यता का, मानवता का, मानव-भावों का दुश्मन है, इसलिए पूँजीवादी सभ्यता और पूँजीवादी व्यवस्था स्वयं साहित्य और कला की दुश्मन है। जब यह उन्हें बाज़ारू बनाती है, तब उसकी शत्रुता स्पष्ट रहती है, लेकिन जब यह उन्हें पूजनीय वस्तु बनाती है, तब उसकी शत्रुता उतनी खुली हुई नहीं रहती।

पूँजीवाद द्वारा साहित्य का विरोध और साहित्य की दुश्मनी सबसे ज़्यादा ख़तरनाक रूप में वहाँ प्रकट होते हैं, जहाँ वह आपाततः साहित्य को पूजा की, श्रद्धा की वस्तु बनाता है। चूँकि यह अधिक सूक्ष्म है इसीलिए यहाँ यह शत्रुता समझ में नहीं आती है। मैं अपनी बात को स्पष्ट करने के लिए बेहतर है कि साहित्य से ही उदाहरण दूँ। आप लोगों में से कदाचित् कुछ लोगों ने राजेन्द्र सिंह बेदी की 'लाजवन्ती' नाम की कहानी पढ़ी होगी। 'लाजवन्ती' कहानी देश के बँटवारे से उत्पन्न होनेवाली समस्या को लेकर लिखी गयी है। अनेक स्त्रियों का अपहरण हुआ था, कुछ का 'पुनर्वास' हुआ, उन्हीं में एक लाजवन्ती थी। उसके पति बड़े समाज-सुधारक, नये विचारों वाले आदमी थे, वे संकीर्ण नहीं थे। वे तमाम स्त्रियों का उद्धार कर रहे थे, इसलिए जो अपहृता थीं, घर्षिता थीं, उन्हें वे शिविर में ले आये और फिर 'घर बसाओ' आन्दोलन चलाकर उन विवाहित स्त्रियों को अलग-अलग घरों में उन्होंने स्थापित किया। लाजवन्ती को स्वभावतः

वे अपने घर ले आये और घर ले आने के बाद उसे कभी डाँटा नहीं, झिड़का नहीं। वे उसे 'देवी' कहते रहे, उसकी पूजा करते रहे, उसे श्रद्धा एवं सम्मान की दृष्टि से देखते रहे, फिर भी वह सूखती जा रही थी, क्योंकि सारे सम्मान, सारी श्रद्धा और पूजा के बावजूद लाजवन्ती पत्नी-रूप में स्वीकार नहीं की गयी वह तरसती रह गयी कि मुझे पहले की तरह अगर वह डाँटते, डपटते, झिड़कते तो ज़्यादा अच्छा था। इस पूजा से वह डाँट-फटकार कहीं बेहतर थी। इस पूँजीवादी समाज में साहित्य को शुद्ध कला, शुद्ध साहित्य बनाकर जिस दैवी पद पर पहुँचाया गया, आपाततः वह कला का बहुत बड़ा सम्मान है, लेकिन यह शुद्ध कला, शुद्ध साहित्य, जो पूँजीवाद के दौर में उत्पन्न होता है, कला और साहित्य को निष्प्राण बनाने की घोषणा है। मार्क्स ने 'फेटिशिज़्म ऑफ़ कमोडिटी' नाम के सिद्धान्त के द्वारा इसकी स्थापना करने की कोशिश की थी। माक्सवान वह विचारधारा है, जो पूँजीवाद के खात्मे के साथ पूँजीवाद की उस प्रवृत्ति का अन्त करने का आह्वान करती है, जो साहित्य और कला की दुश्मन है।

मार्क्स-विरोधी आमतौर से मार्क्स के साहित्य और कला-सिद्धान्तों की कड़ी आलोचना करते हैं, क्योंकि वे जानते हैं कि मार्क्स साहित्य और कला को कौन-सा रूप देना चाहते हैं, क्रान्ति की किस आग से उसे सम्पन्न करना चाहते हैं, सप्राण बनाना चाहते हैं, जीवन्त बनाना चाहते हैं। यह वह चीज़ है, जो मार्क्सवाद के केन्द्र में है अर्थात् साहित्य को मार्क्स सच्चे अर्थों में साहित्य मानते हैं, जैसे लाजवन्ती को सच्चे अर्थों में नारी बनाने की कोशिश। और सच्चे अर्थों में जब साहित्य बनता है तो यह सही है कि उसमें मज़दूर का पसीना भी आयेगा और मज़दूर के मैले और गन्दे हाथ भी आयेंगे, उसके हृदय की आग भी आयेगी। इससे यह ज़रूर है कि शुद्ध कलावादियों को लगेगा कि परीलोक की कल्पना की दुनिया या कल्पना की चीज़ को, 'कल्पना के कानन की रानी' को, ये लोग खेतों और फैक्ट्रियों में ले आकर गन्दा कर रहे हैं। कुछ लोगों का ख़याल है कि अज्ञेय साहित्य की सुन्दरता करते हैं और नागार्जुन उस कविता को खेत की मेंड़ों पर नचाते हैं और कारख़ानों के धुएँ से उस पर कालिख पोतते हैं! मार्क्स साहित्य को ऐसा बनाकर सच्चे अर्थों में एक जीती-जागती वस्तु बनाना चाहते थे, जो इस लायक बन सके कि धूल-धक्कड़ और खेतों और कारख़ानों के बीच पैदा हो, उनसे जुड़े और जुड़कर सप्राण हो, जीवन्त हो और जीवन्त होकर वह काम करे, जिसे करने का दायित्व सर्वहारा पर रखा गया है। दरअसल वर्ग-संघर्ष जिस प्रकार मार्क्स के इतिहास-दर्शन के मूल में है, साहित्य उसी प्रकार वर्ग-संघर्ष

'संचालक' है, वेग शक्ति है। भाव और बोध दोनों के द्वारा साहित्य उस वर्ग-संघर्ष में योग देता है जिसे मार्क्स ने इतिहास का 'लोकोमोटिव' कहा था। मार्क्स की दृष्टि में समाज की क्रान्तिकारी शक्ति सर्वहारा अपनी पार्टी के साथ और साहित्य तथा कला के हथियारों के साथ समाज को बदलने की दिशा में वह क्रान्तिकारी काम करता है, जिसका सपना मार्क्स ने देखा था। मित्रो, जैसा कि मैंने कहा, साहित्य वह चौथा स्रोत है, जो मार्क्स के चिन्तन के मूल में है। यही वजह है कि मार्क्स इतने बड़े पैमाने पर दुनिया के हर देश, हर भाषा और हर साहित्य में तमाम विरोधों के बावजूद कवियों, लेखकों, नाटककारों, कलाकारों तथा आलोचकों को प्रेरणा देते रहे हैं।

[बिहार प्रगतिशील लेखक संघ और सिटीज़ेंस फोरम के संयुक्त तत्त्वावधान में आयोजित कार्ल मार्क्स-निधन-शत-वार्षिकी-समारोह में दिया गया व्याख्यान अगस्त, 1983।]

ज्यार्जी प्लेखानोव
(कक्षा-व्याख्यान)

1

प्लेखानोव के बारे में लेनिन ने लिखा है कि वे रूस में मार्क्सवाद के संस्थापक और प्रचारक रहे हैं तथा मार्क्सवाद को जानने के लिए प्लेखानोव को पढ़ना आवश्यक है। इन्होंने जार के खिलाफ़ आन्दोलन किया। जेल की सजा हुई, देश निकाला हुआ। कुछ दिन जर्मनी में रहे। फिर रूस आये। रूस लौटने पर प्लेखानोव का जो मुख्य संघर्ष था, वह वहाँ के नरोदनिक दल और धारा से वैचारिक संघर्ष था। लेनिन ने भी वहाँ की नरोदनिक पार्टी से गहरा संघर्ष किया था। यह पीपुल (people) पार्टी या किसान पार्टी की तरह की एक पार्टी थी। हमारे यहाँ भी जनता या किसान के नाम पर अनेक पार्टियाँ होती हैं। नरोदनिक का अर्थ है–जनता। जब प्लेखानोव रूस लौटे तब वहाँ यह पार्टी थी। दर्शन और राजनीति के क्षेत्र में भी प्लेखानोव ने अनेक पुस्तकें लिखीं। मार्क्सवाद पर भी लिखा। 'The Development of the Monist view of History' (1895) मार्क्सवाद पर उनकी एक प्रमुख रचना है। मोनिस्ट एक तरह का अद्वैतवाद है। इसीलिए लेनिन ने प्लेखानोव को रूस में मार्क्सवाद का संस्थापक माना है। आगे चलकर लेनिन और प्लेखानोव में मतभेद हो गया और प्लेखानोव का सम्बन्ध, रूस के इतिहास में जिसे मेन्शेविक (अल्पसंख्यक) पार्टी कहते हैं, उससे हो गया। कम्युनिस्ट पार्टी में दो दल हो गये। मेन्शेविक (अल्पसंख्यक) और बोल्शेविक (बहुसंख्यक)। प्लेखानोव मेन्शेविक से जुड़े थे और लेनिन बोल्शेविक से। रूसी क्रान्ति 1917 में हुई, और प्लेखानोव की मृत्यु 1918 में। अतः वे क्रान्ति के बाद अधिक दिनों तक जीवित नहीं रहे। इसलिए कहा नहीं जा सकता कि लेनिन की पार्टी द्वारा की गयी क्रान्ति में वे सहयोग करते या नहीं। मेन्शेविक होते हुए भी वे रूस में अपने विचारों के लिए सम्मानित हैं।

प्लेखानोव के प्रसिद्ध ग्रन्थ, जिनका सम्बन्ध साहित्य, दर्शन एवं कला से है, निम्नलिखित हैं–

(1) Letters without an address or unaddressed letters. (1899-1902)

(2) French Dramatic Literature and French painting in 18th Century from the Sociological standpoint. (1905)

(3) Art and Social life. (1912-13)

इन पुस्तकों के अलावा 1897 में वेलेंस्की और चर्निसेव्स्की पर निबन्ध तथा 1910 में तॉलस्तॉय पर लेख लिखे।

अबतक के मार्क्सवादी विचारकों में प्लेखानोव ने कलात्मकता पर सबसे अधिक लिखा है। वे अपने समय के सुसंस्कृत, बहुपठित एवं साहित्यिक रुचि के व्यक्ति थे। रूसी साहित्य के अलावा फ्रांसीसी साहित्य और कला का उन्होंने बहुत अच्छा अध्ययन किया था। विश्वविद्यालय की शिक्षा में प्राणी विज्ञान और नृतत्व विज्ञान उनका मुख्य विषय था।

साहित्य के विषय में प्लेखानोव के मुख्य विचार : कला की उत्पत्ति और विकास के सम्बन्ध में

मेहरिंग ने इस विषय में विचार नहीं किया। अतः प्लेखानोव इस पर विचार करने वाले प्रथम मार्क्सवादी विचारक हैं। मानव समाज पर एंगेल्स ने सबसे पहले विचार किया था, इसकी उत्पत्ति के बारे में। प्लेखानोव ने कला की उत्पत्ति पर विचार किया तथा इसमें जर्मन लेखक फायरबाख (एन्थ्रोपॉलोजिस्ट) की मदद ली। सृष्टि के प्रारम्भ में, पहले मैटर या पहले चेतना, यह आज भी विवाद का विषय है।

इन्होंने ऐतिहासिक भौतिकवाद के आधार पर कला एवं साहित्य की उत्पत्ति एवं विकास को बताया। इसके लिए उन्होंने विज्ञान से डार्विन की सहायता ली। तथा कार्ल बुचर की पुस्तक की, जिसे लेनिन नहीं पा सके थे। बुचर ने पुस्तकें लिखी थीं–(1) The Rise of the National Economy–1893, (2) Labor and Rhythm–1896.

ये नृतत्व विज्ञान की पुस्तकें थीं। प्रश्न यह है कि प्राणी जगत में सौन्दर्य बोध का जन्म कैसे हुआ। इसके लिए उन्होंने डार्विन से विचार लिये तथा प्राणी जगत और आदिम जाति में सौन्दर्य बोध का जन्म कैसे हुआ, इसके लिए उन्होंने बुचर के 'Labor and Rhythm' को आधार बनाया तथा ऐतिहासिक

भौतिकवादी दृष्टि से विचार किया। इस प्रकार जीव विज्ञान और नृतत्व विज्ञान के आधार पर प्लेखानोव ने ऐतिहासिक भौतिकवादी दृष्टि से विचार किया।

प्राणी जगत के क्रम में डार्विन के विचार

प्लेखानोव ने मिखाइलोव्स्की का जवाब दिया, जो कहते थे कि डार्विन का सिद्धान्त तो वैज्ञानिक है किन्तु मार्क्स का सिद्धान्त भ्रामक है। इसका जवाब देते हुए प्लेखानोव ने कहा कि "Marxism is Darwinism in it's application to Social science." (The Development of the Monist view of history, Foreign Languages Publication House, Moscow, 1956)

किन्तु, प्लेखानोव का यह कथन ग़लत है। अर्थात् मार्क्सवाद डार्विनिज़्म नहीं है। उपर्युक्त कथन से मालूम होता है कि मार्क्सवाद समाजवाद के क्षेत्र में डार्विनिज़्म का अनुप्रयोग है। दूसरे शब्दों में, मार्क्सवाद सोशल डार्विनिज़्म है। किन्तु, यह ग़लत है। मार्क्सवाद एक तरह से उपयोगितावादी दर्शन है, जिसकी उत्पत्ति बैंथम और मिल में है। इसलिए मार्क्सवाद सोशल डार्विनिज़्म नहीं है। अतः देखा जा सकता है कि प्लेखानोव उस समय मार्क्स के विचारों से कितने दूर थे। कला की उत्पत्ति के विषय में बुनियादी प्रश्न था–Instinct for beauty. इन्सटिंक्ट प्राणिशास्त्रीय तत्त्व है। सहज वृत्ति, जन्मजात सहज बोध जिसमें तर्क और युक्ति नहीं होती। कला के जन्म का अर्थ है, सौन्दर्य बोध का जन्म। इसलिए पहला प्रश्न यह होता है कि मनुष्य में कला या सौन्दर्य बोध कहाँ से आया? डार्विन ने दिखाया है कि सौन्दर्यबोध पशुओं में भी होता है। सौन्दर्यबोध मायने रंग-बोध, नाद-बोध, स्पर्श-बोध आदि। पाँचों इन्द्रियों का सम्बन्ध इससे जुड़ा हुआ है। मोरनी को कलगी नहीं होती। नर मोर अधिक सुन्दर होता है। उसमें सौन्दर्य ज़्यादा होता है। इसलिए मोरनियाँ झुण्ड बनाकर मोर पर आकर्षित होती हैं, मोर जब पंख फैलाकर नाचता है। पुरुष ही गाता है। संस्कृत कवियों के यहाँ यही है। हिन्दी के कवि अज्ञान के कारण कोकिला या कोकिल गाती है, प्रयोग करते हैं। संस्कृत में सर्वत्र कोयल गाता है। कोकिल ही गाता है, कोकिला नहीं। उसी की बोली मधुर होती है। मधुर संगीत पर साँप तक झूमता है। मृग जान तक दे देता है। अतः उनमें सौन्दर्य बोध होता है। किसी विशेष गन्ध के कारण भी पशु या जीव एकत्र होते हैं या भागते हैं। भौंरा चम्पा पर नहीं आता। उसकी गन्ध तीखी होती है। कुत्तों की घ्राण शक्ति देखी जा सकती है। मनुष्य में इतना नहीं होता। इन्सटिंक्ट शरीर का धर्म है। मनुष्य ने पशु जगत से ही यह शक्ति पायी है।

इसलिए मनुष्य पशु का विकास है। आदिम जातियों में अब भी ये इन्द्रिय शक्तियाँ कुछ बची हुई हैं। हमारी ये शक्तियाँ घिस गयी हैं।

सौन्दर्य का मूल स्रोत प्राणिशास्त्रीय (बायलॉजिकल) है। तो, प्रश्न यह है कि भौतिकवाद कहाँ से आता है? अगर सौन्दर्यशास्त्र बायलॉजिकल है तो मार्क्स का इकोनॉमिक डिटर्मिनिज़्म ग़लत साबित होता है। मार्क्सवाद मानता है कि साहित्य और कला का विकास आर्थिक परिस्थितियों के कारण होता है। प्लेखानोव के सामने यह समस्या थी। बायलॉजिकल धारणा और मार्क्सवाद की अर्थशास्त्रीय धारणा परस्पर विरोधी हैं। यदि डार्विन सही हैं तो मार्क्सवाद ग़लत है। प्लेखानोव ने इस विरोध का शमन किया। उन्होंने अरस्तू द्वारा प्रवर्तित दो तार्किक कोटियों का आधार लिया। पॉसिबिलिटी एवं रियलिटी। सम्भावना और वास्तविकता। अर्थात् मनुष्य का सौन्दर्यबोध सम्भावना के रूप में प्राणिशास्त्रीय मूल का है। वास्तविक रूप में इसका विकास निश्चित आर्थिक-सामाजिक परिस्थितियों के कारण होता है। "Biology determines nothing but the creative possibility of mankind; Economics, on the other hand, determines in the actual case which of the anticipated of the possibility will become historical reality." (Historical Materialism and arts, 1899)

इसको और स्पष्ट करते हुए प्लेखानोव ने लिखा है कि "human nature makes it possible for man to have aesthetic tastes and conceptions. His environment determines the transformation of this potentiality into reality. This environment explains how a given social man (i.e., society, nation or class) has only certain aesthetic tastes and conceptions and not others." (Historical Materialism and arts, 1899)

इस उद्धरण से स्पष्ट है कि मनुष्य प्रकृति से सिर्फ़ इतना ही पाता है कि वह सौन्दर्य सम्बन्धी कुछ अवधारणाएँ और अनुभूतियाँ रख सकता है। लेकिन, सम्भावना से वास्तविकता की दिशा में जो संक्रमण होता है, वह उसे परिवेष्टित करने वाली परिस्थितियों के द्वारा होता है।

प्रकृति और परिवेश–इन दो चीज़ों को लेकर बहस होती है। तथाकथित छोटी जातियों, अनुसूचित जातियों को बुद्धिहीन समझा जाता है। पुनः, शहर के लोगों को समझदार और गाँव के लोगों को बुद्धू समझा जाता है। मानव की बौद्धिकता परिवेश पर निर्भर करती है और मस्तिष्क प्रकृतिजन्य होता है। विज्ञान द्वारा प्रमाणित हो गया है कि प्रकृति ने सबको समान पैदा किया है। परिवेश के कारण सब कुछ होता है। मानव की बौद्धिकता परिवेश पर निर्भर करती है।

अतः प्रकृति और परिवेश की बड़ी पुरानी बहस है, जो बुद्धि के बारे में है। यही सौन्दर्यबोध, बुद्धि, कला के बारे में भी है। प्लेखानोव ने दिखाया कि मानव में सौन्दर्यबोध सम्भावनाओं के रूप में पशु से प्राप्त हुआ है जो डार्विनिज़्म का पोषक है तथा उसके विकास की वास्तविकता सामाजिक परिवेश पर ही निर्भर करती है। इस सामाजिक परिवेश का अर्थ हुआ, आर्थिक स्थिति एवं आर्थिक परिवेश, उत्पादन, परिश्रम जो मार्क्सवादी विचारधारा है। परिवेश मायने सामाजिक परिवेश। इसके साथ ही मेहनत, श्रम, उत्पादन, आर्थिक सम्बन्ध आयेंगे।

इस प्रकार प्लेखानोव ने कला की उत्पत्ति के आधार को दोहरा बताया—प्राणिशास्त्रीय और समाजशास्त्रीय। इन दोनों में कोई विरोध नहीं है। यानि, वे डार्विनिज़्म और मार्क्सिज़्म का समन्वय करते हैं।

प्लेखानोव के समक्ष दूसरी समस्या थी, सम्भावना। सम्भावना वास्तविक कैसे बनेगी?

मनुष्य में सौन्दर्यबोध, प्राणी या पशु जगत से आया है और उसका हज़ारों वर्षों में विकास हुआ है, यह चीज़ हम केवल समाजवादी आधार पर समझ सकते हैं। इसे डार्विन नहीं समझा सकते। यह प्लेखानोव का कहना है।

संगीत में सात स्वर होते हैं। सातों स्वरों का मूल स्वर प्राणी जगत से सम्बन्धित है। एक पशु में एक स्वर है। मनुष्य में यह क्षमता है कि वह सातों का अनुकरण कर सकता है। यह बायलॉजिकल है। किन्तु, सभी स्वरों से मिलकर अनेक राग-रागिनियाँ कैसे बनीं? वाद्य यन्त्र कैसे बने? यह बायलॉजी से नहीं, समाज के इतिहास से ही जाना जा सकता है। ऐसे ही, उन्हीं स्वरों के आधार पर निर्मित वाद्य यन्त्र को भी ले सकते हैं।

अतः संगीत का मूल प्राणिजगत में है, किन्तु उसमें विकास समाज के आधार पर हुआ है। यह विकास केवल बायलॉजिकल डेवलपमेंट नहीं है। अतः संगीत की सम्भावना मनुष्य के कण्ठ में है। किन्तु, उसका विकास समाज में हुआ है। तात्पर्य यह कि सम्भावना बायलॉजी में है, किन्तु वास्तविकता समाज में है। सम्भावना के रूप में सारे तत्त्व बायलॉजी में मिल सकते हैं किन्तु वास्तविकता की व्याख्या समाजशास्त्रीय ही हो सकती है, बायलॉजिकल नहीं।

फायरबाख के एंथ्रोपोलॉजी (मानव विज्ञान) में एक लम्बी बहस है, जो मार्क्स के पहले से चली आ रही है और आज भी है। वह यह है कि पहले क्रीड़ा (play) है या पहले श्रम (work)। मनुष्य ने जब अपना जीवन प्रारम्भ किया तो उसे होमोसैपियन्स (Homosapiens) तथा होमिनिड्स (Hominids) कहा गया है।

इसमें दो अलग सिद्धान्त हैं। जो काम को पहले मानते हैं, उनके अनुसार मनुष्य ने अपने अस्तित्व को कायम रखने के लिए उत्पादन किया, मेहनत किया, क्योंकि रहने के लिए भोजन चाहिए, फिर सर्दी से बचने के लिए कपड़े। अतः वे सृष्टि का आरम्भ कार्य से मानते हैं।

दूसरे कुछ लोग मानते हैं कि इन सब चीज़ों से पहले मनुष्य में क्रीड़ा का भाव मिलता है। और यह ऐसी चीज़ है जिस पर बायलॉजी में विचार नहीं होता बल्कि एंथ्रोपोलॉजी वालों ने इस पर विचार किया। बुचर (Carl Bucher) ने अपनी पहली पुस्तक 'Industrial Evolution' के प्रथम अध्याय 'On the Primitive Economic situation' में कहा है कि "The principles of play and art précised the economic organization of natural man."

दूसरी पुस्तक 'labor and Rhythm' में कहा है कि "There is an undeniable connection between musical rhythm, works, songs and simple form of art."

इस प्रकार हम आरम्भ से देखते हैं कि श्रम और क्रीड़ा (work and play) दोनों एक साथ जुड़े हुए हैं। फ़सलों की रोपनी, अनाज की पिसाई, खेतों में काम आदि के साथ गीत जुड़ा हुआ है। पहाड़ों में, पत्थरों पर खुदे चित्रों, शिकार-चित्रों भी यह स्पष्ट होता है। हमारे हर लोकाचार में जहाँ भी श्रम है, क्रीड़ा उससे जुड़ी हुई है। जैसे–शिकार के लिए चलते समय गाना और तुरही आदि।

लय (Rhythm) संगीत में भी होती है, नृत्य में भी, छन्द में भी, पेंटिंग में भी। शुरू में पाया गया है कि यह सामूहिक होता था। आदिवासियों में व्यक्ति-गीत एवं व्यक्ति-नृत्य कम, सामूहिक ज़्यादा होते हैं और वे बहुत साधारण होते हैं। उनमें एक ही ताल होता है। सभी एक ताल-लय पर झूमते हैं। जिस ताल पर पाँव उठते हैं, वह ताल वास्तव में उस काम से जुड़ा होता है, जो वे करते रहते हैं। भारी वस्तु खींचने के समय मज़दूर जो बोलते हैं, उसकी लय भी वस्तु के खिंचाव के साथ जुड़ी होती है। उसी लय पर सभी झुकते हैं, बल प्रयोग करते हैं। इसलिए क्रीड़ा और कार्य परस्पर सम्बद्ध हैं। उसी से लय, ताल, छन्द निकलते हैं।

प्लेखानोव ने इसी को बताया है कि "Bucher's work and Rhythm proves that work is older than art and that in any case man first regards object and phenomena from the utilitarian point of view and only subsequently comes to an aesthetic stand point in its relationship to them." (Unaddressed Letters, art and Social Life, Foreign Languages Publishing House, Moscow, 1957)

बुचर ने यह नहीं कहा था कि श्रम और क्रीड़ा दोनों परस्पर सम्बद्ध हैं। किन्तु, चूँकि प्लेखानोव मार्क्सवाद को इस क्षेत्र में पुष्ट करना चाहते थे, इसलिए उन्होंने देखा कि मनुष्य पहले श्रम करता है, तब क्रीड़ा। इसलिए उन्होंने कहा कि श्रम (वर्क) पहले एवं क्रीड़ा बाद में। मार्क्सवाद की मान्यता है कि मानव बुनियादी ज़रूरतें पूरी करने के लिए पहले श्रम करता है; तत्पश्चात क्रीड़ा (कला) में निमग्न होता है। बुचर ने पहले और पीछे की बात नहीं कही थी।

प्राप्त प्रमाणों के आधार पर यह कहना मुश्किल है कि श्रम और क्रीड़ा में कौन पहले और कौन बाद में है। प्लेखानोव ने ऐतिहासिक भौतिकवाद की पुष्टि के लिए कहा कि कार्य पहले एवं क्रीड़ा बाद में। उन्होंने कहा कि उपयोगिता पहले है, सौन्दर्य बाद में। प्रत्येक कला के मूल में उपयोगिता है।

कला उत्पादन में सहायक (साधन) है, साध्य नहीं। प्रत्येक कला उपयोगितामूलक होती है। मार्क्सवादी प्लेखानोव को यह आवश्यक लगा कि कला से पहले उपयोगिता को स्वीकार करना चाहिए अन्यथा हम 'कला कला के लिए' सिद्धान्त के पक्षधर हो जायेंगे। अतः उन्होंने 'कला कला के लिए' सिद्धान्त से बचने के लिए कहा कि कला के पहले उपयोगिता रही थी। यहाँ कला कला के लिए सिद्धान्त का खण्डन होता है।

(दिनांक 12.02.1981)

2

नृतत्व विज्ञान के सहारे श्रम एवं क्रीड़ा पर जो विचार किया गया था कि श्रम पहले है और क्रीड़ा बाद में, इस आधार पर प्लेखानोव ने कला के बारे में विस्तार से विचार किया और एक सामाजिक सिद्धान्त निकाला।

कांट ने कला की उपयोगिता को बहुत भ्रामक तरीक़े से रखा। प्लेखानोव ने इसे रिज़ॉल्व (Resolve) करने की कोशिश की।

प्लेखानोव ने यूटिलिटी और प्रोपेगेंडा, इन दोनों पर विचार किया कि क्या कला के उद्देश्य ये ही हैं? जब प्लेखानोव आधुनिक युग पर विचार कर रहे थे, तो उस समय कुछ आधुनिक कलावादी कवियों और कलाकारों ने उस वर्ग के विरुद्ध विद्रोह किया था, जिसे हमलोग व्यवसायी वर्ग कहते हैं। आधुनिक समाज में पूँजीवादी बुर्जुआ समाज का विरोध कलावादियों ने किया लेकिन

इस विद्रोह की सीमा थी कि रोमैंटिक कवि या कलाकार अन्ततः निराशावादी सिद्ध हुए।

प्लेखानोव ने कला के दोनों पक्षों पर ध्यान दिया कि यह अंशतः विद्रोही है और अंशतः कलावादी। उन्होंने कलावाद के दोनों पहलुओं पर विचार किया है।

कला की शुद्धता

प्लेखानोव ने उपयोगितावादी सिद्धान्त की आलोचना की किन्तु, उपयोगितावाद का रूप केवल व्यावसायिक ही नहीं, राजनीतिक भी है। कला के इस निषेधात्मक रूप के कारण कलावाद या शुद्ध कला की क्षति हुई। बुर्जुआ वर्ग के कलाकारों ने दो काम किये। (1) कला की शुद्धता की रक्षा की। (2) बुर्जुआ वर्ग की राजनीति का समर्थन नहीं किया। राजनीतिक दृष्टि से यह कला तटस्थता के कारण उपयोगी साबित होती है। प्लेखानोव की कला सम्बन्धी इस चर्चा में अवश्य ही कहीं न कहीं खोट है। वे निषेधात्मक प्रवृत्ति के कारण कला का महत्त्व स्थापित न कर सके। 'माँ' की आलोचना की। प्रोपेगेंडा कहा। गेटे की प्रशंसा की। कहा कि उनकी राजनीतिक तटस्थता प्रशंसनीय है। 'माँ' राजनीतिक दृष्टि से तटस्थ नहीं है। गोर्की मज़दूर वर्ग का पक्ष लेते हैं। इसलिए प्रचार के कारण कला ऊँची मर्यादा से च्युत होती है। यहाँ उन्होंने अनजाने ढंग से उसी विचार का समर्थन किया जो एंगेल्स ने पत्र लिखते हुए कहा कि उपन्यासकार के विचार जितने ही छिपे रहें, उतना ही अच्छा। प्लेखानोव ने गोर्की पर प्रचार का आरोप लगाया। उनके इन्हीं विचारों के कारण लूनाचार्लश्की से विरोध हुआ और लूनाचार्लश्की ने प्लेखानोव पर वस्तुनिष्ठतावाद (पक्षधरता का अभाव) का आरोप लगाया था। गेटे के शुद्ध कलावाद की प्रशंसा और गोर्की की सोद्देश्यता में प्लेखानोव गेटे के शुद्ध कलावाद का पक्ष लेते हैं। कहा कि कला को प्रचारात्मक नहीं होना चाहिए। लेनिन ने 'माँ' की प्रशंसा की और इसकी उपेक्षा करना प्लेखानोव का लेनिन के विचारों से उस समय तक अपरिचित होना साबित करता है। शुद्ध कलावादी गेटे का पक्षधर होने और 'माँ' को उपेक्षित करने से स्पष्ट है कि प्लेखानोव का विचार कला के सम्बन्ध में क्या था, कुछ भिन्न था। दूसरी ओर, तॉलस्तॉय की मृत्यु पर प्लेखानोव ने लेख लिखा था और तॉलस्तॉय को अभिजात वर्ग का कलाकार कहा था। अर्थात् उन्होंने तॉलस्तॉय की भी सख़्त आलोचना की थी। इसके विपरीत लेनिन ने तॉलस्तॉय को जन-सामान्य का कलाकार बताया था।

(दिनांक 17.02.1981)

3

कला की उत्पत्ति के सम्बन्ध में प्लेखानोव ने किस तरह मार्क्सवाद के सिद्धान्तों को लागू किया और इस क्रम में नृतत्व विज्ञान के शोधों को किस प्रकार आधार बनाया तथा अपने ज़माने के प्रसिद्ध नृतत्वशास्त्री कार्ल बुचर की मान्यता का खण्डन किया और यह बताने की कोशिश की कि मानव समाज के विकास में श्रम प्राचीनतम है। क्रीड़ा और कला क्रमानुसार बाद में आती है। मनुष्य ने जीवित रहने के लिए पहले उत्पादन किया, श्रम किया, तब कला और क्रीड़ा की ओर प्रवृत्त हुआ। इस प्रकार प्लेखानोव ने कला और क्रीड़ा का सामाजिक आधार स्थापित किया। कला की उत्पत्ति का इतिहास बताने के साथ ही इसने यह स्थापित किया कि चूँकि, कला की उत्पत्ति श्रम के बाद हुई और श्रम से कला का गहरा सम्बन्ध है, इसलिए कला आदिम समाज में भी उपयोगी थी। प्लेखानोव ने कला के उपयोगितावादी सिद्धान्त की सार्वभौम रूप में स्थापना की। कला शुद्ध आनन्द नहीं है, बल्कि कला का शुद्ध आनन्द भी उपयोग का बोध रखता है। इसलिए कला केवल बुद्धि-विलास नहीं, सामाजिक दृष्टि से उपयोगी कार्य-कलाप है। इस सिद्धान्त के द्वारा प्लेखानोव ने एक ओर कांट के सौन्दर्यशास्त्र का खण्डन किया जो प्रयोजनहीन प्रयोजन का समर्थक है और जिसके अनुसार कला द्वारा प्राप्त आनन्द निष्प्रयोजन होता है और दूसरी ओर 'कला कला के लिए' सिद्धान्त की समाजशास्त्रीय व्याख्या प्रस्तुत करने की कोशिश की। 'कला कला के लिए' सिद्धान्त की जो व्याख्या प्लेखानोव ने की उसमें एक युक्ति यह थी कि आदिम समाज में भले ही कला और उपयोगिता का गहरा सम्बन्ध रहा हो, किन्तु श्रम विभाजन के आधार पर समाज में वर्ग विभाजन होने के बाद क्रमशः कला और उपयोगिता का सम्बन्ध टूट गया तथा सुविधासम्पन्न वर्ग ने कला की अनुपयोगिता की हिमायत की, और इस प्रकार अनुपयोगी कला सुविधा सम्पन्नता और अकर्मण्यता का अभिप्राय बन गयी क्योंकि सुविधा सम्पन्न वर्ग स्वयं श्रम नहीं करता, दूसरे के श्रम पर सुविधापूर्ण जीवन बिताता है।

दूसरी बात यह कि कलावाद के दोहरे पक्ष पर प्लेखानोव ने प्रकाश डाला। एक ओर जहाँ कलावाद व्यवसायी पूँजीवादी वर्ग की व्यावसायिकता के प्रति विद्रोह है, वहीं दूसरी ओर वह यथार्थ से पलायन है, जिसकी परिणति निराशा में होती है, अकेलेपन में होती है। यह भी महत्त्वपूर्ण है कि प्लेखानोव ने कला की उपयोगिता की हिमायत करते हुए भी कला को प्रोपेगेंडा मानने से इनकार किया और इस दृष्टि से उन्होंने गोर्की के प्रसिद्ध उपन्यास 'माँ' की आलोचना की।

प्लेखानोव की समीक्षा

प्लेखानोव के बारे में सोवियत संघ के प्रसिद्ध मार्क्सवादी विचारक मिखाइल लिफ्शित्ज़ ने 'लेनिनवाद और साहित्य सिद्धान्त' में दिखाया कि किस प्रकार प्लेखानोव लेनिन के विचार से भिन्न और मार्क्सवाद से दूर जा पड़ते हैं। मिखाइल लिफ्शित्ज़ की पुस्तक है–'Marxism And Literature'. प्लेखानोव ने तॉलस्तॉय को अभिजात वर्ग का इतिहासकार कहा है। इसी को मुख्य बिन्दु मिखाइल ने अपने निबन्ध में बनाया है।

इन्होंने लेनिन के ठीक विपरीत बात कही। लेनिन ने तॉलस्तॉय को रूसी क्रान्ति का दर्पण बताया; कहा कि भले ही वे आभिजात वर्ग में जन्मे हों। 1861 से 1904 तक रूस में जो आर्थिक परिवर्तन हुए, रूस की क्रान्ति का जो एक विशिष्ट स्वरूप था, उसमें किसानों की भूमिका महत्त्वपूर्ण थी। तॉलस्तॉय इसी क्रान्तिकारी स्वरूप के दर्पण थे। किसान की दृष्टि से गाँधी जी ने समाज को देखा था और इसीलिए औद्योगीकरण का विरोध किया। चरखा को अधिक उपयोगी माना। साहित्य में तॉलस्तॉय ने उभरते हुए पूँजीवादी समाज की आलोचना किसान की दृष्टि से की थी। 'वार एंड पीस' के अधिकांश चरित्र अभिजात वर्ग के ही हैं। दो कुलीन घरानों को लेकर उन्होंने युद्ध दिखाया है। 'अन्ना करेनिना' में भी अन्ना स्वयं ऊँचे घर की है। पति ऊँचे खानदान का है। प्रेमी बड़ा ज़मींदार है और मिलिट्री ऑफ़िसर है। इसलिए तॉलस्तॉय को ऊपर से देखकर, नज़रअन्दाज़ करते हुए तो यही कहा जा सकता है कि वे आभिजात्य वर्ग के इतिहासकार थे।

तॉलस्तॉय स्वयं कुलीन थे। उनके पात्र ऊँचे वर्ग के थे। फिर भी, लेनिन ने उनको रूसी कृषि क्रान्ति का दर्पण कहा, क्योंकि उन्होंने किसानों की दृष्टि से संसार को देखा। ऊपर से लेनिन की बात विश्वसनीय नहीं लगती। किन्तु, गहराई से देखने पर तॉलस्तॉय अवश्य ही किसानों के साहित्यकार हैं, प्रेमचन्द की तरह।

लिफ्शित्ज़ ने प्लेखानोव के सिद्धान्त को मार्क्सवाद से दूर बताया तथा कुत्सित समाजवाद की स्थापना करने वाला कहा कुछ लोगों ने कहा है कि प्लेखानोव का सिद्धान्त मार्क्सवादी नहीं, बल्कि समाजशास्त्रीय है। इसका सूत्र है प्लेखानोव के दो विचार।

"The adherents of dialectical materialism, which has replaced the dialectical idealism of Hegel and his adherents, are customarily charged with the notion that the development of all sides of a people's consciousness occurs under the exclusive influence of the "economic factor." One could not present their views more falsely: they say something entirely different. They say that in literature, art, Philosophy etc., the spiritual essence of a society is expressed, and the character of the spiritual essence of a society is determined by the qualities of those interrelationships between people which comprise the given society.These relationships depend in the final analysis upon the stage of development of the society's productive forces. Each important step in the development of these forces results in a change in the social relationships of people and thus also in the spiritual essence of the society. The changes which have occurred in the social consciousness must also be reflected with more or less clarity in literature, in art, in philosophy etc. But the changes in social relationships receive their impetus from the greatest variety of "factors", and which factor works more strongly at given moment upon literature, art etc., depends upon a number of second and third & range causes which relate to the general social economy in no direct relationship whatsoever. A direct effect of economy upon art and other ideologies is, generally, the rarest thing to observe. Mostly, it is other "factors' which are effective: politics, philosophy, etc." (Baxandall, Lee, Marxism and Aesthetics : A Critique of the contribution of George Plekhanov. The Journal of Aesthetics and art Criticism, Oxford University Press, Vol-25, p. 267-279)

उनके सिद्धान्त को समझने के लिए एक और उद्धरण

"As an adherent of the materialist conception of the world, I say that the first task of the critic is to translate the ideas of a work of art from the language of art into the language of sociology, to establish what might be called the sociological equivalent of a given literary phenomenon." (Dellavolpe, Galvand. Critic of Taste. Verso Modern Classics Series, London; New York : Verso, 1991, p. 186)

यह बात ऐतिहासिक भौतिकवाद के अनुयायी होने के नाते उन्होंने साहित्य और समाज के बारे में कही।

मार्क्सवादियों पर आरोप है कि वे साहित्य को अर्थ या आर्थिक परिस्थितियों से जोड़ते हैं। प्लेखानोव ने प्रथम उद्धरण में दिखाने की कोशिश की है कि इकोनॉमिक फैक्टर से सीधे साहित्य प्रभावित नहीं होता। दि स्पिरिचुअल एसेंस ऑफ़ सोसाइटी (The spiritual essence of society) की बार-बार चर्चा हुई। साहित्य और कला मानसिक स्तर से प्रभावित होती है। एक कारण नहीं, अनेक कारण होते हैं। अतः, साहित्य और कला उस मानसिक स्तर से निर्धारित होती है, जो अनेक कारणों से निर्मित होता है। दरअसल प्लेखानोव इस बात का सहारा लेते थे कि जैसे कलाकार की मानसिकता उसके परिवेश पर निर्भर होती है, वैसे ही किसी युग का साहित्य उस युग के मानसिक वातावरण पर आधारित होता है। तॉलस्तॉय की मानसिकता उनके परिवेश पर आधारित थी। वे ज़मींदार परिवार के थे। अतः उनकी मानसिकता उनके पारिवारिक और सामाजिक वातावरण से बनी थी। इस मानसिकता को प्लेखानोव ने एकपक्षीय माना है, जबकि मार्क्सवाद द्वन्द्व को मानता है। लिफ्शित्ज़ ने प्लेखानोव में इस द्वन्द्ववाद का अभाव देखा है। मज़दूर का बेटा मज़दूर की ही चेतना से ग्रसित हो यह ज़रूरी नहीं है।

मार्क्सवाद यह नहीं मानता कि अभिजात वर्ग का व्यक्ति अभिजात वर्ग का पक्षधर होगा। अनेक कुलीन लेखक मज़दूर वर्ग के पक्षधर हैं। प्लेखानोव ने माना कि तॉलस्तॉय अभिजात वर्ग के थे, इसलिए उनकी रचनाएँ भी अभिजात वर्ग की हैं। इसीलिए प्लेखानोव को सोशियोलॉजिस्ट, कभी-कभी वल्गर सोशियोलॉजिस्ट माना गया, मार्क्सवादी नहीं।

(दिनांक 18.02.1981)

4

पिछली कक्षा में हम प्लेखानोव के विचारों की समीक्षा कर रहे थे। उपर्युक्त उद्धरण में लिफ्शित्ज़ ने कहा है कि प्लेखानोव में वल्गर सोशियोलॉजी मिलती है। प्लेखानोव की कमज़ोरी अन्य लोगों ने भी बतलायी है कि उन्होंने कला की सामाजिक पृष्ठभूमि पर अत्यधिक बल दिया है तथा अव्याख्येय सामाजिक स्थितियों को भी लिया है। इसलिए प्लेखानोव के विचारों को paradigm of over statement कहा जाता है।

कलावादी विचारक कला के किसी भी सामाजिक आधार को स्वीकार नहीं करते थे। प्लेखानोव ने इसका खण्डन किया। इस क्रम में वे कला की उत्पत्ति तक गये। डार्विन के आधार पर देखा कि उद्भव का कुछ आधार प्राणिशास्त्रीय है और कुछ समाजशास्त्रीय। लेकिन, दोनों आधारों में उन्हें कोई विरोध नहीं दिखाई पड़ा तथा उन्होंने मार्क्स और डार्विन को एक ही माना। उन्होंने कला को सृष्टि की उपयोगिता के लिए माना। इस प्रकार कला की उपयोगिता और समाजशास्त्र पर अधिक ज़ोर देने के कारण वे एक दूसरे छोर पर चले गये तथा एक दूसरे अतिवाद के शिकार हो गये।

उनपर दूसरा आरोप था सापेक्षतावाद का। प्लेखानोव के कारण ही लोग मार्क्सवाद पर भी यह आरोप लगाते हैं। कला या साहित्य के ऐतिहासिक-सामाजिक चिन्तन में सापेक्षतावाद का महत्त्वपूर्ण स्थान है। प्रत्येक कला का सामाजिक आधार होता है और समाज बदलता है। अतः बदलाव के साथ कला के प्रतिमान भी बदलते हैं। अतः एक युग के मानदण्ड से दूसरे युग की कला को नहीं जाँचा जा सकता। आज की सामाजिक अवस्था में महाभारत, रामायण की रचना असम्भव है। ऐतिहासिक-सामाजिक विचारक इसकी सामाजिक व्याख्या करेगा। किन्तु, दो भिन्न युगों की रचनाओं में तुलना ऐतिहासिक समाजशास्त्र नहीं कर सकता। इसे ही सापेक्षतावाद कहते हैं।

सापेक्षतावाद—अर्थात्, कला युग-सापेक्ष होती है। वह युग के अनुसार बदल जाती है। तो फिर कालिदास का महत्त्व क्यों है? इससे स्पष्ट होता है कि कला में युग-सापेक्षता होते हुए भी उसमें एक निरपेक्षता का नैरन्तर्य बना रहता है, जिसके कारण कला कालजयी होती है। प्लेखानोव ने इसे नहीं माना। अतः वे मार्क्सवाद से दूर पड़ जाते हैं।

प्लेखानोव के सापेक्षतावाद पर विचार करने वालों में क्लिंगेंडर (F.D. Klingender) प्रथम हैं। इन्होंने अपनी पुस्तक 'Marxism and Modern Art' में कहा है कि सौन्दर्य की धारणा और इसके प्रतिमान बदलते रहते हैं। अतः दोनों धारणाएँ अपने-अपने समय में अच्छी हैं। यही सापेक्षतावाद है। ऐतिहासिक-सामाजिक व्याख्याकार कहेगा कि इन दोनों के पीछे सामाजिक परिस्थितियाँ हैं। यह सापेक्षतावाद (Relativism) है। प्लेखानोव ने तेन को कोट करते हुए कहा कि विभिन्न युगों की कला और उनकी शैलियों की तुलना नहीं की जा सकती है। यही बात वर्गों के सम्बन्ध में भी है। मेहनतकश और परोपजीवी वर्ग के सौन्दर्यबोध में भी अन्तर होता है। एक नारी की मज़बूती को

पसन्द करेगा और दूसरा उसकी कोमलता को। किसी एक को सुन्दर नहीं कहा जा सकता। प्लेखानोव दोनों की तुलना करने और एक को श्रेष्ठ घोषित करने को ग़लत मानते हैं। इसका कोई मानदण्ड नहीं हो सकता। देश-काल तथा सामाजिक वर्ग में कला और साहित्य में जो भिन्नता मिलती है, इसमें मूल्य निर्णय कठिन है, यह प्लेखानोव को लगा था।

इस रिलेटिविज़्म का एक यह भी रूप है कि महानतम कलाकार भी बड़ी प्रतिभा लेकर भी यदि पतन के युग में पैदा हो तो उसकी प्रतिभा उसके युग के प्रभाव से संकुचित और कुंठित हो जायेगी तथा वह प्रतिभा होने के बावजूद महान कलाकार नहीं हो सकता। इसके विपरीत उत्थानशील युग का औसत प्रतिभा का लेखक भी सामान्यतः बड़ा लेखक होता है। कबीरदास से लेकर रीतिकाल के पहले तक हिन्दी का उत्थान युग माना जाता है। रीतिकाल में भी प्रतिभा सम्पन्न कवि हुए। काव्य-कला, अभ्यास एवं कौशल की दृष्टि से रीतिकालीन कवि भी प्रतिभा सम्पन्न कवि थे एवं संस्कृत के विद्वान थे। किन्तु, उस युग की पतनशीलता के कारण रीतिकालीन कवि वैसे नहीं हो सके जैसे भक्तिकाल के, जबकि भक्तिकाल के कवि पढ़े-लिखे भी नहीं थे। अलंकारशास्त्र का ज्ञान किसी को नहीं था। फिर भी, कबीर के सामने बिहारी की कविता कोई पसन्द नहीं करेगा।

इसीलिए प्लेखानोव की धारणा है कि सेब के पेड़ में सेब ही होगा। ह्रासशील युग की कला ह्रासशील ही रहेगी।

प्लेखानोव का यह विचार एक तरह से नियतिवाद का शिकार है कि सेब का पेड़ सेब ही और नाशपाती का पेड़ नाशपाती ही प्रोड्यूस करेगा। यह नियतिवाद एक दूसरे प्रकार से उसी सापेक्षतावाद का विकास है। अनातोले लुनाचार्स्की (Anatoly Lunacharsky) का जवाब देते हुए प्लेखानोव ने लिखा है कि "I do not think there is, or can be, an absolute criterion of beauty. People's notions of beauty do undoubtedly change in the course of historical process. But while there is no absolute criterion of beauty, while all it's criteria are relative, this does not mean that there is no objective possibility of judging whether a given artistic design has been well executed or not." (Unaddressed Letters, Art and Social Life, Foreign Languages Publishing House, Moscow, 1957)

प्लेखानोव यह तो मानते हैं कि कला को जाँचने के प्रतिमान वस्तुनिष्ठ होते हैं किन्तु कला के मानदण्डों को वे सापेक्ष कहते हैं, निरपेक्ष नहीं। इसलिए लोगों ने कहा कि यह मार्क्सवाद नहीं है। मार्क्सवाद मानता है कि सापेक्षता

में ही निरपेक्ष निवास करता है। लेनिन स्पष्ट कहते हैं कि "For objective dialectics there is an absolute within the relative". (V.I. Lenin on the Question of Dialectics, Progress Publishers, 1925)

परिवर्तन की तीन धारणाएँ हैं। परिवर्तन के अन्तर्गत एक नैरन्तर्य होता है। इसकी तीन स्थितियाँ मानी जाती हैं। (1) Permanence without change (2) Change without permanence, (3) Permanence through change.

भारतीय दर्शन में परिवर्तन की धारणा माया है। मार्क्सवाद तीसरी स्थिति (permanence through change) को मानता है। सापेक्षता में भी निरपेक्षता निहित होती है, यह लेनिन ने भी कहा। प्लेखानोव इसे नहीं मानते। इसलिए उन्हें सापेक्षतावादी कहा गया। मार्क्स या लेनिन इस सापेक्षतावाद को नहीं मानते। मार्क्स यदि ऐसा मानते तो ग्रीक कलाओं को आज भी श्रेष्ठ नहीं कहते। वे ग्रीक कला की प्रशंसा करते हैं। आज भी उसे आनन्ददायिनी मानते हैं। इसलिए स्पष्ट है कि वे सापेक्षता में निरपेक्षता का नैरन्तर्य मानते थे।

आदमी एक सिमेट्री (symmetry) पसन्द करता है। इसका कोई सामाजिक आधार नहीं है। प्रागैतिहासिक काल से मनुष्य ने इसे पसन्द किया है। कुछ ख़ास रंग, रूप, गन्ध सभी व्यक्तियों द्वारा पसन्द किये जाते हैं। सभी वर्गों में भी। प्लेखानोव ने जब कला की उत्पत्ति का प्राणिशास्त्रीय आधार ग्रहण किया तो स्पष्ट है कि वह भी निरपेक्ष है। यदि इसे भी वे स्वीकार करते तो सापेक्षतावादी आरोप कुछ कम होता। यह एक ऐसा एलीमेंट है जो निरपेक्ष होता है और वह प्रत्येक युग एवं देश में बराबर अच्छा लगेगा। जैसे, कालिदास की कविताएँ। प्लेखानोव ने इस नैरन्तर्य को नहीं देखा।

साहित्य और कला के क्षेत्र में प्लेखानोव की देन

साहित्य और कला में अन्तर्वस्तु और रूप में नियामक और निर्णायक, अन्तर्वस्तु (content) होता है। लूकाच से लेकर आज तक सभी लोग इसे मानते हैं। दि वैल्यू ऑफ़ अ आर्ट। वैचारिक अन्तर्वस्तु के महत्त्व को प्लेखानोव ने स्वीकार किया है और माना है कि वे कलाकार, जो रूप पर बल देते हैं उनमें भी अन्तर्वस्तु होती है। अन्तर इतना ही है कि वह अन्तर्वस्तु क्षीण, दुर्बल, भ्रामक या हानिकारक होती है। अर्थात्, रूपप्रधान कला में भी वे अन्तर्वस्तु मानते हैं। यह भी कहा कि रूप पर बल देना सामाजिक और राजनीतिक उदासीनता का परिणाम है। जो कलाकार सामाजिक और राजनीतिक रूप से उदासीन होता है,

वही रूप पर ध्यान देता है। रहस्यवाद इसलिए बुरा नहीं कि उसमें अन्तर्वस्तु नहीं; बल्कि इसलिए कि उसके विचार कुहरे के समान अस्पष्ट होते हैं और इसका प्रभाव उसके रूप पर भी पड़ता है।

अगली स्थापना

मिथ्या विचार पर आधारित कला में अनेक आन्तरिक असंगतियाँ आ जाती हैं, जिनके कारण उसका कलात्मक मूल्य बाधित होता है। प्लेखानोव का स्पष्ट कथन है कि "When a talented artist is inspired by a wrong idea, he spoils his own production." (Art and Social Life, Foreign Languages Publishing House, Moscow, 1957)

प्लेखानोव ने यथार्थवाद का भी सवाल उठाया जो मार्क्सवादी सौन्दर्यशास्त्र के मुख्य प्रश्नों में है और इस क्रम में प्रकृतिवाद और प्रभाववाद की आलोचना की। आगे चलकर लूकाच ने यथार्थवाद का समर्थन और प्रकृतिवाद का खण्डन किया। यह प्रश्न प्लेखानोव ने उठाया था और जोला के प्रकृतिवाद का खण्डन किया था। और, कारण वही दिया था जो आगे चलकर लूकाच ने दिया। वे कारण हैं :

जो प्रभाववादी हैं, वे सतह की चीज़ों का चित्रण करते हैं। सतह के अन्दर छिपी मुख्य अन्तर्धारा का नहीं। जोला के प्रकृतिवाद के बारे में कहा कि उनकी प्रयोगशील प्रणाली में महान सामाजिक आन्दोलनों को कलात्मक रूप से चित्रित करने की क्षमता नहीं है। ह्यूस्का नामक एक लेखक का उद्धरण देते हुए उन्होंने प्रकृतिवाद के बारे में कहा कि ये अनेक प्रतिभाशाली लेखक इन प्रकृतिवादी साहित्यिक आन्दोलनों में हुए किन्तु वे एक अन्धी गली में आकर रुक जाते हैं। व्यंग्य में प्लेखानोव ने कहा कि "नेचरलिज़्म कैन डू एव्रीथिंग" (Naturalism can do everything)। प्रकृतिवादी लोग बहुत ब्यौरे में जाते हैं। सामाजिक शक्तियों को आधार बनाते हैं। किन्तु, वर्णन में इतना लिप्त हो जाते हैं कि सामाजिक शक्तियों एवं इसकी समस्या को छोड़ देते हैं। बाह्य ब्यौरे में भटकते रह जाते हैं। अतः प्लेखानोव ने प्रकृतिवाद, प्रभाववाद आदि का खण्डन किया है। साहित्य और कला के विकास का मूल निरूपित करते हुए नियामक रूप में वर्ग-संघर्ष को रखा है। कला और साहित्य को समझने की मूल कुंजी वर्ग-संघर्ष ही है।

(दिनांक 19.02.1981)

क्रिस्टोफर कॉडवेल

(कक्षा व्याख्यान)

मार्क्सवादी साहित्यकारों में जो राजनीतिज्ञ नहीं थे, जिनकी मुख्य चिन्ता साहित्य थी, उनमें कॉडवेल और रॉल्फ फॉक्स महत्त्वपूर्ण थे। प्रथम विश्व युद्ध में जर्मनी पराजित हुआ। नात्सी पार्टी (नाजी पार्टी) हिटलर के नेतृत्व में विजयी हुई। इस पार्टी का उदय जर्मनी में हुआ। इटली में मुसोलनी के नेतृत्व में फ़ासिज़्म का उदय हुआ। नात्सिज़्म और फ़ासिज़्म दोनों के उदय के कारण जनतन्त्र के लिए पूरे यूरोप में संकट पैदा हो गया था। यूरोपीय सभ्यता और संस्कृति में भी तमाम मूल्यवान तत्त्वों के लिए संकट उत्पन्न हो गया था।

बीसवीं शताब्दी का चौथा दशक फ़ासिज़्म के उदय का दशक है। इस दौर में दोनों पार्टियों के विरुद्ध संघर्ष करने वाले बुद्धिजीवियों, साहित्यकारों, लेखकों का जो समूह था, उसने जनतान्त्रिक मूल्यों से मिलकर 'पॉपुलर फ्रंट' का नारा दिया था। दूसरी ओर, सोवियत संघ में स्टालिन के नेतृत्व में समाजवाद अपनी आर्थिक स्थिति मज़बूत कर रहा था। 1929 में भयंकर मन्दी का दौर आया था। पैसा था, लेकिन बाज़ार में सामान नहीं। बेरोज़गारी बढ़ गयी थी। मानों पूँजीवाद भयंकर स्थिति से गुज़र रहा हो। इससे बचा देश सिर्फ़ रूस था। ऐसी ही तानाशाही स्पेन में भी थी। फ्रेंको के जनतन्त्र को समाप्त करके तानाशाही स्थापित हुई थी। 1936 की घटना है। स्पेन में गृहयुद्ध हो गया था। ऐसे समय में मार्क्सवादी बुद्धिजीवियों ने जनतान्त्रिक मूल्यों के साथ मिलकर 'पॉपुलर फ्रंट' की स्थापना की थी। अतः अनेक लोग मार्क्सवाद से आकृष्ट हुए। सदस्य भी बने। सदस्य जो नहीं बने वे भी प्रभावित अवश्य थे। स्पेन में 'इंटरनेशनल ब्रिगेड' बना था। जिन लेखकों ने कलम छोड़कर तलवार उठाई, उनमें कॉडवेल और रॉल्फ फॉक्स का नाम महत्त्वपूर्ण है। 1937 में ये दोनों स्पेन के गृहयुद्ध में शहीद हुए। दोनों ही नौजवान थे।

क्रिस्टोफर कॉडवेल : इन्होंने किसी कॉलेज या विश्वविद्यालय में नियमित शिक्षा नहीं पायी थी। स्वयं शिक्षित हुए थे। उनकी रुचि का विषय इंजीनियरिंग था। मज़दूरों के बीच काम करते थे। कम्युनिस्ट पार्टी के सदस्य बने। ज्ञान की अति पिपासा थी। मार्क्सवाद के अलावा विज्ञान, मानव विज्ञान, साहित्य, कला, इतिहास, दर्शन, भारतीय दर्शन आदि का अध्ययन किया था। उस ज़माने में, कम समय में जितना अध्ययन उन्हें था, उतना आज भी मार्क्सवादी लेखकों में कम को है। 1935-36 उनके लेखन के सिर्फ़ दो वर्ष थे। पुस्तकें मरणोपरान्त छपी हैं। पहली पुस्तक थी–इल्यूज़न एंड रियलिटी (Illusion and reality)। 1938 में। दूसरी–स्टडीज़ इन डाइंग कल्चर (Studies in Dying culture)। तीसरी–फर्दर स्टडीज़ इन डाइंग कल्चर (Further Studies in dying culture)। चौथी–दी क्राइसिस इन फिजिक्स (The Crisis in Physics)। पाँचवीं–रोमांस एंड रियलिज़्म (Romance and Realism), जो कि अपूर्ण है। इसके अलावा कविताओं का भी एक संकलन छपा है। कुछ डिटेक्टिव नॉवेल भी उन्होंने लिखे थे।

मार्क्सवादी आलोचना की दृष्टि से चार पुस्तकें विशेष उल्लेखनीय हैं–

(1) इल्यूज़न एंड रियलिटी (2) स्टडीज़ इन डाइंग कल्चर (3) फर्दर स्टडीज़ इन डाइंग कल्चर (5) रोमांस एंड रियलिज़्म

जीवन में सिर्फ़ पहली पुस्तक पूरी लिखी थी। बाक़ी सब ड्राफ्ट हैं। संशोधन सहित छपीं। प्रतिदिन 5000 शब्दों के हिसाब से लिखा होगा। तभी दो सालों में इतना लिख सके। अद्‌भुत प्रतिभा थी।

कॉडवेल के बारे में अनेक विवाद हैं। 1938 में मृत्यु के बाद उनकी पुस्तक छपी। इसी समय द्वितीय विश्वयुद्ध छिड़ा। इसलिए 'इल्यूज़न एंड रियलिटी' पुस्तक की विशेष चर्चा और प्रभाव नहीं हो सका। 'डाइंग कल्चर' छपी, तब स्थिति बदल चुकी थी। दूसरे विश्वयुद्ध के बाद मित्र देशों–स्पेन, इंग्लैंड, अमेरिका की विजय हुई। ये फ़ासिज़्म से ज़्यादा बड़ा शत्रु रूस को समझते थे और स्टालिन को दबाने की कोशिश में हिटलर को रूस की तरफ़ मोड़ना चाहते थे। चाहते थे कि हिटलर रूस से लड़ जाय। ऐसा ही हुआ भी। हिटलर ने रूस पर हमला किया। किन्तु, रूसी सेना ने बहादुरी दिखाई। सेना को भगाते हुए कई देशों पर क़ब्ज़ा किया। 1945 में विश्वयुद्ध समाप्त हुआ। इंग्लैंड, जर्मनी आदि ख़त्म हुए। सबसे बड़ी शक्ति समाजवाद उभर कर सामने आयी और दूसरी तरफ़ अमेरिका। ये ही दो शक्तिशाली थे। उस समय अमेरिका ने जनतन्त्र और

स्वाधीनता की रक्षा के नाम पर सम्पूर्ण संसार को साम्यवाद और कम्युनिज़्म से बचाने का झण्डा उठाया। यह जो एंटी कम्युनिज़्म झण्डा उठाया गया, इसी का नाम कोल्ड वार है। जनतन्त्र की तथाकथित रक्षा के जो प्रयास अमेरिका ने रूस के विरुद्ध, साम्यवाद के विरुद्ध किये, इसे ही कोल्ड वार कहते हैं जो द्वितीय विश्वयुद्ध के बाद दिखाई पड़ा।

एंटीकम्युनिज़्म की तरफ़ अमेरिकी प्रयास (American attempts towards anti-communism)

स्टालिन, रूस, साम्यवाद, समाजवाद से दुनिया को बचाना ही कोल्ड वार का लक्ष्य था। उनकी दृष्टि में संसार के सबसे बड़े दुश्मन ये ही थे। कॉडवेल की पुस्तक 'फर्दर स्टडीज़ इन डाइंग कल्चर' इसी समय छपी। अतः शीतयुद्ध के कारण इसकी चर्चा नहीं हो सकी। वह शीतयुद्ध का शिकार हो गयी। मृत्यु के बाद यद्यपि उसे सहानुभूति मिली पर उसके विचारों और मूल्यों का प्रचार नहीं हो सका। उस दौर के प्रगतिशील साहित्यकारों को प्रकाशक भी नहीं मिलता था। यह स्थिति सभी देशों में थी, न कि केवल इंग्लैंड में। भारत में भी ऐसा ही था। अज्ञेय नामी कवि हो गये। नागार्जुन, मुक्तिबोध, त्रिलोचन, शमशेर की कोई चर्चा नहीं हुई। अतः प्रथमतः युद्ध के कारण और द्वितीयतः शीतयुद्ध के कारण कॉडवेल की चर्चा नहीं हो सकी।

इंग्लैंड से मार्क्सवादियों की 'मॉडर्न क्वार्टरली' पत्रिका 1951 में निकली। इसी में कॉडवेल पर एक साल तक बहस चली। यह चर्चा उन पर हमले से शुरू हुई। तेरह साल तक तो कोई चर्चा नहीं चली। जब चर्चा चली तो इसका विरोध शुरू हुआ। Maurice Cornforth ने एक लम्बा लेखा (Caudwell and Marxism) लिखा। उसमें दिखाने की कोशिश की कि कॉडवेल मार्क्सवादी नहीं थे। इस आक्रामक बहस में लोगों ने कॉडवेल में अनेक बुर्जुआजी तत्त्वों को मिला दिया। फ्रायड के मनोविज्ञान को मिला दिया। इसलिए इनके सिद्धान्त मार्क्सवादी सिद्धान्त के रूप में विश्वसनीय नहीं माने जा सकते। मार्क्सवाद कट्टर हुआ, जिसे स्टालिनवाद कहते हैं। कॉडवेल में अनेक बुर्जुआ धाराओं को मिलाकर उन्हें शुद्ध मार्क्सवादी नहीं कहा गया। फ्रायड का मनोविश्लेषणवाद, बुर्जुआवर्गीय तत्त्व आदि उनमें मिले बताये गये। इसलिए कॉडवेल बहुत दिनों तक उपेक्षित रहे। ग़ैर-मार्क्सवादी उन्हें पढ़ते नहीं थे और मार्क्सवादी उन्हें शुद्ध मार्क्सवादी मानते नहीं थे।

1970 में अमेरिका से 'रोमांस एंड रियलिज़्म' अपूर्ण प्रकाशित हुई। बहुत दिनों तक धारणा रही कि कॉडवेल ने मात्र कविता पर विचार किया है। इस पुस्तक से पता चला कि उन्होंने नॉवेल पर भी विचार किया था। इससे उनके उपन्यासों से सम्बन्धित विचार भी सामने आये। 'इल्यूज़न एंड रियलिटी' में कविता के मूल स्रोतों की चर्चा है—कविता की उत्पत्ति, कविता का सामाजिक कार्य, कविता की रचना-प्रक्रिया, कविता की परिभाषा, अंग्रेज़ी कविता का इतिहास और कविता का भविष्य आदि। इसलिए, पूरी पुस्तक कविता के विषय में है। उनकी दूसरी पुस्तक 'स्टडीज़ इन डाइंग कल्चर' नाम से ही मालूम पड़ता है कि इसमें एक मरणासन्न संस्कृति के विभिन्न पक्षों का अध्ययन हुआ है। यह उनके लेखों का संग्रह है। मरणासन्न संस्कृति पूँजीवादी संस्कृति है। इस पुस्तक में जॉर्ज बर्नाड शॉ, डी. एच. लॉरेंस आदि पर लम्बे-लम्बे लेख हैं। बुर्जुआ साहित्य और संस्कृतियों को चुनकर कॉडवेल ने बताया है कि कैसे यह संस्कृति मरणासन्न है।

'फर्दर स्टडीज़ इन डाइंग कल्चर' में ब्यूटी, ट्रुथ, सौन्दर्यशास्त्र आदि विषयों पर लेख हैं। अतः यह सत्य मीमांसा पर है, सौन्दर्यशास्त्र से सम्बन्धित है।

'रोमांस एंड रियलिज़्म', आख्यान और उपन्यास के विषय में है।

'क्राइसिस इन फिजिक्स' (भौतिकी में संकट) पुस्तक की प्रकृति लेनिन की 'मैटेरियलिज़्म एंड इम्पीरियो क्रिटिसिज़्म' की तरह ही है। इसमें विज्ञान के नये अनुसन्धानों के आधार पर भौतिक विज्ञान की पुष्टि की गयी है।

(दिनांक 13.03.1981)

'इल्यूज़न एंड रियलिटी' पर आधारित कॉडवेल के काव्य सिद्धान्त

इस ग्रन्थ के प्रकाशन के कुछ ही दिनों बाद यानी 1933 में अंग्रेज़ी के प्रसिद्ध कवि ऑडेन (Auden) ने इसे डॉ. रिचर्ड्स की 'प्रैक्टिकल एंड लिटरेरी क्रिटिसिज़्म' के बाद सबसे महत्त्वपूर्ण पुस्तक कहा। 'प्रिंसिपल ऑफ़ लिटरेरी क्रिटिसिज़्म' मनोविज्ञान के आधार पर अवस्थित थी। पाठकों के मन पर पड़े कविता के प्रभाव को ही रिचर्ड्स ने महत्त्व दिया था। इससे लगता है कि उस युग में मनोविज्ञान का प्रभाव काफ़ी था। 'इल्यूज़न एंड रियलिटी' से मालूम पड़ता है कि लेखक मार्क्सवाद के बाद मनोविज्ञान से ही प्रभावित है। अतः उनका काव्य मनोविज्ञान और मनोविश्लेषण से दूर तक प्रभावित है। इसलिए कॉडवेल और रिचर्ड्स के बीच की कड़ी मनोविज्ञान है। दोनों में एक बुनियादी अन्तर यह है कि

रिचर्ड्स का काव्य सिद्धान्त व्यक्ति पर आधारित था, बुर्जुआ व्यक्ति पर। कॉडवेल का चिन्तन इस व्यक्तिवाद का विरोध करता है। व्यक्तिवाद से प्राप्त होनेवाली स्वतन्त्रता community fanaticism की देन है। अतः मनोविज्ञान और आगे चलकर फ्रायड के मनोविश्लेषण से प्रभावित होते हुए भी कॉडवेल ने व्यक्तिवाद का विरोध किया। उनका चिन्तन मानव-समूह पर आधारित था। उनके साहित्य में सामूहिक संवेग (collective emotion) की बात कही गयी है।

कॉडवेल ने कविता की उत्पत्ति की विस्तृत चर्चा की है। कविता की उत्पत्ति का मतलब आदिम समाज में कविता की उत्पत्ति से है। चूँकि कविता मुख्यतः भाषा है, इसलिए कॉडवेल भाषा और विशेषतः काव्यभाषा की उत्पत्ति की चर्चा करें, यह आवश्यक था। कॉडवेल ने रिचर्ड्स के समान ही काव्यभाषा को सामान्य भाषा से भिन्न माना। काव्यभाषा का सामान्य गुण कॉडवेल की दृष्टि में लयात्मकता है। इसकी उत्पत्ति विशेष स्थितियों में हुई है। उन्होंने कहा, "Rhythmic language, in contrast, is primarly the means of expression of collective emotion. It posseses this power because poetry is characteristically song, and song is characteristically something which, because of its rhythm, is song in unison, is capable of being the expression of A collective emotion." (Illusion and Reality, People's Publishing House ltd. Bombay, October 1947)

कविता मूलतः गीत है और आदिम युग के गीत के रूप में उत्पन्न हुई थी। गीत समूह रूप में गाया जाता था। इस गान की भाषा लयात्मक थी। इसलिए लय एक व्यक्ति की नहीं, पूरे समूह की थी।

इस लयात्मक भाषा की गहरी अभिव्यक्ति सामूहिक भाव के रूप में थी। इसलिए कविता सामूहिक गान के रूप में सामूहिक भावों की अभिव्यक्ति थी। इसके लिए उन्होंने हार्वेस्ट का उदाहरण लिया। कटनी के समय सामूहिक गान होते हैं। इसलिए सामूहिक गान सामूहिक श्रम के लिए होता है। इसलिए कविता मानव और प्रकृति के बीच द्वन्द्वात्मक क्रिया-व्यापार में उपयोगी है। इसलिए कॉडवेल के अनुसार कविता की उत्पत्ति समूह में, सामूहिक रूप में हुई। इस सामूहिक उत्पत्ति में कविता की भाषा तथ्यात्मक और वैज्ञानिक भाषा से अलग हो गयी।

कॉडवेल की सबसे महत्त्वपूर्ण देन कविता के कार्य की ओर ध्यान देने में है। अरस्तू के अनुसार कविता का स्वरूप 'अनुकरण' (Art is the imitation of life) है। कॉडवेल अनुकरण सिद्धान्त को नहीं मानते। वे मानते हैं कि कविता प्रकृति को मनुष्य के अनुकूल बनाती है। इसलिए कॉडवेल की काव्य दृष्टि

एक्सप्रेसिव थ्योरी के ज़्यादा निकट है। वे काव्य में दो चीज़ों को मुख्य मानते हैं। भाव (Emotion/Idea) और लय (Rythm)।

कविता और कला के कार्य पर विचार करते हुए कॉडवेल उसे सौन्दर्यशास्त्र के केन्द्र में रखते हैं इसकी पुष्टि उनके कथन से होती है—"Only those things are recognised as art forms which have a conscious social function." (Culture as Politics : Selected Writings of Chstopher Caudwell, Monthly Review Press, New York, 2018)

इससे सिद्ध होता है कि कला के रूप में वही वस्तुएँ स्वीकृत हैं, जिनसे सचेत सामाजिक कार्य होता है। इसके लिए कॉडवेल ने दो एलीमेंट लिए हैं— स्वप्न और फैंटेसी।

कविता सामाजिक कार्य प्रत्यक्ष ढंग से नहीं करती बल्कि कविता अपने कार्य में अंशतः स्वप्न के समान होती है। और कविता में फैंटेसी का महत्त्वपूर्ण स्थान है। किन्तु, इसका अर्थ यह नहीं कि कविता स्वप्न ही है। वस्तुतः वह स्वप्न से भिन्न होती है। स्वप्न की तरह, भाव कविता द्वारा एक कल्पनालोक फैंटेसी के रूप में निर्मित करता है और अपनी अधूरी इच्छा को उसमें व्यक्त करता है। मानव समस्त कार्यों को, जिन्हें वह करना चाहता है, उनकी कल्पना सृष्टि करके फैंटेसी निर्मित करता है। वर्षा के लिए मेघ और इन्द्र का आह्वान फैंटेसी ही है, जिसमें कल्पना में मनुष्य का नाचना, गाना और वर्षा होने-सा महसूस होना। इस प्रक्रिया में कभी-कभी वर्षा का हो भी जाना।

कॉडवेल के अनुसार—(By creating poetry primitive) man made a tremendous stride forward when he injected the dream into waking life, which forced it to answer the catagories of waking reality. (Illusion and Reality, People's Publishing House ltd. Bombay, October 1947, p. 154)

शिकार के पहले शिकार का सम्पूर्ण चित्र या अभिनय मनुष्य अपने अन्तर में करता है। वह ऐसे भावों से पूर्ण होता है मानो पहले ही शेर से लड़ रहा हो। ऐसे ही मुहर्रम में तलवार भाँजते लोग, लगता है मानो सच में युद्ध कर रहे हों। वे तत्काल युद्ध से अलग अपने को नहीं महसूस करते।

Poetry unlike dream, is socially responsible and purposes which it serves, are therefore fundamentally economic. (The Marxist Aesthetics of Chirstopher Caudwell, New Left Review, May/June, 1974)

इसलिए कविता एक प्रकार का स्वप्न है। किन्तु, भिन्न भी है। कविता सचेत होती है, स्वप्न अचेतन। कविता एक सचेत व्यापार है। दूसरा यह कि कविता में एक सामाजिक दायित्व का भार होता है, स्वप्न में नहीं। बुनियादी अर्थ में कविता का एक आर्थिक उपयोग है। कविता भावापन्न हुआ करती है। कॉडवेल के अनुसार "Poetry soaks external reality–nature and society with emotional significance." (वही, पृ. 180) कविता बाह्य जगत के यथार्थ को भावों की चासनी में ढालती है। इसलिए कॉडवेल भावापन्नता को कविता में महत्त्व देते हैं। इसलिए कविता की उत्पत्ति एवं कार्य दोनों सामाजिक हैं।

कॉडवेल इसके लिए दो उपमाएँ देते हैं। पहली, मोती और सीप की। ''Art is the product of society, as the pearl is the product of oyster, and to stand outside art is to stand inside society.'' (वही, पृ. 9)

कविता समाज की वैसी ही उपज है, जैसी मोती सीप की।

किन्तु, हर सीप में मोती नहीं होता। मोती सीप की सर्वोत्तम उपज होता है। वैसे ही कविता समाज की सर्वोत्तम उपज है। यह संयोग से ही होती है।

कॉडवेल की दूसरी उपमा–"Poetry is clotted social history, the emotional sweat of man's struggle with nature." (वही)

कविता एक तरह का बाइप्रोडक्ट है। दिनकर ने लिखा है कि कविता एक तरह का पसीना है। रागात्मक पसीना।

कविता की प्रकृति और स्वरूप बताते हुए कॉडवेल कहते हैं कि "Poetry is psychological agent in a general historical monument by harmonizing instinct and environment. It facilitate the struggle of man against nature." (वही)

कविता किसी भी ऐतिहासिक आन्दोलन में एक मनोवैज्ञानिक माध्यम का काम करती है, प्रकृति और परिवेश में सामंजस्य लाकर। यह प्रकृति के विरुद्ध मनुष्य के संघर्ष को पूरा करने में सहायता करती है। संक्षिप्ततः, कॉडवेल कविता की उत्पत्ति से लेकर उसके कार्य तक चलते हैं।

कॉडवेल ने एक दूसरे अध्याय में कविता का स्वरूप एवं परिभाषा बतायी है। यह बड़ी विवादास्पद रही है। कुछ परिभाषाएँ मार्क्सवाद के विरोध में भी पड़ती हैं। मार्क्सवाद एक ऐतिहासिक दर्शन है। कविता यदि ऐतिहासिक संकल्पना है तो कविता में परिवर्तन भी होता रहा है। इसलिए इसकी शाश्वत परिभाषा सम्भव नहीं है। अगर शाश्वत परिभाषा दी जाये तो वह ऐतिहासिक-भौतिकवादी न होकर भाववादी हो जायेगी।

कॉडवेल द्वारा दी गयी कविता की परिभाषा–"Poetry is rhythmical, not translatable, non-symbolic, irrational, concrete and characterised by condenced aesthetic affects." (वही)

कविता के मूल में एक आधार है। इसका अनुवाद नहीं किया जा सकता। अनुवाद करने में कविता की एक तो लय टूट जायेगी। यदि लय पकड़ने की कोशिश की जाये तो शब्द टूट जायेंगे। भाव लाने की कोशिश में आइडिया तो आ जाता है, किन्तु (emotive glow) भावात्मक, अभिव्यंजनात्मक चमक चली जाती है। अतः कविता एक ऐसी भाषिक संरचना है, जिसका अनुवाद सम्भव नहीं है। एक शाब्दिक प्रतिमा जिसका अनुवाद नहीं किया जा सकता।

कॉडवेल के अनुसार कविता 'irrational and non-symbolic' होती हैं। ये विवादास्पद शब्द हैं। इर्रेशनल मायने कविता रागात्मक होती है, बौद्धिक नहीं। विवाद यह है कि मार्क्सवाद कविता को एक संज्ञान का विषय मानता है। अतः यह विचार मार्क्सवाद से पृथक् पड़ जाता है। इसलिए कॉडवेल पर आक्षेप बनता है।

नॉन सिम्बॉलिक मायने अप्रतीकात्मक, बिम्बात्मक। यहाँ सिंबल मायने है संकेत। अर्थात् कविता संकेतात्मक नहीं, बिम्बात्मक होती है। मैथेमेटिकल सिम्बल में संकेत एक ही अर्थ देता है। हर जगह ज़ीरो की वैल्यू एक ही होगी। किन्तु, कविता में ऐसा नहीं होता। अतः कविता प्रतीकात्मक नहीं, बिम्ब प्रधान होती है। इसलिए यह परिभाषा मार्क्सवादी नहीं है। अतः यह आरोप है कि कॉडवेल समकालीन प्रतीकवाद से प्रभावित थे। अतः वे मार्क्सवाद से विचलित होते हैं।

'इल्यूज़न एंड रियलिटी' में अंग्रेज़ी कविता का इतिहास है। रिचर्ड्स ने केवल कविता के सिद्धान्त को बताया। कॉडवेल ने सिद्धान्त के साथ इतिहास भी लिखा। इतिहास बताने के क्रम में एक चार्ट दिया है। इंग्लैंड में पूँजीवाद के जन्म से पतन तक की कविता के स्वरूप पर विचार किया है। प्रत्येक दौर की कविताओं की प्रकृति का उल्लेख किया है। पूँजीवाद के विकास के विभिन्न स्तरों के साथ कविता किस प्रकार परिवर्तित हुई है, कॉडवेल ने बताया। पूरी अंग्रेज़ी कविता की रूपरेखा उन्होंने दी है। उस इतिहास लेखन का एकमात्र उद्देश्य कॉडवेल ने यह माना कि कविता किस प्रकार आर्थिक आधार से नियमित और नियन्त्रित होती है।

कॉडवेल के कविता सम्बन्धी सम्पूर्ण विचारों की देन

कॉडवेल ने चेतना और यथार्थ की परस्पर एकात्मकता पर बल दिया। विधेयवादी दर्शन के प्रभाव के कारण और यांत्रिक भौतिकवादी समझ के कारण जिस युग में विषय और विषयी, वास्तविकता और चेतना का पार्थक्य स्वीकृत था, कॉडवेल ने उनके एकात्म पर बल दिया। फलतः कॉडवेल ने साहित्य की ऐसी परिकल्पना प्रस्तुत की जो सामाजिक परिवर्तन में सक्रिय हस्तक्षेप कर सकने में समर्थ है। फ्रांसिस म्यूलहर्न (Francis Mulhern) ने कहा है कि–"Having restored the unity of consciousness and reality, Caudwell was able to repudiate the notion of literature as object in favour of the more furtile idea of literature as practice. In 'Illusion and reality' poetry is seen not as reflection, but as a specific mode of formation of the real. It is in no sense a transcription either of the individual subjectivity or of Reality; rather it co-operates in the productions of historically neccessary forms of social consciousness. (The Marxist Aesthetics of Chirstopher Caudwell, New Left Review, may/june 1974)

(दिनांक 14.03.1981)

जॉर्ज लूकाच

"शहीद होना आसान है लेकिन एक विचार की ख़ातिर निन्दा सहते जीना कहीं ज़्यादा मुश्किल है।" फ्यूख्टबैंगर के उपन्यास 'यहूदी सुइस' के एक पात्र रब्बी जोनैथन आइबेशुत्स की इस उक्ति को एक से अधिक बार उद्धृत करके जॉर्ज लूकाच ने गोया अपने ही जीवन की ओर संकेत किया है। कुफ्र समझे जानेवाले विचारों के लिए जहाँ बहुत से कम्युनिस्ट शहीद हो गये, लूकाच ने लांछन की लम्बी ज़िन्दगी चुनी जिसका स्वाभाविक अन्त 4 जून, 1971 को हुआ जब वे छियासी की उम्र पार कर चुके थे। 1919 से 1944 तक पच्चीस वर्ष देश से निर्वासित होकर शरणार्थी की तरह जीवन-यापन और फिर स्वदेश लौटने पर लगभग बीस वर्षों तक अपनी ही सरकार के हाथों निन्दा, तिरस्कार और उपेक्षा, यह थी वह ज़िन्दगी जिसे लूकाच ने मौत से बचा के रखना चाहा। इसी बीच कम-से-कम तीन अवसर ऐसे भी आये जब सिर पर मौत खड़ी दिखी। पहली बार 1919 में हंगरी का कम्यून भंग होने पर जब लूकाच ने अन्य कम्युनिस्ट नेताओं की तरह भागकर वियना में शरण ली तो होर्थी सरकार ने उनकी अनुपस्थिति में मृत्यु-दण्ड देकर आस्ट्रिया सरकार से उन्हें वापस माँगा। दूसरी बार 1941 में सोवियत प्रवास के दौरान स्तालिन ने उन्हें जेल में डाला यह वही जेल है जिससे उन दिनों कोई ज़िन्दा नहीं लौटता था। तीसरी बार 1956 में इमरे नाज की अल्पकालिक सरकार के पतन के बाद जब नाज की तरह उन्हें भी रूमानिया में क़ैद रखा गया और अन्ततः नाज को गोली से उड़ा दिया गया। इसे लूकाच का भाग्य कहिए या बुद्धि-कौशल अथवा संसार के बुद्धिजीवियों की नैतिक अपील का असर, लूकाच इन तमाम संकटों से बच निकले। इस तरह जीवित रहकर उन्होंने मृत्यु से पूर्व अपने दो चिरकांक्षित महान संकल्प पूरे किया—एक मार्क्सवादी 'सौन्दर्यशास्त्र' का निर्माण और दूसरा 'सत्त्वमीमांसा (ऑण्टोलॉजी ऑफ़ सोशल बीइंग) की रचना, जिसमें मार्क्सवादी नीतिशास्त्र का समग्र निरूपण है।

ये कृतियाँ यह विश्वास दिलाने के लिए पर्याप्त हैं कि लूकाच सचमुच एक विचार की ख़ातिर ही इतने दिनों तक लांछन सहते रहे। आत्मस्वीकृतियाँ कीं तो इसीलिए और अनर्गल आलोचनाएँ भी झेलीं तो इसीलिए। इन आत्मस्वीकृतियों के कारण ग़ैर तो ग़ैर अपनों की नज़र में भी उन्हें गिरना पड़ा। इस प्रकार जिस समय बर्तोल्त ब्रेष्ट अपना नाटक 'गैलीलियो' लिख रहे थे, लूकाच बीसवीं सदी के एक अन्य गैलीलियो की भूमिका अदा कर रहे थे।

मार्क्सवाद ही वह विचार है जिसकी ख़ातिर लूकाच ने यह मुश्किल ज़िन्दगी चुनी। पर स्वयं मार्क्सवाद तक की यात्रा और मुश्किल निकली। 'इतिहास और वर्ग चेतना' (1923) इस यात्रा का पहला मुकम्मल ऐतिहासिक दस्तावेज़ है जिसने लूकाच को अन्तर्राष्ट्रीय ख्याति के शिखर पर बिठाने के साथ ही उस तीव्र विवाद की स्थिति में भी डाल दिया जिससे वे जीवनपर्यन्त न उबर पाये। इस ग्रन्थ के पुनःप्रकाशन के अवसर पर 1967 के 'आमुख' में लूकाच ने अपनी मार्क्स तक की यात्रा का जो सिंहावलोकन प्रस्तुत किया है उससे स्पष्ट है कि आरम्भ से ही फाउस्ट के समान उनके वक्ष के अन्दर दो आत्माएँ अवस्थित थीं–एक ओर मार्क्सवाद और राजनीतिक सक्रियता तथा दूसरी ओर शुद्ध प्रत्ययवादी नैतिक चिन्ता का अनवरत दंश। इस द्वैत और द्वन्द्व की पीड़ा लूकाच कब तक झेलते रहे तथा इसके समाधान के लिए उन्होंने क्या किया, इस ब्यौरे में जाने से पूर्व सम्प्रति इतना ही उल्लेखनीय है कि लूकाच का सारा जीवन मार्क्सवाद की ओर बढ़ते जाने वाली अथक यात्रा है।

साहित्य लूकाच की प्रथम और प्रमुख रुचि थी। यदि वे ठेठ साहित्य तक ही सीमित रहते तो शायद इतने संकटों का सामना न करना पड़ता। किन्तु ऐसा लगता है कि उनकी प्यास बड़ी थी और बेचैनी भी ज़्यादा गहरी थी। यही बेचैनी लूकाच को दर्शन की ओर ले गयी, फिर राजनीतिक कर्म की ओर और अन्ततः मार्क्सवाद की ओर। इस बेचैनी के मूल में सामान्य रूप से मध्य यूरोप और विशेष रूप से हंगरी की राजनीतिक-सामाजिक परिस्थिति थी जिसमें अर्द्धविकसित पूँजीवाद और ढहते सामन्ती अवशेषों के बीच घुटते हुए प्रबुद्ध बुद्धिजीवी परिवर्तन की अस्पष्ट आकांक्षाओं को लेकर तड़प रहे थे। उस दौर में हंगरी के रोमांटिक क्रान्तिकारी कवि एडी के साथ लूकाच की भावात्मक निकटता उल्लेखनीय है। हंगरी की 'बीसवीं सदी' नामक पत्रिका में लूकाच ने 1909 में एडी के गीतों का विवेचन करते हुए उनमें एक जनवादी क्रान्तिकारी के आदिम आवेगों का उद्‌गार दिखलाया था और यह भी लिखा था कि एडी में जनवादी

क्रान्ति केवल 'आकांक्षा, आशा और स्वप्न' के रूप में ही स्थित है : स्वयं लूकाच की स्थिति इससे भिन्न न थी। उनकी आरम्भिक दो आलोचनात्मक कृतियाँ 'आत्मा और उसके रूप' (1910) तथा 'उपन्यास सिद्धान्त' (1916) जैसे एडी के रोमांटिक गीतों के ही निबन्धात्मक प्रतिरूप हैं जिनमें अन्य सैद्धान्तिक बातों के अलावा युद्ध-पूर्व की निराशा और बेचैनी की छाया आद्यन्त मँडराती दिखाई पड़ती है। लूकाच की उस समय की मनःस्थिति का संकेत देने के लिए इतना ही कहना पर्याप्त है कि 'आत्मा और उसके रूप' के द्वारा लूकाच ने दार्शनिक चर्चा में कीर्केगार्द का पुनः प्रवेश कराया, जिसके कारण लूकाच की उस पुस्तक को आज भी आधुनिक अस्तित्ववाद का श्रीगणेश माना जाता है। 'आत्मा और उसके रूप' में साहित्य रूपों की चर्चा के बहाने मुख्य प्रश्न यही उठाया गया है कि मानव-जीवन किस प्रकार 'प्रामाणिक' हो सकता है। 'उपन्यास सिद्धान्त' लिखने से पूर्व लूकाच हेगेल की आलोचनाओं के सन्दर्भ में कीर्केगार्द का विशेष रूप से अध्ययन करके एक पुस्तक लिखने की योजना बना रहे थे, जो कभी पूरी न हो सकी। पर 'उपन्यास सिद्धान्त' में भी कीर्केगार्द की छाया स्पष्ट है। महाकाव्यों के सामुदायिक जीवन से लेकर उपन्यासों के व्यक्तिवाद तक 'निरन्तर ह्रास' के रूप में समय की जो गति 'उपन्यास सिद्धान्त' में अंकित की गयी है वह कीर्केगार्द से अस्पृष्ट नहीं है। पश्चिम की बुर्जुआ संस्कृति के ह्रास से लूकाच इतने अवसन्न थे कि उग्रवादी राजनीति के कर्म में ही उन्हें इससे मुक्ति दिखाई पड़ी।

सत्रह वर्ष की उम्र में ही वे एक समाजवादी क्लब के सदस्य बन गये थे। दो साल बाद 1904 में उन्होंने मज़दूरों को जाग्रत करने के लिए बुडापेस्ट में 'थालिआ' नामक एक नाट्यसंस्था स्थापित की जो पाँच वर्ष बाद पुलिस के द्वारा बन्द कर दी गयी इसी बीच वे हंगरी के उग्रपन्थी राजनीतिक नेता इर्विन जाबो के सम्पर्क में आये और जॉर्ज सोरेल के विध्वंसक विचारों ने उन्हें बेहद प्रभावित किया। इसके समानान्तर मार्क्स का अध्ययन भी चलता रहा। मार्क्स की 'पूँजी' को उन्होंने 1908 में ही पढ़ डाला था; पर जैसा कि लूकाच ने बाद में स्वयं स्वीकार किया है, सिम्मेल और वेबर के प्रभाव के कारण उस समय उन्होंने मार्क्स को एक समाजशास्त्री के रूप में ही देखा। आगे चलकर प्रथम विश्वयुद्ध के दौरान निराशा और उग्रता की मिली-जुली स्थिति में लूकाच मार्क्स की ओर पुनः मुड़े ही थे कि 1917 की सोवियत क्रान्ति ने उन्हें चौराहे से खींचकर मुक्तिमार्ग पर ला खड़ा किया। इस प्रभाव को आत्मसात् करने की प्रक्रिया चल ही रही थी कि 1919 में हंगरी में भी सोवियत क्रान्ति हो गयी और सोवियत

प्रवास से लौटकर बेला कुन ने हंगरी में कम्युनिस्ट पार्टी का गठन करके पार्टी की सरकार कायम कर दी। लूकाच ने 1919 में ही पार्टी की सदस्यता ली और फिर उस नयी कम्युनिस्ट सरकार में शिक्षामन्त्री का पद ग्रहण किया। बदकिस्मती से यह सरकार तीन महीने में ही उलट गयी और अन्य कम्युनिस्ट नेताओं की तरह लूकाच को भी देश छोड़कर आस्ट्रिया भागना पड़ा। यह सारी घटना चाहे जितनी अल्पकालिक रही हो, पर उसने लूकाच को पूरी तरह सक्रिय राजनीति में खींच लिया और यहाँ से कम्युनिस्ट लूकाच के जीवन का वह राजनीतिक अध्याय शुरू हुआ जिसका अन्त दस वर्ष बाद 1929 में 'ब्लूम थीसिस' की पराजय के साथ हुआ पर जिसके गहरे घाव उन्हें जीवनपर्यन्त दुःख देते रहे।

आस्ट्रिया-प्रवास के दस वर्षों में लूकाच ने कम्युनिस्ट पार्टी की नीति-रीति में गहरी रुचि ली। इस बीच उन्होंने 'कम्युनिस्ट' नामक उग्रपन्थी पत्रिका का सम्पादन किया और वह राजनीतिक लेख लिखा जिसमें यह स्थापना की गयी थी कि कम्युनिस्टों को बुर्जुआ संसद में भाग नहीं लेना चाहिए। यह यही लेख है जिसकी कड़ी आलोचना लेनिन ने 'उग्रपन्थी साम्यवाद— एक बचकाना मर्ज' में की।

लेनिन की इस आलोचना का असर मद्धिम भी न पड़ा था कि 1924 में 'तृतीय इंटरनेशनल' (कोमिन्टर्न) की पाँचवीं कांग्रेस ने लूकाच की सद्यःप्रकाशित पुस्तक 'इतिहास और वर्ग चेतना' (1923) को पूर्णतः 'संशोधनवादी' घोषित करके तिरस्कृत कर दिया। कम्युनिस्ट पार्टी के अन्दर लूकाच के लिए ये बहुत ही कठिन दिन थे। हंगरी की प्रवासी कम्युनिस्ट पार्टी में अन्दरूनी लड़ाइयाँ शुरू हो गयी थीं। एक ओर थे कोमिन्टर्न-समर्थित बेला कुन और उनके साथी तथा दूसरी ओर थे लैंडलर और उनके साथ लूकाच। इस लड़ाई में अन्ततः लैंडलर की जीत हुई और वे पार्टी के महासचिव भी हो गये, लेकिन कुछ ही दिनों बाद उनकी मृत्यु हो गयी उनके बाद 1928 में लूकाच ने पार्टी के महासचिव का दायित्व सँभाला और अगले वर्ष 1929 में पार्टी कांग्रेस के लिए यह 'थीसिस' तैयार की जो उनके छद्म नाम 'ब्लूम' के कारण 'ब्लूम थीसिस' के नाम से प्रसिद्ध है। पार्टी कांग्रेस में 'ब्लूम थीसिस' बहुमत से ठुकरा दी गयी और लूकाच ने देखा कि बेला कुन उन्हें 'पार्टी तोड़क' का इलजाम लगाकर पार्टी से निकालने का षड्यन्त्र कर रहे हैं, लिहाजा उन्होंने पार्टी की सक्रिय राजनीति से संन्यास ले लिया। वस्तुतः उनके सामने कोई और विकल्प था ही नहीं, क्योंकि बेला कुन के पीछे पूरी कोमिन्टर्न थी और प्रभुत्वशाली कोमिन्टर्न से संघर्ष करना आसान न था।

लूकाच का यह फ़ैसला अन्तिम था। इसके बाद उन्होंने सिर्फ़ एक बार थोड़े समय के लिए 1956 में राजनीतिक सक्रियता दिखलाई जब इमरे नाज के निमन्त्रण पर उन्होंने शिक्षामन्त्री का पद स्वीकार किया। किन्तु नाज मन्त्रिमण्डल के पतन से पूर्व ही उससे अलग होकर उन्होंने साबित कर दिया कि वे भीतर से उस दायित्व के लिए प्रस्तुत नहीं है। इस एक घटना को छोड़कर 1929 के बाद प्रायः लूकाच सक्रिय राजनीति से अलग ही रहे।

इतने कम समय तक सक्रिय राजनीति में रहते हुए भी लूकाच सबसे ज़्यादा विवादास्पद अपनी राजनीति के कारण ही हुए, यहाँ तक कि उनका राजनीतिक संन्यास भी आलोचनाओं की मार से न बच सका। इसमें कोई शक नहीं कि एक कम्युनिस्ट की हैसियत से लूकाच ने कई-एक भयंकर राजनीतिक भूलें कीं। उदाहरण के लिए 1919 के हंगरी कम्यून के समय जब सरकार चलाने के लिए सोशल डेमोक्रेट और कम्युनिस्ट संयुक्त हुए तो इस संयोग से उल्लसित होकर लूकाच ने कम्युनिस्ट पार्टी को एकदम भंग करने की थीसिस रखी। कहने की आवश्यकता नहीं कि लूकाच की यह भयंकर भूल थी और इस मान्यता के लिए यदि कम्युनिस्ट पार्टी में उन्हें बराबर सन्दिग्ध समझा गया तो बेजा नहीं। दरअसल इस भूल के मूल में लूकाच की मार्क्सवाद सम्बन्धी भ्रान्त समझ विद्यमान है। 'इतिहास और वर्ग चेतना' (1923) में उन्होंने यह दिलचस्प स्थापना की है कि तर्क के लिए मान लें कि नवीनतम शोधों ने मार्क्स की एक-एक स्थापना को हमेशा-हमेशा के लिए मिथ्या प्रमाणित कर दिया। यदि इसे साबित भी करना पड़े तो हर गम्भीर 'निष्ठावान' मार्क्सवादी को बिना ननुनच के ऐसे भी निष्कर्षों को मानने और मार्क्स की सम्पूर्ण मान्यताओं को ख़ारिज करने के लिए तैयार रहना चाहिए। ऐसा करके एक क्षण के लिए भी मार्क्सवाद में उसकी निष्ठा ख़त्म न होगी; क्योंकि निष्ठा का सम्बन्ध किसी एक मान्यता या सभी मान्यताओं में विश्वास से नहीं है। निष्ठा का सम्बन्ध वस्तुतः प्रणाली से है। कहने की आवश्यकता नहीं कि नितान्त मूलगामी और क्रान्तिकारी प्रतीत होते हुए भी यह आस्था मार्क्सवाद के लिए बौद्धिक आत्महत्या है। इतिहास में कौन ऐसी वैज्ञानिक प्रणाली जीवित रह सकी है जिसकी हर स्थापना विधिवत् निरस्त कर दी गयी हो? इस प्रकार जो लूकाच स्वयं मार्क्सवाद की ही जड़ पर कुठाराघात कर रहे हों वे यदि कम्युनिस्ट पार्टी को भी अनावश्यक मान बैठे तो आश्चर्य नहीं होना चाहिए। उल्लेखनीय है कि 'इतिहास और वर्ग चेतना' के 1967 के 'आमुख' में भी लूकाच ने मार्क्सवाद सम्बन्धी उक्त मान्यता को वापस लेना तो दूर, पूरे ज़ोर के साथ दुहराना आवश्यक समझा।

इसी प्रकार लूकाच के राजनीतिक संन्यास की संगति भी मार्क्सवाद और एक निष्ठा कम्युनिस्ट के साथ नहीं बैठती। एक निष्ठावान के नाते सिद्धान्त और कर्म की एकता में विश्वास रखते हुए भी यदि लूकाच आपद्धर्म के रूप में केवल राजनीतिक चिन्तन तक ही अपने को सीमित रखते तो आपत्ति की ख़ास गुंजाइश न थी, क्योंकि मार्क्स और लेनिन भी ऐसे अल्पकालिक संन्यास के लिए विवश हुए थे। किन्तु जैसा कि कुछ विचारकों ने संकेत किया है, 1929 के बाद लूकाच ने अपने आरम्भिक चिन्तन की विषयवस्तु को ऊपर से नकारते हुए भी उसकी आन्तरिक 'संरचना' को फिर से अपना लिया। इस प्रकार उनके राजनीतिक संन्यास में भीतर से जिस स्तालिनवाद के लिए नैतिक नफरत थी उसी के साथ ऊपर से तालमेल बैठाने की सायास मुद्रा भी थी। लूकाच के आरम्भिक शिक्षक मार्क्स बेवर जिस प्रकार ऊपर से विल्हेल्म के शासन के लिए बौद्धिक युक्तियाँ गढ़ते हुए भी भीतर-भीतर उसकी भ्रष्ट नौकरशाही को नफरत करते रहे, उसी तरह लूकाच भी ऊपर से तो 'समाजवादी यथार्थवाद' और 'शान्तिपूर्ण सह-अस्तित्व' के सिद्धान्तों का रुचिकर भाष्य लिखते रहे पर अन्दर से स्तालिनवादी मुंशियों और पुलिस को कोसने से बाज न आये। इस प्रकार शान्त समर्पण और गोपन कुढ़न लूकाच के जीवन की आचार संहिता बन गयी। स्पष्ट है कि यह अभिजात उदासीनता लूकाच को सहमतिपरक रुख से न बचा सकी। वैसे भी यह सौन्दर्यशास्त्रीय असंगत कम्युनिस्ट लड़ाकूपन से कोसों दूर है।

इस सन्दर्भ में लूकाच के मार्क्सवाद पर कुछ और ब्यौरे में जाकर विचार करना अप्रासंगिक न होगा। पश्चिम के बुद्धिजीवियों विशेषतः तथाकथित 'नववामपन्थी' बुद्धिजीवियों के बीच लूकाच का आरम्भिक ग्रन्थ 'इतिहास और वर्ग चेतना' मार्क्सवाद की क्रान्तिकारी व्याख्या के रूप में सम्मानित है। 1967 के 'आमुख' में स्वयं लूकाच ने इस ग्रन्थ को पूर्णतः मार्क्सवादी न मानकर मार्क्सवाद की दिशा में 'संक्रमण' कहा है। लूकाच को इस बात का भी अहसास है कि इस ग्रन्थ के वही अंश सबसे अधिक प्रभावशाली हैं जो सिद्धान्ततः ग़लत हैं। इस ग्रन्थ में मार्क्सर्वाद की दृष्टि से जो मुख्य खामियाँ रह गयी हैं उनका उल्लेख करते हुए लूकाच ने नये 'आमुख' में लिखा है कि उन्होंने मार्क्सवाद को प्रकृति और समाज दोनों का समग्र सिद्धान्त न मानकर केवल समाज का सिद्धान्त मानने की भूल की। इसी प्रकार उन्होंने 'समग्रता' (टोटैलिटी) की अवधारणा को मार्क्सवाद के केन्द्र में प्रतिष्ठित करते हुए आर्थिक आधार की बुनियादी अवधारणा की उपेक्षा की। इसके अतिरिक्त उन्होंने 'वस्तुपरकता' (रीइफिकेशन)

और 'वियोजन' (एलिएनेशन) को पर्याय समझकर पूँजीवादी व्यवस्था की एकांगी आलोचना करने की भूल की।

'इतिहास और वर्ग चेतना' असन्दिग्ध रूप से पूँजीवादी समाजव्यवस्था का ज़बर्दस्त खण्डन है, किन्तु इसका पूँजीवाद-विरोध रोमांटिक है। लूकाच इस ग्रन्थ में विज्ञान और औद्योगिकीकरण को पूँजीवाद का अभिन्न अंग समझकर अन्य अनेक रोमांटिक विचारकों की तरह ही विज्ञान-विरोधी और औद्योगिकीरण-विरोधी रुख अपनाते दिखाई पड़ते हैं। लूकाच के लिए पूँजीवाद एक चेतना है और यह चेतना शासक वर्ग की विचारधारा के माध्यम से ही शोषण और दमन करती है। इस ग्रन्थ में पूँजीवादी दमन के साधन संस्थाओं का कोई विवेचन नहीं है– यहाँ तक कि पूँजीवादी राज्यसत्ता का उल्लेख तक नहीं है। इस ग्रन्थ में जिस प्रकार पूँजीवाद एक चेतना मात्र है उसी तरह मज़दूर वर्ग भी एक सार्वभौम चेतना भर है और लूकाच का विश्वास है कि मज़दूर वर्ग की इस सार्वभौम चेतना के उदय मात्र से पूँजीवाद समाप्त हो जायेगा। 'इतिहास और वर्ग चेतना' में लूकाच चेतना पर इतने निर्भर हैं कि उन्हें पूँजीवाद को ख़त्म करने के लिए मज़दूर वर्ग के किसी संगठन की आवश्यकता ही प्रतीत नहीं होती। स्पष्टतः पूँजीवाद से लूकाच का सारा विरोध केवल नैतिक है; राजनीतिक, आर्थिक और सामाजिक विरोध की ओर उनकी दृष्टि ही नहीं गयी कुल मिलाकर 'इतिहास और वर्ग चेतना' की 'वर्ग चेतना' ही मार्क्सवाद की 'वर्ग चेतना' से भिन्न नहीं बल्कि उसका 'इतिहास' भी मार्क्सवाद के 'इतिहास' से भिन्न है। वैसे इस ग्रन्थ में लूकाच की कोई अपनी स्पष्ट राजनीति नहीं है; किन्तु जैसा कि लक्षित किया गया है, ठोस राजनीति का अभाव ही इस ग्रन्थ की सुरक्षा के लिए सबसे बड़ी ढाल है वरना इसके तर्क विनाशकारी निष्कर्षों की ओर ले जाते हैं।

आकस्मिक नहीं है कि सार्त्र और मारकूस से प्रेरणा लेनेवाले पश्चिम के नववाम को 'इतिहास और वर्ग चेतना' इतनी प्रिय है।

इन खामियों के बावजूद मार्क्सवाद चिन्तन के इतिहास में 'इतिहास और वर्ग चेतना' का ऐतिहासिक महत्त्व है। लूकाच ने इस ग्रन्थ के द्वारा मार्क्स की आरम्भिक कृतियों के महत्त्व की ओर ध्यान आकृष्ट किया और इस प्रकार मार्क्स के बाद पहली बार 'वियोजन' (एलिएनेशन) की समस्या को पुनर्जीवित किया–भले ही उसका निरूपण हेगेलीय भाषा में ही क्यों न किया हो! इसके अतिरिक्त लूकाच ने मार्क्स के द्वन्द्ववाद की प्रमुख अवधारणा 'समग्रता' (टोटैलिटी) को भी मार्क्सवादी चिन्तन में पुनः प्रतिष्ठित किया।

इन तमाम पक्षों पर 'इतिहास और वर्ग चेतना' का समाधान भले ही मार्क्सवादी न हो, पर मार्क्सवादी चिन्तन को इन प्रश्नों के प्रति पुनर्जाग्रत करके लूकाच ने निस्सन्देह महत्त्वपूर्ण कार्य किया।

लूकाच का मार्क्सवाद उनके बहुत से प्रशंसकों के लिए 'इतिहास और वर्ग चेतना' से शुरू होकर उसी पर ख़त्म भी हो जाता है; पर सौभाग्य से स्वयं लूकाच के साथ ऐसा नहीं हुआ। 'इतिहास और वर्ग चेतना' लिखकर वे मार्क्सवाद की मंज़िल तक पहुँच भले ही न सके पर अपनी आरम्भिक उलझनों से उबर अवश्य गये; और अगले ही वर्ष 1924 में उन्होंने लेनिन पर एक छोटी-सी पुस्तक पूरी की। वियना-प्रवास से पूर्व लूकाच को लेनिन की कृतियों से परिचय प्राप्त करने का अवसर न मिल सका था। लेनिन को पढ़ने के बाद लूकाच को अपनी कमियों का ही बोध नहीं हुआ बल्कि मार्क्सवाद की दिशा में आगे बढ़ने के लिए रोशनी भी मिली। लेनिन के साथ लूकाच को आत्मीयता का अनुभव होना स्वाभाविक था क्योंकि उन्हीं की तरह लेनिन भी मार्क्स तक पहुँचने के लिए हेगेल का अध्ययन अनिवार्य मानते थे। किन्तु लेनिन और लूकाच द्वारा हेगेल से निष्कर्ष निकालने में कितना अन्तर था! बहुतों के लिए विश्वास करना कठिन है कि 1917 की क्रान्ति से पूर्व लेनिन हेगेल का 'तर्कशास्त्र' पढ़ने में मशगूल थे। यह लेनिन की ही सर्जनात्मक क्रान्तिकारी प्रतिभा थी कि हेगेल के अमूर्त तर्कशास्त्र से वे फौरी कार्रवाई के लिए ठोस सूत्र निकाल रहे थे। उधर चिन्तक लूकाच के लिए हेगेल का वही तर्कशास्त्र ठोस परिस्थितियों को भी अमूर्त से अमूर्ततर बनाता जा रहा था। लूकाच यदि सिद्धान्त और कर्म की एकता का सिद्धान्त बारंबार दुहराते थे तो लेनिन उसे ठोस रूप में जीते थे। इस अन्तर के मूल में सम्भवतः हंगरी और रूस की परिस्थितियों का अन्तर था। लेनिन के विचारों को मूर्त रूप देने के लिए रूस की सशक्त बोल्शेविक पार्टी थी तो लूकाच किसी मज़बूत पार्टी संगठन के अभाव में हंगरी के शून्य में विचारों के अमूर्त ताने-बाने बुनने के लिए अभिशप्त थे। फिर भी लूकाच ने लेनिन पर जो पुस्तक लिखी वह 'इतिहास और वर्ग चेतना' की तुलना में कहीं अधिक मूर्त है और मार्क्सवाद की समझ के बारे में कम-से-कम सदोष भी।

इस पुस्तक में लूकाच ने समाजवादी क्रान्ति की जैसी भौतिकवादी व्याख्या प्रस्तुत की और लेनिन को राजनीतिक मान्यताओं में निहित संरचनात्मक अन्तस्सम्बन्धों का जैसा स्वच्छ निरूपण किया है वह आज भी अप्रतिम है। इस पुस्तक के आधार पर कुछ लोग तो यहाँ तक कहने को तैयार हैं कि यदि लूकाच

की दुर्लभ क्षमताओं को विकसित होने का अवसर मिला होता तो वे क्रान्तिकारी आन्दोलन के इतिहास में प्रमुख राजनीतिक विचारक के रूप में उभरे होते।

लूकाच के सम्बन्ध में इस आशा की पुष्टि 'लेनिन' के बाद की राजनीतिक कृतियाँ भी करती हैं। 1925 में लूकाच ने बुखारिन की पुस्तक यान्त्रिकता का गम्भीर विश्लेषण करके मार्क्सवादी अर्थशास्त्र सम्बन्धी चिन्तन को गति दी। लासाल और मोजेज हेस की समीक्षाएँ भी इसी क्रम में उल्लेखनीय हैं। किन्तु इस दौर का सबसे गम्भीर प्रयास युवा हेगेल नामक पुस्तक है जो 1937 में पूर्ण हुई। इस कड़ी का अन्तिम विध्वंसक प्रयास है 'बुद्धि का विनाश' (1954) नामक ग्रन्थ में जिसमें जर्मन प्रत्ययवाद की नात्सीवादी-परिणति का कच्चा चिट्ठा पेश किया गया। लूकाच के ये सैद्धान्तिक प्रयास मार्क्सवाद की दिशा में उनकी निश्चित प्रगति के प्रमाण हैं। आरम्भ में उनकी मार्क्सवाद की समझ में चाहे जितनी खामियाँ रही हों किन्तु उनकी आन्तरिक क्रान्तिकारी ईमानदारी असन्दिग्ध थी। यही क्रान्तिकारी ईमानदारी द्वन्द्ववाद के सहारे उन्हें क़दम-क़दम मार्क्सवाद की दिशा में आगे बढ़ाती रही। लूकाच अपने आरम्भिक गुरु तिम्मेल की यह उक्ति दुहराते नहीं थकते थे—"आधे रास्ते मत रुको। ना समझौता किये विचार को उसके निष्कर्ष तक ले जाओ। दीवार से तुम्हारे सिर की टक्कर द्वारा पैदा होनेवाली चिनगारी दिखा देगी कि तुम सीमाओं तक पहुँच गये।"

कहने की आवश्यकता नहीं कि अपने विचारों को निष्कर्ष तक ले जाने के प्रयास में लूकाच ने अक्सर दीवार से अपना सिर टकराया है और उस चिनगारी से स्वयं उन्हें सीमाओं का बोध हुआ हो या नहीं, लेकिन उसकी रोशनी में हम आज भी वे सीमाएँ तो देख ही सकते हैं, लूकाच के सिर के गुट्ठल पहचान सकते हैं।

मार्क्सवाद की इसी पूँजी के साथ लूकाच ने साहित्य समीक्षा और सौन्दर्यशास्त्र के क्षेत्र में प्रवेश किया। 1929 के राजनीतिक संन्यास के बाद स्थिति भी कुछ ऐसी पैदा हुई कि उन्हें 1930 में मास्को के मार्क्स-एंगेल्स संस्थान में अध्ययन का अवसर मिला। सौभाग्य से संस्थान के निदेशक रायाजनोव उस समय मार्क्स की '1844 की अर्थशास्त्रीय और दार्शनिक पाण्डुलिपि' का सम्पादन कर रहे थे। इस कार्य में योग देने के बहाने लूकाच को पहली बार उस अप्रकाशित ग्रन्थ के पढ़ने का मौक़ा मिला। अनुमान किया जा सकता है कि 'इतिहास और वर्ग चेतना' के लेखक पर उस पाण्डुलिपि का कैसा क्रान्तिकारी प्रभाव पड़ा होगा। साथ ही लूकाच के जीवन में एक महत्त्वपूर्ण घटना घटी। मास्को में उनका परिचय प्रसिद्ध मार्क्सवादी समीक्षक मिखाइल लिफ्शित्ज़ से हुआ जो शीघ्र ही प्रगाढ़ मित्रता में

बदल गया। लूकाच ने स्वयं स्वीकार किया है कि लिफ्शित्ज़ की मित्रता उनके चिन्तन के लिए अत्यन्त लाभप्रद प्रमाणित हुई। लिफ्शित्ज़ की ही प्रेरणा से उन्होंने साहित्य और कला-चिन्तन की ओर दुबारा रुख किया और जीवन के शेष भाग उसी क्षेत्र को अर्पित कर दिये।

1931 से 1933 तक दो वर्ष बर्लिन में प्रवास करने के बाद हिटलर के सत्तारूढ़ होते ही लूकाच जर्मनी छोड़कर मास्को में शरण लेने के लिए बाध्य हो गये और तब से 1944 तक लगभग 11 वर्ष उन्होंने मास्को में ही बिताये। स्मरण रहे कि लूकाच के मास्को प्रवास का यह समय द्वितीय विश्वयुद्ध ही नहीं बल्कि स्तालिन युग के चरमोत्कर्ष का भी समानान्तर है। मास्को प्रवास के दौरान साहित्य-समीक्षा लूकाच की आवश्यकता ही नहीं विवशता भी थी। कहने की आवश्यकता नहीं कि उनकी साहित्य-समीक्षा इस विवशता के दबाव से अप्रभावित नहीं रह सकी। मार्क्सवाद की ओर आने से पूर्व हाइडेलबर्ग के दिनों में 1911-12 के आसपास ही अन्सर्ट ब्लोक, एमिल लास्क और मैक्स वेबर से प्रोत्साहन पाकर लूकाच ने सौन्दर्यशास्त्र पर कार्य करने की योजना बनायी थी और 1917-18 में जर्मन पत्रिका 'लोगोस' में सौन्दर्यशास्त्र में 'विषयी-विषय सम्बन्ध' शीर्षक से एक निबन्ध भी प्रकाशित कराया था। सौन्दर्यशास्त्रीय पुनरुत्थान के इस नये दौर में उन्होंने उस छिन्न सूत्र को फिर से उठाया और जर्मनी-प्रवास के दो वर्षों की अवधि में 'अनुकृति और कला में प्रतिच्छाया' शीर्षक सैद्धान्तिक लेख लिखा। इसके बाद 1933 में मास्को के दीर्घ प्रवास का आरम्भ उस सैद्धान्तिक निबन्ध से हुआ जिसमें सिंकिगन को लेकर एक ओर मार्क्स-एंगेल्स और दूसरी ओर लासाल के बीच हुए विवाद के प्रश्नों को आगे बढ़ाने का प्रयास किया गया। यह निबन्ध एक तरह लूकाच के भावी सौन्दर्यशास्त्रीय चिन्तन की भूमिका है जिसकी चरम परिणति अन्ततः उनके विशाल ग्रन्थ 'सौन्दर्यशास्त्र' (1963) में हुई किन्तु उस महाप्रयास के पूर्व लूकाच ने 19वीं सदी के यथार्थवादी उपन्यासों के विवेचन के माध्यम से कला और साहित्य में यथार्थवाद की निश्चित प्रकृति पर विस्तार से विचार किया। जैसा कि उन्होंने स्वयं ही कहा है, उनके चिन्तन का मुख्य विषय 'अनुकृति' की समस्या ही नहीं बल्कि प्रतिच्छाया सिद्धान्त में द्वन्द्ववाद का उपयोग था। मास्को प्रवास में रचे गये ग्रन्थ हंगरी वापस आने पर ही प्रकाशित हो सके। वे उल्लेखनीय ग्रन्थ हैं : 'गेटे और उनका युग' (1947), 'यथार्थवाद सम्बन्धी निबन्ध' (1948), 'विश्व साहित्य में रूसी यथार्थवाद' (1949), 'उन्नीसवीं सदी के जर्मन यथार्थवादी' (1951), 'बालजाक और फ्रांसीसी यथार्थवाद' (1952) तथा 'ऐतिहासिक उपन्यास' (1952)।

इन समीक्षा ग्रन्थों में लूकाच ने उपन्यास में भोंडे समाजशास्त्र के साहित्यिक प्रतिरूप प्रकृतिवाद का खण्डन करते हुए जीवन-समृद्ध यथार्थवाद की स्थापना की क्योंकि उनकी दृष्टि में यथार्थवाद ही साहित्य में द्वन्द्वात्मक भौतिकवाद का वास्तविक प्रतिनिधित्व करता है। इस प्रकार उन्होंने साहित्य में भी द्वन्द्व की केन्द्रीय अवधारणा 'समग्रता' (टोटैलिटी) की स्थापना की। लूकाच की सर्वाधिक रुचि उपन्यास में थी और उपन्यासकारों में भी उन्हें 19वीं सदी के महान यथार्थवादी उपन्यासकार सबसे अधिक प्रिय थे। कहने की आवश्यकता नहीं कि उनकी यह रुचि उनके सिद्धान्त के साहित्यिक विनियोग के लिए सर्वथा उपयुक्त थी और इसी के आधार पर उन्होंने अपने साहित्यिक प्रतिमान भी स्थिर किये। वाल्टर स्काट, गेटे, बालजाक, तॉलस्तॉय और टामस मान उनके साहित्यिक आदर्श थे। लूकाच की इस मान्यता से मतभेद की गुंजाइश हो सकती है, पर इसमें कोई शक नहीं कि लूकाच ने उक्त लेखकों की कृतियों के अनेक नये पक्षों का उद्घाटन पहली बार किया और इस प्रकार उनके आलोचनात्मक लेख उक्त लेखकों पर लिखी हुई सर्वोत्तम आलोचनाओं में गिने जाते हैं। 19वीं सदी के महान लेखकों का मार्क्सवादी मूल्यांकन करके लूकाच ने मार्क्सवादी आलोचना को विश्वसनीय बनाया।

किन्तु 19वीं सदी जहाँ लूकाच की शक्ति है, वहीं वह उनकी दृष्टि की सीमा भी है। एक अरसे तक वे बीसवीं सदी के साहित्य की समीक्षा से कतराते रहे, किन्तु जब बीसवीं सदी से साक्षात्कार दुर्निवार हो गया तो 1956 में उन्होंने 'समकालीन यथार्थवाद का अर्थ' नामक आलोचना पुस्तक लिखी और अन्ततः काफ्का और बेकेट जैसे आधुनिक कथाकारों-नाटककारों से भिड़ने का गम्भीर प्रयास किया। इसमें कोई शक नहीं कि काफ्का और बेकेट के मूल्यांकन में लूकाच का मत कट्टर मार्क्सवादी आलोचकों से भिन्न नहीं है, किन्तु इतना अवश्य है कि लूकाच ने इन्हें सीधे-सीधे सरसरी तौर पर तिरस्कृत करने की अपेक्षा इनकी रचनाओं की गहराई में प्रवेश करने का प्रयास किया। इस सन्दर्भ में उल्लेखनीय है कि लूकाच एक अरसे तक बर्तोल्त ब्रेष्ट के नाटकों को भी अपने यथार्थवादी निकष पर खोटा मानते रहे और अन्त में उनके महत्त्व को किसी तरह स्वीकार भी किया तो उस अर्ध-स्वीकृति में कोई उत्साह न था। इसीलिए ब्रेष्ट ने लूकाच के समीक्षा-प्रसाद की तुलना मादाम तुसाउद की उस बन्द दुकान से की, जिसमें स्काट, बालजाक, तॉलस्तॉय आदि की महान मोमी मूर्तियाँ अस्पृष्ट और अलभ्य निधि के समान पड़ी हुई हैं जहाँ किसी समकालीन की पहुँच नहीं है।

ब्रेष्ट के शब्दों में लूकाच की यह समीक्षा-दृष्टि मूलतः अनैतिहासिक है क्योंकि इसमें नयी परिस्थितियों के अनुरूप नये कला-रूपों की आवश्यकता की पहचान नहीं है।

इस सीमा के बावजूद एक आलोचक के रूप में लूकाच की बौद्धिक ईमानदारी की प्रशंसा करनी ही पड़ेगी। उनके यथार्थवाद का निकष चाहे जितना प्राचीन और जड़ हो किन्तु उसके व्यावहारिक उपयोग में किसी प्रकार का लचीला अवसरवाद न था। स्तालिनवादी आतंक की छाया में रहते हुए भी उन्होंने 'समाजवादी यथार्थवाद' की सरकारी नीति के अनुसरणकर्ता सोवियत कथाकारों की उपेक्षा की। यही नहीं बल्कि स्तालिन के मूर्ति-भंजन के बाद 'समकालीन यथार्थवाद का अर्थ' (1956) नामक पुस्तक में उन्होंने समाजवादी यथार्थवाद के नाम पर लिखी गयी यान्त्रिक कथाकृतियों की कड़ी आलोचना की और उनमें निहित मार्क्सवाद के विकृत रूप 'अर्थवाद' का उद्‌घाटन किया। लूकाच की इस बौद्धिक ईमानदारी का चरमोत्कर्ष है सोल्जेनित्सिन पर लिखा हुआ दूसरा लेख (1969)। जिस सोल्जेनित्सिन को सोवियत सरकार और सोवियत लेखक संघ एकांगी और निषेधात्मक यथार्थ चित्रण के लिए लांछित कर रहा था, उसी के समर्थन में लूकाच ने लेखनी उठाकर अपने जीवन की सन्ध्या को अतिरिक्त अरुणिम आभा से जगमगा दिया। निश्चय ही लूकाच की सोल्जेनित्सिन समीक्षा अमिश्रित प्रशंसा-मात्र नहीं है। सोल्जेनित्सिन की दृष्टि की सीमा का निर्देश करते हुए लूकाच ने स्पष्ट लिखा है कि उन्होंने स्तालिनवादी युग की आलोचना कम्युनिस्ट दृष्टि से नहीं बल्कि सामान्य निम्नवर्गीय (प्लेबियन) दृष्टि से की है, फिर भी लूकाच ने सोल्जेनित्सिन को एक नये सृजनशील युग का अग्रदूत और उनके उपन्यासों को समाजवादी यथार्थवाद के शुभारम्भ का पुनर्जागरण कहा है।

किन्तु जैसा कि सोल्जेनित्सिन के उपन्यास 'द फर्स्ट सर्किल' के एक पात्र के सनकीपन का विवेचन करते हुए लूकाच ने कहा है, एक आतंकवादी व्यवस्था का सबसे ईमानदार प्रतिरोध विकृत होकर प्रायः सनकीपन में परिणत हो जाता है। क्या स्वयं लूकाच के बारे में भी यह कथन लागू नहीं होता?

कुल मिलाकर जॉर्ज लूकाच अपनी बुद्धि की सर्वातिशयता और समग्रता के द्वारा बीसवीं सदी में भी पुनर्जागरण युग के पूर्ण मानव और 19वीं सदी के अतिमानवीय मनीषावाले विराटबुद्धि विचारकों की याद दिलाते है। वे मध्य यूरोप की उस गौरवशाली बौद्धिक परम्परा की अन्तिम कड़ी है जिसने विश्वकोश के आयामवाले मनीषी पैदा किये। आज उनके आलोचना सिद्धान्त भले ही अग्राह्य

प्रतीत हों परन्तु उनकी अन्तर्दृष्टि का युग-युगान्तरव्यापी प्रसार आज भी स्पृहणीय है। उनमें साहित्यिक कृतियों को परखने के लिए विराट अवधारणाओं के निर्माण की ऐसी क्षमता थी जो अन्यत्र दुर्लभ है। 'समग्रता' और 'वस्तुनिष्ठता' के प्रति लूकाच का जो आग्रह था वह आज भी प्रेरणादायक है। लूकाच के व्यक्तित्व और कृतित्व से स्पष्ट है कि एक अपूर्ण एवं सदोष मार्क्सवादी भी ग़ैर-मार्क्सवादियों से कहीं अधिक महान हो सकता है।

(आलोचना, जुलाई-सितम्बर, 1971)

जॉर्ज लूकाच

(कक्षा व्याख्यान)

1

ये मार्क्सवादी सौन्दर्यशास्त्र, सौन्दर्यशास्त्र के सिद्धान्त और आलोचना के क्षेत्र में सबसे बड़े आलोचक माने जाते हैं। हंगरी में यहूदी परिवार में पैदा हुए थे। पिता एक बैंक के मालिक थे। अधिक रचनाएँ मूल जर्मन में कीं। कुछ हंगेरियन भाषा में भी। कुछ अनुवाद जर्मन भाषा से हंगेरियन में भी किया है। आरम्भिक शिक्षा जर्मनी में हुई।

लूकाच के साहित्य-चिन्तन के सामान्यतः तीन चरण हैं–

पहला है प्रागूमार्क्सवादी चरण–1916 तक। इस चरण में जिन महत्त्वपूर्ण कृतियों की रचना की, वे हैं–

(1) Soul and form (1910)

(2) The Theory of the Novel (1912-13)

(3) Heidelberger Aesthetics

ये तीन रचनाएँ उस काल की हैं, जब वे मार्क्सवादी नहीं हुए थे और मार्क्सवाद की ओर बढ़ रहे थे।

मार्क्सवाद के सम्पर्क एवं प्रभाव में आने के बाद 1919 में अल्प काल के लिए हंगरी में स्थापित सोवियत समाजवादी सरकार में लूकाच शिक्षा मन्त्री हुए। 1923 में इनकी सबसे महत्त्वपूर्ण पुस्तक प्रकाशित हुई–History and Class Consciousness. यह साहित्य की पुस्तक नहीं थी। फिर भी उनकी समस्त साहित्यिक मान्यताओं का आधार थी। यह आज भी मार्क्सवाद में विचारोत्तेजक एवं विवादास्पद पुस्तक मानी जाती है।

1919 से 1957 तक उनका दूसरा काल (मार्क्सवादी) है। हंगरी में समाजवादी सरकार के विरुद्ध क्रान्ति हुई। सोवियत हस्तक्षेप द्वारा वह क्रान्ति समाप्त की गयी। इसलिए 1956-57 का काल उनके जीवन का महत्त्वपूर्ण और उल्लेखनीय काल है।

तीसरा काल अन्तिम दिनों तक चलता है। राजनीति से अलग रहकर साहित्य चिन्तन में पूरा समय लगाया। यह उनका ज़्यादा रचनात्मक या प्रोडक्टिव काल है। जर्मनी में हिटलर के सत्तारूढ़ होने से नात्सिज़्म का प्रभाव बढ़ा। लूकाच भाग कर मास्को गये। 1933 से 1945 तक रहे। मास्को प्रवास में कुछ महत्त्वपूर्ण पुस्तकों की रचना की। लिफ्शित्ज़ और ज़दानोव (Andrei Zhdanov) से उनकी मित्रता हुई। इस काल में मुख्यतः उपन्यासों और उपन्यासकारों पर काम किया। इस काल में उनके द्वारा लिखी गयीं पुस्तकें—

- Studies in European Realism—इसमें मुख्यतः बाल्जाक, तॉलस्तॉय, गोर्की पर लेख हैं।
- The Historical Novel—इसमें वाल्टर स्कॉट का मुख्य रूप से विवेचन है। इसके अलावा, अन्य उपन्यासकारों का भी उल्लेख है।
- Essays on Realism (1945)—द्वितीय विश्वयुद्ध की समाप्ति और समाजवादी राज्य की स्थापना के दौर में यह लेख लिखा। लूकाच बुडापेस्ट वापस आ गये। यहाँ विश्वविद्यालय में सौन्दर्यशास्त्र के आचार्य नियुक्त हुए।
- 'The Meaning of contemporary Realism' (1957)—इस पुस्तक में लूकाच ने मुख्यतः आधुनिकतावाद की कड़ी आलोचना और क्लासिकीय यथार्थवाद की प्रतिष्ठा की।
- 'सौन्दर्यशास्त्र' नामक पुस्तक दो जिल्दों में जीवन के अन्तिम काल में प्रकाशित की। यह अंशतः ही है।
- 'Ontology of Social being'—इसके तीन खण्ड छप चुके हैं। इसके अलावा और पुस्तकें भी छपी हैं।
- निबन्धों का संग्रह है —(1) Writer and Critic, and other Essay (2) Gothe and his Age (3) Essay on Thomas Mann।

लूकाच पर पठनीय सामग्रियाँ—

(1) Phontana Modern Master सीरीज में जॉर्ज लिक टाइम की पुस्तक —लूकाच पर।

(2) पार्किंसन की पुस्तक (3) 'आलोचना' का अंक।

इस प्रकार लूकाच का अध्ययन तीन कालों में बाँटकर किया जा सकता है।

(1) प्रागूमार्क्सवादी काल—1956 के पहले का समय।

(2) मार्क्सवादी काल—1956 के पहले और 1956 के बाद।

(3) 1956 के बाद का काल।

प्रागूमार्क्सवादी काल में लूकाच नव कांटवादी मैक्स वेबर (Max Weber), जॉर्ज सिमेल (Georg Simmel) से प्रभावित थे, जो जर्मनी के चिन्तक थे। ग़ैर-मार्क्सवादी थे। किन्तु, विचार एक हद तक समाजवाद के निकट था। इस काल का नाम आलोचकों ने दिया—'रोमांटिक पूँजीवाद विरोध'। इस समय भी लूकाच पूँजीवाद के विरोधी थे। किन्तु, यह विरोध रोमांटिक था।

लूकाच हेगलीय मार्क्सवादी थे। मार्क्स और लेनिन की दो स्थापनाओं—मार्क्स और एंगेल्स द्वारा बाल्जाक की समीक्षा और लेनिन द्वारा तॉलस्तॉय की समीक्षा को आधार बनाकर लूकाच ने अपने मार्क्सवादी चिन्तन के प्रथम चरण में सबसे ज़्यादा 19वीं शताब्दी में क्लासिकी यथार्थवाद पर लिखा और उसका सैद्धान्तिक आधार प्रस्तुत किया।

बाल्जाक और तॉलस्तॉय भी 19वीं शताब्दी के थे। अतः लूकाच ने इन लोगों को मानदण्ड मानकर यथार्थवाद की व्याख्या की। इस काल में लूकाच ने यथार्थवाद की जो हिमायत की उसके लिए दो घटनाएँ उल्लेखनीय हैं।

(1) जर्मनी में दो प्रकार की साहित्यिक प्रवृत्तियाँ थीं—(i) नेचुरलिज़्म—जोला का असर

(ii) एक्सप्रेसनिज़्म—अभिव्यंजनावाद। किन्तु, यह क्रोचे के अभिव्यंजनावाद से भिन्न था। एक तरह की व्यक्तिनिष्ठ विचारधारा से प्रभावित। यह क्रोचे का अभिव्यंजनावाद नहीं, दूसरा ही है।

लूकाच ने इन दोनों के विरुद्ध संघर्ष करके यथार्थवाद की स्थापना की, जबकि ये दोनों मार्क्सवादी राजनीति को भी मानते थे।

लूकाच मास्को 1934 में गये। वहाँ सोवियत लेखकों की कांग्रेस हुई, जिसमें समाजवादी यथार्थवाद की अवधारणा स्थापित हुई। इस सिद्धान्त को लूकाच बीज रूप में जर्मनी में स्थापित कर चुके थे। 1956 के बाद लूकाच ने जिस यथार्थवाद की प्रतिष्ठा की उसमें समकालीन प्रवृत्तियों में आधुनिकतावाद (इस प्रवृत्ति के प्रतिनिधि थे काफ्का) और क्लासिकी (इस प्रवृत्ति के प्रतिनिधि थे—टॉमस मान) उल्लेखनीय है। दोनों जर्मनी के साहित्यकार थे। लूकाच ने इन दोनों पर 'काफ्का और टामस मान' नामक लेख लिखा। दोनों प्रवृत्तियों का खण्डन करते हुए क्रिटिकल रियलिज़्म की स्थापना की। इसके बाद ऐसा प्रतीत होता है कि ये

सामाजिक यथार्थवाद की अपेक्षा आलोचनात्मक यथार्थवाद के पक्षधर हो गये। तीसरे काल में भी उन्होंने आधुनिकतावाद के विरुद्ध यथार्थवाद की प्रतिष्ठा की। अपनी अन्तिम पुस्तक 'सौन्दर्यशास्त्र' में पहली बार इस अभाव की पूर्ति की है, जिसके बारे में संकेत किया जाता रहा है कि मार्क्सवादी सौन्दर्यशास्त्र नाम की कोई चीज़ नहीं है तथा मार्क्सवाद दर्शन, राजनीति और आर्थिक क्षेत्र में ही अधिक विकसित है। इसकी अपेक्षा सौन्दर्यशास्त्र में इसका विकास न्यून है।

लूकाच ने अपने साहित्यिक जीवन का आरम्भ साहित्यिक नाटकों की समीक्षा से किया था। कविताओं की भी समीक्षा की। किन्तु, उनकी समीक्षा का मुख्य क्षेत्र उपन्यास है। कविता, नाटक दोनों उपेक्षित रहे हैं। लूकाच ने साहित्य के अलावा संगीत, चित्र, स्थापत्य, मूर्ति आदि कलाओं पर कुछ नहीं लिखा। इसलिए आलोचकों ने कहा कि इनके सौन्दर्यशास्त्र के नियम मात्र साहित्य पर लागू होते हैं, अन्य कलाओं पर लागू नहीं होते।

इस प्रकार लूकाच साहित्य के सिद्धान्तकार भी हैं, व्यावहारिक समीक्षक भी। साहित्य का इतिहास भी लिखा है।

(दिनांक 17.03.1981)

2

ग़ैर-मार्क्सवादी या बुर्जुआ साहित्यकार यथार्थवाद का जो अर्थ समझते हैं, लूकाच उससे भिन्न समझते हैं।

निम्नलिखित उद्धरणों को देखें।

पहला उद्धरण जॉर्ज इलियट के उपन्यास Adam Bede की भूमिका से– 'My strongest effort is to avoid any such arbitrary picture and to give a faithful account of men and things as they have mirrored themselves in my mind.' (Adam Bede, Chicago, New York and Sanfrancisco : Belford, Clarke & co., 1888, p. 160) (मेरे मन में मनुष्य और वस्तुएँ जिस रूप में प्रतिबिम्बित होती हैं, उसका हू-बहू चित्र उपस्थित करना।)

दूसरा उद्धरण–एरिख आवरबाख (Erich Auerbach) का, इनकी प्रसिद्ध पुस्तक 'माइमेसिस' से–"The serious treatment of every day reality" (Mimesis : the Representation of Reality in Western Literature, Edward. said, Princeton University Press, 2013) (रोज़मर्रा की ज़िन्दगी का गम्भीर बर्ताव)

दूसरे उद्धरण में रोज़मर्रा की ज़िन्दगी की बात कही गयी है।

लूकाच ने इस यथार्थ और वास्तविकता के सामने प्रश्नचिह्न लगाया कि रोज़मर्रा की ज़िन्दगी का चित्र विकृत होने को अभिशप्त है।

दो चीज़ें होती हैं–(1) रेइफिकेशन–Reification–रैयीकरण। रै अर्थात् वस्तु। पूँजीवादी व्यवस्था में हर चीज़ वस्तु बन जाती है। यह वस्तु बनने की प्रक्रिया ही रैयीकरण है। मनुष्य भी वस्तु में बदल जाते हैं। इसके कारण वास्तविकता का अमूर्तन हो जाता है। पूँजीवादी समाज की वास्तविकता वास्तविकता नहीं होती है, वह अवास्तविक होती है।

लूकाच एक चीज़ और कहते हैं। वास्तविकता का अमूर्तन हो जाता है। दो चीज़ें हैं–Use value, exchange value। पूँजीवादी समाज में एक्सचेंज वैल्यू होती है। इसमें उत्पादन उपयोग के लिए नहीं, विनिमय के लिए होता है। चीज़ें अमूर्त धन में बदल जाती हैं। जो चीज़ प्रत्यक्ष है, वही वास्तविक नहीं होती। कभी-कभी वास्तविक परोक्ष भी होता है। क्या वास्तविक है, क्या अवास्तविक यह निर्णय करना कठिन हो जाता है।

तीसरी चीज़–इस काल, अर्थात् पूँजीवाद में यथार्थ खण्डित होता है। यथार्थ की तहें होती हैं और यथार्थ को समग्रता में ग्रहण करना कठिन हो जाता है। वास्तविकता के खण्डित चित्र ही आप देख सकते हैं।

लूकाच ने जिस यथार्थवाद का सिद्धान्त रखा उसके पीछे यह धारणा थी कि मूलतः जो पूँजीवादी समाज के लेखक थे और वे जिस यथार्थ की बात करते थे, वह प्रवंचना का शिकार है। पूँजीवादी व्यवस्था में यथार्थ का जो रूप दिखाई देता है, वह भ्रम या प्रवंचना का शिकार है। उन भ्रमों से मुक्त होकर ही कोई यथार्थ को देख सकता है। अर्थात्, पूँजीवादी व्यवस्था को स्वीकार करने वाला व्यक्ति, जिसे पूँजीवाद में कोई अस्वाभाविकता नहीं दिखाई देती है, वह इस यथार्थ को नहीं देख सकता।

सर्वहारा चेतनावाला व्यक्ति ही इस वास्तविकता को देख सकता है। स्वयं मज़दूर यदि बुर्जुआ चेतना से ग्रस्त है, वह भी यथार्थ को नहीं देख सकता। इस यथार्थ को देखने के लिए एक विशिष्ट प्रकार की दृष्टि आवश्यक है। इसलिए कुछ लोगों ने लूकाच के यथार्थवाद को 'एसेंसियलिज़्म' (तात्विकतावाद) का एक रूप कहा है। इसके अनुसार यथार्थवाद वर्तमान समाज की प्रत्यक्ष गोचर स्थितियों का नाम नहीं, बल्कि उसमें निहित परोक्ष और तात्विक वास्तविकता का नाम है। उस परोक्ष तत्त्व को लूकाच ने कहा है कि इतिहास की संचालक शक्तियों (ड्राइविंग फोर्स ऑफ़ हिस्ट्री) को देखें। और, यह आवश्यक नहीं कि

इसमें जीवन की रोज़मर्रा की वस्तुएँ ही दिखाई पड़ें। इस स्थिति में यथार्थवाद और यथार्थ चित्रण कैसे हो सकता है, इस सूत्र को लूकाच ने निम्नलिखित उद्धरण में बाँधा है और इसके मूल में दो सिद्धान्त निहित हैं–(1) समग्र मनुष्यों का चित्रण (2) टाइप निर्माण।

समग्र मनुष्य के चित्रण के लिए टाइप निर्माण आवश्यक है। लूकाच ने इसे इस प्रकार सूत्रबद्ध किया है–

"Realism is the recognision of the fact that a work of literature can rest neither on a lifeless average, as the naturalists suppose, nor on an individual principle, which dissolves its own self into nothingness. The central categary and criterion of realist literature is the type, a peculiar synthesis, which organically binds together the general and the particular both in characters and situations. What makes a type is not its average quality, not its mere individual being, however profoundly conceived; what makes it a type is that in it all the humanly and socially essentials determinates are present on their highest level of development, in the ultimate unfolding of the possibilities latent in them, in extreme presentation of their extremes, rendering concrete the peaks and limits of men and epochs." (Studies in European Realism, Edith Bone, London, 1950)

यथार्थवाद की परिभाषा–'टिपिकल कैरेक्टर इन टिपिकल सिचुएशन'। जाति और व्यक्ति या सामान्य और विशिष्ट के द्वन्द्वात्मक सम्बन्ध से ही टाइप चरित्र का निर्माण होता है।

कुछ उपन्यासों में पात्र इतने विशिष्ट या इतने सामान्य हो जाते हैं जो अपनी सहज सामान्यता को खो देते हैं और इससे वह टाइप नहीं बन पाते और भले ही वे एक वर्ग के टाइप बन जायें, उस युग के नहीं।

ऐसे कई पात्र विचित्र व्यक्ति बन जाते हैं। अज्ञेय के चरित्र विशिष्ट चरित्र हैं। शेखर, भुवन आदि क्रमशः विशिष्टतर होते चले गये हैं। भुवन और 'अपने अपने अजनबी' का नायक अपने युग के युवक का टाइप नहीं बन पाता है। व्यक्तिवादी और आत्मनिष्ठ लेखकों के पात्र शुक्ल जी के शब्दों में 'विचित्र व्यक्ति' होते हैं। दूसरी तरफ़ ऐसे पात्र मिलेंगे जो सामान्य हैं किन्तु अति सामान्य हैं जिन्हें पहचाना नहीं जा सकता। लूकाच ने इन्हें 'एवरेज (average) कहा है। जनरल और एवरेज (सामान्य और औसत) में अन्तर होता है। व्यक्तिवादी या आत्मनिष्ठ लेखकों के चरित्र सामान्य होते हैं और प्रकृतिवादी लेखकों में

औसत चरित्र, औसत घटनाएँ होती हैं। किन्तु, औसत और सामान्य दोनों छोरों के बीच ही टाइप चरित्र होता है और वह यथार्थ चरित्र होता है। 'रंगभूमि' में सूरदास अन्धा है, हरिजन है। उसके पास थोड़ी ज़मीन है। कहा जाना चाहिए कि एक सामान्य व्यक्ति है। किन्तु, सूरदास एक अमर चरित्र है, इसलिए कि वह औसत नहीं है। उसमें कुछ ऐसा वैशिष्ट्य है जो उसे औसत से ऊपर भी उठाता है। टिपिकल स्थितियों में होने के कारण ही सूरदास का चरित्र अलग एवं अविस्मरणीय हो जाता है। वह स्थिति यह है कि एक व्यक्ति उसकी ज़मीन हड़प कर फैक्ट्री बनाना चाहता है। किन्तु, सूरदास ज़मीन नहीं बेचने का हठ कर देता है। सूरदास यदि इस संघर्ष में जीत जाता तो भी वह सामान्यता खो देता।

चरित्र की विशिष्टता एवं सौन्दर्य के लिए अतिरंजना का सहारा आवश्यक है। किन्तु, कुछ लोग इसकी आलोचना करते हैं। सूरदास का मोटर के पीछे एक मील दौड़ना यदि अस्वाभाविक है तो यह भी अस्वाभाविक होना चाहिए कि उस अन्धे भिखारी को अपनी ज़मीन नहीं बेचने पर अड़ जाने की क्या ज़रूरत है, जो परती पड़ी है। अतः कुछ ख़ास स्थितियाँ चरित्र को टाइप बनाती हैं। इस टाइप के मूल में हेगेलियन कांसेप्ट है जिसे मार्क्स ने भी अपनाया। हेगेलियन सौन्दर्यशास्त्र में एक शब्द है 'कंक्रीट यूनिवर्सल' (मूर्त सार्वभौम), विशिष्ट सामान्य। ऐसा सामान्य जो विशिष्ट है। हर अमर चरित्र में यह विशिष्ट सामान्य पाया जाता है। साहित्य में आत्मवाद (subjectivism) और व्यक्तिवाद (individualism) दोनों में ख़तरा रहता है। लूकाच ने बताया है कि आत्मवाद और व्यक्तिवाद इन दोनों की अभिव्यक्ति साहित्य में भिन्न-भिन्न तरह से होती है।

ग्रीक दार्शनिक हेराक्लीट्स (Heraclitus) ने कहा है कि "Those who are awake have a world in common, but every sleeper has a world of his own." (History of English Literature, Edinburgh, 1872) हर सोने वाले की एक अपनी दुनिया होती है किन्तु जो जाग्रत हैं उनका एक सामान्य संसार होता है। सोने वाला एक आत्मनिष्ठ व्यक्ति है। कुछ कवियों के लिए अपना संसार होता है जिसे वे अपनी कृतियों में अभिव्यक्त करते रहते हैं। इससे बाक़ी लोगों को लाभ तथा सम्प्रेषण नहीं होता है। 'सामान्य संसार के प्रति प्रतिश्रुति'(Commitment to the common world) साहित्य का ही सिद्धान्त नहीं, बल्कि एक दार्शनिक सिद्धान्त भी है। अर्थात्, 'वस्तुनिष्ठ यथार्थ' को लूकाच ने श्रेष्ठ माना। Commitment to the common world को स्वीकार करने का मतलब है, objective reality को स्वीकार करना।

लूकाच का यथार्थवाद मात्र एक साहित्यिक सिद्धान्त नहीं था; उसके पीछे एक राजनीतिक समझ भी थी। उसके पीछे राजनीति भी जुड़ी थी, जिसमें यथास्थितिवाद तथा भविष्यवाद (स्वप्नदर्शिता, आशावाद) दोनों भिन्न प्रकार की राजनीतिक स्थितियाँ थीं। अर्थात्, लूकाच की यथार्थ धारणा के पीछे राजनीतिक दृष्टि भी थी और उनका यथार्थवाद यथास्थितिवाद तथा भविष्यवाद दोनों के बीच की स्थिति है।

(दिनांक 18.03.1981)

लूसिएँ गोल्डमान

साहित्य का समाजशास्त्र एक वैज्ञानिक प्रणाली से सम्पन्न शास्त्र के रूप में प्रतिष्ठित हो ही रहा था कि उस प्रणाली के निर्माता लूसिएँ गोल्डमान अचानक विगत अक्टूबर (1971) में चल बसे। उम्र उनकी अभी 57 वर्ष की ही थी। बुखारेस्ट में 1913 में जन्मे गोल्डमान 1934 में पेरिस आ बसे और इस तरह आयनेस्को के बाद वे दूसरे महान रूमानियावासी हैं जिन्होंने अपने सांस्कृतिक घर के रूप में पेरिस को चुना। इसके पहले वियना और जूरिख में रहकर उन्होंने जर्मन चिन्तन परम्परा को आत्मसात् किया था और दो वर्ष के लिए जेनेवा जाकर विश्वविश्रुत मनोवैज्ञानिक ज्याँ प्येजे से प्रयोगशाला प्रविधि की दीक्षा भी ली थी। कुछ समय तक पेरिस के सुप्रसिद्ध 'इकोल प्रातीक द ओते एतूद' में दर्शन और साहित्यिक समाजशास्त्र का अध्यापन करने के बाद गोल्डमान 1961 में ब्रसेल्स के लाब्र विश्वविद्यालय में 'साहित्य के समाजशास्त्र के शोध-केन्द्र' के निदेशक हो गये और जीवनपर्यन्त वहीं रहे। इस शोध केन्द्र में उन्होंने अपनी रुचि के विषय में सामूहिक शोध का ऐसा संगठन किया कि आज वे उस प्रयोगशाला के अद्वितीय आचार्य के रूप में मान्य हैं।

लूसिएँ गोल्डमान का नाम जॉर्ज लूकाच के साथ अविच्छिन्न रूप से जुड़ा हुआ है। लूकाच उनके विद्यागुरु और प्रेरणास्रोत हैं। उनके विचारों के मूल में लूकाच की दो आरम्भिक कृतियाँ हैं : 'उपन्यास-सिद्धान्त' तथा 'इतिहास और वर्ग चेतना'। सच तो यह है कि द्वितीय महायुद्ध के बाद छठे दशक में जब लूकाच की आरम्भिक कृतियाँ उपेक्षित पड़ी थीं, गोल्डमान ने ही उनका पुनरुद्धार किया और उनकी प्रमुख अवधारणाओं के आधार पर साहित्य के समाजशास्त्रीय विश्लेषण की एक सुसंगत प्रणाली विकसित की। गोल्डमान इस प्रणाली को 'उत्पत्तिमूलक संरचनावाद' (जेनेटिक स्ट्रक्चरलिज़्म) के नाम से अभिहित करना पसन्द करते थे।

'उत्पत्तिमूलक संरचनावाद' की आधारभूत अवधारणा है 'समग्रता' अथवा 'टोटैलिटी'। 'समग्रता' की अवधारणा मूलतः हेगेलीय है जिसे मार्क्स ने भी ग्रहण किया था, किन्तु बीसवीं सदी में इसे प्रचलित करने का श्रेय लूकाच को है। 'समग्रता' की तलाश का मूल अभिप्राय था जीवन से लेकर चिन्तन के क्षेत्र तक व्याप्त 'वस्तुकरण' (रीइफिकेशन) के विरुद्ध संघर्ष। पूँजीवादी व्यवस्था के कारण जीवन का सब कुछ 'वस्तु' में ही रूपान्तरित नहीं होता बल्कि वह खण्ड-खण्ड भी हो जाता है। इसके कारण दृष्टि भी खण्डित हो जाती है। साहित्यिक समाजशास्त्र में इस खण्डित दृष्टि का परिणाम यह होता है कि एक-एक कृति को उसके कुछ अनुभवलभ्य सामाजिक तथ्यों की पृष्ठभूमि में देखा जाता है। गोल्डमान ने लूकाच की 'समग्रता' की अवधारणा को साहित्यिक समाजशास्त्र के क्षेत्र में 'संरचना' के रूप में लागू किया। इस प्रकार साहित्य और समाज के सम्बन्ध को एक ही व्यापक चेतना की समग्रता के अन्तर्गत अन्तस्सम्बन्धों के रूप में निरूपित करने का प्रस्ताव रखा गया। गोल्डमान चेतना की इस समग्रता को एक सामाजिक वर्ग की विश्वदृष्टि के रूप में निरूपित करते हैं। उनके अनुसार कोई साहित्यिक कृति एक निश्चित सामाजिक वर्ग की विश्वदृष्टि के सन्दर्भ में ही पूरी तरह समझी जा सकती है। इसके विपरीत यदि किसी कृति को केवल उसके कृतिकार की जीवन दृष्टि के प्रकाश में देखने का प्रयास किया गया तो वह खण्ड-दर्शन होगा।

इस धारणा की पुष्टि के लिए गोल्डमान ने 'अधिवैयक्तिक चित्त' (ट्रांस-इंडिविजुअल सेल्फ) की अवधारणा प्रस्तुत की। उनके अनुसार किसी कृति के सृजन का श्रेय अकेले उसके कृतिकार को नहीं है, बल्कि कृतिकार व्यक्ति को अतिक्रान्त करने वाली उस चेतना को है जिसके माध्यम से पूरे सामाजिक वर्ग की मानस-संरचना अभिव्यक्त होती है। आवश्यक नहीं कि व्यक्ति कृतिकार को उस बृहत्तर चेतना की अवगति हो ही। अक्सर तो यही होता है कि व्यक्ति को उस बृहत्तर चेतना की अवगति नहीं होती। गोल्डमान के अनुसार आलोचक का कार्य उस वृहत्तर मानस-संरचना को खोज निकालना है जो कृतिकार के अनजाने ही उसकी कल्पना को संघटित करती है।

इस सन्दर्भ में गोल्डमान ने चेतना के दो भेद किये हैं : वास्तविक चेतना और सम्भाव्य चेतना। उनकी प्रणाली में किसी सार्थक कृति के विश्लेषण में वास्तविक चेतना से अधिक महत्त्व सम्भाव्य चेतना का ही होता है क्योंकि एक सार्थक कृति के उपयुक्त व्यापक, उच्चस्तरीय एवं सुसंगत विश्वदृष्टि के निर्माण की क्षमता सम्भाव्य चेतना में ही होती है। इस प्रसंग में उल्लेखनीय है कि

गोल्डमान की सामूहिक सम्भाव्य चेतना को युग का 'सामूहिक अवचेतन' समझने का भ्रम नहीं होना चाहिए। गोल्डमान ने इस अवधारणा को मनोविश्लेषण के संस्पर्श से मुक्त रखने की हर कोशिश की है।

गोल्डमान को इतनी अवधारणाओं के तन्त्र की आवश्यकता इसलिए पड़ी कि उनके साहित्यिक समाजशास्त्र का विवेच्य विषय केवल महान और कालजयी कृतियाँ ही हैं। सामान्य कृतियों के विश्लेषण के लिए सम्भवतः सामान्य समाजशास्त्र से भी काम चल सकता है, किन्तु महान कृतियों के सृजन में जिस विश्वदृष्टि का योग होता है उसे निरूपित करने के लिए अधिक गहरी मानस-संरचनाओं की जाँच अपेक्षित है। गोल्डमान की इस पद्धति का उत्कृष्टतम उपयोग उनकी दो प्रमुख कृतियों में मिलता है : एक है 'अन्तर्निहित ईश्वर' जिसके अंग्रेज़ी अनुवाद का शीर्षक है 'दि हिडेन गॉड' और दूसरी है 'उपन्यास का समाजशास्त्र' जिसका अंग्रेज़ी अनुवाद अभी तक नहीं हुआ है। 'अन्तर्निहित ईश्वर' में फ्रांसीसी चिन्तक पास्कल और नाटककार रासीन की 'त्रासदीय विश्वदृष्टि' का सामाजिक संरचनात्मक आधार खोजा गया है; और 'उपन्यास का समाजशास्त्र' में बुर्जुआ उपन्यास के क्रमिक ह्रास के सामाजिक कारणों का निरूपण किया गया है जिसका अन्तिम महान उपन्यासकार 'आन्द्रे मालरो' है।

गोल्डमान लूकाच से इस बात में भिन्न हैं कि वे समकालीन 'अवाँगार्द' साहित्य को अनिवार्यतः पतनशील और नैतिक दिवालिया नहीं मानते। उन्होंने 'नये उपन्यास' के प्रवर्तक एलाँ 'रॉब-ग्रिए' और नाटककार 'ज्याँ जेने' की सहानुभूतिपूर्ण समीक्षाएँ लिखी हैं और उन समीक्षाओं में उन्होंने यह दिखलाया है कि इन रचनाकारों में सामाजिक वर्ग की सम्भाव्य चेतना का सुसंगत रूप व्यक्त हुआ है।

गोल्डमान के 'उत्पत्तिपरक संरचनावाद' की सीमाओं की ओर भी निर्देश किया गया है, जिनमें से कुछ को उन्होंने स्वयं भी स्वीकार किया है। 'अन्तर्निहित ईश्वर' में उन्होंने लिखा है कि कलात्मक तथ्य के दो समानान्तर स्तर हैं : (1) विश्वदृष्टि और लेखक द्वारा निर्मित संसार के बीच की संवादिता तथा (2) उक्त संसार और उसे व्यक्त करने के लिए लेखक द्वारा प्रयुक्त शैली, बिम्ब, वाक्य-विन्यास प्रभृति निश्चित साहित्यिक विधियों के बीच की संवादिता। गोल्डमान के अनुसार 'समाजशास्त्रीय सौन्दर्यशास्त्र' इनमें से केवल प्रथम की परीक्षा कर सकता है जबकि द्वितीय स्तर की परीक्षा के लिए एक 'अधिक साहित्यिक सौन्दर्यशास्त्र' की अपेक्षा है। इस प्रसंग में गोल्डमान ने स्वीकार किया है

कि वे द्वितीय स्तर का निर्वाह केवल सतही ढंग से ही कर पाये हैं। उल्लेखनीय है कि गोल्डमान के 'उत्पत्तिपरक संरचनावाद' में साहित्य के सबसे आधारभूत तत्त्व-भाषा के संरचनात्मक विश्लेषण की सर्वथा उपेक्षा की गयी है।

आलोचकों ने गोल्डमान की प्रणाली को एकायामी और नियतिवादी भी कहा है। एकायामी वह इस अर्थ में है कि उसके अन्तर्गत किसी कृति की बहुस्तरीय समृद्धि के विश्लेषण के लिए अवकाश नहीं है। जिस विश्वदृष्टि के साँचे में किसी कृति की व्याख्या का प्रस्ताव गोल्डमान करते हैं वह अन्ततः एक सीमित 'विचारधारा' बनकर ही रह जाती है जो एक जीवन्त कृति की विविधता को उजागर करने के मार्ग में बाधक है। नियतिवादी वह इस अर्थ में है कि उसके अन्तर्गत कृतिकार की सर्जनशील चेतना की सक्रिय अभिव्यक्ति की स्वीकृति नहीं है। गोल्डमान की निर्वैयक्तिक चेतना का नियन्त्रण सामाजिक अथवा आर्थिक नियतिवाद तथा रूपमूलक संरचनावादियों के रूपात्मक अंकुश से कम कठोर नहीं है। इस प्रकार गोल्डमान के 'उत्पत्तिपरक संरचनावाद' की प्रणाली में लचीलेपन की कमी है और कुछ लोगों का अनुमान है कि यह प्रणालीबद्धता का अनिवार्य दोष है।

साहित्यिक समाजशास्त्री के अतिरिक्त लूसिएँ गोल्डमान एक वैज्ञानिक विचारक और दार्शनिक भी हैं। मार्क्सवाद से किसी-न-किसी प्रकार सम्बद्ध तो वे पहले से ही रहे हैं पर जब से पश्चिमी दुनिया में 'नववाम' का उदय हुआ और फ्रांस में छात्रशक्ति ने अपना उग्र रूप दिखलाया, गोल्डमान भी मसीहाई में मारकूस से होड़ लेने के लिए आतुर हो उठे। इस दृष्टि से उनकी पुस्तक 'मार्क्सवाद और मानव-विज्ञान' उल्लेखनीय है। इस पुस्तक में मार्क्स, लूकाच, सार्त्र और मारकूस की समीक्षाएँ सम्मिलित हैं। इन निबन्धों से यह तो स्पष्ट है कि गोल्डमान की आस्था सामान्यतः समाजवाद और मानववाद में है, किन्तु उनकी दृष्टि नव-पूँजीवाद के भ्रमों से इतनी मुक्त नहीं है कि उन्हें मार्क्सवादी माना जाये! इन वैचारिक सीमाओं के बावजूद साहित्यिक समाजशास्त्र की दिशा में उनका प्रयास मूल्यवान है और समाज तथा साहित्य के सम्बन्धों की जटिलता को समझने में उनकी अवधारणाएँ काफ़ी उपयोगी हैं।

(आलोचना, जनवरी-मार्च 1972)

साहित्य का समाजशास्त्र : लूसिएँ गोल्डमान

1

जिन विचारकों ने एक निश्चित पद्धति का निर्माण और विकास किया और उसके साथ उतने विस्तार से प्राचीन और आधुनिक साहित्यिक कृतियों का समाजशास्त्रीय अध्ययन किया, उनमें सबसे प्रमुख नाम लूसिएँ गोल्डमान का है। हम लोग लूसिएँ गोल्डमान के साहित्यिक समाजशास्त्र और उनकी साहित्यिक समाजशास्त्रीय अवधारणाओं पर एक दृष्टि डालेंगे। लूसिएँ गोल्डमान पर किताबें और लेख बहुत हैं। उन पर लिखा बहुत गया है और उनकी कुछ क्लासिक अवधारणाएँ या कॉन्सेप्ट्स हैं, उन अवधारणाओं में थोड़ी जटिलता भी है और कहीं-कहीं अस्पष्टता भी है। इसलिए हम लोग उनको अपेक्षाकृत सरल-सुबोध रूप में समझने और जानने की कोशिश करेंगे।

लूसिएँ गोल्डमान 1913 में पैदा हुए और 1971 में 57 साल की उम्र में उनकी मृत्यु हुई। पैदा हुए थे रोमानियाँ के एक यहूदी परिवार में और अपने वामपन्थी विचारों के कारण कुछ दिनों जेल में रहे। इसी कारण उनको रोमानियाँ छोड़ देना पड़ा। रोमानियाँ से वे पेरिस आ गये थे। उनकी ज़्यादातर शिक्षा पेरिस और वियना में हुई। मशहूर मनोविज्ञानवेत्ता ज्याँ पेजे की लेबोरेटरी में उनके साथ कई दिनों तक काम किया। ज्याँ पेजे के साथ काम करते हुए वे संरचनावाद (स्ट्रक्चरिज़्म) को मानने वाले हो गये। दूसरे महायुद्ध के दौरान जब देश में नाजियों का राज कायम हो गया, पेरिस छोड़कर भागना पड़ा, इसलिए शिक्षा का सिलसिला खण्डित रहा। कुछ शिक्षा फ्रांस में हुई, कुछ शिक्षा जर्मनी में हुई। दूसरा महायुद्ध समाप्त होने के बाद वे फिर पेरिस लौटे। पेरिस नाजियों से मुक्त हुआ 1945 के बाद। उन्होंने फिर अपनी पढ़ाई का सिलसिला जारी किया। 1956 में उन्होंने शोध-कार्य किया था, जिस पर उपाधि मिली थी।

यह उनके जीवन की दूसरी डिग्री थी। 'द हिडेन गॉड' नाम की इनकी किताब है जिसे 1956 में थीसिस के रूप में जमा किया था। गोल्डमान पेरिस में ही 'साहित्य का समाजशास्त्र' के प्रोफ़ेसर बनाये गये। प्री-यूनिवर्सिटी ब्रसेल्स में उन्होंने एक रिसर्च प्रोजेक्ट शुरू किया, जिसमें वे जीवनपर्यन्त काम करते रहे। वहाँ उन्होंने 'सोशियोलॉजी ऑफ़ लिटरेचर' नाम की डिसिप्लिन कायम की। उनकी मुख्य साहित्यिक रचनाएँ हैं—'हिडेन गॉड', जिस पर उन्हें यश प्राप्त हुआ, और 'टुवर्ड्स सोशियोलॉजी ऑफ़ नॉवेल'। इसके अलावा उन्होंने ज्याँ जेने के नाटकों पर लिखा है। लूसिएँ गोल्डमान का लेखन इस तरह से तीन हिस्सों में बाँटा जा सकता है। उनकी कुछ पुस्तकें सैद्धान्तिक हैं। साहित्य का समाजशास्त्र को वे 'जेनेटिक स्ट्रक्चरलिज़्म' कहते थे यानी 'उत्पत्तिपरक संरचनावाद'। इस सिद्धान्त के बारे में और इसकी पद्धति या प्रणाली के बारे में उन्होंने कई लेख लिखे हैं। पुस्तकें भी लिखी हैं—'कल्चरल क्रिएशन', 'मार्क्सिज़्म एंड ह्यूमन साइंसेज'। दूसरी कोटि के लेख वे हैं, जहाँ उन्होंने अपनी पद्धति को कुछ दार्शनिकों और विचारकों पर लागू किया है। इस कोटि में कांट, जॉर्ज लूकाच और हाइडेगर (Martin Heidegger) सम्बन्धी उनके लम्बे निबन्ध हैं। तीसरी कोटि है उन पुस्तकों की, जहाँ मुख्यतः उन्होंने साहित्यकारों और साहित्यिक कृतियों का ज़िक्र किया है। इसमें सबसे प्रसिद्ध पुस्तक 'द हिडेन गॉड' है, जिसमें रासीन के दुखान्त नाटकों और पास्कल का ज़िक्र किया है। पास्कल एक तरह के फ्रांस के रहस्यवादी चिन्तक थे लेकिन उनका महत्त्व साहित्य में भी माना जाता है। दूसरी पुस्तक 'टुवर्ड्स अ सोशियोलॉजी ऑफ़ नावेल' है। इसमें मुख्यतः आन्द्रो मालरो के उपन्यासों का अध्ययन है। उसके अलावा कुछ अन्य उपन्यासों के बारे में भी सामान्य समीक्षा की गयी है। तीसरी कोटि में ज्याँ जेने के नाटकों पर उन्होंने विस्तार से अध्ययन किया है। इस तरह सैद्धान्तिक लेखन, दार्शनिकों का समाजशास्त्रीय अध्ययन और साहित्यिक कृतियों का समाजशास्त्रीय अध्ययन, तीन कोटियों में उनका लेखन दिखाई पड़ता है।

उन पर दो प्रभाव मुख्य रूप से हैं, जिनको उन्होंने स्वीकार किया है। एक तो लुकाच की तीन आरम्भिक कृतियाँ 'सोल एंड द फॉर्स', 'थियरी ऑफ़ नॉवेल' और 'हिस्ट्री एंड क्लास-कांशसनेस' हैं। इन तीन पुस्तकों का गहन प्रभाव लूसिएँ गोल्डमान ने स्वीकार किया है। यद्यपि जॉर्ज लूकाच इस बात से बड़े ही अप्रसन्न थे। उन्होंने लूसिएँ गोल्डमान को एक पत्र भी लिखा था। उन्होंने कहा कि बड़ी अजीब बात है, अगर तुम्हारी बात मानी जाये तो मैं 1923 में मर गया।

1923 के बाद मैंने जो कुछ लिखा उसका तुम्हारे लिए कोई महत्त्व नहीं है। तुम्हारा यह ऋण स्वीकार करना और न करना मेरे लिए बराबर है। तुम्हारे इस प्रभाव का मेरे लिए कोई अर्थ नहीं है। लगभग जॉर्ज लुकाच ने डिसओन कर दिया। उन्होंने कहा कि जिन कृतियों को मैं अपरिपक्व मानता हूँ, उन्हें तुम महत्त्वपूर्ण मानते हो और उसके बाद जो मैंने काम किया है, उसका तुम्हारे लिए कोई महत्त्व नहीं है। चालीस साल मैं घास खोदता रहा हूँ। इसके बाद जॉर्ज लूकाच ने लूसिएँ गोल्डमान से कोई पत्र-व्यवहार नहीं किया। दूसरा प्रभाव उन्होंने स्वीकार किया है ज्याँ पेजे का, जो मशहूर बाल मनोवैज्ञानिक हैं। एक तरह से 'जेनेटिक स्ट्रक्चरलिज़्म' का श्रेय बहुत-कुछ ज्याँ पेजे को है। उनकी लेबोरेटरी में गोल्डमान ने काम किया है। इस लेबोरेटरी वाले काम का एक बहुत महत्त्वपूर्ण प्रभाव उन पर रहा है। देखना है कि गोल्डमान ने अपना जो कॉन्सेप्ट बनाया, वह क्या है? ज्याँ पेजे की लेबोरेटरी में काम करने का असर गोल्डमान पर यह हुआ कि उन्होंने एक पद्धति विकसित की। पद्धति ऐसी होती है जो सुनने में बड़ी भारी-भरकम लगे, बहुत महत्त्वपूर्ण और गम्भीर लगे लेकिन किसी काम की न हो। उसकी 'ऑपरेशनल वैल्यू' नहीं होती। जो सचमुच काम करने वाला आदमी होता है उसके लिए ऑपरेशनल वैल्यू वाली पद्धति ज़्यादा काम की होती है। लूसिएँ गोल्डमान ने केवल थियरी नहीं बनायी है, पद्धति ही नहीं बनायी बल्कि उसे अनेक उपन्यासों तथा दूसरी कृतियों में इस्तेमाल भी किया है। ज्याँ पेजे का अच्छा असर उनके ऊपर था। आगे चल करके जॉर्ज लूकाच ने भी अनेक साहित्यिक कृतियों का ख़ासतौर से 'क्रिटिकल रियलिज़्म' और 'सोशलिस्ट रियलिज़्म' की स्थापना करके व्यावहारिक आलोचना पर काम किया है। सबसे ज़्यादा उपयोगी उनके व्यावहारिक कार्य हैं लूसिएँ गोल्डमान ने पहले व्यावहारिक कार्य किया, उसके बाद उसको रेशनलाइज करते हुए उसके औचित्य स्थापना के लिए सिद्धान्त का निर्माण किया। पहला काम कांट पर किया और दूसरा 'हिडेन गॉड' में रासीन के दुखान्त नाटकों पर। दोनों पुस्तकों में थोड़ी-सी चर्चा उस मेथडलॉजी की भी है। सचमुच मेथडलॉजी पर उन्होंने बहुत बाद में काम किया है। जिसको कोडीफाई करना कहते हैं—सूत्रबद्ध रूप में। दोनों में कभी-कभी अन्तर्विरोध भी दिखाई पड़ता है। उस मेथडोलॉजी को सूत्रबद्ध रूप में दिया हुआ है। पाँच सूत्र गिनाये हैं। पाँच सूत्रों को कहीं भी आप पढ़ सकते हैं।

'आलोचना' में उनके एक लेख का अनुवाद किया गया है, उसमें पाँच सूत्र लिखे गये हैं। जो सूत्रीकरण उन्होंने अपनी पद्धति का किया है, वह एक

चीज़ है और वह पद्धति व्यवहार में, प्रयोग में जिस रूप में इस्तेमाल की गयी है, वह 'हिडेन गॉड' में है। लोगों का ख़याल है कि 'हिडेन गॉड' में जो प्रच्छन्न या अन्तर्निहित पद्धति है वह ज़्यादा उपयोगी और रचनात्मक है। उसकी अपेक्षा जिस पद्धति को जो उन्होंने पाँच सूत्रों में सूत्रबद्ध किया है, कम उपयोगी है। गोल्डमान ने सिर्फ़ दो चीज़ें लिखी हैं। उनकी दोहरी स्थापनाएँ हैं। पहली चीज़ यह है कि साहित्यिक कृतियाँ प्रकृतयः सामाजिक होती हैं। दूसरी चीज़ यह कि साहित्यिक कृतियों की अन्तर्वस्तु का विश्लेषण नहीं करना चाहिए, बल्कि अन्तर्वस्तु के रूप का विश्लेषण करना चाहिए। अंग्रेज़ी में आप लोग चाहें तो इसे लिख सकते हैं—'कल्चरल प्रोडक्ट्स आर इनहेरेंटली सोशल' यह पहली बात है। और दूसरी है—'एनालिसिस मस्ट बी इन ऑल केसेस ऑफ़ द फॉर्म एंड नॉट द कंटेंट इटसेल्फ।' दो सीधे-सादे सूत्र हैं, बड़े ही निरामिष। इनकी व्याख्या बहुल ज़रूरी है। उस व्याख्या को कि साहित्यिक कृतियाँ प्रकृतयः सामाजिक होती हैं, इसमें 'इनहेरेंटली सोशल' का क्या मतलब है? दूसरी चीज़ यह कि साहित्यिक कृतियों का विश्लेषण उनकी अन्तर्वस्तु या उनके कंटेंट के आधार पर नहीं करना चाहिए बल्कि उनके अन्तर्वस्तु के रूप का करना चाहिए। हम आमतौर से जानते हैं कि साहित्यिक कृतियाँ पंचायती ढंग से नहीं लिखी जातीं। प्रेमचन्द ने 'गोदान' लिखी। कोई कमेटी बनाकर तो प्रेमचन्द ने लिखा नहीं। इसलिए किसी साहित्यिक कृति का लेखक एक व्यक्ति होता है। रहा होगा समाज के इतिहास में या साहित्य के इतिहास में एक युग जब समूह गीत होते थे। महाभारत एक ही व्यास ने लिखा या कई लोगों ने लिखा? 'ओडसी' या वैदिक ऋचाओं के बारे में भी कई लोगों ने यह लिखा है। लेकिन ज्ञात इतिहास की प्रत्येक कृति का लेखक कोई-न-कोई एक आदमी है। आमतौर से एक प्रश्न होता है कि प्रेमचन्द ने 'गोदान' क्यों लिखा? कैसे लिखा? किन विचारों और भावों की अभिव्यक्ति के लिए लिखा? लूसिएँ गोल्डमान का कहना है कि इसमें हमारी कोई दिलचस्पी नहीं है। किसी साहित्यिक कृति के विश्लेषण में उसका जो कर्ता है या उसका रचयिता है, उसका व्यक्तिगत जीवन है, आत्मकथा या आत्मचरित और उसकी अपनी रचना-प्रक्रिया है, उसके अध्ययन में मेरी कोई दिलचस्पी नहीं है। यह 'साइको एनालिस्ट' का काम है। यह साहित्य के समाजशास्त्र का काम नहीं है। यह सही है कि लेखक कोई-न-कोई एक होता है और वह लेखक अपनी व्यक्तिगत बातें भी उसमें कहता है, लेकिन एक साहित्यिक कृति एक व्यक्ति द्वारा लिखी जाती हुई भी इंडिविजुअल नहीं होती, व्यक्तिगत नहीं होती। 'ट्रांसइंडिविजुअल' होती है।

जब वह कहते हैं कि साहित्यिक कृति प्रकृतयः सामाजिक होती है तो इसका अर्थ है कि भले ही उसे एक व्यक्ति लिखे, वह सामाजिक होती है। इसी बात को कहने के लिए उन्होंने जिस शब्द का प्रयोग किया है वह 'ट्रांसइंडिविजुअल' है यानी 'अधिवैयक्तिक' होता है। उसकी प्रकृति इंडिविजुअल और सोशल दोनों होती है। जिस शब्द का प्रयोग उन्होंने किया है, उस पर बहस और लोगों ने की है। साहित्यिक कृति को इलियट ने इम्पर्सनल कहा है। इन्होंने ट्रांसइंडिविजुअल कहा है। ठीक है कि रचना एक व्यक्ति करता है लेकिन वह व्यक्ति किसी सामाजिक समूह का प्रवक्ता होता है। इस बात को समझ लीजिए। उदाहरण के लिए रासीन (Jean Racine) ने नाटक लिखे, इसलिए व्यक्ति रासीन के जीवन का चाहे जितना विश्लेषण किया जाये, उसकी व्यक्तिगत बातों का पता लगाया जाये, उससे उसकी रचना का अर्थ नहीं खुल सकता है। रासीन के जीवन चरित्र का ब्योरा भी उसके नाटक या उसकी दुखान्त ट्रेजेडी में कोई बता सकता है? किन्तु उसके नाटक को ठीक-ठीक समझा जा सकता है इस बात से कि रासीन किस सामाजिक समूह का सदस्य था। गोल्डमान ने 'सोशल ग्रुप' कहा है, 'वर्ग' नहीं। उन्होंने कहा कि फ्रांस में 'नोबलेस-द-रोब' (Noblesse de robe) एक सोशल ग्रुप है जिसका गहरा सम्बन्ध फ्रांस की कोर्ट से है। 'नोबलेस-द-रोब' की विचारधारा रासीन के दुखान्त नाटकों में व्यक्त होती है। इसलिए पहली बात यह कि रासीन के नाटक प्रकृतयः सामाजिक हैं। रासीन नाम के एक व्यक्ति की भावनाओं और विचारों की अभिव्यक्ति उसमें नहीं हुई है, बल्कि उस सामाजिक समूह की अभिव्यक्ति है, जिसके सदस्य रासीन थे। किसी लेखक के पीछे जीवन-चरित्र की अपेक्षा यह पता लगाना कि वह कौन-सा ग्रुप है, जिसका वह सदस्य है, बड़ा महत्त्वपूर्ण है। जिस सोशल ग्रुप समस्याओं को हल करने के लिए उसने अपनी कृतियाँ लिखीं, उन चीज़ों के अध्ययन से हम किसी साहित्यिक कृति के बारे में सही जानकारी प्राप्त कर सकते हैं। गोल्डमान ने कहा कि किसी रचना की अंडरस्टैंडिंग और इंटरप्रिटेशन एक काम है और एक्सप्लेनेशन दूसरा। ये शब्द टेक्निकल अर्थ में इस्तेमाल किये गये हैं।

दूसरी बात यहाँ यह है कि किसी कृति की अन्तर्वस्तु का विश्लेषण नहीं करना चाहिए बल्कि अन्तर्वस्तु के रूप का विश्लेषण करना चाहिए। उदाहरण के लिए गोल्डमान ने कहा है कि कोई आदमी कहे कि डिकेन्स के उपन्यासों में विक्टोरियन इंग्लैंड की ग़रीबी का या ग़रीब लोगों का जीवन मालूम होता है तो यह हुआ डिकेन्स के उपन्यासों के कटेंट्स का वर्णन! ज़्यादातर ग़रीबी का,

विक्टोरियन इंग्लैंड के ग़रीब बच्चों का वर्णन है, किस तरह से भयावह ग़रीबी थी, उसका चित्रण है। लूसिएँ गोल्डमान ने कहा कि यह हमारे लिए इनहेरेंट है। विक्टोरियन इंग्लैंड में ग़रीबी थी, अगर हम डिकेन्स को इसी के लिए पढ़ रहे हैं तो डिकेन्स को बिना पढ़े भी मालूम कर सकते हैं कि इंग्लैंड में ग़रीबी थी। हम लोग हिन्दी में प्रेमचन्द को पढ़ें, केवल यह पता लगाने के लिए कि गाँवों में बहुत ग़रीबी है, किसान बड़े ग़रीब ढंग से रहते हैं, तो इतनी सी बात का पता लगाने के लिए प्रेमचन्द को पढ़ने की क्या ज़रूरत है? बिना प्रेमचन्द को पढ़े भी वह बात मालूम हो सकती है! गाँवों में ग़रीबी तो है। बेगार वसूल की जाती है, लगान में ज़ोर-ज़बर्दस्ती की जाती है। इसके लिए प्रेमाश्रम क्यों पढ़ें? बिना इन्हें पढ़े भी जानते हैं। गोल्डमान ने कहा कि साहित्यकार से और साहित्यकार की साहित्यिक कृति से कुछ ऐसी बातों का पता लगाइए, जो औसतन आपको और किसी सोच से नहीं मिलती। वह चीज़ क्या है? उन्होंने कहा कि दरअसल इसके लिए 'फॉर्म ऑफ़ कंटेंट' की एनालिसिस होनी चाहिए। यह 'फॉर्म ऑफ़ कंटेंट' क्या है? ध्यान रखना होगा कि उन्होंने यह नहीं कहा कि कंटेंट की जगह 'फॉर्म' की एनालिसिस करनी चाहिए। 'फॉर्म ऑफ़ द कंटेंट' कहा है, क्योंकि अन्तर्वस्तु एक निश्चित रूपविधान में व्यक्त होती है। फॉर्म का अर्थ वहाँ है कि प्रत्येक साहित्यिक कृति कुछ मानसिक सारणियों और कोटियों में व्यक्त होती है, जिन्हें 'मेंटल कटेगरीज' कहते हैं। 'मेंटल कटेगरीज' या मानसिक सारणियाँ किसी साहित्यिक कृति के रचना-विधान का निर्माण करती हैं, ऑर्गनाइज करती हैं, उसको संगठित करती हैं। कोई उपन्यास हो या नाटक या कोई प्रबन्ध काव्य हो, उस प्रबन्ध काव्य का एक निश्चित आदि, मध्य, अन्त होता है, उसकी बनावट की संरचना होती है। यह रचना 'विधान' या 'स्ट्रक्चर' है। रचना के निर्माण में कुछ मानसिक सारणियों की भूमिका होती है। एक उदाहरण लें। 'रामचरितमानस' लिखते हुए अपनी बनावट और संरचना के बारे में तुलसीदास बड़े सतर्क थे। उन्होंने 'सप्त प्रबन्ध' और 'सोपान' का ज़िक्र किया है। 'रामचरितमानस' पूरा का पूरा एक सरोवर है, जिसमें चार घाट हैं, सात सोपान हैं, सीढ़ियाँ हैं, विस्तार से इसका वर्णन किया है। कांडों का विभाजन, वर्गीकरण करते समय सतर्क वे हैं कि कौन-सी घटना कहाँ रहेगी, कैसे रहेगी। यह जो गठन है पूरा का पूरा देखने का विषय है। प्रत्येक कृति एक समग्र, एक 'राउंडेड होल' होती है, चाहे कोई उपन्यास हो या कोई महाकाव्य। जैसे मैंने कहा कि आदि, मध्य और अन्त होता है। संरचना और बनावट के नियम हैं, का मतलब छन्द-विधान और

अलंकार मुख्य नहीं हैं, बल्कि इस बनावट में एक निश्चित जीवन-दृष्टि होती है। जीवन-दृष्टि के अनुसार हम पूरा विधान करते हैं।

इस अमूर्तवाद को एक और मूर्त उदाहरण से स्पष्ट करें। मसलन 'कामायनी' है। 'कामायनी' का पूरा कथानक जयशंकर प्रसाद ने बनाया है। कथा के बारे में विस्तार से लिखा भी है। इड़ा का वर्णन अलग है, श्रद्धा का वर्णन अलग। लेकिन जयशंकर प्रसाद ने पूरी कहानी को एक कहानी के रूप में बुना है। उसका एक प्रतीकार्थ बनाया कि मनु मन है। दो वृत्तियाँ मन की होती हैं—एक को हृदय कहते हैं, दूसरी को बुद्धि कहते हैं। मनु हृदय का परित्याग करके बुद्धि को वरण करता है। बुद्धि तो उसकी एक तरह से कन्या है, पत्नी तो श्रद्धा है। पुत्री के साथ सम्बन्ध करना ही प्राकृतिक नियमों का विरोध है, यह एक तरह का बलात्कार या अत्याचार है। परिणामस्वरूप देवताओं का उस पर आक्रमण होता है। मनु घायल होते हैं और उसकी श्रद्धा फिर मिलती है। कहाँ-कहाँ के सूत्रों को कथा मिलाती है। पूरी कथा जो शतपथ ब्राह्मण में मनु, श्रद्धा और इड़ा के रूप में बिखरी हुई है, उसके तमाम सूत्रों को मिलाकर एक व्यवस्थित ऐसी कथा बनायी, जिससे एक नया अर्थ बहुत स्पष्ट रूप से निकलता है। प्रसाद कहना चाहते हैं कि आज के मनुष्य की अनेक बुराइयों की जड़ बुद्धिवाद है। उसका एक मात्र इलाज श्रद्धावाद है, हृदयवाद है। इसी से मनुष्य का कल्याण हो सकता है। सारा असन्तुलन दूर होगा ज्ञान, इच्छा और क्रिया के सामंजस्य में ही। यही पूरी की पूरी चीज़ है 'फार्म ऑफ़ कंटेंट' जिसके कारण 'कामायनी' नाम का काव्य एक विन्यास ग्रहण करता है। आमतौर से जिसे लोग 'फॉर्म' कहते हैं, लूसिएँ गोल्डमान का फॉर्म और लोगों के फॉर्म से भिन्न है। 'फॉर्म ऑफ़ द कंटेंट' अर्थात् प्रत्येक अन्तर्वस्तु एक निश्चित रूप में व्यक्त होती है। लूसिएँ गोल्डमान का 'फॉर्म' रूपवादियों का फॉर्म नहीं है, बल्कि वह अन्तर्वस्तु एक रूप है, जो एक निश्चित विन्यास में और सरंचना में व्यक्त होता है। उस फॉर्म का अगर विश्लेषण आप करेंगे तो वह फॉर्म एक प्रकार के 'वर्ल्ड व्यू' को या 'विश्वदृष्टि' को व्यंजित करता है। यह विश्वदृष्टि किसी एक व्यक्ति या रचनाकार की सृष्टि नहीं हो सकती, बल्कि एक सामाजिक समूह की सृष्टि हुआ करती है। मेरा ख़याल है कि यह बात खुद ही स्पष्ट है। अन्तिम एक और चीज़ जोड़ सकते हैं। जिसे हमने अभी 'विश्वदृष्टि' कहा वह भी एक तरह का फॉर्म है, उस हिसाब से विश्लेषण करना चाहिए। उन्होंने ज्याँ पेजे से जो सीखा था, वह उपयोगी चीज़ थी, एक तरह का 'फंक्शनलिज़्म' जिसको कहेंगे।

कोई साहित्यिक कृति हो या कोई दर्शन हो, जैसे कांट की फिलॉसफ़ी या रासीन की ट्रेजडी, यदि इनका समाजशास्त्रीय अध्ययन करना हो तो इन चीज़ों के बारे में एक बात ध्यान में रखना चाहिए कि इनकी सृष्टि या इनकी रचना किसी-न-किसी आवश्यकता की पूर्ति के लिए हुई है। किसी-न-किसी आकांक्षा के कारण हुई है, किसी-न-किसी प्रश्न के उत्तर के लिए हुई है। जिसे कहेंगे कि उनका एक निश्चित फंक्शन होता था। यह प्रश्न पूरे समाज का नहीं होता बल्कि समाज के एक निश्चित समूह अथवा वर्ग का होता है। इसलिए साहित्य के समाजशास्त्री का कर्तव्य है कि इस चीज़ को लोकेट करे, निश्चित करे, कि कोई साहित्यिक कृति किस आवश्यकता की पूर्ति के लिए रची गयी और वह आवश्यकता किस सामाजिक समूह की थी। जब तक आप यह नहीं पता लगायेंगे तब तक उसकी विश्वदृष्टि का विश्लेषण भी नहीं कर सकते हैं। जब इसका पता लगायेंगे तो उसमें यह भी पता चलेगा कि किस आवश्यकता और किस सामाजिक समूह की आवश्यकता के उत्तर या समाधान के लिए उसकी रचना हुई है। आप यह भी देखेंगे कि वह समाधान कितने टूटे हुए सूत्रों को या विच्छिन्न सूत्रों को जोड़कर, रिक्त स्थानों को पूरा करके बनाया गया है। किसी सामाजिक समूह या किसी युग की आकांक्षाएँ हमेशा स्पष्ट नहीं होतीं। बच्चा कभी-कभी रोता रहता है और उसे पता नहीं चलता है कि क्या कमी है, क्या तकलीफ़ है। भाषा तो उसके पास है नहीं। वह यह नहीं बता सकता है कि कहाँ पीड़ा हो रही है। यदि उसकी माँ उसे छोड़कर चली जाये तो उसको कुछ कमी सी मालूम होगी। वह कमी उसके पेट में है, उसके दिमाग़ में है कि उसके हृदय में है कि कहाँ है? यह वह ठीक लोकेट नहीं कर सकता। बड़ा होने पर भी लोगों को, बहुतों को पता नहीं चलता है कि जब प्रियजन से वे बिछुड़ जाते हैं तो यह पता नहीं चलता है कि बिछुड़ने का जो अभाव है, रिक्तता है, क्या है। वैसे ही किसी युग की आवश्यकताओं के बारे में है। कुछ कमी है, कुछ अभाव है, कुछ गड़बड़ है। अस्पष्ट ढंग से जनता भी सोचती रहती है, यहाँ तक कि जनता ही नहीं बल्कि बड़े-बड़े प्रबुद्ध लोग भी सोचते हैं। इस देश में कहाँ कमी है, कहना कठिन है। हज़ार बातें गिनाएँगे। इसलिए छिन्न-भिन्न, परस्पर अलग-अलग शिकायतों की एक हज़ार सूची बना दीजिए उन एक हज़ार में कोई सम्बन्ध आपस में है, कोई सूत्र है, यह ठीक-ठीक सबको पता नहीं चलता। कुछ लोग उसी को एक निश्चित पैटर्न में ढाल देते हैं, बनाते हैं और उसको एक व्यवस्थित रूप देते हैं। इसी तरह से मैंने कहा कि किसी सामाजिक समूह की आवश्यकताएँ असम्बद्ध होती हैं, बिखरी हुई होती हैं, अस्पष्ट होती हैं।

लगता है कि कुछ होना चाहिए। कुछ कमी है, लेकिन वह कमी क्या है? और कभी-कभी कमी का तो पता चलता है, लेकिन क्या होना चाहिए, यह नहीं मालूम होता। यह भी तो है। इसलिए अभाव का तो पता होता है लेकिन उस अभाव की पूर्ति किस रूप में हो, इसका पता नहीं होता। इसलिए बड़ा लेखक या विचारक उन रिक्त स्थानों को पूरा करके, टूटे हुए सूत्रों को जोड़कर एक व्यवस्थित ढाँचा खड़ा करता है। और वह व्यवस्थित ढाँचा एक नाटक के रूप में, एक उपन्यास के रूप में, एक प्रबन्ध काव्य के रूप में, एक लम्बी कविता के रूप में व्यक्त किया जाता है। साहित्य का समाजशास्त्र इस मुकम्मल रचना का विश्लेषण करके यह पता लगाने की कोशिश करता है कि कच्चे रूप में आवश्यकताएँ क्या हैं? और वह जो मुकम्मल रूप साहित्यिक कृति के रूप में व्यक्त हुआ है, वह किन-किन रिक्त स्थानों को पूरा करके, आकांक्षाओं को अधिक सुसम्बद्ध रूप में उपस्थित करने का प्रयत्न किया गया है, उन दोनों में सम्बन्ध ढूँढ़ता है और दोनों से फिर निष्कर्ष निकालता है। जैसे गुलामी के ज़माने में स्वाधीनता संग्राम जब चल रहा था तो पहले भी अकाल पड़ता था, लोग भूखों मरते थे, अत्याचार होता था, दमन होता था, हर तरह की चीज़ थी। तो उसमें से ढूँढ़ के लोगों ने निकाला, उसमें से एक सूत्र दिखा कि 'स्वदेशी' नाम की चीज़ होनी चाहिए। अब यह 'स्वदेशी' सबके मन में थी तो नहीं। कुछ लोगों के मन में थी कि स्वदेशी बड़ी चीज़ है और स्वदेशी का आन्दोलन चला फिर। गाँधीजी ने स्वदेशी को सूत्रबद्ध किया कि इंग्लैंड का कपड़ा नहीं पहनेंगे। खुद कातेंगे और अपना ही कपड़ा बनायेंगे। सूत्रबद्ध करके कहा—चरखा चलाओ। क्योंकि सारी बुराइयों की जड़ यह है कि यहाँ का कच्चा माल वहाँ ले जाकर कपड़ा बनाते हैं और यहाँ वही कपड़ा महँगा बेचते हैं। इससे बचने का एक तरीक़ा यह है कि बायकाट करो। इस रूप में सूत्रबद्ध किया। यानी जनता तो ठीक-ठीक नहीं समझती थी। उसे कुछ लोगों ने सूत्रबद्ध किया। चरखे की शक्ल में यह चीज़ आयी। उस चरखे से दस तरह की नयी चीज़ें और निकलीं। अपने श्रम का मूल्य मालूम हुआ। पूरा एक दर्शन चरखे का गढ़ दिया गया। 'चरखा' नाम की किताब लिखी गयी चरखे की बात सीधे-सीधे शुरू हुई थी आर्थिक मसले से और आख़िर में जब इसकी राउंडिंग की गयी तो चरखा एक दर्शन बन गया था। एक आर्थिक कार्यक्रम ही नहीं बल्कि एक नैतिक कार्यक्रम भी, मनोवैज्ञानिक भी था। दस तरह की चीज़ें पैदा हुईं। औरतें घर में बैठी रहती हैं, दुनिया भर की शिकायत करती रहती हैं। सास बहुओं की निन्दा करती हैं, बहुएँ सास की निन्दा करती रहती हैं,

नतीजा निकला कि चरखा चलाया करेंगी तो यह निन्दा तो नहीं करेंगी। कोई काम-धाम नहीं रहता है, बैठकर सूप पछोरती रहती हैं, दुनिया भर को गाली देती हैं। चरखा चलायेंगी तो कम-से-कम व्यस्त तो रहेंगी। चरखे का कार्यक्रम व्यापक होता गया। गाँधीजी ने सत्य और अहिंसा के साथ उस चरखे को पूरा का पूरा जोड़ दिया। इसको और आगे चलकर कहा कि कुल मिलाकर 'स्वराज' नाम की चीज़ है, वह है 'स्वदेशी'। उन्होंने इसे स्वराज' में बदल दिया। 'स्वराज' को उन्होंने 'रामराज्य' में बदल दिया। इस तरह पूरा सिस्टम स्वदेशी से स्वराज्य और स्वराज से रामराज का एक राउंड कॉन्सेप्ट पूरा का पूरा बनाया। आपाततः लगा कि यह सारे भारत के लिए इलाज है, लेकिन पता लगाना पड़ेगा कि यह स्वदेशी, स्वराज और रामराज्य किस सामाजिक समूह की आवश्यकता की पूर्ति के लिए बनायी गयी व्यवस्था है और उसमें क्या तालमेल है, तब आपको उसमें रामराज्य की फिलॉसफ़ी का पता चलेगा।

आप कहेंगे कि इतनी लम्बी-चौड़ी बात घुमा-फिरा करके कह रहे हैं, सीधे-सीधे क्यों नहीं कह रहे हैं? मार्क्सवादी या आप लोगों में से कई लोग होंगे जो कहेंगे कि क्लास एनालिसिस क्यों नहीं करते हैं? ये भला आदमी दुनिया भर की नाक पकड़ रहा है और कह रहा है कि इसकी क्लास एनालिसिस नहीं करते या इसको 'बेस' और 'सुपर स्ट्रक्चर' के आधार पर नहीं देखते। यही तकलीफ है। लूसिएँ गोल्डमान ने कहीं कुछ नहीं कहा है। उनकी अपनी कटेगरी है कि साहित्यिक कृति प्रकृतयः सामाजिक होती है, एक; और दूसरा यह कि साहित्यिक कृति का विश्लेषण उसके कंटेंट की एनालिसिस नहीं होता बल्कि 'फॉर्म ऑफ़ द कंटेंट' होता है। मोटे तौर से यही है जो बहुत आसान है। देखने में और कहने में बहुत लम्बी-चौड़ी नहीं है। इसी को पाँच सूत्रों में उन्होंने बाँटा है।

2

गोल्डमान की पहली कृति 'हिडेन गॉड' है, जिसमें उन्होंने सत्रहवीं सदी का अध्ययन किया है, वह क्या है? उसमें क्या काम की चीज़ हो सकती है? एक बात जो आमतौर से इस पूरी चर्चा में स्वयं गोल्डमान ने नहीं कही, उसे इस सन्दर्भ में हम लोग देखना चाहेंगे। जैसा पहले कहा जा चुका है कि रासीन की ट्रेजिडीज और पास्कल की कृतियों का अध्ययन करते समय रासीन और पास्कल को जिस सामाजिक समुदाय का प्रवक्ता और सदस्य कहा गया है वह सामाजिक समुदाय है—'नोबलेस-द-रोब'। चौदहवें लुई के ज़माने में और उसके आसपास

जो फ्रेंच कोर्ट था, उस फ्रेंच कोर्ट के इर्द-गिर्द राजा के पैसे पर पलने वाले कुछ लोग थे जिन्हें आप दरबारी या मनसबदार कहते हैं, इनको नोबलेस-द-रोब कहा जाता था। दरबार से जुड़े हुए लोग थे। दरबार के पैसे पर इनकी आजीविका चलती थी और इनको पहले कुछ राजनीतिक अधिकार भी मिले थे। आमतौर से जैसे कलेक्टर होते हैं या परगना हाकिम हुआ करते हैं, ये उसी तरह के लोग थे। चौदह लुई के ज़माने में सत्रहवीं शताब्दी के आसपास इनकी स्थिति में परिवर्तन हुआ और इनके राजनीतिक अधिकार छीन लिये गये। और इनकी जगह ब्यूरोक्रेट्स के रूप में अफ़सर नियुक्त किये गये जो ज़िलों में भेज दिये गये। स्वभावतः इससे नोबलेस-द-रोब में असन्तोष हुआ और उन्होंने सौदा भी किया। कठिनाई यह थी कि इस असन्तोष के कारण वे खुलकर राजसत्ता से विद्रोह नहीं कर सकते थे। चूँकि अपनी आर्थिक सुविधाओं के लिए वे सरकार पर निर्भर थे, तो विद्रोह करने में उन्हें भय था कि अगर विद्रोह करेंगे तो जो रही-सही आर्थिक सुविधाएँ हैं, वह भी छिन जायेंगी। इसलिए वे राजसत्ता से असन्तुष्ट होते हुए भी खुलकर विद्रोह नहीं कर सकते थे। यह जो उनका रिश्ता राजसत्ता से था, उभयसम्भव था जिसकी अभिव्यक्ति एक प्रकार की मानसिक स्थिति या जिसको 'मेंटल स्ट्रक्चर' कहा है, में होती है। इस 'मेंटल स्ट्रक्चर' को लूसिएँ गोल्डमान ने 'ट्रैजिक विज़न' नाम दिया है। क्योंकि राजसत्ता में उन्हें बड़ी दुःखद स्थिति में रखा गया था। सारे राजनीतिक अधिकार छिन गये थे। यानी समाज की नज़रों में वे समझे जाते थे राजसत्ता के लिए, लेकिन राजसत्ता की नज़र में उनकी कोई हैसियत नहीं थी। आप देखते होंगे आजकल कि बहुत से लोग ऐसे हैं जो बड़ी दयनीय स्थिति में हैं। दूसरों की नज़र में वे पार्टी के जो प्रधान हैं, उन्हीं के आदमी समझे जाते हैं, लेकिन उनकी नज़र में वे शामिल नहीं हैं। और लोगों को छोड़ भी दें। मैं वर्ग का उदाहरण न दे करके व्यक्ति का उदाहरण दे रहा हूँ, उसको स्पष्ट करने के लिए, उसमें वर्ग की स्थिति भी देखी जा सकती है। उदाहरण के लिए मैं कमलापति त्रिपाठी को ले रहा हूँ। अब आप कमलापति त्रिपाठी को कांग्रेस पार्टी का ख़ास व्यक्ति नहीं कह सकते, लेकिन वे निर्भर हैं उसी पर। इसलिए एक ओर वो कांग्रेस पर निर्भर हैं अपनी सारी सुविधाओं के लिए, वे विद्रोह कर नहीं सकते हैं, असन्तुष्ट पूरी तरह से हैं। इधर-उधर के वक्तव्य हैं, उनमें प्रकट होता है। तो नोबलेस-द-रोब की स्थिति भी लगभग यही थी फ्रेंच कोर्ट के बारे में।

जिन लोगों को अब सारे हक दिये जा रहे थे, ये ब्यूरोक्रेट्स थे। इनको सिविल सर्वेंट कहते हैं, जिनको अधिकार दिये गये थे। डिटेल में जाने के लिए आप लोग 'हिडेन गॉड' किताब पढ़ेंगे तो उसमें गोल्डमान ने बहुत फैक्चुअल इन्फॉर्मेशन देकर बताया है कि कैसे एक फ्यूडल सोसाइटी, कैपिटलिस्ट सोसाइटी में बदल गयी थी। इस बदलाव में स्टेट का कैरेक्टर भी बदल रहा था और राजसत्ता में भी परिवर्तन हो रहा था। ऐसा नहीं है कि स्टेट पावर नहीं बदल रहा था। जैसे लुई फोर्टीन्थ के बाद, फिफ्टीन्थ हुआ, फिर सिक्सटीन्थ लुई, इसके बाद रिवोल्यूशन हुआ। तो एकदम ओवरनाइट चेंज तो कहीं नहीं होता है कि फ्यूडल ढाँचा एकदम पूँजीवादी ढाँचे में बदल जाये। कुछ अवशेष बचे रहते हैं फ्यूडल ढाँचे के, कुछ उभरते हुए पूँजीवाद के तत्त्व उसमें जा मिलते हैं। इसलिए फ्रेंच रूलिज़्म को कहा तो जाता है, कि यह डेमोक्रेटिक रूलिज़्म था, लेकिन पूरी तरह से वह डेमोक्रेटिक रूलिज़्म नहीं था। क्योंकि उसके बाद नेपोलियन पॉवर में आया। नेपोलियन के बारे में ठीक-ठीक नहीं कहा जा सकता कि कितना फ्यूडल था कितना कैपिटलिस्ट था। आगे चलकर नेपोलियन के बाद लुई बोनापार्ट हुआ जिसको नेपोलियन थर्ड कहते हैं। मार्क्स ने जिसके बारे में किताब लिखी है, तो ये कई कॉम्प्लीकेटेड चीज़ें हैं क्लास एनालिसिस के बारे में।

ख़ास बात लूसिएँ गोल्डमान की जीनियस देखने की है। पास्कल जो एक तरह के रहस्यवादी चिन्तक या विचारक थे और रासीन भी धार्मिक विचारों से बहुत ज़्यादा प्रभावित थे। ग्रीक कथानकों को लेकर ग्रीक माइथोलॉजी को लेकर उन्होंने नाटक लिखे हैं। तो इन साहित्यिक कृतियों का अध्ययन करते समय गोल्डमान की 'जीनियस' यह है कि वे कहते हैं कि इन साहित्यिक कृतियों में एक ट्रैजिक विज़न है। इस ट्रैजिक विज़न को उन्होंने दो और स्रोतों से जोड़ा। इस ट्रैजिक विज़न का सम्बन्ध कहाँ है! इसको उसने एक दूसरे ट्रैजिक विज़न से जोड़ा। वह ट्रैजिक विज़न एक धार्मिक आन्दोलन में था। यानसिन नाम का विशप था। यह मोटे तौर से अपेक्षाकृत अधिक विद्रोही क्रान्तिकारी, लेकिन कैथोलिक मत का ही एक अंग था। उसने एक आन्दोलन चलाया जिसको 'यानसिनिज़्म' कहते हैं। ये यानसिनिस्ट जो थे, इनकी दृष्टि थी 'विज़न विद स्टेट'। सरकारी वे भी थे और नोबलेस-द-रोब भी थे। इसलिए जो होमोलॉजी ढूँढ़ी गोल्डमान ने, रासीन के नाटक की जो मानसिक सरंचना है, यानसिनिज़्म जैसे धार्मिक आन्दोलन की मानसिक संरचना-मेंटल स्ट्रक्चर है और नोबलेस-द-रोब नाम का जो सामाजिक समुदाय है, उसकी मानसिक संरचना में।

तीनों में उनको समानधर्मिता दिखाई पड़ी जिसको 'होमोलॉजी' कहते हैं। और गोल्डमान ने यह दिखाने की कोशिश की कि रासीन और पास्कल जिसमें ख़ासतौर से रासीन...। रासीन और पास्कल दोनों को साथ लेने के बारे में एक बात स्पष्ट होनी चाहिए कि गोल्डमान अपनी मेथडलॉजी को साहित्य और दर्शन दोनों के लिए समान रूप से लागू करना चाहते थे। रासीन अगर साहित्यकार है तो पास्कल एक दार्शनिक चिन्तक या विचारक है। यद्यपि पास्कल को चिन्तक तो कह सकते हैं लेकिन वह कांट की तरह का दार्शनिक नहीं है। पास्कल की स्थिति कुछ विचित्र है। अंशतः साहित्य की कोटि में भी उसकी रचना आती है और अंशतः उसकी रचना दर्शन की कोटि में भी आती है। गोल्डमान की मेथडलॉजी एक चिन्तक पर भी लागू होती है और एक साहित्यकार पर भी। इसलिए रासीन और पास्कल दोनों को उन्होंने 'हिडेन गॉड' में रखा है।

यानसिनिज़्म में, किसी भी धार्मिक मत के समान, तीन तत्त्व हैं—ईश्वर यानी गॉड (क्रिश्चियन गॉड), संसार और मनुष्य। जिसको हम लोग कहते हैं ब्रह्म, जगत और जीव। किसी भी धर्म, धार्मिक मत या सम्प्रदाय में आमतौर से ईश्वर, मनुष्य और संसार, इन तीनों के आपसी सम्बन्ध क्या होते हैं और उन्हें कैसे परिभाषित किया जाता है, इसी पर उस धर्म का दर्शन खड़ा होता है। इस्लाम में इसका एक रूप है, क्रिश्चियनिटी में इसका दूसरा रूप है, बौद्ध धर्म में तीसरा हो सकता है और हिन्दू धर्म में चौथा हो सकता है। गोल्डमान ने दिखाने की कोशिश की है कि यानसिनिज़्म में 'गॉड वर्ल्ड' और 'मैं' की रिलेशनशिप जिस तरह की है, इसमें ट्रैजिक विज़न' अनिवार्य है। तुलसीदास की भाषा में इसे समझने की कोशिश करें हम लोग—

अस प्रभु अछल हृदय अधिकारी
सकल जीव जग होहिं दुखारी।

धर्म में आमतौर से लोग मानते हैं कि ईश्वर बहुत कृपालु है, प्रेममय है। ऐसे प्रेममय ईश्वर के रहते हुए संसार में कायदे से दुःख नहीं होना चाहिए, लेकिन ईश्वर है, फिर भी लोग दुःखी हैं। क्यों? इससे दो रास्ते जाते हैं। एक रास्ता जाता है नास्तिकवाद की ओर जैसा कि प्रेमचन्द ने कहा कि संसार में इतना दुःख है, इसको देख करके ईश्वर में मेरी आस्था समाप्त हो जाती है। तो एक तरीक़ा तो नास्तिकवाद की ओर जाता है। लेकिन जो बहुत धार्मिक आदमी हैं वो ईश्वर को भी नहीं खो सकते हैं, संसार के दुःख से आँखें भी नहीं मूँद सकते हैं। इसलिए वो कहते हैं कि ईश्वर है तो, मर नहीं गया है, लेकिन ईश्वर प्रच्छन्न है—हिडेन गॉड।

जैसे सूर्य है, लेकिन बादलों के कारण कभी-कभी दिखाई नहीं पड़ता। प्रच्छन्न है—इसीलिए इतना दुःख है। यह यानसिनिज़्म था जो ईश्वर और जगत का सम्बन्ध निर्धारित करता है कि ईश्वर है तो ज़रूर, उसकी मृत्यु नहीं हुई है, लेकिन वह अलक्षित है, वह प्रच्छन्न है, छुपा हुआ है। इसी के कारण इतना दुःख है। वे और उसके बन्दे बेचारे इतने कष्ट उठा रहे हैं। अब आप समझें कि उसी के लगभग पैरलल आपको नोबलेस-द-रोब में दिखाई पड़ता है। वहाँ लुई है, मर नहीं गया है। चौदहवाँ लुई है, मर नहीं गया है, और चौदहवाँ लुई बड़ा कृपालु है। अब तक बहुत सारी चीज़ें उसने हमको दी हैं, लेकिन कुछ ऐसा है, जिसके कारण या तो उसने हाथ खींच लिया है या कुछ लोगों ने उसको कुछ समझा दिया है, जिसके कारण हम लोगों से नाराज़ हो गया है। इसलिए पूरा का पूरा विद्रोह भी नहीं कर सकते। जैसे कि धार्मिक आदमी ईश्वर को नकार नहीं सकता है, ईश्वर से विद्रोह नहीं कर सकता है, वैसे ही नोबलेस-द-रोब जैसे दरबारी राजा से भी विद्रोह नहीं कर सकते हैं या कहें कि 'उसी को देखकर जीते हैं जिस क़ातिल पे दम निकले।' यह स्थिति ट्रैजिक है। एकदम विद्रोह कर देते, चलो छुट्टी हुई। दुःख उठाते लेकिन फिर वह ट्रैजेडी नहीं होती। और या कि फिर पूरी तरह सरेंडर कर देते कि माई-बाप आप ही जो कुछ हैं, आप क्यों हमको दुःखी कर रहे हैं। आप हमें अपनी शरण में लीजिए। इस पर भी छुट्टी होती। दोनों ही काम नहीं कर सकते हैं। यह स्थिति धार्मिक मामले में यानसिनिज़्म में थी, जो कैथोलिक मत के अन्दर एक विद्रोही धर्म था और सामाजिक रूप में नोबलेस-द-रोब की स्थिति भी यह थी। और यही साहित्यिक संरचनाएँ रासीन के नाटकों में भी दिखाई पड़ती हैं। इन तीनों में होमोलॉजी ढूँढ़ना एक चमत्कार था। इसके पहले किसी आदमी ने रासीन की ट्रैजेडी की यह सामाजिक व्याख्या नहीं की थी। बल्कि कोई इन तीनों में सम्बन्ध भी नहीं ढूँढ़ सका था कि रासीन और पास्कल यानिसिनिज़्म से जुड़े हुए होंगे। यहाँ एक और बात ज़्यादा महत्त्वपूर्ण है। 'हिडेन गॉड' के द्वारा लूसिएँ गोल्डमान ने यह दिखाना चाहा है कि कोई सामाजिक समुदाय अपनी विश्वदृष्टि की अभिव्यक्ति अधिकतर तब करता है, जब वह संकट में होता है। ध्यान रखें, सामाजिक समुदाय यदि सत्ता में हो तो उस समय ज़रूरी नहीं कि अपनी जीवनदृष्टि को साहित्यिक कृतियों में या दर्शन में या कला में अभिव्यक्त करे। आमतौर से कोई सामाजिक समुदाय अपनी विश्वदृष्टि की गूढ़तम अभिव्यक्ति उस ऐतिहासिक क्षण में करता है, जब उसका अस्तित्व संकट में होता है अथवा उसकी सत्ता को चुनौती मिलती है।

'हिडेन गॉड' की मुख्य स्थापना यही है। दूसरी बात यह है कि जो विश्वदृष्टि उस सामाजिक समुदाय की है, उसके दो रूप हैं—वास्तविक चेतना और सम्भाव्य चेतना। नोबलेस-द-रोब और यानसिनिज़्म की वास्तविक चेतना रासीन में व्यक्त नहीं हुई, बल्कि सम्भाव्य चेतना व्यक्त हुई है। एक्चुअल कांशसनेस, पोटेन्शियल कांशसनेस और पॉसिबिल कांशसनेस। यह उल्लेखनीय है, यह महत्त्वपूर्ण है। थोड़ा-सा इस बात को समझ लेना चाहिए।

रासीन या उस तरह का कोई भी बड़ा लेखक, वह बड़ा इसलिए है, लार्जेस्ट है, इम्पोर्टेंट है कि सामाजिक समुदाय की जो विचारधारा होती है या उसकी आशाएँ होती हैं, आकांक्षाएँ होती हैं, अभाव होता है, दोष होता है, केवल उतने ही तक को अगर वह वाणी दे तो फिर उसमें या किसी मीडियाकर या दूसरे दर्जे के लेखक में फ़र्क़ नहीं रह जायेगा। कभी-कभी एक सामाजिक समुदाय अपनी पूरी चेतना को स्वयं जानता भी नहीं है। इस पर अच्छी-ख़ासी लम्बी बहस है और 'हिस्ट्री एंड क्लास कांशसनेस' में प्रोतिलियन कांशसनेस नाम का एक लम्बा अध्याय या कहना चाहिए लेख लूकाच ने लिखा है। जहाँ उसने यह चर्चा की है कि मज़दूर वर्ग की चेतना या सर्वहारा चेतना क्या चीज़ है, किसको कहते हैं, आप सर्वहारा वर्ग में पैदा हुए क्या इसीलिए माना जायेगा कि आपमें सर्वहारा वर्ग की चेतना है? अगर ऐसा होता तो सर्वहारा वर्ग में पैदा होने वाले लोग क्रान्तिकारी होते। लेकिन ऐसा पाया जाता है कि सर्वहारा वर्ग में पैदा होने वाले लोग मज़दूर वर्ग का साथ नहीं देते। वे कभी-कभी मालिकों का साथ देते हैं। अगर ऐसा न होता तो एटक से बड़ी यूनियन इंटक क्यों होती? इसलिए ज़रूरी नहीं है कि मज़दूर वर्ग में आप पैदा हों इसी नाते मज़दूर वर्ग की चेतना आप में हो। अग़र ऐसा हुआ होता तो मज़दूर वर्ग की मुक्ति का दर्शन जिस आदमी के दिमाग़ में आया वह मज़दूर वर्ग में पैदा हुआ होता। लेकिन हम सभी जानते हैं कि मार्क्स नाम का जो आदमी था वह मज़दूर वर्ग में पैदा नहीं हुआ था। इसलिए एक्चुअल कांशसनेस और पॉसिबिल कांशसनेस का सवाल यहाँ महत्त्वपूर्ण है। आगे चलकर लेनिन ने इसको और विस्तार से लिखा है कि सर्वहारा वर्ग में या मज़दूर वर्ग में जो चेतना होती है, वह सामान्यतः ट्रेड यूनियन की चेतना होती है। ट्रेड यूनियन की चेतना का मतलब हुआ कि पगार हमारी बढ़ जाये, हम लोगों को कोई ज़्यादा परेशान न करे, रोज़मर्रा की ज़िन्दगी में कुछ सुविधाएँ हमको ज़्यादा-से-ज़्यादा मिल जायें। काम करने के घंटे कम हों। चालों में रहने की जो सुविधा दी गयी है, उसमें कम-से-कम पानी का, बिजली का इन्तज़ाम हो, सफ़ाई का इन्तज़ाम हो। ट्रेड यूनियन मज़दूर वर्ग में एक्चुअल कांशसनेस यही होती है।

लेकिन मज़दूर वर्ग की मुक्ति केवल पगार में नहीं है। शोषण से अपने को मुक्त करें और अपने को मुक्त करने के साथ ही पूरे समाज को मुक्त करें, यह जो सच्ची सर्वहारा चेतना है, प्रोतिलियन कांशसनेस है, यह ऐक्चुअल नहीं, बल्कि पॉसिबिल कांशसनेस है, जो सचमुच होना चाहिए वह चेतना है। लेनिन ने कहा कि मज़दूर वर्ग में वैज्ञानिक विचारधारा यानी मार्क्सवाद के द्वारा यह बाहर से आती है। जैसा कि लेनिन स्वयं मज़दूर वर्ग के नहीं थे, लेकिन रूसी मज़दूरों में यह चेतना लेनिन बाहर से लाये। कम्युनिस्ट पार्टी से लाये। मज़दूर संगठन के द्वारा उनमें चेतना नहीं आयी। इसलिए पॉसिबिल कांशसनेस और ऐक्चुअल कांशसनेस ये दो चीज़ें हैं, जिनमें अन्तर करने की ज़रूरत है। अपनी सामाजिक स्थिति या ऐतिहासिक स्थिति में जो चेतना होती है, उसको हम वास्तविक चेतना कहते हैं। इसके लिए एक दूसरा शब्द इस्तेमाल किया गया है 'क्लास इन इटसेल्फ'। ऐक्चुअल कांशसनेस एक तरह की क्लास इन इटसेल्फ है। सम्भाव्य चेतना क्लास फॉर इटसेल्फ है। एक पूरे वर्ग के रूप में उस वर्ग की मुक्ति और उसकी समस्याओं पर आप विचार करते हैं तो ये सेल्फ कांशसनेस में उस वर्ग की मुक्ति और उसकी समस्याओं पर आप विचार करते हैं। कांशसनेस वैसे हीगेलियन टर्मिनोलॉजी है। मार्क्स इसको इस्तेमाल नहीं करते। यह सारी ही हीगेलियन टर्मिनोलॉजी है और इस टर्मिनोलॉजी के द्वारा जिस चीज़ को व्यक्त करने की कोशिश की गयी है, उसे मार्क्स ने दूसरे ढंग से व्यक्त किया है।

प्रसंगवश यहाँ एक बात और—लूसिएँ गोल्डमान के लेखन में पुनरावृत्तियाँ हैं। एक ही चीज़ को वे बार-बार रिपीट करते हैं। थोड़ी-सी शब्दावली का प्रयोग करते हैं। इसलिए व्यावहारिक को छोड़कर लूसिएँ गोल्डमान जब भी सिद्धान्तों का, पद्धति का और प्रणाली का ज़िक्र करते हैं और काफ़ी चर्चा उन्होंने की है, तो उसमें पुनरावृत्तियाँ भरी पड़ी हैं। बहुत ज़्यादा हैं। कुल मिलाकर लगता है कि सिद्धान्त तो है बहुत छोटा-सा, मेथडलॉजी तो कोई बहुत लम्बी-चौड़ी नहीं है, लेकिन उपमा तरह-तरह से की गयी है। इसलिए उस मेथडलॉजी के बारे में हम लोग थोड़ी-सी चर्चा करेंगे। उस मेथडोलॉजी की सीमा क्या-क्या है और ऐसे क्या उपयोगी तत्त्व उसमें मिल सकते हैं?

समाज और साहित्यिक कृति का सम्बन्ध विषयवस्तुपरक नहीं है। बल्कि दोनों के बीच का जो सम्बन्ध है, वह मानसिक संरचनाओं का है। इस बात को अच्छी तरह समझ लीजिए। एक ओर समाजगत जीवन है और दूसरी ओर एक साहित्यिक कृति है तो समाज और साहित्यिक कृति के बीच का जो सम्बन्ध है,

यह दोनों का सम्बन्ध किस दृष्टि से देखा जायेगा? एक तो समाज के कुछ कंटेंट हैं और साहित्यिक कृति के कंटेंट हैं। विक्टोरियन इंग्लैंड में पॉवर्टी ज़रूर है। और दूसरी ओर डिकेंस के उपन्यासों में ग़रीबी का चित्रण है। इसलिए दोनों का सम्बन्ध ग़रीबी के स्तर पर देखना एक कंटेंट की रिलेशनशिप है। लूसिएँ गोल्डमान कहते हैं कि ये इसेंशियल रिलेशनशिप नहीं है। किसी समाज और किसी साहित्यिक कृति के कंटेंट में रिलेशनशिप इसेंशियल रिलेशनशिप नहीं है। यह उनकी पहली धारणा है, जिस पर वे बार-बार ज़ोर देते हैं। कंटेंट की सूची लम्बी बढ़ाई जा सकती है। इनका कहना है कि वह कंटेंट इम्पाट है। किसी समय समाज की समस्याओं को लेकर आप उन्हें देखना चाहेंगे। विधवा विवाह की समस्या मान लीजिए, कंटेंट के धरातल पर किसी उपन्यास में है। चूँकि समाज में है, इसलिए उसमें भी है। कंटेंट माने किसी उपन्यास की थीम क्या है? उसकी प्रॉब्लम क्या है? क्या समस्या है, क्या फीलिंग है? और उस थीम के कई छोटे-छोटे टुकड़े कर लें आप तो वह सारी चीज़ें भी आ जाती हैं उनमें। मान लीजिए कि किसी समय भूकम्प के बारे में, अकाल के बारे में लिख रहा हो। ऐसी चीज़ें होती हैं। कोई आदमी राजनीतिक भ्रष्टाचार के बारे में लिख रहा हो। ऐसी चीज़ें होती हैं न। लिख रहे हैं। काहे पर उपन्यास लिख रहे हैं, तो बोले कि साहब हम तो राजनीतिक भ्रष्टाचार के बारे में लिख रहे हैं। 'महाभोज' में जो है और राजनीतिक जीवन में राजनीतिक भ्रष्टाचार है, इन दोनों का सम्बन्ध देखने के लिए किसी सोशियोलॉजिस्ट की ज़रूरत नहीं है, वह तो है, दिखाई पड़ रहा है। इसमें क्या तीर मारेंगे? आप उसमें फावड़ा-कुदाल लेकर के क्या खोदने जायेंगे जो बात ऊपर ही दिखाई पड़ रही है। उसमें आपकी ज़रूरत क्या है। इसलिए लिटरेरी सोशियोलॉजी की वहाँ कोई ज़रूरत नहीं है, क्योंकि दोनों चीज़ें उस सतह पर तैर रही हैं। यह क़रीब-क़रीब ऐसे ही है जैसे आपके घर में क्या सामान रखा हुआ है, इसको देखने के लिए किसी दूरबीन की ज़रूरत नहीं है। मालूम है कि रखा हुआ है। तो उससे कोई फ़र्क़ नहीं पड़ता है इसलिए ख़ास चीज़ है इसेंशियल रिलेशन। यह रिलेशनशिप कंटेंट के स्तर पर नहीं है। किस स्तर पर होती है? मेंटल स्तर पर होती है। इसीलिए यह स्ट्रक्चरल फ़र्क़ है। अपनी पद्धति को वे 'जेनेटिक स्ट्रक्चरलिज़्म' कहते हैं। उसमें जेनेटिक स्ट्रक्चर का फ़र्क़ है, इसलिए है कि वह साहित्यिक कृति की संरचना का अध्ययन करते हैं। इसेंशियल रिलेशनशिप स्ट्रक्चरल होती है। इन दोनों के बीच सम्बन्ध देखना चाहिए। स्ट्रक्चरल रिलेशन को उन्होंने 'फॉर्म ऑफ़ द कंटेंट' कहा है।

अर्थात् किसी समाज का फॉर्म क्या होता है, और उस साहित्यिक कृति का फॉर्म क्या होता है, इन दोनों के बीच सम्बन्ध देखना चाहिए। यह कहके गोल्डमान कोई ग़ैर-मार्क्सवादी काम नहीं कर रहे हैं। मार्क्स के विचारों में यह मिलता है। इतिहास के चार-पाँच बड़े-बड़े युगों को मार्क्स गिनाते हैं। एक शब्द मार्क्स ने इस्तेमाल किया है '—सोशल फॉर्मेशन'। यह समाज जो है, यानी सामन्ती समाज का जो ढाँचा है और पूँजीवादी समाज का ढाँचा दोनों का एक ही नहीं होता। लोग वही हैं, ज़्यादातर, लेकिन लोगों के आपसी सम्बन्ध, चूँकि सोशल रिलेशनशिप बदल जाती है, इसलिए सोशल रिलेशनशिप बदलने का मतलब यह है कि डिफरेंट सोशल फॉर्मेशन हो जाता है। एक मोटी कटेगरी हम लोग आमतौर से देखते हैं कि एक शोषक है और एक शोषित है। यह शोषक और शोषित सामन्ती व्यवस्था में है और पूँजीवादी व्यवस्था में है। वही आदमी है, पर शोषण का तरीक़ा और साधन बदल जाता है। इसलिए एग्रीकल्चरल लेबरर जब इंडस्ट्री में जाता है तो वेज लेबरर हो जाता है। शोषक ज़मींदार था वह कैपिटलिस्ट हो जाता है। तो आदमी कहने के लिए वही हो या उसका बेटा हो लेकिन फॉर्मेशन बदल जाता है और दोनों के समाज में जब फार्मेशन बदल गया तो दोनों की रिलेशनशिप बदल जाती है, फिर दोनों के शोषण का तरीक़ा बदल जाता है। इसको कहते हैं डिफरेंट सोशल फॉर्मेशन। फॉर्म डिफरेंट हो जाता है। गोल्डमान इसको कहते हैं कि 'डिफरेंट स्ट्रक्चर' होता है। इसलिए उनका कहना यह है कि साहित्य में देखने की चीज़ कंटेंट नहीं है, बल्कि देखने की चीज़ है स्ट्रक्चर। आर्थिक-राजनीतिक स्तर पर गोल्डमान उसको सिर्फ़ सोशल फॉर्मेशन या पॉलिटिकल फॉर्मेशन या इकोनॉमिक स्ट्रक्चर कहते हैं। बौद्धिक कृतियों में उस स्ट्रक्चर का रूप जो होगा वह मेंटल स्ट्रक्चर का होगा। वह स्ट्रक्चर मेंटल रहेगा। इस मेंटल स्ट्रक्चर को उन्होंने फॉर्म कहा है। 'फॉर्म ऑफ़ द कंटेंट' कहा है। इसी मेंटल स्ट्रक्चर के लिए आगे चलकर उन्होंने जो शब्द इस्तेमाल किया है, वह शब्द है 'वर्ल्ड विज़न'। यह 'वर्ल्ड विज़न' जो होता है वह अलग-अलग होता है, डिफरेंट होता है। जैसे सत्रहवीं सदी के रासीन और पास्कल के वर्ल्ड विज़न के बारे में उन्होंने कहा कि यह 'ट्रैजिक विज़न' है लेकिन बीसवीं सदी के उपन्यासों का अध्ययन करते हुए उन्होंने यह नहीं कहा कि वर्ल्ड विज़न जो है वह ट्रैजिक विज़न है। इसलिए 'ट्रैजिक विज़न' एक स्ट्रक्चर है। एक निश्चित साहित्यिक कृति में जैसा है, वैसा ही 'मेंटल स्ट्रक्चर' एक सामाजिक समुदाय में दिखाई पड़ता है।

और उन्होंने आगे चल करके दोनों का सम्बन्ध क्या होता है, उसको 'होमोलॉजी' कहा है। लेकिन ये दो चीज़ें ध्यान में रखिए, पहला कि सामाजिक जीवन और साहित्यिक कृति के बीच जो बुनियादी सम्बन्ध है, यह विषयवस्तु का नहीं है। बल्कि मानसिक संरचना का सम्बन्ध है। अर्थात् साहित्यिक कृति की संरचना मानसिक संरचना में देखनी चाहिए। इस मानसिक संरचना को समझाते हुए कहा है, कि इस मानसिक संरचना का क्या महत्त्व है–'व्हिच शेप द इम्पीरिकल कांशसनेस ऑफ़ सर्टेन सोशल ग्रुप एंड द इमेजिंड एंड क्रिएटेड बाइ द लिटरेरी वर्क।' समाज में और साहित्यिक कृति में एक बीच का सम्बन्ध मेंटल स्ट्रक्चर के धरातल पर होता है। इस मानसिक संरचना की भूमिका समाज में क्या होती है और साहित्यिक कृति में क्या होती है? समाज के बारे में उन्होंने कहा कि जो सामाजिक समुदाय है, एक सोशल ग्रुप है, पूरा समाज है, पर उस समाज का एक हिस्सा, जो अपेक्षाकृत आपसी सम्बन्धों में और रिश्तों में ज़्यादा सुगठित है, निकट है, बहुत-सी बातों में ज़्यादा समान है, उस सोशल ग्रुप की चेतना का वह निर्माण करती है। इम्पीरिकल कांशसनेस का मतलब हुआ अनुभव सम्बन्धी चेतना। उस चेतना से सारा समाज बँधा होता है जो अक़सर दिखाई पड़ता है। कभी-कभी साम्प्रदायिक दंगों में प्रकट होता है। इन्दिरा गाँधी की हत्या के बाद दिखाई पड़ा, वह कौन-सी चेतना है? सहसा एक ग्रुप एकजुट है। वह कौन-सी अनुभव सम्बन्धी चेतना है? संकट की घड़ियों में आमतौर से होता यही है कि वह सोशल ग्रुप एकजुट हो जाता है। किस आधार पर होता है? कुछ उसके विश्वास होते हैं, कुछ उसकी आस्था होती है, कुछ मूल्य होते हैं, वे सब एक दिखाई देते हैं। एक समय होता था कि इस्लाम ख़तरे में है, नारा दिया गया। स्वाधीनता के पहले और धनी-ग़रीब, नमाज़ पढ़ने वाले और न पढ़ने वाले अधिकांश मुसलमान एकजुट दिखाई दिये। कभी-कभी हिन्दू धर्म ख़तरे में हो जाता है। आजकल जैसे विश्व हिन्दू परिषद वाले कहते हैं। नेताओं का काम ही है कि किसी को बार-बार ख़तरे में जब तक नहीं बतायें तब तक वह एकजुट नहीं होता। जब विश्वविद्यालय में हड़ताल होती है, आन्दोलन होते हैं तो छात्र कहने लगते हैं कि छात्र एकता ज़िन्दाबाद। तो जो कांशसनेस 'छात्र एकता ज़िन्दाबाद' के रूप में प्रकट हुआ करती है कि विश्वविद्यालय के अधिकारियों के विरुद्ध छात्र इस कांशसनेस के कारण संकट की घड़ी में एकजुट होते हैं। चाहे वो ए.आई.एस.एफ. के हों, चाहे वो युवा जनता के हों, तब एक हो जाते हैं। सभी लोग अलग-अलग रहते हैं लेकिन प्रेशर इस तरह का होता है कि विरुद्ध नहीं जाते। यह है मेंटल स्ट्रक्चर।

इसलिए, समाज को जो चेतना जोड़ती है, एकजुट करती है और उनमें सॉलिडरिटी ले आती है, वही मेंटल स्ट्रक्चर है। यह कभी-कभी आर्थिक हितों के आधार पर होता है। जिस तरह की ज़रूरत होगी उस हिसाब से एकता होगी। समुद्र के किनारे रहने वाले माझी तूफ़ान आने पर यूनाइट हो गये उस हिसाब से। मरना तो सबको है। तूफ़ान यह तो देखेगा नहीं कि ग़रीब को मारो और धनी आदमी को छोड़ दो या स्त्री को मारो और पुरुष को छोड़ दो, तो यह नहीं हो सकता। यदि तूफ़ान आयेगा सबके लिए आयेगा। इसलिए यूनाइट होते हैं उस हिसाब से। आर्थिक संकट मान लीजिए है, तो सारे सेठजी एक तरफ़ हो जाते हैं और सारा मज़दूर वर्ग एक तरफ़ के विरोध में हो जाता है। इसलिए अलग-अलग स्तर पर, जब संकट आये, चाहे आर्थिक संकट हो या राजनीतिक संकट हो, सामाजिक या धार्मिक हो, भौतिक हो, उस आधार पर चेतना की धारा एकदम, जिसको कहें कि कंडीशन रिफ्लेक्स की तरह से, रिएक्ट करती है कि एक हो जाओ। यह हुआ समाज की धारा का परिचय। उनका कहना ठीक है कि जैसे समाज में एक चेतना मनुष्य को, एक सामाजिक समुदाय को एकजुट करती है, उसी तरह की साहित्यिक कृति में भी एक मेंटल स्ट्रक्चर उस साहित्यिक कृति के एक संसार का निर्माण करता है। 'यूनीवर्स' शब्द कहा है इन्होंने : 'द इमेजिनरी यूनीवर्स क्रिएटेड बाइ द राइटर्स'। एक काल्पनिक संसार जो लेखक द्वारा निर्मित होता है, उस काल्पनिक संसार का निर्माण जिस चेतना के माध्यम से होता है, उसको वो लोग वर्ल्ड विज़न' कहते हैं।

पहले भी मैंने कहा था कि बड़े साहित्यकारों की एक अपनी कल्पसृष्टि भी होती है, उस कल्पसृष्टि का निर्माण एक निश्चित जीवनदृष्टि या सृष्टि के तहत होता है। कुछ ऐसी रचनाएँ हैं जो संसार का निर्माण करती हैं और लगता है कि दृश्यों का, घटनाओं का चित्रण नहीं करतीं बल्कि एक पूरी दुनिया रचती हैं। सांसारिक कवि इस अपार संसार में ब्रह्मा है और उसको जैसा दिखता है वैसा संसार रचता है। इस संसार के भीतर एक तो ब्रह्मा हैं जिन्होंने दुनिया बनायी है। हमारे यहाँ पुराणों में जो कथा है विश्वामित्र के बारे में कि कहने लगे कि तुम सृष्टि बनाते हो तो मैं भी बनाऊँगा और विश्वामित्र ने भी एक सृष्टि बना दी। तरह-तरह की चीज़ें बनायीं। इसी सिलसिले में उन्होंने नारियल बनाया था, मनुष्य की खोपड़ी की तरह से। उन्होंने कहा था कि हम पेड़ से आदमी पैदा कर देंगे। कहते हैं कि उन्होंने नारियल बनाना शुरू किया तो वह नारियल आदमी के सिर जैसा दिखाई पड़ता है, वग़ैरह-वग़ैरह। कहने लगे कि तुम्हारी दुनिया है तो

हम अपनी दुनिया बनायेंगे। कहने का मतलब है कि विश्वामित्र पहला प्रजापति रहा होगा। अल्लामा इक़बाल ने पूरी एक नज़्म इस पर लिखी है और जिसमें वो खुदा से बातचीत करते हैं—जवाब-ए-शिकवा। कुल मिलाकर यह है कि कवि प्रजापति होता है, वह अपने संसार का निर्माण करता है और उसके संसार में लोग सांसारिक नियमों के अनुसार नहीं चलते हैं, न जीते हैं, न मरते हैं, क्योंकि वह संसार उस कवि की सृष्टि हुआ करता है। जैसे परियों की कहानियों में आप देखते हैं कि एक परीलोक होता है। कवि का ही, साहित्यकार का ही मेंटल स्ट्रक्चर है कि 'एलिस इन वंडरलैंड' नाम की पूरी पुस्तक में एक जादुई दुनिया है। या चन्द्रकान्ता सन्तति में आप देखेंगे कि अय्यारी की एक अलग दुनिया है। एक कल्पलोक की सृष्टि साहित्यकार करता है और उस कल्पलोक की सृष्टि से एक इमेजिनरी यूनिवर्स क्रिएट होता है, उसका एक अपना मेंटल स्ट्रक्चर होता है, एक वर्ल्ड विज़न होता है। अब एक साहित्यिक कृति में निहित मेंटल स्ट्रक्चर है और सामाजिक समुदाय में जो मेंटल स्ट्रचर है, इन दोनों के सम्बन्धों की खोज करना ही दरअसल लूसिएँ गोल्डमान के अनुसार साहित्यिक समाजशास्त्र का असली काम है। और यही रिश्ता सच्चा रिश्ता है। इसेंशियल रिलेशनशिप यही है। पहला सूत्र उनका यह है, जिसे ध्यान रखना चाहिए और इस दृष्टि से यह स्ट्रक्चरलिस्ट है, यह पॉजिटिस्ट नहीं है।

3

यदि किसी आदमी को पता हो कि मैं तीन महीने, चार महीने, छह महीने ज़िन्दा रहूँगा, उसके बाद नहीं रहूँगा तो एक जो जीवनी शक्ति होती है, वह अपने को एसर्ट करती है और उस तीन महीने में मैक्सिमम पॉसिबिल को व्यक्त करके, अपने को अमर या स्थायी बनाकर समाज को कुछ अवदान देकर, फिर इस दुनिया से विदा लेने की इच्छा रखता है। यह बात जैसे व्यक्ति में दिखाई पड़ती है उसी तरह से पूरे सामाजिक समुदाय में दिखाई पड़ती है। जब किसी सामाजिक समुदाय को पता चलता है कि वर्ग के रूप में हम लगभग नष्ट होने जा रहे हैं, उस समय वह अपने को सम्पूर्ण क्षमताओं के साथ व्यक्त करता है। एक्चुअल कांशसनेस उसकी पॉसिबिल कांशसनेस के रूप में व्यक्त होती है। मार्क्सवादी धारणा बहुत-कुछ यह रही है कि जो राइजिंग क्लास है उसका साहित्य बहुत ऊँचा होता है। यह ज़रूरी नहीं है। होता यह है कि जो डाइंग क्लास है, वह कभी-कभी अपनी सर्वोत्कृष्ट कृतियाँ रचता है। रूस का जो महान उपन्यास,

जो क्लासिक लिखा गया है, उसके बारे में विचार किया जाना चाहिए कि वह राइजिंग क्लास का है कि डाइंग क्लास का है। 'वार एंड पीस', 'अन्ना करेनिना', तुर्गनेव के नॉवेल या दोस्तोयव्स्की के नॉवेल किस क्लास के हैं? वह वर्ग मर रहा है कि जी रहा है? उभरता हुआ है कि डूबता हुआ है? मरता हुआ है? इसलिए कोई नियम नहीं बनाये जा सकते। यह भी हो सकता है कि किसी उभरते हुए वर्ग का साहित्य भी ऊँचा हो। लेकिन कभी-कभी जो नष्टप्राय हो या जिसकी शक्ति को चुनौती दी गयी हो, या जिसके अस्तित्व को ख़तरा हो, उस ख़तरे की घड़ी में ही वह अपने को ज़्यादा दक्षता के साथ व्यक्त करता है।

एक अजीब बात है कि यह सिद्धान्त गोल्डमान ने सत्रहवीं सदी के साहित्य पर लागू किया तो दूसरा नतीजा हुआ और इसको जब उपन्यासों के बारे में लागू करने की कोशिश की तो बिल्कुल दूसरा, उसके विपरीत नतीजा निकला। अर्थात् मरणासन्न पूँजीवाद के साहित्य का उनकी नज़र में उतना महत्त्व नहीं है। उन्होंने पूँजीवाद की तीन अवस्थाएँ गिना दीं और तीनों अवस्थाओं के समानान्तर उपन्यास के विकास की तीन अवस्थाएँ हुईं। तीन कैपिटलिज़्म उन्होंने बताये। इसमें स्वभावतः तीसरा मरणासन्न ही होना चाहिए। उन्होंने कहा कि पहली अवस्था का उपन्यास बड़ा महान है। उन्नीसवीं सदी का महान उपन्यास है। फ्रांस का न्यू नॉवेल कहलाता है, वह कंज्यूमर कैपिटलिज़्म का है। दूसरे महायुद्ध के बाद का। यह मरणासन्न पूँजीवाद का है। इसलिए एक ओर उस वर्ग को—जिसको चुनौती दी जा रही है या जिसका अस्तित्व संकट में है, वह सत्रहवीं सदी में है, उसके आधार पर वे दिखाते हैं कि संकटकालीन अस्तित्व वाले सामाजिक समुदाय का साहित्य श्रेष्ठ है। वह उच्चकोटि का है। और दूसरी जगह दिखाते हैं कि यह संकटकालीन जो है, वह निकृष्ट है। इसलिए एक ही मेथडलॉजी से साहित्य में से दो नतीजे निकलते हुए दिखाई पड़ते हैं। दोनों के बारे में विचार किया जाना चाहिए।

लूसिएँ गोल्डमान की पुस्तक हिडेन गॉड का ज़िक्र किया जा चुका है। दूसरी किताब का कम ज़िक्र किया गया है 'सोशियोलॉजी ऑफ़ नॉवेल'। और इस क्रम में अन्तिम दिनों में उन्होंने कुछ नाटकों पर भी लिखा था। ख़ासतौर से ज्याँ जेने के नाटक पर। यद्यपि उपन्यास नाम की विधा के उदयकाल से लेकर के उसकी वर्तमान अवस्था तक, इन सबके बारे में एक ढाँचा उपस्थित किया है गोल्डमान ने। लेकिन इस पूरे ढाँचे में उन्होंने अपना पूरा ध्यान उन्नीसवीं शताब्दी के उपन्यासों पर केन्द्रित नहीं किया है। शायद इसलिए न किया हो कि

उन्नीसवीं सदी के उपन्यासों पर जॉर्ज लूकाच बहुत ज़्यादा लिख चुके थे। उन्नीसवीं सदी के उपन्यासों पर बहुत ज़्यादा लिखा गया था। चाहे अंग्रेज़ी उपन्यास हो, चाहे यूरोपीय उपन्यास हो, इसलिए उन्होंने अपना मुख्य ध्यान केन्द्रित किया है अपनी योजना के अनुसार पूँजीवाद की दूसरी अवस्था या दूसरे दौर पर, और उस दौर के सबसे मुख्य और महत्त्वपूर्ण उपन्यासकार आन्द्रे मालरो थे। 'टुवर्ड्स ए सोशियालॉजी ऑफ़ द नॉवेल' नाम की किताब में सबसे बड़ा अध्याय उनका आन्द्रे मालरो पर ही है। उसके बाद जो उनकी योजना थी, पूँजीवाद के विकास की तीसरी अवस्था से जुड़े हुए उपन्यासों और नाटकों के बारे में लिखने की, विस्तार से नहीं लिख पाये। उसके बारे में उन्होंने कम ही लिखा। एक लेख उन्होंने लिखा है राबग्रिये पर और दूसरा लेख अन्तिम दिनों का लिखा हुआ है ज्याँ जेने पर। इस तरह कहा जा सकता है कि उपन्यास के समाजशास्त्र में सबसे अधिक विस्तार से उन्होंने केवल पूँजीवादी विकास के दूसरे युग के बारे में लिखा है। और तीसरी चीज़ के बारे में उनका कार्य अपूर्ण रह गया था फिर भी चूँकि वह उनके चिन्तन के विकास की अन्तिम अवस्था है इसलिए उस पर भी हम लोगों को ध्यान देना चाहिए। इस सिलसिले में आप लोगों को बताया जा चुका है संरचना के हिसाब से पूँजीवाद के विकास के तीन दौर और उसके समानान्तर उपन्यास का विकास, इसको 'होमोलॉजी' कहते हैं। जिस तरह पूँजीवाद के विकास के तीन दौर हैं, उसी तरह से उपन्यास के विकास के तीन दौर हैं। पहला दौर जो उन्नीसवीं शताब्दी के पूँजीवाद का है, जो प्रथम महायुद्ध के पहले समाप्त हो जाता है, जिसे मार्केट कैपिटलिज़्म कहते हैं, कभी-कभी इसको लिबरल कैपिटलिज़्म भी कहा जाता है। ये लिबरल कैपिटलिज़्म या मार्केट कैपिटलिज़्म जिसके लिए आप लोग दूसरे शब्द से ज़्यादा परिचित होंगे—फ्री-एण्टरप्राइज से। यह दौर था, युग था, यह एक तरह के लिबरल इंडिविजुअलिज़्म का। आप देखेंगे कि कितने लोग राजनीति में या दर्शन में भी विचारों के धरातल पर इंडिविजुअलिज़्म के सिद्धान्तों की स्थापना करने वाले आये। इसी अर्थ में लिबरल शब्द को लेना चाहिए। उस उदारतावाद का मतलब दरियादिली नहीं है, लिबरलिज़्म का मतलब है इंडिविजुअलिज़्म। तो यह जो व्यक्तिवाद का दौर था, इस व्यक्तिवादी पूँजीवाद का दौर था, इस व्यक्तिवादी पूँजीवाद के दौर के समानान्तर बल्कि इसी दौर में उपन्यास जैसी विधा का जन्म हुआ। इसी अर्थ में उपन्यास मध्य वर्ग का 'महाकाव्य' कहा जाता है। यह मध्य वर्ग का उदय है, व्यक्तिवाद का उदय है, व्यक्तिगत पूँजीवाद का उदय है और

ठीक इसके समानान्तर उपन्यास में आपको बड़े-बड़े 'प्रॉब्लमैटिक हीरो' दिखाई पड़ेंगे। यह प्रॉब्लमैटिक हीरो वाले उपन्यासों का दौर है। इस काल के उपन्यासों में एक साहसिक, संघर्षशील, दुविधाग्रस्त, और समाज के बीच अपने मूल्यों के लिए बाहर और भीतर संघर्ष करने वाले नायकों की भीड़ आपको दिखाई पड़ेगी। एक तरफ़ एक भ्रष्ट, मूल्यहीन समाज और दूसरी ओर मूल्यों का अधिष्ठाता, नायक। इसलिए उन्नीसवीं सदी के उपन्यासों में आपको अविस्मरणीय हीरो मिलेगा। कहीं हीरो मिलेगा कहीं हिरोइन मिलेगी। यह भरा हुआ है। इसलिए एक ऐसा परिवेश जहाँ उभरते हुए पूँजीवाद के कारण गलाकाट होड़ और पहले से समाज में चले आ रहे मूल्यों से नायक संघर्ष करता है और अपने अन्दर भी संघर्ष करता है। आप कहेंगे कि रासीन और काफ्का आदि के विश्लेषण में गोल्डमान ने जो सिद्धान्त इस्तेमाल किया था, उसमें और इसमें क्या सम्बन्ध है? उस क्रम विकास में यह लिखा है कि सत्रहवीं शताब्दी के साहित्य में जो ट्रैजिक विज़न था वह ट्रैजिक हीरो था। उन्नीसवीं सदी में उपन्यासों का यह हीरो ट्रैजिक नहीं था बल्कि प्रॉब्लमैटिक था। 'प्रॉब्लमैटिक' शब्द अजीब-सा शब्द है। अंग्रेज़ी में उसका ठीक-ठीक अर्थ ध्वनित होता नहीं है। यानी समस्यामूलक इसको नहीं कह सकते। अनिवार्यतः जिन उपन्यासों का नायक या नायिका ट्रैजेडी के हीरो के समान ही हो, यह कोई ज़रूरी नहीं है। उसकी मृत्यु हो, उसका पतन हो, उसका ह्रास हो, ऐसा नहीं है। एक प्रकार के असमंजस की स्थिति में भी वह हो सकता है। इसलिए गोल्डमान ने दोनों में अन्तर करना चाहा है, यह कहकर कि ट्रैजिक हीरो नहीं है बल्कि प्रॉब्लमैटिक हीरो है। और पूरी धारणा उन्होंने जिस आदमी की ली है वह जॉर्ज लूकाच हैं। इसमें गोल्डमान की कोई मौलिकता नहीं है। और मौलिकता न होने के कारण ही गोल्डमान ने उन्नीसवीं सदी के उपन्यासों पर विस्तार से कोई काम नहीं किया है। प्रॉब्लमैटिक हीरो की अवधारणा भी लूकाच की है और इस अवधारणा के अनुरूप लूकाच ने सबसे ज़्यादा काम भी किया है। इसलिए गोल्डमान ने उन्नीसवीं सदी के उपन्यासों पर काम नहीं किया है। न उसके पूँजीवाद के बारे में कुछ कहा है, न पूँजीवाद के समानान्तर होमोलॉजी के रूप में उन उपन्यासों के बारे में कोई काम किया है। मुख्य ध्यान उन्होंने केन्द्रित किया वह बीसवीं शताब्दी का पूँजीवाद का दूसरा दौर है, जिसे 'मोनोपली कैपिटलिज़्म' कहते हैं। एकाधिकार पूँजीवाद। इज़ारेदार पूँजीवाद। पहले महायुद्ध में जिसकी अभिव्यक्ति थी। पहले महायुद्ध से ही इज़ारेदार पूँजीवाद शुरू हो गया था। यह वह दौर है जिसके बारे में लेनिन ने

'साम्राज्यवाद : पूँजीवाद की अन्तिम अवस्था' नाम की किताब लिखी। इसलिए दूसरे महायुद्ध के समय स्पष्ट हो गया कि पूँजीवाद अब लिबरल इंडिविजुअलिज़्म का या फ्री-इंटरप्राइज का नहीं है, बल्कि यह मोनोपलाइज करने का है। यह पहले महायुद्ध में स्पष्ट आभास मिल गया और जिसका आगे चलकर विकास दूसरे महायुद्ध तक होता चला गया। इसलिए पहले महायुद्ध से दूसरे महायुद्ध के बीच का जो दौर है, इस दौर का जो यूरोप का सामाजिक समुदाय का ढाँचा है, वह ढाँचा मोनोपली कैपिटलिज़्म का है। इस मोनोपली कैपिटलिज़्म के साथ ही कहीं स्टेट कैपिटलिज़्म भी दिखाई पड़ता है। उन्होंने मोनोपली कैपिटलिज़्म और स्टेट कैपिटलिज़्म दोनों का नाम साथ-साथ लिया है। स्टेट कैपिटलिज़्म का रूप है खुद समाजवाद। यानी रूस में जो न्यू इकोनॉमिक पॉलिसी थी वह सारी की सारी अर्थव्यवस्था पब्लिक सेक्टर में चली आती है। राजसत्ता स्वयं उसका संचालन करती है। इसलिए या तो मोनोपली कैपिटलिज़्म है या स्टेट कैपिटलिज़्म है। जिन देशों में मोनोपली कैपिटलिज़्म है, वहाँ भी किसी-न-किसी बहाने मोनोपली कैपिटलिस्ट लोग स्टेट पर क़ब्ज़ा करते हैं और स्टेट मदद करता है आपके विकास में, इसलिए जहाँ मिक्स्ड इकॉनॉमी कही जाती है, वहाँ भी मोनोपली और स्टेट कैपिटलिज़्म में बहुत फ़र्क़ नहीं होता। अन्ततः कैपिटलिज़्म है। इसलिए स्टेट कैपिटलिज़्म और मोनोपली कैपिटलिज़्म का जो दूसरा दौर है उसमें व्यक्ति को वह महत्त्व प्राप्त नहीं है, व्यक्ति की गरिमा उस रूप में सुरक्षित नहीं है। इस दौर के उपन्यासों में आप देखेंगे, और गोल्डमान ने उदाहरण देते हुए कहा है कि इस दौर का एक प्रतीक है—काफ्का। काफ्का में हीरो का व्यक्तित्व इतना शून्य हो गया है कि उसका नाम भी अब नहीं रह गया है। उसका नाम है केवल 'के'। 'जोजेफ के'। काफ्का ने अपने हीरो का नाम जब भी दिया है, उसने 'के' कहा है। आपका नाम सारेल है या उसका नाम कुछ और है, इससे कोई फ़र्क़ नहीं पड़ता है। 'के' नॉन-आइडेंटिटी है, इनसिग्नीफिकेंट है। अर्थात् समाज-व्यवस्था ज़्यादा प्रभावशाली है। कलेक्टिव एलीमेंट इतना प्रभुत्वशाली है जिसमें व्यक्ति एक लेटर मात्र रह गया है। उसका पूरा नाम नहीं लिखा है। इसलिए आप देखेंगे कि जो तथाकथित सोशलिस्ट रियलिज़्म के नाम पर नॉवेल लिखे गये, उसमें भी व्यक्ति का तो महत्त्व है नहीं। समूह का महत्त्व है, कलेक्टिविटी का महत्त्व है। चाहे वह मज़दूर हीरो हो, चाहे वह किसान हीरो हो, वह माध्यम मात्र है। उसके माध्यम से पूरा एक समूह व्यक्त होता है। इसलिए इस दौर के उपन्यासों में उन्नीसवीं शताब्दी के 'प्रॉब्लमैटिक हीरो' जैसी ही चीज़ समाप्त नहीं हो गयी,

बल्कि 'हीरो' का कॉन्सेप्ट ही ग़ायब हो गया, वह इनसिग्नीफिकेंट, महत्त्वहीन हो गया। लूसिएँ गोल्डमान ने इस दृष्टि से आन्द्रे मालरो का अध्ययन विस्तार से किया है। अर्थात् सामाजिक ढाँचे में और उपन्यास के ढाँचे में होमोलॉजी है। वहाँ व्यक्ति ग़ायब है। बीसवीं सदी के दो महायुद्धों के बीच के समाज में और उपन्यास में होमोलॉजी है, समानधर्मिता है। थर्ड स्टेज, जो दूसरे महायुद्ध के बाद का पूँजीवादी दौर है, जिसे अब हम लोग 'मल्टीनेशनल' कहने लगे हैं या कंज्यूमर कैपिटलिज़्म कहने लगे हैं, इस कंज्यूमर कैपिटलिज़्म या मल्टीनेशनलिज़्म में व्यक्तिवाद, जो बीसवीं सदी के मध्य में रहा था वह भी, 'के' नाम का हीरो भी ग़ायब हो गया। जिसकी बहुत पहले मार्क्स ने घोषणा की थी और लूकाच ने इसे पहचाना था, जिसको 'रैयीकरण' कहते थे, 'रिइफिकेशन' कहते हैं। हर चीज़ एक मामले में बहुत बड़े पैमाने पर डी-ह्यूमनाइजेशन, अमानवीयकरण का शिकार है। ध्यान रखिए कि अमानवीयकरण की प्रक्रिया तो पूँजीवाद के आरम्भ से ही थी, लेकिन पहली दूसरी अवस्थाओं में यह मद्धिम थी। तीसरी अवस्था में इनका कहना है कि पूर्णतः अमानवीयकरण हुआ है और उसका स्थान बाज़ार के माल ने ले लिया। इस अवस्था के उपन्यास में ऐसा दिखाई पड़ेगा जैसे कि मनुष्य मनुष्य नहीं है, बल्कि जैसे किसी वस्तुजगत का ज्यामितिक, वस्तुनिष्ठ वर्णन किया गया है। इसका ज़िक्र पिछली बार किया जा चुका है। किस तरह समाज के अनुरूप होमोलॉजी उपन्यासों में दिखाई पड़ती है, इस क्रम में जो तीसरा और अन्तिम लेख है वह 'बालकनी' में है, जिसकी चर्चा आख़िरी दिनों में विस्तार से कुछ जगहों में की गयी थी। इस 'बालकनी' नाम के लेख में, जो ज्याँ जेने के बारे में है, दो-तीन नयी चीज़ें सामने आती हैं। 'बालकनी में' का महत्त्व इसलिए है कि इस समीक्षा के द्वारा गोल्डमान लूकाच की यथार्थवाद सम्बन्धी परवर्ती धारणाओं के आधार पर लूकाच का खण्डन करते हैं, उनके निष्कर्षों का खण्डन करते हैं।

आप सभी लोग जानते हैं कि जॉर्ज लूकाच यथार्थवाद के पक्षधर और आधुनिकतावाद के विरोधी थे। इसलिए अपनी यथार्थवादी कसौटी के आधार पर लूकाच इस दौर की अधिकांश रचनाओं को, जो लूकाच की कसौटी में रियलिस्ट नहीं हैं, तिरस्कृत करते हैं। इसी कसौटी के आधार पर गोल्डमान ने दिखाने की कोशिश की है कि जिन रचनाओं को आधुनिकतावादी कहकर लूकाच ख़ारिज करते हैं, ये रचनाएँ भी मूलतः यथार्थवादी हैं। अर्थात् ये सामाजिक वास्तविकता की जो मूलभूत प्रकृति है, विशेषताः उसको कथात्मक स्तर पर ये रचनाएँ व्यक्त करती हैं। लूकाच के यहाँ यथार्थवाद की कसौटी यह है कि वह जो यथार्थ की

प्रक्रिया का चित्रण करे। लूकाच कहते थे कि प्रक्रिया में चित्रित करने का मतलब यह है कि लेखक यथार्थ की गतिशीलता, विकासशीलता और उसकी प्रक्रिया पर दृष्टि यदि रखेगा तो लेखक अनिवार्यतः भविष्योन्मुखी दृष्टि अपनायेगा और उसका दृष्टिकोण आशावादी होगा। आधुनिकतावादी लेखकों का दृष्टिकोण निराशावादी है। भविष्य उनके लिये या तो है नहीं या अन्धकारपूर्ण है। इसलिए वे लेखक यथार्थ का स्थिरीकरण करते हैं और यथार्थ को प्रक्रिया में नहीं देखते हैं। यह लूकाच का निष्कर्ष है, जो काफ्का पर लागू होता है। गोल्डमान ने कहा कि ये लेखक निराशावादी हैं, इसका अर्थ यह नहीं है कि ये लेखक यथार्थ को गतिशील रूप में नहीं देखते हैं, यह निष्कर्ष निकालना ग़लत है। क्योंकि एक 'पर्टिकुलर टाइम' में यदि ये आशावादी होते तो ये यथार्थवादी नहीं होते बल्कि ये झूठ लिखते। यह हो सकता है कि इतिहास के जिस दौर में काफ्का के बारे में कहा जा रहा है, मोनोपली कैपिटलिज़्म के काल में, उसमें सच्चाई यह है कि यूरोप में जो आज हम देख रहे हैं कि समाजवाद तो केवल एक देश में कायम हुआ है। उस समय समझा जाता था कि जिस तरह रूस में क्रान्ति हुई और उसी तरह 1917 के बाद उम्मीदें यह थीं कि सेंट्रल यूरोप में होगी, फ्रांस में होगी। और हुआ यह कि यही नहीं कि क्रान्ति नहीं हुई बल्कि काउंटर रिवोल्यूशन हुआ और उल्टे वहाँ नात्सी पार्टी आयी और फ़ासिज़्म आया। अब आप बताइए कि उस दौर में काफ्का अगर ये लिखते कि क्रान्ति की लाल सुबह दिखाई पड़ रही है और 'दिल नाउम्मीद तो नहीं, नाकाम ही तो है, लम्बी है ग़म की शाम, मगर शाम ही तो है।' अगर वो यह लिखते रहते तो झूठ लिखते क्योंकि उसके बाद अभी तक तो समाजवाद आया नहीं है। इसलिए काफ्का को यह दोष देना कि रियलिटी को नहीं देखा था, प्रोसेस के रूप में नहीं देख रहा था, वह निराशावादी था, ग़लत है क्योंकि पूरा इतिहास बता रहा है कि वह ज़्यादा रियलिस्ट था और जिनको सुबह दिखाई पड़ रही थी, जिनको लाल सुबह दिखाई पड़ रही थी, वे तमाम लोग झूठ बोल रहे थे। वो एक यूटोपिया में थे या एक इल्यूजन में जी रहे थे। गोल्डमान का कहना है कि काफ्का एक ऐसा लेखक है, जिसको बाद के इतिहास ने भी प्रमाणित किया कि वह ज़्यादा रियलिस्ट था। रियलिटी जो अप्रिय थी, दुःखी करने वाली थी, हतोत्साहित करने वाली थी। लेकिन इन तमाम चीज़ों के बावजूद वह उस रियलिटी को निर्भीक होकर लिख रहा था और ख़तरे के प्रति आगाह कर रहा था कि यह है यथार्थ। इसलिए यदि लूकाच का ही सिद्धान्त माना जाय तो रियलिटी को प्रोसेस में देखना चाहिए कि कहाँ से कहाँ जा रही है,

उस दिशा की ओर देखना चाहिए तो उससे नतीजा निकलता कि अनिवार्यतः आप्टिमिस्टक लेखन होना चाहिए। उससे नतीजा निकलता है कि उन आधुनिकतावादी लेखों के बजाय जिनका नाम लिया गया है ख़ासतौर से कि उन लोगों ने यथार्थ को लिखा है जिन्हें यथार्थवादी कहा जाता है तो यह रोमांटिसिज़्म होगा। यदि वास्तविकता को सुनहले स्वप्नलोक में डुबा दें तो यह रियलिज़्म नहीं होगा। यह रोमाटिसिज़्म होगा। रिवोल्यूशनरी रोमांटिसिज़्म उसको आप कह लें लेकिन वह रियलिज़्म नहीं होगा। इसलिए गोल्डमान ने कहा कि लूकाच के रियलिज़्म के सिद्धान्त को हम भी मानते हैं। सिद्धान्त सही है उनका, कसौटी सही है, उससे लूकाच जो निष्कर्ष निकालते हैं, ग़लत निकालते हैं। और स्वयं अपने ही सिद्धान्त के विरुद्ध वे उन उपन्यासों से एक तरह के रोमांटिसिज़्म की माँग करते हैं, और न मिलने पर वे उन लेखकों को कहते हैं कि रियलिस्ट नहीं हैं। अमूर्त हैं, अशरीरी हैं, एब्स्ट्रैक्टनेस है। यहाँ गोल्डमान ने कहा कि अमूर्तता यथार्थवाद का निषेध नहीं है, बल्कि यर्थाथवाद की पोषक है। अर्थात् जैसा युग है और जैसा समाज है उस समाज में यथार्थ अमूर्त ही हो सकता था। अब आप पेंटिंग का ज़रा उदाहरण लीजिए। अगर पोर्ट्रेट पेंटिंग, या फिगरेटिव पेंटिंग जिसको हम लोग कहते हैं, यही आदि से लेकर अनन्त काल तक होती रहे जैसे मुग़ल मिनिएचर पेंटिंग्स में मिलती हैं और बाद में विक्टोरियन पोर्ट्रेट पेंटिंग्स मिलती हैं, फिर तो सारा पिकासो जो है वह व्यर्थ है। फिर उन्हीं लोगों को जो ख़ूबसूरत चेहरा बढ़िया-बढ़िया दिखाते रहते हैं, उन्हीं लोगों की पेंटिंग को आप कहेंगे कि पेंटिंग यही है, और एब्स्ट्रैक्शन जो है, वह कोई पेंटिंग नहीं है। जबकि यह मानते हैं कि पेंटिंग में, एब्स्ट्रैक्शन में शक्ति है। यही नहीं हाइयेस्ट मैथमैटिक्स आमतौर से देखेंगे आप तो एब्स्ट्रैक्शन है। आइंस्टीन का फॉर्मूला जो है, कोई लैंग्वेज नहीं है। एब्स्ट्रैक्शन है। कहा गया कि 'पावर लाइज इन एब्स्ट्रैक्शन।' शक्ति जो है वह अमूर्तता में होती है। मूर्तता में नहीं होती, इसलिए पावर लाइज इन एब्स्ट्रैक्शन। बहुत सारी चीज़ें होती हैं, जो एब्स्ट्रैक्ट होती हैं, अमूर्त होती हैं और ज़्यादा सच होती हैं मूर्त की अपेक्षा। यानी आप तो यों भी देख सकते हैं, हमें तो उतना ज्ञान नहीं हैं, आप लोगों में से कुछ लोगों को तो जानकारी भी पेंटिंग वग़ैरह की होगी, तो उससे अन्दाज़ा लगा सकते हैं कि एक आदमी ब्रश लेकर किसी लड़की का नाक-नक्श बड़ी मेहनत करके रचे, दूसरा केवल दो-तीन स्ट्रोक से उसकी पूरी भंगिमा और पूरी उसकी पर्सनैलिटी उतार सकता है। और एक आदमी उसका सारा रंग-रूप उतारकर और उसको देखकर के भी उसकी पर्सनैलिटी को नहीं उतार सकता है।

दो-तीन स्ट्रोक से पूरी पर्सनैलिटी सामने आ सकती। एक शेर बनाना हो आपको। एक आदमी शेर जैसा है, बाकायदा उसे एक-एक बाल गिन करके वह रँग दे और वह शेर नहीं लग सकता है, और एक आदमी केवल तीन लाइनों से उस दौड़ते हुए या दहाड़ते हुए शेर की तस्वीर ज़्यादा सही व्यक्त कर सकता है, उसकी अपेक्षा जो उसके पाँव, उसके पुट्ठे और उसकी नसें सब कुछ दिखाता है। सब करने पर भी शेर शेर नहीं लगता, बिल्ली दिखता है। इसलिए ऐसा नहीं है कि एब्स्ट्रैक्ट कांक्रीट का उलटा हुआ करता है। लोग कहते हैं कि रियलिज़्म का मतलब है कांक्रीट हो, एलाइव हो, कांक्रीटनेस अमूर्तता में भी हो सकती है। किसी आदमी का अस्थि-पंजर दिखाएँ, तो वह सच नहीं है? अस्थि-पंजर झूठ है और पूरा जो भरा-पूरा मांस और पेशियाँ दिखाई जायें, वही भरा-पूरा यथार्थ है तो बड़ी ग़लत बात होती है। ख़यालों में आदमी को किसी चीज़ की जो झलक आती है, याद आती है, याद तो अमूर्त हुआ करती है। वह अमूर्त रूप में ही आयेगी। फिर भी वह उतनी ही रियल होगी जितनी कि दूसरी चीज़ होती है। कभी-कभी मूर्त चीज़ उतनी रियल नहीं होती है जितनी कि अमूर्त होती है। इसलिए एब्स्ट्रैक्शन रियलिज़्म का विरोधी नहीं है, जो लूकाच ने समझा। काफ्का अनरियल नहीं है। और आज के ज़माने में फ़िल्मों में आप तो जानते हैं कि अमूर्त चीज़ लायी जाती है। उसमें हॉरर क्रिएट किया जाता है, वह किसी चीज़ को दिखा के नहीं बल्कि न दिखा के क्रिएट किया जाता है। किसी भूत को अगर आप मंच पर दिखा दें तो बिल्कुल डर नहीं पैदा करेगा, लेकिन उस भूत को आप न दिखाइए मंच पर और वह एकदम अमूर्त रहे तो वह ज़्यादा हॉरीफाइंग (डरावना) होगा। यह फ़िल्म वाले बहुत अच्छी तरह जानते हैं, थिएटर वाले बहुत अच्छी तरह जानते हैं। इसलिए बेकेट के यहाँ आप देखते हैं, 'वेटिंग फॉर द गोदो हू डजंट कम।' और वह गोडो ज़्यादा रियल है जो कि आप तक नहीं आता है, जिसका इन्तज़ार दोनों पात्र कर रहे हैं। यहाँ से लेकर वहाँ तक आख़िर तक मोमेंटम बिल्ट किया जाता है 'एंड दे आर वेटिंग फॉर द गोडो', और 'गोडो डजंट कम हियर।' ही इज़ मोर रियल दैन दोज टू कैरेक्टर्स। इसलिए जो आर्टिस्ट हैं वो जानते हैं कि एब्स्ट्रैक्ट जो है वह ज़्यादा रियल होता है। इसलिए यह आश्चर्य होता है कि लूकाच जैसा इतना समझदार आदमी, सौन्दर्यशास्त्र का, कलाओं का साहित्य का जानने वाला आदमी, कैसे इस चक्कर में फँस गया कि एब्स्ट्रैक्शन को अनरियल समझने लगा और इस कमज़ोरी को पकड़कर गोल्डमान ने बताया कि पूँजीवाद जिस दौर से गुज़र रहा है उस दौर में इस सच्चाई को अमूर्त रूप

में ही ज़्यादा व्यक्त किया जा सकता है बजाय मूर्त रूप के। मूर्त रूप में आप कितना डिस्क्राइब कीजिएगा? आप कितनी चीज़ें डिस्क्राइब करेंगे? इस ज़माने में केवल अमूर्त चीज़ों में, संकेत से आप हज़ार चीज़ें बता सकते हैं।

4

जेनिंग रूथ का एक लेख है लूसिएँ गोल्डमान पर। गोल्डमान पर लिखा हुआ, अब तक जितना मैंने देखा है, उसमें चाहे वह पुस्तकें हों या लेख हों, मुझे जेनिंग रूथ का लेख बहुत ही सन्तुलित लगा। संक्षेप में लगभग सभी आलोचनाओं को स्पष्ट करते हुए साथ ही बहुत सहानुभूति से लिखा हुआ है। उस सहानुभूति में कहीं कोई पक्षधरता नहीं है, पक्षपात नहीं है। अच्छा लेख है। यह मरणोत्तर लेख है।

यह उल्लेखनीय तथ्य है कि गोल्डमान की जो प्रतिष्ठा पहले थी उनकी मृत्यु के समय लगभग समाप्त हो गयी थी। उनकी रचनाओं के और उनके कृतित्व के प्रति पहले जैसा आकर्षण नहीं था। इसके कुछ तो राजनीतिक कारण हैं और कुछ सैद्धान्तिक। 1968 के आसपास जो क्रान्तिकारी उभार था। आप लोगों को स्मरण होगा कि उस समय चीन में सांस्कृतिक क्रान्ति का ज़ोर था, और संसार के पैमाने पर छात्रों का आन्दोलन हुआ था। यह वैसा दौर था, जैसा भी समझ लीजिए—चाहे वह छद्म कहा जाये या क्षणजीवी कहा जाये लेकिन एक क्रान्तिकारी उभार सारे संसार में था। उसको देखते हुए गोल्डमान का युगोस्लाविया का पक्ष लेना राजनीतिक दृष्टि से बहुत आकर्षक नहीं था, जिसका स्वागत वामपन्थी और मार्क्सवादी पैमाने पर नहीं हो सकता था। एक कारण तो यह है, दूसरा कारण यह कि जिस मार्क्सवाद के समर्थक लूसिएँ गोल्डमान थे, वह एक तरह का हीगेलियन मार्क्सवाद था। आप जानते हैं कि इस मार्क्सवाद के कई रूप यूरोप में चल रहे हैं। दूसरे दशक में या कहिए कि प्रथम महायुद्ध के बाद यूरोप में जो सबसे प्रधान मार्क्सवाद था वह हीगेलियन मार्क्सवाद था। उस मार्क्सवाद के अनुयायियों में से जॉर्ज लूकाच थे। स्वयं ग्राम्शी को हीगेलियन मार्क्सवादी कहा जाता है। और फ्रैंकफर्ट स्कूल पूरा का पूरा हीगेलियन मार्क्सवादी था। इस हीगेलियन मार्क्सवाद का एक रूप आपको ज्याँ पॉल सार्त्र वगैरह में मिलेगा, जिसे मोटे तौर से डायलेक्टिकल ह्यूनिस्ट कहा जाता है। गोल्डमान इसी मार्क्सवाद की परम्परा में आते थे। वह मार्क्सवाद हीगेलियन था। गोल्डमान की प्रतिष्ठा को जो क्षति पहुँची है उसका एक दूसरा कारण भी था। वह था फ्रांस में गोल्डमान की मृत्यु के समय संरचनावादी मार्क्सवाद का उदय।

इस संरचनावादी मार्क्सवाद के आक्रमण से लगभग रहा-सहा अवशिष्ट, हीगेलियन मार्क्सवादी ढाँचा चरमरा रहा था, ढह रहा था। इस दूसरे कारण से भी उनकी प्रतिष्ठा को क्षति पहुँची। इसीलिए एक राजनीतिक कारण है और दूसरा सैद्धान्तिक कारण है। तीसरा कारण स्वयं उनकी समीक्षाओं में निहित है। उनकी मान्यताओं में। वे मान्यताएँ आरम्भ में जितनी आकर्षक लगी थीं, अन्त तक आते-आते उनका आकर्षण समाप्त हो चला था। आप लोगों को स्मरण होगा कि गोल्डमान ने कहा था कि महान साहित्यिक कृतियाँ और महान साहित्यकारों की रचनाओं में जिस विश्वदृष्टि की अभिव्यक्ति होती है, वह विश्वदृष्टि लेखक के अनजाने ही या उस साहित्यकार के अनजाने ही व्यक्त होती है। इसके लिए उन्होंने 'नॉन-कांशस' कहा है अर्थात् उसे लेखक या साहित्यकार नहीं जानते। किसी सामाजिक समुदाय को जोड़ने वाली, एकजुट करने वाली जो मानसिक संरचना होती है, या मानसिकता होती है, उसमें और साहित्यिक रचनाओं में जो सम्बन्ध होता है, इस सम्बन्ध को सामान्य आदमी तो जानता ही नहीं है। यानी ज़रूरी नहीं कि उसको सामाजिक समुदाय जानता हो। सामाजिक समुदाय के बाहर के लोग भी नहीं जान सकते। स्वयं साहित्यकार भी नहीं जान सकता। दरअसल ये समाजशास्त्री, एक विशेष प्रकार का जो साहित्यिक समाजशास्त्री है, वही इसकी खोज करता है और एक्सप्लेनेशन के रूप में इसे प्रस्तुत करता है। इस पर यह टिप्पणी की गयी है कि उन्होंने समाजशास्त्री को लगभग एक ईश्वर के समान सर्वज्ञ होने का अधिकार दिया है। यह एक प्रकार का मिथ्याभिमान ही कहलायेगा। इस सामान्य आलोचना के अतिरिक्त दूसरी आपत्ति दोनों संरचनाओं के बीच, सामाजिक संरचना और साहित्यिक कृति में निहित विश्वदृष्टिपरक संरचना को लेकर है। इनके सम्बन्ध को गोल्डमान ने होमोलॉजी या समानधर्मिता का नाम दिया है। समाज और साहित्य के बीच का रिश्ता समानधर्मिता का होता है, होमोलॉजी का होता है। यह सबसे विवादास्पद चीज़ स्वयं लेवी स्त्रास जैसे संरचनावादी विचारक ने भी समानधर्मिता के अलावा दो संरचनाओं में अन्य प्रकार के सम्बन्धों की भी ओर संकेत किया है। यानी ऐसा नहीं है कि दो संरचनाओं में केवल एक ही प्रकार का सम्बन्ध हो कि उनमें समानता हो, समानधर्मिता हो। लेवी स्त्रास ने कहा है कि उसमें अन्तर्विरोध भी होता है, विपरीतता भी होती है इसलिए समाज और साहित्य के सम्बन्धों को केवल समानधर्मिता के रूप में देखना, उसको बहुत सीमित कर देना है। यहाँ ध्यान देने की बात है कि गोल्डमान बार-बार 'रिजिड होमोलॉजी' शब्द का प्रयोग करते हैं।

समानधर्मिता पर इतना आग्रह उस सम्बन्ध को सीमित करता है, संकुचित करता है और यह उनके कट्टर दृष्टिकोण का परिचायक है। अन्य संरचनावादियों ने अनेक प्रकार के सम्बन्धों की बात की है, जो वाज़िब है। साहित्य और समाज का रिश्ता बराबर इसी प्रकार का नहीं हुआ करता। ऐसी स्थिति भी आती है जबकि दोनों के बीच तनाव हुआ करता है, विरोध की स्थिति होती है। साहित्य समाज से ठीक उलटा व्यवहार करता है। उसको चुनौती देता है। दूसरी जो बहस की चीज़ है वह उनकी परवर्ती उपन्यास सम्बन्धी आलोचना के बारे में है। कई प्रकार की आलोचनाएँ हैं, उसमें एक यह है कि गोल्डमान ने अपने पूर्ववर्ती सिद्धान्त को छोड़ दिया। कैसे छोड़ दिया? इसको थोड़ा हम लोग देखें।

एक तो यह कि पहले वो मानते थे कि समाज और साहित्य के बीच जो संरचना दोनों में नियामक हुआ करती है और उसमें विश्वदृष्टि या 'वर्ल्ड-विज़न' का महत्त्व होता है, उपन्यास सम्बन्धी आलोचना में आते ही विश्वदृष्टि की संकल्पना को गोल्डमान एकदम छोड़ देते हैं। वे आर्थिक आधार और उपन्यास दोनों की समानान्तरता सीधे देखने लगते हैं, जिसको आप कह सकते हैं कि सीधा प्रक्षेपण। आर्थिक स्थिति का प्रत्यक्ष प्रक्षेपण उपन्यासों में दिखाई पड़ता है। इसके बारे में दो आदमियों ने टिप्पणी की है। एक तो टेरी इगल्टन है। इगल्टन ने कहा है कि इनकी परवर्ती आलोचना को देखकर ऐसा मालूम होता है कि जैसे आधार और अधिरचना के बीच यान्त्रिक सम्बन्ध है। किस तरह से उन्होंने कैपिटलिज़्म के समानान्तर उन्नीसवीं सदी का उपन्यास और फिर मोनोपली कैपिटलिज़्म के समानान्तर काफ्का आदि के उपन्यास और फिर कंज्यूमर कैपिटलिज़्म या मल्टीनेशनल कैपिटलिज़्म के समानान्तर परवर्ती या उसके बाद के उपन्यासों को देखा। अर्थात् सीधे उन्होंने आर्थिक आधार और साहित्य दोनों को समानान्तरता में देखा। यहाँ पूरे सम्बन्ध दिखाने में विश्वदृष्टि ग़ायब है। यह विश्वदृष्टि की मध्यस्थता इस पूरी चर्चा से लगभग ग़ायब है। इसके लिए गोल्डमान की रचनाओं में एक स्पष्टीकरण भी ढूँढ़ा जा सकता है। देखना चाहिए कि यह स्पष्टीकरण कितनी दूर तक सही है। गोल्डमान का कहना है कि पूँजीवादी विकास के कारण सामूहिक स्तर पर चेतना या सामूहिक चेतना का अस्तित्व समाप्त हो गया है। पूँजीवादी विकास के कारण जिस सामूहिक चेतना का ह्रास हो गया वह धीरे-धीरे डिसएपियर होने लगी और वह इकोनॉमिक या आर्थिक जीवन का प्रत्यक्ष प्रतिबिम्ब बन गयी इसीलिए जब 'वर्ल्ड विज़न' नाम की चीज़ रही ही नहीं तो उसकी मध्यस्थता करने की ज़रूरत बची नहीं। यह बात लचर मालूम होती है।

क्यों लचर मालूम होती है? उसका कारण है। बाद में ज्याँ जेने पर उन्होंने एक लेख लिखा। उसमें उन्होंने कहा है–"These comprise a small number of workers and creative intellectuals and a fairly large number of educated people who refuse to accede to modern capitalism" (The Theatre of Genet : A Sociological Study, Cambridge University Press, 1968, Vol. 12, p. 52)

आशय यह है कि मालरो के आरम्भिक उपन्यास, रॉबग्रिये के उपन्यास और फ़िल्में, बेकेट की रचनाएँ, और जेने के नाटक, ये सभी एक छोटे समुदाय की विश्वदृष्टि को प्रतिबिम्बित करते हैं। सवाल यह है कि मालरो की आरम्भिक रचनाएँ तो विश्वदृष्टि को प्रतिबिम्बित करती हैं तो बाद वाली क्यों नहीं करतीं? मतलब कि वह विश्वदृष्टि इसमें से ग़ायब हो गयी थी जो आरम्भिक रचनाओं में थी। दूसरी बात है कि ज्याँ जेने के बारे में विश्वदृष्टि लागू होती है और उसी के समकालीन मालरो के बारे में क्यों नहीं लागू होती है? यानी विश्वदृष्टि की मध्यस्थता ज्याँ जेने के बारे में तो वैध है, उपयोगी है, लेकिन मालरो के परवर्ती लेखन के बारे में विश्वदृष्टि की भूमिका कार्यरत नहीं है, यह बात बहुत संगत दिखाई नहीं पड़ती। दोनों की रचनाएँ समकालीन हैं और समकालीन परिस्थितियों के दौर से गुज़र रही हैं। इसके लिए कोई सन्तोषप्रद कारण गोल्डमान ने नहीं बताया है। इस प्रकार समाज और साहित्य के सम्बन्धों के बारे में एक तो समानधर्मिता पर आपत्ति की गयी है और दूसरी सबसे बड़ी आपत्ति उनकी उपन्यास सम्बन्धी आलोचना में जो यान्त्रिकता है, उस पर की गयी यहाँ विश्वदृष्टि आरम्भ में दिखाई पड़ती है, बाद में उनका अपने ही सिद्धान्तों को छोड़ देना, ये दोनों ही चीज़ें उनकी आलोचना का कारण बनीं। तीसरी या चौथी आलोचना साहित्यकार व्यक्ति के महत्त्व की अस्वीकृति के बारे में है। आप लोग पायेंगे कि सभी संरचनावादी लेखक के व्यक्तित्व को या उसकी वैयक्तिकता को स्वीकार नहीं करते। रोलाँ बार्थ, जॉक देरिदा, फूको आदि जो संरचनावादी हैं, शुद्ध संरचनावादी, वह तो कहते ही हैं कि आज के ज़माने में लेखक की मृत्यु हो चुकी है। 'डेथ ऑफ़ ऑथर'। ऑथर नाम की कोई चीज़ है ही नहीं। उम्मीद की जाती थी कि गोल्डमान उस तरह के संरचनावादी नहीं हैं, बल्कि वो 'जेनेटिक' संरचनावादी हैं। अर्थात् इस समाज का कुछ लगाव मानते हैं। साहित्य का स्रोत समाज में देखते हैं। इसलिए कदाचित् लेखक के व्यक्तित्व को कुछ महत्त्व देंगे। लेकिन स्वयं वे भी महत्त्व नहीं देते। उन्होंने कहा है कि जहाँ तक साहित्य सृजन

का सवाल है, उसमें लेखक रचना की जननी नहीं है बल्कि वह उसकी आया है। 'मिडवाइफ' आया ही कहेंगे। अर्थात् वह डिलीवरी में सहायक हुई है। विश्वदृष्टि की जो रचना लेखक करता है उसमें रचना जो दिखाई पड़ती है, लेखक उसमें मिडवाइफ की भूमिका अदा करता है, आया का काम करता है, वह जननी नहीं है। अब तक उसे माँ माना जाता था। अब माँ नहीं, आया है। आप लोगों को मालूम है, हिन्दी वाले बहुत अच्छी तरह से इससे परिचित होंगे। कृष्ण के जाने पर रूठ कर यशोदा ने कहा—"हौं तो धाय तिहारे सुत की, दया करत ही रहियो।" जब कृष्ण चले गये तो ठीक ही किया। हम उनके होते ही कौन हैं? हम उनकी माँ तो हैं नहीं कि हमारे पास वो रहते। आख़िर हम तो धाय ही हैं इसलिए जब धाय हैं तो धाय के पास इतने दिनों तक रहे, यही बहुत है। इसलिए यह लेखक का एक तरह से डीवैल्यूएशन हुआ, अवमूल्यन। उसके महत्त्व का ह्रास हुआ। आप सोचें कि शेली, कीट्स, वर्ड्सवर्थ वग़ैरह होते तो गोल्डमान के इस कथन पर उनकी क्या प्रतिक्रिया हुई होती? एक अच्छा-ख़ासा महाभारत हो जाता। रोमैंटिक लोग तो मानते थे कि लेखक जीनियस होता है। वह प्रजापति होता है, वह विधाता होता है, वह ब्रह्मा होता है अपनी रचना का। अपनी प्रतिभा से कोई चीज़ पैदा करता है। जहाँ इतना बड़ा महत्त्व था रोमैंटिक पीरियड में लेखक का, गोल्डमान ने उसको मिडवाइफ का दरजा दिया। इस तरह से उसके सम्मान को कम किया, घटाया। यहाँ गोल्डमान की ओर से यह कहा जा सकता है कि सामाजिक समुदाय की जो भी चेतना है और जो विश्वदृष्टि है, उसको सुसंगत और एकान्वित रूप देने का काम इंडिविजुअल करता है। विशेष व्यक्ति करता है। लेखक इक्सेप्शनल होता है। चूँकि महान कृतियाँ एक विशेष व्यक्तित्व से पैदा होती हैं, उसकी विशेषता ही यही है कि सामाजिक समुदाय की चेतना जो परस्पर असंगतियों से भी भरी रहती है, अविकसित होती है, अपूर्ण होती है, उन तमाम चीज़ों को वे सम्भाव्य चेतना के स्तर पर ले जाकर अपने चिन्तन के द्वारा, कला के द्वारा, भाषा की दक्षता के द्वारा उसको एक सुसंगत, समन्वित, व्यवस्थित, राउंडेड रूप देता है। इसलिए गोल्डमान के चिन्तन में जो यह कहा गया कि वे व्यक्ति को, रचनाकार को महत्त्व नहीं देते, मिडवाइफ कह देते हैं, कहना ग़लत है। क्योंकि उसे वे इक्सेप्शनल मानते हैं। कई जगहों पर उन्होंने कहा भी है कि ये व्यक्ति इसलिए विशेष होते हैं कि उसकी स्थिति समाज में एक हद तक स्वतन्त्र होती है और हाशिए पर भी होती है। 'मार्जिनलिटी' और 'इंडिपेंडेंट ऑफ़ सोसाइटी', दोनों चीज़ों का उन्होंने प्रयोग किया है।

हम लोग ख़ासतौर से कुछ लोग जो मार्क्सवाद में विश्वास रखते हैं, अक्सर, लेखक की स्वतन्त्रता और साधारण आदमी की स्वतन्त्रता, दोनों में कोई फ़र्क़ नहीं समझते। दोनों को एक जैसा मानते हैं। साहित्यकार की स्वतन्त्रता अन्य आदमियों की स्वतन्त्रता से थोड़ी भिन्न होती है। आमतौर से देखा जाता है कि लेखक की स्वतन्त्रता ज़्यादा जटिल होती है और यह 'मीडियलाइज्ड' होती है। यह हो सकता है कि कई लोग आर्थिक सम्बन्धों के जिस तन्त्र में बँधे हुए हैं, उससे अलग न सोचें। हम अक्सर देखते हैं कि कुछ ऐसे लेखक आपको दिखाई पड़ेंगे जो भौतिक, आर्थिक, राजनीतिक रूप से समृद्ध सत्ता से जुड़े हुए लोगों के विरुद्ध बोल नहीं सकते, कोई स्टेटमेंट नहीं दे सकते। लेकिन उनका लेखन ठीक-ठीक उसी के समानान्तर नहीं होता। इसके ज़्यादा उदाहरण देने की ज़रूरत नहीं है। शायद लोगों को आश्चर्य हुआ हो, लगता हो, हिपोक्रेसी लगती हो, पर यह सच है। हिन्दी के कवियों में श्रीकान्त वर्मा का एक कविता संग्रह है 'मगध'। श्रीकान्त वर्मा की क्या स्थिति है? उसमें टिप्पणी करने की ज़रूरत नहीं है। इसमें कई कविताएँ ऐसी हैं। यानी कोई आदमी कहे कि मगध में विचारों की कमी है तो यह मगध आख़िर है क्या? यह चन्द्रगुप्त के ज़माने का मगध तो नहीं है। जिस मगध की चर्चा की जा रही है, जिस मगध में विचारों की कमी है, जहाँ अव्यवस्था है, अशान्ति है, लोगों का सिर काटा जा रहा है। 'मगध' एक ऐसे आदमी की कृति नहीं हो सकती है जो सत्ता का पूर्णतः समर्थन करता हो। भले ही क्रान्तिकारी विद्रोही नहीं हो, उसको बदलने वाला नहीं हो, जैसा वह कविता में दिखाई पड़ता है।

गोल्डमान ने कहा कि चूँकि सृजन प्रक्रिया में यह अन्तर्निहित है कि वह उपयोग मूल्य के विश्वास पर निर्भर है इसलिए साहित्यकार स्वभावतः विशिष्ट हुआ करेगा और इसी कारण से साहित्यकार आमतौर से मार्जिनल हुआ करता है, हाशिए पर होता है। समाज के मूल्यों से भिन्न मूल्य रखता है। घर-परिवार में भी ये लोग निकम्मे समझे जाते हैं, कविता लिखने वाले, उपन्यास लिखने वाले। घर के लोग समझते हैं इससे क्या होगा? बी बी तक समझती है उसको कि बेकार का काम कर रहा है यह। इस तरह मार्जिनल होता है वह, परिवार में और पूरी सोसाइटी वालों में भी। यह मार्जिनलिटी विशिष्टता की सूचक है। इतनी दूर तक तो बात ठीक है। इससे मालूम होता है कि गोल्डमान लेखक की विशिष्टता को स्वीकार करते हैं। गोल्डमान जब कहते हैं कि लेखक एक सामाजिक समुदाय का सदस्य होने के नाते विश्वदृष्टि आदि का निर्माण करता है, यह तो ठीक है।

लेकिन यह सामाजिक समुदाय का सदस्य है, इसको अगर लागू करें तो? उन्होंने ज्याँ जेने के बारे में कहा कि यह वामपन्थी बुद्धिजीवी ज्याँ जेने नहीं है। इंडिविजुअलिटी उसकी कहाँ है, इसकी व्याख्या मार्जिनलिटी से नहीं होती। वह विशिष्टता कहाँ से आती है सामाजिक समुदाय और उस व्यक्ति में? ठीक है, व्यक्ति विशिष्ट होता है सामाजिक समुदाय की तमाम दृष्टियों को व्यक्त करने के कारण, लेकिन उस विशिष्टता का स्रोत क्या हैं, क्यों है, कबीरदास के ज़माने में खंजरी बजाकर के गाने वाले साधुओं की कमी नहीं ही है। और बहुत से जुलाहे ऐसे रहे होंगे। सारे जुलाहे कबीर नहीं हुए। बहुत सारे ब्राह्मण उस ज़माने के बनारस में गोस्वामी-बोस्वामी हो गये हों और वे कुछ भजन-वजन भी करते हों, लेकिन सारे भजनी तुलसीदास नहीं हुए। वह क्या चीज़ है जो विशिष्ट बनाती है? इसकी व्याख्या गोल्डमान के समाजशास्त्र में नहीं है। प्रेमचन्द भारतीय जीवन का चित्रण करते हैं। अकेले प्रेमचन्द ही नहीं, कायस्थ बहुत से थे। हाईस्कूल पास ही नहीं, बी.ए., एम.ए. पास भी बहुत से रहे होंगे, उर्दू जानने वाले भी बहुत से रहे होंगे, क़िस्सा-किताब भी पढ़ने वाले बहुत से रहे होंगे। असन्तोष भी रहा होगा, गाँधीवाद से भी प्रभावित रहे होंगे, वग़ैरह-वग़ैरह, उस ज़माने में ऐसे बहुत से लोग एक समुदाय में रहे होंगे, लेकिन उनमें प्रेमचन्द ही विशिष्ट क्यों हुए, इसकी कोई व्याख्या किसी समाजशास्त्र में नहीं है। लोगों ने कहा कि आपके पास व्याख्या न हो तो इंडिविजुअलिटी को, वैयक्तिकता को और उस व्यक्ति की विशिष्टता को स्वीकार करें, गोल्डमान के यहाँ जिसकी स्वीकृति नहीं है। गोल्डमान ने बार-बार यह कहा है कि हमारी उसमें दिलचस्पी भी नहीं है। कहते हैं कि साहित्य के समाजशास्त्र का यह काम नहीं है।

साहित्य की यह बुनियादी चिन्ता है। आपने नये कवियों में रघुवीर सहाय को कभी पढ़ा हो या सुना हो, उनके भाषणों से आप कवि की पीड़ा का अन्दाज़ा लगा सकते हैं। रघुवीर सहाय ने एकाधिक प्रसंगों में कहा और लिखा है कि लोग नयी कविता की बात करते हैं या नयी कविता की सारी विशेषताओं का ज़िक्र किया करते हैं, पूरा पोथा लिखा हुआ है पर मेरी इसमें कोई दिलचस्पी नहीं है। मैं तो यह जानना चाहता हूँ कि तमाम नयी कविताओं में और मेरी नयी कविता में ऐसी अपनी क्या विशेषता है, जो दूसरों में नहीं है। जब तक कोई यह नहीं बताता है तब तक अपने लिखने को मैं सार्थक ही नहीं मानता। अगर मैं वैसा ही लिखता हूँ जैसा कि सारे नये कवि लिखते हैं तो मेरा जीवन व्यर्थ है। हम लोग छायावाद की विशेषताओं का ज़िक्र करते हैं। महत्त्वपूर्ण यह नहीं है कि

पन्त, निराला, प्रसाद और महादेवी में क्या समान है? महत्त्वपूर्ण यह है कि कौन-सी चीज़ पन्त को निराला से अलग रखती है और निराला को पन्त से अलग करती है, जहाँ उनकी अपनी क्रिएटिविटी है?...कोई आदमी अपनी सार्थकता उस विशिष्टता में ढूँढ़ता और देखता है, उस सामान्यता में नहीं, जो उन तमाम चीज़ों से उसे जोड़ती है। यह बात सृजन के बारे में उतनी ही सही है जितनी आपसी मानवीय सम्बन्धों के बारे में। एक आदमी के जीवन में मान लीजिए कि एक दर्जन लड़कियाँ आती हैं और वह हर लड़की को समान रूप से सुन्दर कहता है, समान रूप से अच्छी कहता है। और जो विशेषण एक के लिए इस्तेमाल करता है, वही दूसरी के लिए, हर बार उन्हीं विशेषणों का इस्तेमाल करता है, तो ज़ाहिर है अगर वे सचमुच स्त्री हैं, उनमें अस्मिता है, उसकी नज़र में अगर वे सब एक जैसी हैं तो उनमें से किसी को वह पहचान नहीं पाता। रवीन्द्रनाथ ने एक कविता में कहा कि "तुम तो तुम्हीं हो तुम जो तुम हो, और कुछ नहीं हो, या और कोई तुम्हारे जैसा नहीं है,...यही तुम्हारा मेरे ऊपर ऋण है और जिसे मैं चाहता हूँ और उसी की खोज करना चाहता हूँ।" यह यूनिकनेस है। तुलसीदास ने 'रामचरितमानस' लिखा तो बार-बार उनकी चिन्ता रही थी कि रामचरित का गुणगान तो तमाम प्राकृत कवियों ने किया है, न मालूम कितने लोगों ने रामकथा लिखी है। मैं भी लिख रहा हूँ, पर मैं जो लिख रहा हूँ वह वही नहीं हो, जो और लोगों ने लिखी है। अगर मुझे वही लिखना है, जो दूसरों ने लिखा है तो फिर लिखने की क्या ज़रूरत? यह यूनिकनेस है।

इतनी दूर तक तो गोल्डमान ठीक हैं कि किसी साहित्यिक रचना की विश्वदृष्टि की व्याख्या के लिए सामाजिक समुदाय को ढूँढ़ निकालते हैं, समानान्तरता आ जाती है, लेकिन साहित्य में बल उस समानान्तरता से नहीं होता है, साहित्य में बल तो उस विशिष्टता और अद्वितीयता में होता है। और यही अभाव गोल्डमान के 'सोशियोलॉजी ऑफ़ लिटरेचर' में है। इसका कोई उत्तर उनके पास नहीं है। सोशियोलॉजी ऑफ़ लिटरेचर साहित्यिक कृतियों की इस यूनिकनेस की खोज नहीं करता है, जो उसकी सबसे बड़ी सीमा है।

अन्तिम बात इस सिलसिले में। लूसिएँ गोल्डमान के जेनेटिक स्ट्रक्चरिज़्म में उत्पत्ति सम्बन्धी सीमा की बात। और यह सीमा ज़्यादा स्पष्ट होती है सार्त्र और गोल्डमान की जेने सम्बन्धी समीक्षाओं में। ज्याँ जेने पर ज्याँ पॉल सात्र ने भी एक पुस्तक लिखी है। आप लोगों ने पढ़ा होगा 'संटे जेने', ज्याँ जेने के बारे में कुछ तो जानते ही होंगे आप लोग। ज्याँ जेने एक चोर था। बहुत ग़रीब।

चोरी के लिए उसको सज़ा हुई थी। बहुत दिनों तक जेल में रहा। और उस पर गोल्डमान ने भी लिखा और उस पर सार्त्र ने भी लिखा। सार्त्र ने ज्याँ जेने की रचना की खूबियाँ उसके जीवनचरित्र, पारिवारिक पृष्ठभूमि में देखीं। देखा कि यह आदमी किन परिस्थितियों में, किस पृष्ठभूमि के कारण अन्ततः एक तरह का क्रिमिनल हुआ। विस्तार से खोज करके उसके साहित्य की उन ख़ूबियों को उसके पारिवारिक वातावरण से ढूँढ़कर निकाला, उसकी विशिष्टता बतायी। दूसरी ओर गोल्डमान की पद्धति में इसके लिए अवकाश नहीं है। जीवन-चरित्र की खोज वे करते ही नहीं, परिवार के लिए उसमें कोई स्थान नहीं है। उन्होंने तो एक सोशल ग्रुप ढूँढ़ा और वह सोशल ग्रुप ज्याँ जेने का जिससे सम्बन्ध है, मोटे तौर से उन्होंने कहा कि यह एक प्रकार से वामपन्थी बुद्धिजीवियों का समुदाय है जिसकी वो अभिव्यक्त करते हैं। एक समूह के नाते इस समाज में वह अपने अन्तर्विरोधों से ग्रस्त है और वह जिस रूप में सताया जा रहा है, उसके अनुभव से गुज़र रहा है। जबकि ज्याँ पाल सार्त्र इसके लिए 'सोशियोलॉजी ऑफ़ फैमिली' लाते हैं। कहते हैं कि किसी लेखक के वैशिष्ट्य को केवल उसकी वर्गगत विशेषताओं के आधार पर निरूपित नहीं किया जा सकता है, बल्कि बहुत कुछ उसकी विशिष्टता की जड़ें उसके परिवार में होती हैं। फैमिली में होती हैं। ये ज्याँ पॉल सार्त्र का अपना साहित्यिक समाजशास्त्र है। अन्तिम दिनों में वे बहुत विशाल पुस्तक लिख रहे थे जिसके कुछ ही खण्ड लिखे गये। वह पूरी नहीं हो सकी, डेढ़ हज़ार पृष्ठों के बाद भी वह पूरी नहीं हो सकी। फ्लाबेयर पर और जिसको 'ईडियट ऑफ़ फैमिली' उन्होंने शीर्षक दिया है। परिवार का वह ईडियट था। इस तुलना से गोल्डमान के समाजशास्त्र की सीमाएँ अधिक स्पष्टता के साथ सामने आती हैं।

गोल्डमान ने साहित्यिक रचनाओं में जिस चीज़ पर बहुत बल दिया है वह है कोहेरेंस और यूनिटी। एकान्विति और उनकी अन्तःसंगति। लेकिन इसके लिए कोई युक्ति उन्होंने नहीं लिखी। यानी कोई युक्ति न देकर उसे बार-बार उन्होंने दोहराया है। अपने आपमें सुसंगत होना रचना का गुण क्यों है। हम लोग रूपवादी रचना की आलोचना के दौरान देख चुके हैं कि दो प्रकार के सिद्धान्त रखे गये थे। एक संवादिता का सत्य है और दूसरा अन्तःसंगति का सच है। रूपवादी लोग मानते रहें कि कोई रचना अपने आपमें पूर्ण हो, समग्र हो, सुसंगत हो, इसमें उसकी महानता व्यक्त नहीं होती है। अपने आपमें सुसंगत हो लेकिन वह वास्तविकता के मेल में भी हो। आप अपने आपमें सुसंगत झूठ बोल सकते हैं। कहा ही जाता है कि बहुत सुसंगत हो। कहीं कंट्राडिक्शन न हो,

वरना बहस में वकील कचहरी में बुला लेगा आपको। इसलिए अपने आपमें सुसंगत होना, यह झूठ की ख़ूबी है। यह सत्य की भी ख़ूबी है। सत्य को अपने आपमें सुसंगत होना चाहिए। यह तो सही है। लेकिन झूठ को भी अपने आपमें सुसंगत होना चाहिए। ऐसी बहुत-सी कृतियाँ हैं जो आपस में बहुत सुसंगत हो सकती हैं। लेकिन सुसंगत होने के बावजूद उसमें रिचनेस न हो, काम्प्लेक्सिटी न हो। आमतौर से देखते हैं कि किसी दर्शन, सिद्धान्त या मान्यता को लेकर रचनाओं में आदि, अन्त और मध्य बड़ा सुसंगत, सुगठित और सुनियमित हुआ करता है। बावजूद इसके उसमें जीवन का अनुभव कुछ नहीं होता है। ऐसी भी रचनाएँ श्रेष्ठ हुई हैं जिनमें अन्तर्विरोध हैं, वह रचना कभी-कभी, बल्कि उस जगह वह रचना ज़्यादा आकर्षक होती है, ऊँचाइयों को छूती है जहाँ वह अपने ही जीवन, अपनी ही विश्वदृष्टि के विरुद्ध कुछ कह जाती है। जितने बड़े लेखक हैं वे अपनी रचना में अपनी ही निहित जीवनदृष्टि और मान्यता के विरुद्ध चित्रण कर जाते हैं। इसी आधार पर मार्क्स ने और लेनिन ने तॉलस्तॉय और बालजाक के बारे में लिखा है। इसलिए सराहनीय चीज़ वह यूनिटी नहीं होती है, संगति नहीं होती है। किसी रचना की महानता उसके जीवनानुभव सम्बन्धी समृद्धि में होती है। कभी-कभी उसकी चुनौतियों में होती है। उसके प्रतिवाद में होती है, उसकी आलोचनात्मक क्षमता में होती है। इसका कुछ संकेत गोल्डमान के अन्तिम दिनों में लिखे हुए एक लेख में मिलता है। 'डायलेक्टिक्स ऑफ़ लिबरेशन' नाम की किताब में उनका वह लेख है—'क्रिटिसिज़्म एंड डागमैटिज़्म ऑफ़ लिटरेचर।' एक डागमैटिक आदमी बहुत सुसंगत हो सकता है, लेकिन वह बड़ा थिंकर भी हो, यह कोई ज़रूरी नहीं है।

(जवाहरलाल नेहरू विश्वविद्यालय की कक्षाओं में अध्यापक के रूप में दिये गये व्याख्यानों का समेकित रूप 'वसुधा', के नामवर सिंह पर केन्द्रित अंक-54, अप्रैल-जून 2002 में पहली बार प्रकाशित)

रेमंड विलियम्स : आधार और अधिरचना का सवाल

हम रेमंड विलियम्स के निबन्ध 'संस्कृति के मार्क्सीय सिद्धान्त में आधार और ऊपरी ढाँचे की सार्थकता' की ओर विशेष रूप से उन लोगों का ध्यान आकृष्ट करना चाहते हैं जो इस व्यवस्था के ऊपरी ढाँचों के साथ ही आधार को भी बदलने के लिए संघर्ष कर रहे हैं और इस संघर्ष को निर्णायक मंज़िल तक ले जाने के लिए अपनी समझ को वैज्ञानिकता के खराद पर धार देने का अनवरत प्रयत्न कर रहे हैं। आधार और अधिरचना के सम्बन्ध की सही समझ कोरी किताबी बहस का विषय नहीं, बल्कि जैसा कि रेमंड विलियम्स के निबन्ध से स्पष्ट है, इसका हमारे संघर्ष की रणनीति के लिए व्यावहारिक महत्त्व है। उदाहरण के लिए, जब हम देखते हैं कि गहरे आर्थिक संकट के बावजूद इस व्यवस्था का महल ढह नहीं जाता तो हम यह सोचने के लिए बाध्य होते हैं कि जिसे हम ऊपरी ढाँचा समझकर गौण अथवा अपेक्षाकृत उपेक्षणीय मान बैठे हैं, कहीं वही तो इसे नहीं सँभाले है! इसी प्रकार जब हम व्यवस्था की पोषक विचारधाराओं की असंगतियों को अनावृत करके तर्क से खण्ड-खण्ड करने के बाद भी उन्हें समाज के बीच जीते-जागते पाते हैं तो हम इस बात का पता लगाये बिना नहीं रह सकते कि उन्हें जिलाए रखने वाली जड़ें समाज के किस कोने से रस खींच रही हैं। कहने की आवश्यकता नहीं कि ये सवाल हमें व्यवस्था को उसकी 'समग्रता' में देखने को बाध्य करते हैं और हम अनिवार्यतः 'आधार' और 'अधिरचना' की अवधारणाओं की बुनियाद में उतरे बिना नहीं रह सकते। इस प्रसंग में रेमंड विलियम्स ने कुछ बुनियादी सवाल उठाये हैं, जो विचारणीय हैं।

पहली बात तो यह है कि हमें निर्धारक आधार और निर्धारित अधिरचना की स्थापना से आरम्भ न करके मार्क्स की इस आरम्भिक स्थापना से चर्चा शुरू करनी चाहिए कि सामाजिक अस्तित्व ही चेतना को निर्धारित करता है। इससे लाभ यह है कि आधार और अधिरचना जैसे आलंकारिक प्रयोगों से उत्पन्न

होने वाले भ्रमों से बचा जा सकेगा। एक ओर समाज-व्यवस्था और दूसरी ओर उसकी विचारधाराओं तथा तत्सम्बन्धी संस्थाओं को जब आधार और अधिरचना के रूपकों द्वारा व्यक्त किया जाता है तो एक विशाल इमारत का चित्र सामने आता है जो सम्पूर्ण क्रिया-व्यापार को स्थिर और जड़ बना देता है। इसके विपरीत 'सामाजिक अस्तित्व चेतना को निर्धारित करता है' वाली स्थापना से एक गतिशील प्रक्रिया का अहसास होता है जो वास्तविकता के अधिक निकट है।

दूसरी कठिनाई 'निर्धारित करता है' क्रिया से जुड़ी हुई है। इसी क्रिया के कारण मार्क्सवाद पर नियतिवाद का आरोप लगाया गया है। निस्सन्देह इस आरोप के निराकरण के लिए समय-समय पर अनेक युक्तियाँ दी गयी हैं। किन्तु रेमंड विलियम्स ने इस क्रिया से जुड़े हुए अर्थों के ऐतिहासिक अनुषंगों के प्रति आत्म-सजग करते हुए यह सुझाव रखा है कि हमें 'निर्धारण' (डिटरमिनेशन) को पूर्वकल्पित, पूर्वनिर्दिष्ट तथा नियन्त्रित वाचक अर्थों की अपेक्षा सीमा-निर्धारण तथा दबाव डालने के अर्थों में ग्रहण करना चाहिए।

वैसे, आधार और अधिरचना के सम्बन्धों की सूक्ष्मता पर काफ़ी विचार किया गया है और उन सम्बन्धों को स्थूल प्रतिबिम्ब, प्रतिरूप तथा पराश्रित वस्तु से अलगाने की दिशा में अनेक संशोधन भी पेश किये गये हैं। अधिकांश विचारक मानते हैं कि अधिरचना और आधार के बीच कभी-कभी कालगत अन्तराल होता है और प्रायः उनके बीच का सम्बन्ध सुदूरवर्ती और अप्रत्यक्ष होता है। इधर इस सम्बन्ध की परोक्षता बतलाने के लिए कुछ लोगों ने 'मध्यस्थता' (मीडिएशन) का सिद्धान्त प्रस्तुत किया है तो कुछ ने आधार और अधिरचना को 'सधर्मा संरचनाओं' (होमोलोगस स्ट्रक्चर्स) के रूप में व्याख्यायित करने का प्रयास किया है जिसके अनुसार आधार और अधिरचना के बीच मूलभूत संवादिता-मात्र होती है।

अधिरचना की प्रकृति के विषय में उक्त संशोधनों के महत्त्व को स्वीकार करते हुए भी रेमंड विलियम्स अनुभव करते हैं कि 'आधार' पर उतनी गम्भीरता से विचार नहीं किया गया है जबकि सांस्कृतिक प्रक्रिया की वास्तविकताओं को समझने के लिए 'आधार' की अवधारणा अधिक महत्त्वपूर्ण है। आमतौर से विचारक अधिरचना के स्वरूप-निरूपण में इतने व्यस्त रहे हैं कि 'आधार' को सामान्यतः एक 'वस्तु' की तरह स्थिर और एकरूप मान लिया गया है, जबकि 'आधार' स्वयं मनुष्य का वास्तविक सामाजिक अस्तित्व है।

निष्कर्ष यह है कि "हमें ऊपरी ढाँचे को एक प्रतिबिम्बित, पुनरुत्पादित या पराश्रित घटक से अलग सांस्कृतिक व्यवहारों की सुसम्बद्ध श्रेणियों के रूप में समझना होगा, और सर्वाधिक महत्त्वपूर्ण बात यह है कि 'आधार' को एक निश्चित आर्थिक या तकनीकी अमूर्तन से अलग वास्तविक सामाजिक तथा आर्थिक सम्बन्धों में सक्रिय मनुष्यों की ऐसी विशिष्ट क्रियाशीलता के रूप में समझना होगा, जहाँ मूलभूत अन्तर्विरोधों और परिवर्तनों के साथ-साथ एक गतिशील प्रक्रिया चलती रहती है। "इस प्रकार रेमंड विलियम्स 'उत्पादक शक्तियों' को व्यापक अर्थ में ग्रहण करते हुए उसके अन्तर्गत 'समाज के मूलभूत उत्पादन, उत्पादन में लगे मनुष्य, भौतिक उत्पादन और उससे उत्पन्न वास्तविक जीवन' आदि सभी को समाविष्ट मानते हैं और स्पष्ट है कि इस मान्यता के बाद हम कुछ महत्त्वपूर्ण उत्पादक सामाजिक शक्तियों को केवल ऊपरी ढाँचे की चीज़ या गौण चीज़ मानकर ख़ारिज नहीं कर सकते।"

इस सन्दर्भ में क्रमशः जॉर्ज लूकाच की सामाजिक 'समग्रता' (टोटैलिटी) की अवधारणा और अन्तोनियो ग्राम्शी की 'प्रभुत्व' (हिजेमनी) की अवधारणा का मूल्यांकन किया गया है। लूकाच की 'समग्रता' की धारणा इस अर्थ में एक महत्त्वपूर्ण प्रगति है कि यह आधार-अधिरचना रूपक की स्तरवादी कष्ट-कल्पना के दोषों से मुक्त होकर मार्क्स की प्रारम्भिक स्थापना के अनुरूप समस्त सामाजिक व्यवहारों को एक समग्रता में प्रस्तुत करने का प्रयास करती है; किन्तु इसका सबसे बड़ा दोष यह है कि इससे समाज का वर्गगत चरित्र धुँधला हो जाता है। व्यवहार में यह मान्यता उन लड़ाकू लोगों को सबसे ज़्यादा खटकी जो आर्थिक लड़ाई के साथ-साथ संस्थाओं और विचारधाराओं के ख़िलाफ़ संघर्ष कर रहे हैं। इसलिए 'समग्रता की अवधारणा का सार्थक प्रयोग तभी सम्भव है जब हम इसे एक दूसरी महत्त्वपूर्ण मार्क्सवादी अवधारणा 'प्रभुत्व' (हिजेमनी) से जोड़कर देखें।'

ग्राम्शी द्वारा प्रस्तुत 'प्रभुत्व' की अवधारणा एक ऐसी वास्तविक समग्रता के अस्तित्व को स्वीकारती है जो केवल गौण या ऊपरी ढाँचे की चीज़ नहीं है जैसा कि 'विचारधारा' की क्षीण धारणा से सूचित होता है, उसे तो ऐसी गहराई तक जिया जाता है और वह इस हद तक समाज को सम्पृक्त कर देती है कि अधिकांश जन के लिए सहज ज्ञान की सीमा बन जाती है; वह सामाजिक अनुभव की वास्तविकता के इतने निकट होती है कि आधार-अधिरचना के फॉर्मूले से निकलने वाली कोई धारणा उसकी छाया भी नहीं छू सकती।

"अगर विचारधारा केवल एक आरोपित अमूर्त धारणा मात्र होती और हमारे सामाजिक, राजनैतिक और सांस्कृतिक विचार, मान्यताएँ और आदतें एक ख़ास क़िस्म की चालबाज़ी का परिणाम होतीं या फिर एक ऐसे प्रशिक्षण से उत्पन्न होती जिसे सहज ही समाप्त करना या जिससे मुक्त होना सम्भव होता तो समाज को आन्दोलित या परिवर्तित करना काफ़ी सहज काम होता; लेकिन अब तक के अनुभव से साबित हो चुका है कि यह न तो कभी सरल रहा है न अब भी है।"

स्पष्ट है कि 'प्रभुत्व' की धारणा नितान्त बुनियादी है क्योंकि यह समाज की चेतना में गहरे स्तर तक सम्पृक्त है। इसके अतिरिक्त 'समग्रता' की धारणा से यह इस बात में भी बेहतर है कि इससे आधिपत्य का तथ्य उभरकर सामने आता है ग्राम्शी ने इस प्रभुत्वशाली संस्कृति के प्रभावशाली होने की प्रक्रिया का गहराई से विश्लेषण करते हुए विस्तार से दिखलाया है कि किस प्रकार शिक्षण-संस्थाएँ एक प्रभुत्वशाली वर्ग की संस्कृति को शेष वर्गों तक फैलाने में एजेंसियों का काम करती हैं; यहाँ तक स्वयं परिवार भी इसमें जाने-अनजाने योग देता है बल्कि शिक्षा संस्थाओं से भी ज़्यादा। धीरे-धीरे यह प्रभुत्वशाली संस्कृति पूरे समाज के बीच एक परम्परा के रूप में प्रतिष्ठित कर दी जाती है। परम्परा की प्रतिष्ठा प्राप्त करने के लिए वह अपने भीतर अतीत की अवशिष्ट संस्कृतियों को भी एक विशेष चयन-दृष्टि के अनुसार समाविष्ट कर लेती है, साथ ही उदीयमान संस्कृति के तत्त्वों को भी एक हद तक अंगीकार करने का प्रयास करती है। यही नहीं, बल्कि कभी-कभी वैकल्पिक और विरोधमूलक संस्कृतियाँ भी प्रभुत्वशाली संस्कृति के अंगभूत होकर उसकी सहिष्णुता और उदारता की धारणा को पुष्ट करने को विवश होती हैं। इस सैद्धान्तिक विवेचन के उपरान्त रेमंड विलियम्स ने अन्त में आज की पश्चिमी दुनिया की प्रभुत्वशाली संस्कृति के एक ऐसे उल्लेखनीय तथ्य की ओर ध्यान आकृष्ट किया है जो हमारे लिए भी प्रासंगिक है। काव्य-कृति अथवा कला-कृति को स्वायत्त या स्वतः-सम्पूर्ण मानकर उसके विश्लेषण-आस्वादन पर केन्द्रित रूपवादी आलोचना की कमज़ोरियों की ओर ध्यान तो औरों ने भी आकृष्ट किया है किन्तु रेमंड विलियम्स सम्भवतः पहले आलोचक हैं जिन्होंने इसके सामाजिक आधार का उद्घाटन करते हुए स्पष्ट कहा है कि इसका सम्बन्ध उपभोगग्रस्त पूँजीवादी समाज-व्यवस्था से है जो उपभोगवादी प्रवृत्ति के प्रभाव में कला या काव्य को भी 'वस्तु' में बदलने का प्रयास कर रही है। स्पष्टतः इस प्रवृत्ति के विरुद्ध संघर्ष का अर्थ है कला और

काव्य को 'वस्तु' के स्थान पर 'व्यवहार' (प्रैक्टिस) के रूप में मान्यता देना—जो मान्यता अन्ततः 'उपभोग' के स्थान पर उत्पादन को प्रतिष्ठित करने की दिशा में ले जायेगी।

जैसा कि रेमंड विलियम्स ने कहा है, "लगभग सभी समकालीन आलोचना-सिद्धान्त उपभोग के सिद्धान्त हैं।" इन सिद्धान्तों का उद्देश्य है किसी कलावस्तु को इस रूप में समझना कि उसका लाभप्रद या सही उपभोग हो सके। 'अभिरुचि' (टेस्ट) का सिद्धान्त इसी उपभोग-सिद्धान्त का प्रारम्भिक रूप है और आधुनिक युग में आई.ए. रिचर्ड्स ने मनोवैज्ञानिक आवरण में 'अधिक-से-अधिक वृत्तियों के अधिक-से-अधिक परितोष' के रूप में जिस काव्य-सिद्धान्त की स्थापना की है, वह भी मूलतः उपभोग-सिद्धान्त का ही नवीन भाष्य है। तथाकथित 'नयी आलोचना' भी इसी बुनियाद पर कायम है। आकस्मिक नहीं है कि इस उपभोग-सिद्धान्त के प्रभाव के कारण कला और काव्य के उत्पादन की स्थितियों पर विचार करने से रोका गया। नये आलोचकों ने मूल्यांकन की वस्तुनिष्ठता के नाम पर किसी कृति की उत्पत्ति तथा रचना-प्रक्रियाओं-सम्बन्धी जिज्ञासाओं को भ्रामक माना और उसे 'अभिप्रायपरक हेत्वाभास' (इंटेंशनल फैलेसी) जैसा आतंककारी नाम देकर पाठकों को उस ओर से विरत करने का प्रयास किया।

इस उपभोगवादी संस्कृति के प्रभुत्व में स्वभावतः कला और काव्य भी विच्छिन्नता (एलियनेशन) के शिकार हुए और वे व्यापक सामाजिक प्रक्रिया से विच्छिन्न होकर उपभोग या आस्वाद की एक 'वस्तु' मात्र होकर रह गये। जो लोग आधुनिक सौन्दर्यशास्त्रीय मुहावरों से आकृष्ट होकर प्रायः 'कला-वस्तु' और 'काव्य-कृति' जैसे पदों का प्रयोग बेहिचक करने के आदी हो चले हैं, उन्हें यह देखकर शायद आघात पहुँचे कि ये निरामिष-से प्रतीत होने वाले पद एक निश्चित समाजव्यवस्था के आर्थिक नियमों के अन्तर्गत उत्पन्न और प्रचलित हुए हैं। वस्तुतः ये नितान्त शुद्ध कलावादी अवधारणाएँ विशेष प्रकार की अर्थव्यवस्था की देन हैं। इस प्रकार रूपवादी अथवा कलावादी साहित्य-समीक्षा के सामाजिक आधारों का पता लगाना भी सम्भव होता है। स्पष्टतः इस सिद्धान्त के खण्डन में आधार-अधिरचना की धारणा 'प्रभुत्व' और 'समग्रता' की व्यापक अवधारणाओं के ढाँचे के अन्तर्गत पर्याप्त उपयोगी हो सकती है। निष्कर्ष यह कि आधार-अधिरचना की धारणा मृत या अनुपयोगी नहीं हुई है,

बल्कि, जैसा कि रेमंड विलियम्स ने कहा है, "एक सक्रिय और जीवन्त मार्क्सवादी संस्कृति-सम्बन्धी चिन्तन-परम्परा की सैद्धान्तिक और व्यावहारिक गतिविधि के अन्तर्गत इससे पुरानी चिन्तन-पद्धति से मुक्ति और नवीन चिन्तन-पद्धति के प्रस्थान-बिन्दु का सुझाव भी मिलता है।"

(आलोचना, अक्टूबर-दिसम्बर 1974 में सम्पादकीय के रूप में प्रकाशित)

साहित्य का समाजशास्त्र : रेमंड विलियम्स

(कक्षा-व्याख्यान)

1

बीसवीं शताब्दी के चौथे दशक में तथाकथित इंग्लिश स्कूल या अंग्रेज़ी साहित्यिक समालोचना के अन्तर्गत साहित्यिक समाजशास्त्र—लिटरेरी सोशियोलॉजी की शुरुआत हुई। इसके केन्द्रबिन्दु डॉ. एफ.आर. लीविस थे और 'स्क्रूटनी' नामक पत्रिका उसका माध्यम थी। उस इंग्लिश स्कूल की लिटरेरी सोशियोलॉजी का दूसरा चरण, अपेक्षाकृत अधिक विकसित रूप में रेमंड विलियम्स में मिलता है। आज हम रेमंड विलियम्स ने समाजशास्त्र और साहित्य के सम्बन्ध को लेकर जो विचार प्रस्तुत किये हैं, उनका आकलन करेंगे। रेमंड विलियम्स ने 'लिटरेचर एंड सोशियोलॉजी' नामक एक लेख 1971 में 'न्यू लेफ्ट रिव्यू' में प्रकाशित किया था। यह लेख प्रसिद्ध फ्रांसीसी समाजशास्त्री लूसिएँ गोल्डमान, जिन्होंने साहित्य के समाजशास्त्र पर बहुत ही व्यवस्थित कार्य किया है और उन कार्यों के लिए वे पश्चिमी दुनिया में प्रसिद्ध हैं, की याद में लिखा गया था। लूसिएँ गोल्डमान कैम्ब्रिज आये थे, वहाँ भाषण दिया था और उसके कुछ ही दिनों बाद उनकी मृत्यु हो गयी यह लेख उस स्मृति को समर्पित है। विलियम्स का यह भाषण उनकी पुस्तक 'प्रॉब्लम्स इन मैटीरियलिज़्म एंड कल्चर' में है।

विलियम्स ने उस लेख में अपनी पूर्ववर्ती परम्परा से अपने कार्यों के सम्बन्ध को किस तरह जोड़ा है और अन्ततः वे किस प्रकार लीविस की ही परम्परा में आते हैं, यह उनके लेख से स्पष्ट हो जाता है। लिटरेचर एंड सोशियोलॉजी पर लीविस ने भी लेख लिखा है और रेमंड विलियम्स ने भी। यदि आप ध्यान देंगे कि दोनों के शीर्षक समान हैं और यही नहीं उन शीर्षकों में भी एक बात समान है, और वह यह है कि इन दोनों पदों में 'लिटरेचर' पहले है, 'सोशियोलॉजी' बाद में है।

इसलिए वे साहित्य को अपने चिन्तन में भी प्रधानता देते हैं और अपने लेख में भी। लीविस ने अपने ज़माने के समाजशास्त्रियों का कोई ज़िक्र नहीं किया था, बल्कि समाजशास्त्र की ओर से लिखी हुई कुछ पुस्तकों की आलोचना की थी। उसके लगभग बीस से भी अधिक वर्षों के बाद रेमंड विलियम्स ने इंग्लैंड में समाजशास्त्र की क्या स्थिति थी और साहित्य में उनकी दिलचस्पी थी या नहीं थी, थी तो कितनी थी, इसके बारे में उस लेख में संकेत किया है। दो घटनाओं का उन्होंने विशेष रूप से ज़िक्र किया है। इंग्लैंड में उस समय जो समाजशास्त्र था, जो समाजशास्त्र की पद्धति थी, वह बहुत-कुछ पॉजिटिविज़्म से प्रभावित थी। उसका एक दूसरा नाम भी इस्तेमाल किया है। गोल्डमान से उन्होंने शब्द लिया है 'साइंटिज़्म'। पॉजिटिविज़्म और साइंटिज़्म। भौतिक विज्ञान में शोध या अनुसन्धान की जो पद्धति अपनाई जाती है, उसी पद्धति को जब मानविकी में ज्यों का त्यों अपना लिया जाता हो तो वह एक तरह का साइंटिज़्म कहलाता है। भौतिक विज्ञान की जो पद्धति अपनाई जाती है, वह बहुत-कुछ वस्तुनिष्ठ होती है। वहाँ पदार्थों का अध्ययन किया जाता है जिसमें मनुष्य के राग-विराग की प्रक्रिया, मनोभावों का कोई दखल नहीं होता। पेड़-पौधों या रासायनिक द्रव्यों या भौतिक पदार्थों अथवा कहिए कि ब्रह्मांड के ग्रह, नक्षत्र और ताराओं का अध्ययन करते समय कोई वैज्ञानिक उसमें अपने राग-विराग का दखल नहीं होने देता है। कविता की दुनिया में चन्द्रमा का या सूर्य का होगा कोई मतलब; लेकिन कोई खगोलशास्त्री यदि चन्द्रमा का अध्ययन करता है तो उसमें 'मिलन में वह अमृत बरसाता है' और 'विरह में वह आग बरसाता है', इसका कोई दखल नहीं होता। इसलिए चन्द्रमा और सूर्य पदार्थ रूप में ही हैं और वस्तुनिष्ठ रूप से देखे जाते हैं। इसमें राग-विराग का दखल नहीं होता है। इसलिए कि एक चीज़ तो उसकी वस्तुनिष्ठता होती है और उससे जुड़ी हुई एक दूसरी अवधारणा है जो विज्ञान में आमतौर से सिद्ध है कि यह अध्ययन एक तरह का 'वैल्यू फ्री' होता है। मूल्य-निरपेक्ष होता है। इन पदार्थों का जो भौतिक गुण है, उसकी ही खोज की जाती है। ये भौतिक पदार्थ किसी मूल्य के प्रतीक हैं, किसी अर्थ के प्रतीक हैं, इन पर ध्यान नहीं दिया जाता है। इसलिए उन पदार्थों का जो सामाजिक मूल्य होता है, जैसे मान लीजिए कि गोल्ड या डायमंड का रासायनिक विश्लेषण करते हुए यह बिल्कुल ध्यान नहीं दिया जायेगा कि वह सुन्दर होता है कि नहीं होता है, और उसका सौन्दर्य किसी पुरुष या किसी स्त्री के शरीर पर धारण करने से खिल उठता है या नहीं खिल उठता है या किस प्रकार खिलता है, इन चीज़ों का

ध्यान नहीं रखा जायेगा। जबकि उसके मूल्य और उसके अर्थ आमतौर से सामाजिक होते हैं, मानवीय होते हैं। दूसरी तरफ़ वैज्ञानिक चीज़ के रूप में चाँदी का क्या मूल्य है, सोने का क्या मूल्य है बाज़ार में, कोई महत्त्व नहीं रखती है। विश्लेषण करते समय उसकी इकोनॉमिक वैल्यू क्या है, सोशल वैल्यू क्या है, एथेटिक वैल्यू क्या है, उसकी मॉरल वैल्यू क्या है, नहीं देखा जाता है। किसी के रखने से समझा जाये कि सोना पवित्र होता है और कोई यह कहे कि उसे पैर में नहीं पहनना चाहिए या कमर के नीचे उसे धारण नहीं करना चाहिए। सोने का स्थान ऊपर ही है। जैसा कि हमारे यहाँ माना जाता है। पुराने ज़माने में विधान था कि केवल राजा और रानी ही सोने को पैर में धारण कर सकते हैं, दूसरा कोई धारण नहीं कर सकता है। अब यह इसकी वैल्यू 'सोशल वैल्यू' है। कोई चीज़ पवित्र है, कोई पवित्र नहीं है। मरते समय सोना-तुलसी डाला जाय, यह उसकी मॉरल वैल्यू है। उस वैल्यू पर ध्यान नहीं दिया जाता है। तो मैं ज़िक्र कर रहा हूँ कि समाजशास्त्र में आमतौर से विज्ञान की पद्धति अपनाई गयी थी, वस्तुनिष्ठता की और मूल्य-निरपेक्षता की पद्धति इन अध्ययनों में इस्तेमाल की गयी थी। उस वस्तुनिष्ठता का असर आरम्भिक दिनों में समाजशास्त्रियों में बहुत रहा है। यह दूसरी बात है कि स्वयं समाजशास्त्र के अन्दर भी आगे चल करके ऐसे विचारक हुए जिन्होंने साइंटिज़्म का विरोध किया। ऐसे समाजशास्त्रियों की एक लम्बी परम्परा है जिन्होंने समाजशास्त्र के अन्तर्गत इस साइंटिज़्म का विरोध किया है और उन्होंने दूसरी प्रणाली अपनाई है। लेकिन आप लोगों को मालूम होगा कि इंग्लैंड एक अरसे से, लगभग अठारहवीं शताब्दी से, अनुभववादी दर्शन प्रणाली का गढ़ रहा है। जॉन लॉक से यह परम्परा चली आ रही है। उस अनुभववाद का प्रभाव दर्शन पर, साहित्य पर, इतिहास पर, अनेक क्षेत्रों पर रहा है। इसलिए इंग्लैंड में सोशियोलॉजी बहुत दिनों तक साइंटिज़्म से मुक्त नहीं हो सकी। इसलिए रेमंड विलियम्स का पहला कथन है कि साहित्य के समाजशास्त्र के मार्ग में बहुत बड़ी बाधा समाजशास्त्र के अन्दर प्रचलित वह विज्ञानवाद था या वैज्ञानिकतावाद है। विज्ञानवाद से भ्रम होता है कभी-कभी अतिचैतन्यवादी धारणा का भी। रेमंड विलियम्स ने इस सिलसिले में यह भी कहा है कि यहाँ तक कि इस वैज्ञानिकतावाद का प्रभाव स्वयं मार्क्सवाद पर भी था और लीविस ने जब साहित्य के समाजशास्त्र की कड़ी आलोचना की थी तो उनके सामने उस समय मुख्य रूप से मार्क्सवाद ही था। और यह अलग सवाल है, उस पर विस्तार से विचार का समय अभी नहीं है, लेकिन जो लोग मार्क्सवाद के इतिहास से

परिचित हैं, वे समझ सकते हैं। मार्क्स-एंगेल्स के बाद सेकेंड इंटरनेशनल का नाम शायद आप लोगों ने सुना हो। फर्स्ट इंटरनेशनल तो स्वयं मार्क्स ने स्थापित किया था। सेकंड इंटरनेशनल स्थापित किया था कार्ल काउत्स्की ने। सेकंड इंटरनेशनल और कार्ल काउत्स्की दोनों का नाम एक-दूसरे से जुड़ा हुआ है। जिसको आस्ट्रियन मार्क्सवाद कहा जाता है। यह सेकंड इंटरनेशनल था और आगे चलकर लेनिन ने थर्ड इंटरनेशनल स्थापित किया था। यह सेकंड इंटरनेशनल का जो मार्क्सवाद है, ऐसा समझा जाता है कि कार्ल काउत्स्की ही उसमें मुख्य थे। उन दिनों की बहस थी 'विकास बनाम क्रान्ति', 'इवोल्यूशनिज़्म बनाम रिवोल्यूशनिज़्म'। सेकंड इंटरनेशनल के लोग लगभग यह मानते थे कि पूँजीवाद अपने अन्तर्विरोधों के कारण स्वयं समाजवाद में परिणत हो जायेगा। यानी पूँजीवाद से समाजवाद का जो संक्रमण है वह इवोल्यूशन के रूप में होगा, विकास के रूप में अपने आप होगा। और इसलिए किसी रिवोल्यूशन की या क्रान्ति की अथवा क्रान्तिकारी हस्तक्षेप की आवश्यकता नहीं होगी। यह अति सरलीकरण था मार्क्सवाद का। इस सेकंड इंटरनेशनल ने क्रान्ति के स्थान पर विकास को बल दिया था। उसके मूल में जो भावना थी वह डार्विन के विकासवाद की थी। उन्होंने अपनी समझ से कहा कि मार्क्स के विचारों को एंगेल्स ने वस्तुतः विकासवादी रूप दिया है। उन्होंने इसका स्रोत ढूँढ़ लिया था कि मार्क्स अपने 'कैपिटल' के खण्ड दो को डार्विन को समर्पित करना चाहते थे। इससे मालूम होता है कि मार्क्स खुद डार्विन के विकासवाद का बहुत सम्मान करते थे। सेकंड इंटरनेशनल का मार्क्सवाद साइंटिज़्म का शिकार था। यह डार्विन के विकासवाद को मूल मानता था और सामाजिक परिवर्तनों का वस्तुवादी ढंग से, मूल्य-निरपेक्ष ढंग से अध्ययन करने के पक्ष में था। इस सेकंड इंटरनेशनल के मार्क्सवाद का प्रभाव एक समय पश्चिमी देशों के अधिकांश मार्क्सवादियों पर पड़ा और चूँकि मार्क्स ने खुद अपने दर्शन को एक तरह का विज्ञान कहा था, कहा था कि साइंस है फिलॉसफ़ी। इसलिए साइंस के प्रति एक विशेष प्रकार का आग्रह भी मार्क्सवादियों में था। वह जीवन दृष्टि विज्ञान है, साइंटिफिक आउटलुक। साइंस का उसमें ज़्यादा होल्ड रहा है। इसलिए रेमंड विलियम्स ने जब कहा कि साइटिज़्म सोशियोलॉजी में था तो उसके साथ यह भी कहा कि इंग्लैंड में उस समय मार्क्सवाद में भी साइंटिज़्म था और इस साइंटिज़्म के कारण साहित्य की ठीक-ठीक व्याख्या नहीं हो सकती थी। तीसरी बात अपने ज़माने की सोशियोलॉजी के बारे में रेमंड विलियम्स ने कहा कि स्वयं समाजशास्त्रियों का ध्यान साहित्य

के अध्ययन की ओर बहुत कम था। उन्होंने अपना उदाहरण दिया है कि स्वयं मैंने बहुत गहन नहीं बल्कि सरल स्तर की रचना की। और उसका कुछ हवाला उन्होंने दिया है। इनकी किताबों से आप परिचित होंगे। पहली किताब जिसके कारण वे प्रतिष्ठित हुए, वह है 'कल्चर एंड सोसाइटी'। उस पुस्तक के बाद उन्होंने दूसरी पुस्तक लिखी 'द लांग रिवोल्यूशन'। 'द लांग रिवोल्यूशन' नाम की किताब मुख्यतः 'कल्चर एंड सोसाइटी' की स्थापनाओं का ही अगला चरण है। 'द लांग रिवोल्यूशन' में उन्होंने लगभग लेविस के काल का जो साहित्यिक समाजशास्त्र है, जिस प्रकार के इसमें मूल्य हैं, उस प्रकार के कुछ अध्ययन उपस्थित किये थे, जिसमें से कुछ अध्यायों के आप उदाहरण के लिए देख सकते हैं। जैसे 'द ग्रोथ ऑफ़ रीडिंग पब्लिक', 'द ग्रोथ ऑफ़ द पापुलर प्रेस', 'द सोशल हिस्ट्री ऑफ़ इंग्लिश राइटर्स', 'द सोशल हिस्ट्री ऑफ़ ड्रामेटिक फॉर्म्स।' यदि और चीज़ों को छोड़ दें तो 'लांग रिवोल्यूशन' नाम की किताब में जैसा रेमंड विलियम्स ने ही कहा कि हमने तीन तरह के काम तो खुद किये। एक तो यह कि 'ग्रोथ ऑफ़ रीडिंग पब्लिक', दूसरा 'सोशल हिस्ट्री ऑफ़ राइटर्स' और तीसरा 'सोशल हिस्ट्री ऑफ़ लिटरेरी फॉर्म्स', और मुझे इस क्षेत्र में स्वयं सहयोग की, कोलेबरेशन की जो आशा थी, वह न अब मिली न तब मिली। अब इन धारणाओं को आगे चलकर हम लोग देखेंगे कि इस तरह का भी एक समाजशास्त्र है। और इसे रेमंड विलियम्स ने खुद विकसित किया है। इसमें कम-से-कम एक कड़ी ऐसी है जो उन्हें लीविस और 'स्क्रूटनी' से जोड़ती है जिसको कहें 'ग्रोथ ऑफ़ द रीडिंग पब्लिक। बहुत से लोगों को मालूम होगा कि स्वयं लीविस की पत्नी क्यू.डी. लीविस ने 'फिक्शन एंड दि रीडिंग पब्लिक' नाम की पुस्तक लिखी थी और वह भी, एक थीसिस थी। इसलिए उस समय भी यह धारणा थी कि साहित्य का अध्ययन करने के लिए ज़रूरी है कि पाठक समुदाय का अध्ययन किया जाय।

कोई पुस्तक लिखी जाती है तो पढ़ी भी जाती है। पढ़ने वाले कौन लोग हैं, और पढ़ते हैं तो किस रूप में उसे पढ़ते हैं। 'हाउ इट रेज रेड?' इसका अध्ययन करने के लिए व्यक्ति के रूप में नहीं बल्कि समूह के रूप में पाठक समुदाय का अध्ययन करना चाहिए। और यह काम लीविस की पत्नी ने किया था और आगे चल करके रेमंड विलियम्स ने और भी सोफिस्टीकेशन के साथ इस काम को पूरा किया। जो वह तीसरा प्वाइंट है उसमें रेमंड विलियम्स कहना चाहते थे कि इंग्लैंड में समाजशास्त्र की ओर से और समाजशास्त्रियों की ओर से प्रयास नहीं हुए। साहित्य के अध्ययन की यदि गहन और जटिल समस्याओं में न भी जाते,

तो कम-से-कम जो समाजशास्त्रीय रुचि की हो सकती थी, साइंटिज़्म ही सही, उसकी ओर भी इंग्लैंड में समाजशास्त्री प्रवृत्त नहीं थे। इसलिए साहित्य और समाजशास्त्र के या साहित्य अनुशीलन और समाजशास्त्रीय अनुशीलन के बीच सहयोग नहीं हो सका और जो विकास इंग्लैंड में होना चाहिए था, वह नहीं हो सका। यह सारी बातें उन्होंने जब कहीं तो उनके ध्यान में यह था कि लूसिएँ गोल्डमान को लम्बी परम्परा मिली थी। लूसिएँ गोल्डमान को जो परम्परा प्राप्त थी उस परम्परा में उतनी चीज़ें लिखी जा सकती हैं। एक तो यह कि यूरोप में सोशियोलॉजी ऑफ़ लिटरेचर की लम्बी परम्परा है। इसी किताब में आप देखेंगे। पहले जैसा हमने ज़िक्र किया था मादम लीविस, जो बड़ी प्रभाववाली, बड़ी प्रतापी महिला थीं, उस ज़माने में बुद्धिजीवियों और लेखकों के बीच उनकी स्थिति लगभग केन्द्रीय थी। इंटेलेक्चुअल थीं। उन्होंने यह काम सबसे पहले किया था। और उसके बाद से कड़ी चली आ रही है।

यूरोप में भी समाजशास्त्र के कुछ स्कूल चले हैं। फ्रांस उसका बहुत बड़ा केन्द्र रहा है। आज भी सोशियोलॉजी ऑफ़ लिटरेचर के कई सेंटर फ्रांस में चलते हैं। इंग्लैंड में तो रहा ही है। तो एक तो साहित्य के समाजशास्त्र की एक लम्बी परम्परा यूरोप में रही है। दूसरी चीज़ यह कि इस परम्परा में स्वयं समाजशास्त्रियों ने पहल की थी। और तीसरी बात यह कि यूरोप में समाजशास्त्र के अन्तर्गत बहुत पहले ही साइंटिज़्म का विरोध शुरू हो गया था। दुर्खीम और मैक्सवेबर दो का तो नाम लिया ही जाता है। दुर्खीम में साइंटिज़्म था, काफ़ी था। मैक्सवेबर में उतनी दूर तक नहीं था। अंशतः था। लेकिन उसके बाद पूरा एक स्कूल फ्रैंकफर्ट स्कूल कहलाता है, जिसमें इसके दो-तीन आदमियों का नाम तो आप लोग शायद जानते ही हों। हार्वर्ड मारक्यूस का नाम सभी लोग जानते होंगे। छात्र आन्दोलनों के दौरान यह नाम बहुत प्रचारित-प्रसारित हुआ था। वाल्टर बेन्जामिन भी थे। उनकी स्थिति थोड़ी भिन्न थी। मुख्यतः फ्रैंकफर्ट स्कूल जब कहते हैं तो दो आदमियों का नाम लिया जाता है। एक तो एडार्नो और दूसरे मैक्स होर्खाइमर। ये लोग उस साइंटिज़्म के विरोधी थे। जर्मनी का एक अलग स्कूल था। यह लोग साइंटिज़्म के ख़िलाफ़ थे। इसलिए अच्छा-ख़ासा समुदाय यूरोप में था, जो साइंटिज़्म के विरुद्ध था। और इसलिए लूसिएँ गोल्डमान को एक बनी-बनायी परम्परा मिली थी, एक तो पुरानी परम्परा थी, दूसरी यह भी परम्परा थी कि समाजशास्त्र के विद्वान स्वयं साहित्य का अध्ययन करते थे। तीसरी यह कि वैज्ञानिकतावाद से मुक्त होकर साहित्य के अध्ययन की एक परम्परा वहाँ बनी हुई थी।

और स्वयं जो मार्क्सवाद उनको मिला था। जॉर्ज लूकाच का वह मार्क्सवाद भी साइंटिज़्म का विरोधी था। हीगेलियन मार्क्सवाद जिसको कहते हैं। इसलिए लूसिएँ गोल्डमान को एक सुदृढ़ पृष्ठभूमि मिली थी जिसके कारण यह सम्भव हो सका कि वे साहित्य के समाजशास्त्र का ऐसा अध्ययन कर सकें जिसमें वे तथाकथित साइंटिज़्म से मुक्त होकर अधिक गहराई में जाकर के साहित्य का अध्ययन कर सकें। लूसिएँ गोल्डमान को यह सुलभ था। रेमंड विलियम्स को सुलभ नहीं था। आपको एक अंडर करेंट के रूप में, एक अन्तर्धारा के रूप में उस पूरे लेख में यह बात मिलेगी। उस लेख में इन चीज़ों को स्पष्ट करने के बाद और उसके साथ और उसी क्रम में रेमंड विलियम्स ने दूसरी बात कही है और वह यह कि कैसे उनका और लीविस का सम्बन्ध घनिष्ठ रूप से जुड़ा है। उन्होंने कहा कि पहली बात-जिस साइंटिज़्म का विरोध यूरोप में स्वयं लूसिएँ गोल्डमान को नहीं करना पड़ा, यह काम दूसरे लोगों ने ही कर दिया। यानी कहें कि खेत जोतने का, पटेला लगाने का काम दूसरे कर जायें तो फिर बीज डालना आसान हो जाता है, लेकिन यदि किसी आदमी को ज़मीन भी तोड़नी पड़े, और समतल भी करना पड़े उसे, और उसके बाद उसको बोना पड़े, सारा काम एक ही आदमी को करना पड़े...। तो रेमंड विलियम्स कुछ उस हीरोइक मुद्रा में कह रहे थे कि यह सारा काम गोल्डमान को तो करना नहीं पड़ा। बना-बनाया उनको खेत मिला हुआ था, केवल बीजारोपण करना था। हमको यह सारा काम खुद करना पड़ा। इसलिए हमारा प्रयास ज़्यादा हीरोइक है। और अँधेरे में टटोलने जैसा है। इस सिलसिले में उन्होंने लीविस का ज़िक्र किया है कि इंग्लैंड में यह काम किसी समाजशास्त्री ने नहीं किया बल्कि साइंटिज़्म का विरोध एक साहित्यिक आलोचक लीविस ने किया है।

इसलिए लीविस का महत्त्व है और इस नाते साहित्यिक आलोचना का महत्त्व है। विज्ञानवाद का विरोध करने के कारण यह जो महत्त्वपूर्ण भूमिका अदा हुई, वह साहित्य की समालोचना ने की और वही सेंटर बन गयीं इसलिए साहित्य के समाजशास्त्रीय अध्ययन की शुरुआत इंग्लैंड में समाजशास्त्र की ओर से नहीं हुई बल्कि स्वयं साहित्यिक आलोचना की ओर से हुई। यह तथ्य है। और लीविस की नियामक भूमिका है। उन्होंने बहुत स्पष्ट लिखा है कि 'इंग्लैंड इट हैज बीन लिटरेरी क्रिटिक्स एंड एबव ऑल लीविस हू हेव लेड द अपोजीशन टु साइंटिज़्म'। इस सिलसिले में बड़ी रोचक बात का उल्लेख किया है और फिर लीविस से उनकी समानता दिखाई पड़ती है। उन्होंने कहा कि

गोल्डमान ने जब साइंटिज़्म पर अटैक किया तो उनके लिए सबसे बड़ा अस्त्र क्या था? क्रिटिकल सोशियोलॉजी थी। यह 'क्रिटिकल सोशियोलॉजी' टर्म है। समाजशास्त्र के लोग इसको जानते हैं। यह रूढ़ हो गया है। फ्रैंकफर्ट स्कूल में सोशियोलॉजी को क्रिटिकल सोशियोलॉजी कहते हैं। इसलिए उनको तो क्रिटिकल सोशियोलॉजी एक अस्त्र के रूप में सुलभ थी। रेमंड विलियम्स ने यह भी ज़िक्र किया है कि अगर इंग्लैंड में साहित्य के सन्दर्भ में कोई आदमी 'सोशियोलॉजी' शब्द का नाम ले ले तो लोग बिदकेंगे। कितने बिदकेंगे, इसके प्रमाण में उन्होंने डी.एच. लारेंस का एक कोटेशन कोट किया कि साहित्य या एक नॉवेल पढ़ने के लिए संवेदनशीलता पर्याप्त है और इसके अलावा किसी नॉवेल या किसी उपन्यास के बारे में जो भी बातें की जाती हैं उसका वर्गीकरण करना, वह सामाजिक उपन्यास है कि सामाजिक यथार्थवादी उपन्यास आदि कार्य करना, लारेंस ने कहा कि यह सब बकवास है। इसका उपन्यास से कोई सम्बन्ध नहीं है। इसलिए अगर आप रागात्मक दृष्टि से सम्पन्न हैं और संवेदनशील हैं तो उस कृति को ग्रहण कर सकते हैं और ग्रहण करते हैं तो यह काफ़ी है। उसका वर्गीकरण करना, उसमें यथार्थवाद देखना और बाक़ी सब देखना, यह सब ऊपर की चीज़ें हैं। इसका उस उपन्यास के पढ़ने से कोई ताल्लुक नहीं है। उल्लेखनीय बात यह है कि डी.एच. लारेंस, लीविस के बड़े ही प्रिय और आदर्श लेखक थे। डी.एच. लारेंस का हवाला सोशियोलॉजी के सिलसिले में रेमंड विलियम्स भी देते हैं। यह पृष्ठभूमि है जिस पर रेमंड विलियम्स ने साहित्य के समाजशास्त्र के बारे में अपनी धारणाएँ बनायीं। दोनों के बीच में जोड़ने वाली एक और कड़ी है, अन्तिम कड़ी। उनके सिद्धान्तों का ज़िक्र करते हुए हम लोग चर्चा करेंगे। विलियम्स का एक उद्धरण है उस लेख में "द एक्जिस्टेंस इन वर्क्स ऑफ़ लिटरेचर ऑफ़ मटीरियल सो लोडेड विथ वैल्यूज दैट इफ वी डू नॉट डील डायरेक्टली विथ देम वी हैव लिटरली नथिंग टू डील विथ"। इसमें जो ध्यान देने की बात है 'द वर्क्स ऑफ़ लिटरेचर ऑफ़ मटीरियल सो लोडेड विथ वैल्यूज'। लीविस ने यही कहा था कि कोई सोशियोलॉजिस्ट साहित्य का ठीक-ठीक विश्लेषण इसलिए नहीं कर सकता कि साहित्यिक कृतियाँ 'वैल्यू लोडेड' होती हैं। साहित्यिक कृतियाँ मूल्य सापेक्ष होती हैं, मूल्य-निरपेक्ष नहीं होतीं, यह लीविस कह चुके हैं। यही बात रेमंड विलियम्स भी कह रहे हैं।

पहले भी मैंने कहा था, तुलसीदास ने 'रामचरितमानस' की रचना अपने समाज का वर्णन करने के लिए नहीं की थी। उनको कुछ कहना था और जो कहना था वह यह कि राम की भक्ति से बड़ी दुनिया की कोई चीज़ नहीं है।

भक्ति नाम का एक मूल्य था, सिद्धान्त था, आदर्श था जिसकी प्रतिष्ठा के लिए उन्होंने पूरी रामकथा कही है। उन्होंने उसमें कहा है कि राम पर बहुत से लोगों ने भी लिखा है, हमसे पहले भी लोग लिख चुके हैं, आगे भी लोग लिखते रहेंगे, लेकिन मुझे राम के बारे में जो कहना है वह मेरे राम और राम की जो भक्ति है, मैं जो कहना चाहता हूँ, वह मुझे कहीं मिला नहीं। इसलिए मैं पूरी रामकथा गा रहा हूँ, वरना उनको गाने की क्या ज़रूरत थी! अगर उनको यही बताना होता कि दशरथ की चार रानियाँ थीं और उनके लड़के पैदा हुए, और अन्त में कैसे धनुषयज्ञ हुआ, सीता को ब्याह कर लाये और पूरा राम का जो चरित्र है, सिर्फ़ अगर वह चरित ही मुझे गाना होता तो मैं न गाता। जैसे गीता में कहा गया है कि "यदा यदा हि धर्मस्य ग्लानिर्भवति भारतः" जब धर्म का नाश होने लगता है, क्षय होता है तो मैं बार-बार जन्म लेता हूँ। तुलसी तो राम का जन्म इसलिए मानते भी नहीं हैं। सो केवल 'भगतन हित लागी' भक्तों के लिए उन्होंने जन्म लिया था। उन्होंने कोई धर्म का उद्धार करने का ठेका नहीं लिया था। और इसलिए राम की भक्ति का फल जो है, वह भक्ति ही है। प्रेम का फल प्रेम है। मोक्ष नहीं है। और भक्त लोग आज भी इसीलिए मोक्ष नहीं चाहते। तो एक मूल्य की स्थापना, एक सन्देश देने के लिए उन्होंने लिखा। उसमें प्रसंगवश उस जमाने का भी वर्णन आ गया तो ठीक है। इसलिए हर साहित्यिक कृति 'वैल्यू लोडेड' इस अर्थ में होती है कि किसी-न-किसी मूल्य को, जिसे आप सन्देश कहते हैं, उसे कृतिकार पाठकों तक पहुँचाना चाहता है, उसके मन में कुछ है जो कहना चाहता है। अब आप सामाजिक यथार्थ देखें या उसमें न देखें, यह आपका अपना सिर दर्द होगा। यह बात प्रेमचन्द के लिए लागू होती है, प्रसाद के लिए लागू होती है, निराला के लिए, सबके लिए। इसलिए हर साहित्यकार किसी न किसी वैल्यू की स्थापना करना चाहता है। इसके लिए वह कविता लिखता है, उपन्यास लिखता है। बकौल विलियम्स, 'इफ वी डू नॉट डील डायरेक्टली विथ देम देन वी हैव लिटरली नथिंग टू डील इट'। इन वैल्यूज को आपको डायरेक्टली डील करना पड़ेगा। इसके लिए शास्त्र-वास्त्र की कोई ज़रूरत नहीं है। दूसरी बात है जो लाविस से विलियम्स को जोड़ती है कि वे साहित्यिक कृति को आधार मानते हैं और इसलिए एक ऐसे समाजशास्त्र की आवश्यकता पर बल देते हैं, जो समाजशास्त्र उस मूल्य-अधिष्ठित साहित्य का अध्ययन कर सके। इस सिलसिले में जिस तरह लीविस ने लगभग अपने ज़माने के मार्क्सवाद को अपर्याप्त पाया, विलियम्स ने भी मार्क्सवाद के उस रूप को अस्वीकार किया जो उनकी दृष्टि में साइंटिज़्म से प्रभावित था।

जे.एन.यू. में बहुत चलता है, 'बेस एंड सुपर स्ट्रक्चर'—आधार और अधिरचना। कोई भी साहित्यिक चर्चा जब शुरू होती है तो लोग बेस से 'सुपर स्ट्रक्चर' पर चालू हो जाते हैं। साहित्य की जब भी कहीं कोई चर्चा चलती है तो कोई भी मार्क्सवादी हो, आधार और अधिरचना का जो मॉडल है, उसके बिना उसे ऐसा लगता है कि इन दो शब्दों के बिना साहित्य और समाज का विवरण उपस्थित नहीं किया जा सकता। विलियम्स ने लिखा—"आई हैव आलवेज अपोज्ड द फॉर्मूला ऑफ़ बेस एंड सुपर स्ट्रक्चर।" 'बेस एंड सुपर स्ट्रक्चर' के फॉर्मूला को मैंने बराबर अस्वीकार किया। क्यों? कारण भी लिखा है। दो कारणों का ज़िक्र किया। एक तो कहा कि सिर्फ़ इसलिए नहीं कि उसमें पद्धति सम्बन्धी कमज़ोरी है बल्कि वह रिजिड है, एब्सट्रैक्ट है। जब आप साहित्य को और आर्थिक जीवन को एक इमारत के रूप में देखेंगे तो ज़ाहिर है कि इमारत की जो उपमा है, यह स्थिर है। इमारत तो चलती नहीं है। एक जगह स्थिर है। बदकिस्मती से समाज तो इमारत है नहीं। वह तो चलता रहता है, बदलता रहता है। इसलिए आप जैसे ही इमारत की एनालॉजी लेंगे तो आपको समाज और साहित्य के सम्बन्ध स्थिर दिखाई पड़ेंगे। दूसरी चीज़ यह कि यह रिजिड है। स्वयं उपमा तो जड़ है ही, इसमें हम समाज और साहित्य दोनों को स्थिर मान लेते हैं। वह रिजिड है। रिजिड इस अर्थ में कि जिसको डिटर्मिनिज़्म कहते हैं, वह है। एक तरह की रिजिडिटी है यह। अर्थात् आर्थिक आधार साहित्य का नियमन करता ही है, आप बच नहीं सकते हैं उससे। इसमें उनको कट्टरता दिखाई पड़ी। और तीसरी चीज़ है जिसको एब्स्ट्रैक्शन कहते हैं। एब्स्ट्रैक्शन यह हुआ कि आधार और अधिरचना दोनों अमूर्त अवधारणाएँ हैं। 'देयर आर नो रिलेशन बिटवीन लिटरेचर एंड सोसाइटी।' साहित्य और समाज में कोई सम्बन्ध नहीं है। अमूर्त रूप में ही यदि आप साहित्य को लें और अमूर्त रूप में यदि आप समाज को लें, जैसे कि अमूर्त जीव और अमूर्त ब्रह्म। लगभग वैसा ही है जैसे कोई आदमी कहे कि स्त्री-पुरुष में सम्बन्ध होता है, तो होता है। यह तो अमूर्त है। लेकिन जो सम्बन्ध होता है, वह एक स्त्री विशेष एवं एक पुरुष विशेष के बीच होता है और वह सम्बन्ध वही 'ग' और 'घ' के बीच हो यह कोई ज़रूरी नहीं है। इसलिए एक निश्चित समाज और एक निश्चित साहित्य का सम्बन्ध होता है और वह निश्चित प्रकार का होता है। इसलिए एक निश्चित समाज और एक निश्चित साहित्य की बात तो की जा सकती है, लेकिन सामान्य समाज और सामान्य साहित्य के बारे में यदि सम्बन्ध की बात करें तो उस सम्बन्ध का होना न होना बराबर है।

इसलिए अमूर्त रूप में, सामान्य रूप से कहें, समाज और साहित्य में अमूर्त सम्बन्ध नहीं होता। रेमंड विलियम्स ने कहा, ठीक लीविस के समान–'यद्यपि मैं मानता हूँ कि जीवन में आर्थिक कारणों की, आर्थिक परिस्थितियों की बड़ी नियामक भूमिका होती है और मैं इसे छोड़ना नहीं चाहता, लेकिन मैं एक ऐसी प्रकार की सामाजिक समग्रता की धारणा का विकास करना चाहता था जिसमें आधार और अधिरचना की तरह से विभाजन, वाटरटाइट कम्पार्टमेंट जिसे कहते हैं, वह न हो, बल्कि ये दोनों एक समग्रता के अंग के रूप में हों। पुराने कवि जब कहा करते थे कि–

नारी बीच सारी है कि सारी बीच नारी है।
नारी की ही सारी है कि सारी की ही नारी है।

किस प्रसंग में कहा गया है? इस कविता का संकेत किधर है? इस स्थिति में आप यही कह सकते हैं कि साहित्य हमारी ज़िन्दगी में इतना घुला हुआ है कि यह कहना कठिन है कि अलग-अलग क्या है? इसे दिनचर्या के अभिन्न अंग के रूप में देख सकते हैं आप किसी लोकजीवन के उदाहरण से देखिए। गाँव के किसान का उदाहरण लीजिए। चक्की चलाने, और भी बहुत से श्रम के कार्य हैं, वे सारे के सारे उन चीज़ों से कलात्मक रूप से जुड़े हुए हैं और एक-दूसरे में इतने घुले-मिले हुए हैं कि जो सोशल टोटलिटी है, उस टोटलिटी के रूप में संगीत, साहित्य और कला सब चीज़ें जीवन के अभिन्न अंग के रूप में जुड़ी हुई हैं। इसलिए रेमंड विलियम्स कहते हैं कि 'बेस एंड सुपर स्ट्रक्चर' को इसलिए मैंने अस्वीकार किया कि रिजिड है, स्टैटिक है और मेरी खोज जो थी, जिसे कहा कि 'कल्चर ऐज ए वे ऑफ़ लाइफ।' 'टोटल वे ऑफ़ लाइफ' के रूप में मैं देखना चाहता था। इस प्रतिज्ञा के अनुसार जो सब सुनने में बड़ी अच्छी लगती है, ऊपर से देखने में सामान्य है। कुल मिलाकर उसकी फलश्रुति क्या होती है और रेमंड विलियम्स किस नतीजे पर पहुँचते हैं?

2

रेमंड विलियम्स ने इन कठिनाइयों का हल किस प्रकार ढूँढ़ा है? पहली बात यह है कि आधार और अधिरचना का जो मॉडल है उसमें साहित्य और समाज के बीच एक विभाजन स्वीकार कर लिया गया है। पहली समस्या है कि इस विभाजन को कैसे दूर किया जाये। पहले आप दोनों को अलग करें फिर दोनों में सम्बन्ध स्थापित करें। इसलिए पहली समस्या उसके सेपरेशन की है। यानी क्या कहते हैं

फ़िल्मी गीत में कि 'चलो एक बार फिर से अजनबी बन जायें हम दोनों।' तो पहले तो पहचान करें इसके बाद 'अजनबी बन जायें। और फिर हम पहचान करें, तो शायद ज़्यादा मधुर हो। पहले तो आप आधार और अधिरचना के नमूने के अनुसार जिसमें साहित्य अधिरचना का अंग है और समाज मोटे तौर से आर्थिक आधार है, दोनों को अलग करें और फिर दोनों का सम्बन्ध जोड़ने की कोशिश करें। इस विभाजन को हल करना है। कैसे हल किया जाये? बुनियादी समस्या है। रेमंड विलियम्स ने कहा कि इसलिए इन दोनों को, समग्र प्रक्रिया के रूप में देखा जाये। इस सिलसिले में दूसरा शब्द इस्तेमाल किया जाता है—'मोड ऑफ़ प्रोडक्शन' अर्थात् उत्पादन की प्रणाली। चूँकि साहित्य प्रोडक्शन (उत्पादन) नहीं है इसलिए उसे कैसे टोटल मोड ऑफ़ प्रोडक्शन का पार्ट माने? लिटरेरी मोड ऑफ़ प्रोडक्शन। इसलिए एक तो हल ढूँढ़ने की कोशिश जो रेमंड विलियम्स ने की, वह यह कि समग्र उत्पादन प्रक्रिया को एक समग्रता में देखा जाये। टोटल सोशल प्रोसेस का एक अंग मान लिया जाये साहित्य को। इससे दो समस्याएँ हल होंगी। एक तो यह है कि जिन लोगों ने आधार और अधिरचना को अलग माना है, वे भी साहित्य की सापेक्ष स्वायत्तता की बात करते हैं, रिलेटिव एटानॉमी। यह सही है कि साहित्य समाज से सर्वथा स्वायत्त नहीं होता। जो लोग यह मानते हैं कि साहित्य का समाज से सम्बन्ध नहीं है, वे साहित्य को सर्वथा स्वायत्त मानते हैं, जो लोग सम्बन्ध मानते हैं, वे लोग कहते हैं कि सर्वथा स्वायत्त तो नहीं है लेकिन सापेक्ष स्वायत्तता है। अब ये 'सापेक्ष' शब्द जो है यह बड़ा विविध है, अस्पष्ट है। सापेक्ष माने कितना सापेक्ष? सापेक्षता स्वयं एक ऐसा शब्द है जो 'ऑपरेशनल' नहीं बन पाता। क्वांटीफाई जिसको नहीं कर सकते हैं, निश्चित रेखा नहीं खींच सकते हैं। आप कहेंगे कि सापेक्ष स्वायत्तता है। तो यह सापेक्ष कितना सापेक्ष? कैसे निर्धारित करेंगे? एक बहुत बड़ा सिर दर्द है। कह देना बड़ा आसान लगता है लेकिन जब निर्धारित करना पड़ेगा किसी समाज में तब उसकी सापेक्षता की सीमाएँ प्रकट होने लगती हैं। इसलिए इस सापेक्ष स्वायत्तता से एक दूसरा बड़ा ख़तरा है रिडक्शनिज़्म का। निःशेष करना, निःशेषीकरण जिसको कहेंगे। अध्ययन की प्रक्रिया में आमतौर से समाज और साहित्य के सम्बन्ध पर विचार करते हुए साहित्य को रिड्यूस कर दिया जाता है। 'लिटरेचर इज़ रिड्यूस्ड टू ए सोशल फॉर्म' और व्यवहार में अपनी स्वायत्तता वह लगभग समाप्त कर देता है, छोड़ देता है, खो देता है। इसलिए इसमें ख़तरा है 'रिडक्शनिज़्म' का, निःशेषीकरण करने का। आप लोगों ने गोपियों के और उद्धव के बीच जो विवाद हुआ था,

उसे पढ़ा होगा भक्तिकाल में। रत्नाकर ने जिसे कहा है कि–"जैहै बनि बिगरि न बारिधिता बारिधि की, बूँदता बिलैहैं बूँद बिबस बिचारी की।" तो बूँद और समुद्र का सम्बन्ध तो ठीक है, लेकिन समुद्र का तो कुछ नहीं बिगड़ेगा, बूँद की बूँदता जो है, वह नष्ट हो जायेगी। साहित्य को यदि बूँद मान लें तो साहित्य और समाज के बीच जब, बहुत प्रेम बढ़ने लगता है तो उसकी परिणति लगभग वही होती है जैसे पुरुष और स्त्री के बीच। पुरुष लोग बहुत अनुराग दिखाएँ कि तुम देवी हो और तुम प्राण हो, वगैरह-वगैरह। अन्ततः कुल मिला करके होता है कि उसमें नारी की अपनी स्वाधीनता लुप्त होती है। आमतौर से उसमें बूँद की बूँदता के विनाश का लक्षण होता है। प्रायः साहित्य के समाजशास्त्रीय अध्ययन में ऐसा नहीं है कि समाज साहित्य में विलीन हो जाये। ऐसा नहीं होता। तब तो शुद्ध साहित्य हो जाये। साहित्य ही समाज में विलीन होता है, रिड्यूस होता है। रिडक्शनिज़्म होता है वहाँ। इसलिए किस प्रकार इस रिडक्शनिज़्म से बचा जाये, जो बहुत बड़ा ख़तरा है। इसलिए कुछ तो करना पड़ेगा आधार और अधिरचना के बीच। मार्क्सवाद की ओर से तो साहित्य को अधिरचना का अंग माना गया। विलियम्स ने दिखाया कि दरअसल साहित्य अधिरचना नहीं है, साहित्य 'बेस' का अंग है, आधार का अंग है। उनका फॉर्मूला है–'कल्चर इज़ मटीरियल।' साहित्य उतना ही भौतिक है जितना कि कोई पदार्थ होता है। साहित्य और कलाएँ भौतिक हैं। अधिरचना का अंग नहीं हैं। इसलिए इससे बच निकलने का तरीक़ा विलियम्स ने यही निकाला कि साहित्य को 'सुपर स्ट्रक्चर' का अंग न माना जाये, बल्कि साहित्य को 'बेस' का अंग माना जाये, और कहा जाये कि साहित्य जो है वह मटीरियल है। इसमें विलियम्स ने जिस चीज़ से सहायता ली वह एक दूसरी विद्या है। वह है सेमियोलॉजी (संकेत विद्या)। विलियम्स के इस नये भौतिकवाद का प्रेरणास्रोत है–संकेत विद्या।

संकेत विद्या के अनुसार मानव समाज में जितने पदार्थ हैं, जितनी वस्तुएँ हैं, सब संकेत हैं। संकेत हैं का मतलब यह है कि प्रत्येक वस्तु कोई-न-कोई अर्थ ग्रहण करती है, वह 'वाचक' है और उसका कुछ-न-कुछ 'वाच्य' होता है। जैसे रोलाँ बार्थ की एक किताब है 'माइथोलॉजी' नाम की। ये कपड़े-लत्ते, ये वस्त्राभूषण, ये सारे के सारे तो पदार्थ हैं, लेकिन ये पदार्थ एक तरह के संकेत हैं। इन वस्तुओं का भी अर्थ होता है। ये कुछ कन्वे करते हैं। इसलिए संकेत विद्या के अनुसार ऐसा नहीं है कि शब्द ही संकेत करते हैं। हर वस्तु संकेतों का समूह है। वस्तुएँ जो हैं वे संकेत हैं। उदाहरण के लिए किसी को आप कुछ न कहें,

ख़ुशी का मौक़ा है, आप एक गुलदस्ता ले आकर दे दें, आप कुछ न बोलें। इसलिए फूल जो है वह संकेत बन जाता है आपके कुछ भावों का, कुछ विचारों का। ऐसा आदान-प्रदान बहुत होता है। अगर आप किसी के जन्मदिन पर जायें और मौखिक रूप में कहें कि 'मेनी हैप्पी रिटर्न्स ऑफ़ द डे', इसके कोई मायने नहीं। लेकिन हैपी रिटर्न्स के साथ टोकन रूप में कुछ देने से ही वह भावना कन्वे होगी। नये वर्ष की शुभकामना देते हुए कार्ड भेजते हैं। कार्ड इज़ ए मैटर। ठोस चीज़ है, पदार्थ है। उसमें शब्द भी लिखा रहता है, लेकिन यह पदार्थ है। इसलिए कुछ सुन्दर, कुछ प्रिय, कुछ ऐसी वस्तुएँ देते हैं। आदान-प्रदान बहुत सारा होता है, द होल सिस्टम ऑफ़ द करेंसी सिस्टम। इसलिए यह न समझें आप कि मनी एब्स्ट्रैक्शन में हुआ करती है। वह पदार्थ के रूप में है। आप वाणी से किसी को 'लाख दिया' कह दें और उसके पास लाख न पहुँचे तो उसका कोई मतलब नहीं होता। ठोस कुछ पहुँचना चाहिए। इसलिए 'होल लाइफ इज़ सिस्टम ऑफ़ साइंस' (signs)।

इसलिए दूसरा प्वाइंट है सेमियोलॉजी। एक नया भौतिकवाद। इससे एक नयी प्रेरणा मिली। इस सेमियोलॉजी के अनुसार भाषा एक पदार्थ है, मैटर है। भौतिक संकेतों की प्रणाली में शब्द स्वयं एक संकेत प्रणाली है, इस नाते वह भौतिक है। इस शब्द से साहित्य का व्यापार होता है। इसलिए भाषा के बारे में एक नया सिद्धान्त सेमियोलॉजी के द्वारा आया। पुरानी धारणा यह थी कि शब्द जो हैं, उनका अर्थ उस शब्द से बाहर हुआ करता है। जब आपने 'पेड़' कहा तो 'पेड़' शब्द यहाँ है, 'पेड़' नाम की वस्तु उसके बाहर। शब्द वाचक है और उसका वाच्य उसके बाहर है सेमियोलॉजी के अनुसार—जो वाच्य है, वह स्वयं वाचक में ही होता है। कैसे होता है? शब्दों के अन्दर ऐन्द्रिय बोध होता है। मटीरियलिटी का लक्षण है कि आप इसको छू सकें, देख सकें, सुन सकें। यानी मैटर का बोध जो होता है वो विचारों के आधार पर तो नहीं होता है। अगर विचारों के आधार पर होता तो दुनिया में लोग ख़यालों ही ख़यालों में मिलकर तृप्त हो जाया करते। लेकिन आप किसी को छूना चाहते हैं, आप आँखों के सामने देखना चाहते हैं और तब समझते हैं कि वह है। कविता में यह होता है और व्यवहार में भी होता है। लेकिन केवल शब्दों से ही होता तो कोई लिखकर भेज देता। लिखने में भी उसकी लिखावट को देख करके यानी अमूर्त शब्द नहीं, बल्कि किसी के हाथ का लिखा हुआ, हैंडराइटिंग उसकी आ जाये तो लगता है कि हम जैसे उसे देख रहे हैं, उसे छू रहे हैं। गोपियों ने कहा कि "निरखत अंक स्यामसुन्दर के

होइ गइ स्याम स्याम की पाती।" स्याम की पाती भी स्याम हो गयी, उसे देखा जा सकता है। आप किसी की आवाज़ सुन के...वह आवाज़ आपको उतनी ही हाड़-मांस की मालूम होती है, मांसल होती है और उससे एक तरह का रोम-हर्ष अथवा रोमांस आदि भी होता है, हो सकता है। उनमें किसी की आवाज़ आती है। यह है मटीरियलिटी। इसीलिए कविता में वह सारी चीज़ें उसके—दृश्यगुण, उसका श्रव्यगुण, ऐन्द्रिय बोध अन्तर्निहित होता है। शब्द का अर्थ उसके बाहर नहीं होता है, उसी में होता है। इस सिद्धान्त के अनुसार शब्द जो है, एक कोर्स होता है। अगर ऐसा न होता तो हम कैसे किसी की आवाज़ सुनकर के अन्दाज़ा लगा लेते हैं : उसके स्वर के कम्पन तक से पता लग जाता है : आई हेट यू, आई लव यू...। स्वर-कम्पन बताता है कि सचमुच वह लव करता है कि नहीं या खाली कह रहा है। कहाँ से निकल रहा है शब्द? होंठ से निकल रहा है कि नाभि से निकल रहा है? कहाँ से आ रहा है? इसलिए शब्द का अर्थ स्वयं उसमें होता है। और इसीलिए भाषा का सर्वाधिक सार्थक इस्तेमाल कवि में पाया जाता है, क्योंकि कविता में वाच्य इन्हेरेंट होता है। उसकी शब्दता में, उसकी दृश्यता में। वाच्य वाचक के बाहर नहीं होता, जैसा समझा जाता है, बल्कि वाचक में होता है। इसलिए लैंग्वेज एक मटीरियल कोर्स है और मटीरियल कोर्स होने के कारण उसमें प्रोडक्टिव पॉवर भी होती है, उत्पादन की क्षमता होती है। 'द वर्ड इटसेल्फ प्रोड्यूसेस द मीनिंग।' उसके लिए दूसरों पर निर्भर नहीं रहा जा सकता।

डॉ. केदारनाथ सिंह ने एक कविता लिखी है 'बैल'। उसका अर्थ कन्वे करने के लिए एक बैल खड़ा करना पड़ जाये तो कविता का सत्यानाश ही है। इसका मतलब कि उस कविता में वह बैल आ नहीं सका, इसलिए एक बैल खड़ा करने की ज़रूरत पड़ रही है। नाटक का वह निर्देशक बड़ा ही कमज़ोर होता है जो मान लीजिए रंगमंच पर 'गोदान' खेले और उसके लिए सचमुच एक गाय ले आ करके खड़ा कर दे। यहाँ एक दूसरी समस्या खड़ी हो जायेगी कि गाय नाना प्रकार के कर्म कर सकती है स्टेज पर। और वह एक बीभत्स रस की सृष्टि भी हो सकती है। इसलिए गोदान के लिए ज़रूरी यह है कि उस गोदान में गाय स्वयं नहीं आती है लेकिन यहाँ से वहाँ तक होरी की गाय परिलक्षित होती है। मटीरियलिटी इसमें है। जैसे केदारनाथ सिंह की 'बैल' कविता सुन के आपको बैल का बाकायदा अहसास हो सकता है। उसकी सींग का, उसके पुट्ठे का, उसकी पुष्टता का अहसास हो सकता है। अगर वे कन्वे करते हैं। यह सफलता है उसकी।

रेमंड विलियम्स इस सेमियोलॉजी के आधार पर कहना चाहते हैं कि साहित्य एक मटीरियल ऑफ़ कोर्स है, इसलिए वह 'बेस' का अंग है। वह 'सुपर स्ट्रक्चर' खाली नहीं है। वह अमूर्त चीज़ नहीं है। यह सारा व्यायाम क्यों करना पड़ा? यह व्यायाम इसलिए करना पड़ा कि 'बेस एंड सुपर स्ट्रक्चर' के विभाजन में ही नहीं बल्कि समाज और साहित्य के विभाजन में भी साहित्य का अवमूल्यन होता है। जो लोग साहित्य का समाज के लिए इस्तेमाल करते हैं, समाजशास्त्री ही ज़्यादातर करते हैं, वह एक तरह से साहित्य का अवमूल्यन करते हैं। और आप जानते हैं कि नीतिशास्त्र में और दर्शन में ख़ासतौर से नीतिशास्त्र में इन्स्ट्रूमेंटलिज़्म ख़तरनाक माना जाता है। इसका मूल्य नहीं होता, इन्स्ट्रूमेंटलिज़्म माने कोई किसी का साधन हो। मैं व्यक्तिगत सम्बन्धों का इसलिए उदाहरण दे रहा हूँ कि उससे बात ज़्यादा आसान होती है। अगर कोई पुरुष किसी स्त्री को साधन समझता हो, साधन मान लीजिए अपनी तरक्की के लिए समझता हो, यदि शादी हुई हो, पति-पत्नी हों, अपनी तरक़्क़ी के लिए यदि उसे साधन के रूप में इस्तेमाल करता है तो मैं समझता हूँ कि इससे बड़ा अपमान दूसरा कोई नहीं होगा। उसी तरह जैसे कोई पुरुष किसी स्त्री को अपनी काम भावना के उत्तेजन का साधन समझता हो, इन्स्ट्रूमेंट समझता हो तो वह उसका अपमान है। आपको लगे कि कोई आपका इस्तेमाल कर रहा है, पॉलिटिक्स में लोग एक-दूसरे का इस्तेमाल करते हैं। आमतौर से आप देखेंगे, यह इस्तेमाल करने वाली जो बात है, उसकी इन्स्ट्रूमेंटल वैल्यू है। आप किसी चीज़ के निमित्त बने हुए हैं, आप तो कुछ नहीं हैं। ऐसे उपन्यास मिलेंगे आपको, कहानियाँ मिलेंगी, जहाँ एक पुरुष किसी दूसरी स्त्री को पहले प्यार करता है, शादी किसी और से की, और इस स्त्री को इस्तेमाल करता है। ऐसी कहानियाँ मिलेंगी। वह जब समझती है, उसको अहसास होता है कि उसका अपमान हो रहा है। इसलिए समाजशास्त्री अगर समाज ज्ञान प्राप्त करने के लिए साहित्य को साधन समझता है तो इसका मतलब वह साहित्यकार का सम्मान नहीं कर रहा है, बल्कि वह अपमान कर रहा है...। रेमंड विलियम्स के इस व्यायाम में जो सच्चाई थी उसमें पहली चीज़ यह कि इस प्रकार के समाजशास्त्रीय अध्ययन में साहित्य का अवमूल्यन निहित है। इसलिए प्रश्न है साहित्य की मूल्यवत्ता का। लीविस और विलियम्स की स्थापनाओं में, पूरे इंग्लिश स्कूल में जो सामान्य चीज़ पायी जाती वह है साहित्य का अतिमूल्यन। साहित्य के अतिमूल्यन से क्या मतलब है? यह धारणा उसमें निहित है कि समाजशास्त्र समाज को उतना नहीं जानता जितना कि

साहित्य जानता है। जैसे कहा जाता है कि साहित्य का सत्य समाजशास्त्र के सत्य से बड़ा है। कई लोग अक्सर दावा किया करते हैं और साहित्य का इतिहासकार कभी-कभी कह सकता है कि अपने युग को कबीर ने जितना जाना या तुलसी ने व्यक्त किया, कोई इतिहासकार उस ज़माने का नहीं जान सकता है, न व्यक्त कर सकता है। 'वेरी हाई वैल्यू ऑफ़ लिटरेचर एंड लिटरेरी टूल्स'—लीविस मानते थे, और यही बात विलियम्स भी मानते हैं। साहित्य में किसी भी समाजशास्त्रीय ग्रन्थ से अथवा किसी समाजशास्त्री से अधिक अन्तरदृष्टि होती है। हाई वैल्यू होती है उसमें। क्यों होती है उसका कारण भी दूसरा बताया है। साहित्य के सच में समाजशास्त्र के सच से ज़्यादा मूल्यवत्ता क्यों होती है? कुछ होना चाहिए साहित्य में। और उसका कारण है 'क्रिएटिव' शब्द। 'द कॉन्सेप्ट ऑफ़ क्रिएटिव राइटिंग एंड क्रिएटिव माइंड'! वह निहित है साहित्य की सृजनशीलता में और सर्जनात्मक लेखन में। रेमंड विलियम्स की किताब 'लांग रिवोल्यूशन' का पहला ही चैप्टर है 'क्रिएटिव माइंड'। यह क्रिएटिविटी कहाँ से आती है? अभी तो हम लोगों ने इसे भाषा में देखा—यह क्रिएटिविटी स्वयं भाषा में निहित होती है। साहित्य में भाषा का सर्जनात्मक प्रयोग किया गया है। इसलिए एक साहित्यकार भाषा का जैसा सर्जनात्मक उपयोग करता है, समाजशास्त्री नहीं करता है और चूँकि नहीं करता तो गहरे सच को जान नहीं सकता। कालिदास ने लिखा है कि पार्वती किशोरावस्था से युवावस्था में चली गयीं...। कालिदास ने कहा कि किशोरावस्था से पार्वती युवती हुईं। फिर इसका वर्णन किया उन्होंने कि जैसे चित्र को तूलिका से छू दिया हो और वे उन्मीलित हो गयीं...। एक कमल था सूर्य की किरण ने उसे छू दिया और वह खिल उठा। यौवन जैसे सूर्य की किरण हो और उसके छूने से उसका शरीर भरा-पूरा हो गया। पहले जो चीज़ें उसकी मालूम नहीं होती थीं, अब हर चीज़ अलग-अलग मालूम होने लगी और शरीर सुडौल हो गया। इसे एक समाजशास्त्री सिर्फ़ यही लिखेगा कि एडोलसेंस से कैसे जवानी में संक्रमण होता है। लेकिन यह संक्रमण तो इस तरह से नहीं है जैसे आपने एक शहर से दूसरे शहर में प्रवेश कर लिया हो, एक देश की सीमा लाँघकर दूसरे देश में चले गये हों। एक स्टेशन से दूसरे स्टेशन चले गये हों। बल्कि यह टोटल ट्रांसफार्मेशन ह्यूमन बॉडी का हुआ। और उस शरीर का वर्णन कालिदास ने किया है—

उन्मीलितं तूलिकयेव चित्रं सूर्यांशुभिर्भिन्ननिवारविन्दम्।
बभूवतस्याश्चतुरस्रशोभि वपुर्विभक्तं नवयौवनेन ॥

अब इसमें जो गूँज है, ध्वनि है, केवल एक शरीर का चित्र नहीं है बल्कि इस ट्रांसफार्मेशन को दिखाना चाहा है कि कुछ पहले से मौजूद था।

ऐसा नहीं है कि शरीर में कोई नयी चीज़ आ गयी है; लेकिन जैसे तूली से छू दिया हो...। भाषा का यह क्रिएटिव यूज हुआ है। कोई भी समाजशास्त्रीय वर्णन इसको दोहरा नहीं सकता। यह क्रिएटिव माइंड है; क्रिएटिव राइटिंग है—इससे तीसरी चीज़ हुई कि 'लिटरेचर कैन नॉट बी एक्स्प्लेंड इन टर्म्स ऑफ़ सोशल साइंस'। इसके पहले एक स्टेप और है। दो शब्दों का प्रयोग किया जाता है—'लिटरेरी इमैजिनेशन एंड सोशियोलॉजिकल इमैजिनेशन'।

यह समाजशास्त्र भी केवल शास्त्र नहीं है बल्कि कल्पना की वस्तु है। सी. राइटविल्स की किताब है 'द सोशियोलॉजिकल इमैजिनेशन'। इसलिए दो चीज़ें हैं। एक तो लिटरेरी इमैजिनेशन है और दूसरा सोशियोलॉजिकल इमैजिनेशन है। सवाल यह है कि इन दोनों में सम्बन्ध हो सकता है कि नहीं। अगर समाजशास्त्र न भी हो और सोशियोलॉजिकल इमैजिनेशन हो तो भी किसी भी तरह से इन दोनों के बीच तालमेल नहीं बैठ सकता। रिचर्ड हर्बर्ट ने इस चीज़ को रेखांकित किया है कि समाजशास्त्रीय कल्पना और साहित्यिक कल्पना के बीच क्या सम्बन्ध हो सकते हैं। और वे कहते हैं कि दोनों के बीच तालमेल नहीं हो सकता। जिस चीज़ का महत्त्व साहित्य में है, समाजशास्त्र में उसका महत्त्व नहीं है। लिटरेचर में रिच डिटेल्स होते हैं, जबकि समाजशास्त्र में उस समृद्ध-सम्पन्न यानी सिग्नीफिकेंट डिटेल्स की जगह—यानी सार्थक ब्योरे या विवरण के स्थान पर अमूर्त नियमों और सिद्धान्तों की चर्चा होती है। समाजशास्त्रीय कल्पना चाहे जितनी कल्पनाप्रवण हो लेकिन वह अन्ततः कुछ नियमों का, कुछ सूत्रों का, कुछ सिद्धान्तों का निर्माण करती है। जब तक नहीं करेगी वह समाजशास्त्री कल्पना भी नहीं होगी। जबकि लिटरेचर में हम देखते हैं सिग्नीफिकेंट डिटेल का महत्त्व होता है। ब्योरे का महत्त्व होता है। अगर ऐसा न होता तो 'गोदान' का सारांश पढ़कर भी आप सन्तुष्ट हो सकते हैं। 'रामचरितमानस' पूरा पढ़ने की क्या ज़रूरत है! एकश्लोकी रामायण भी होता है। 'आदौरामतपोवनादिगमनम् हत्वा मृग कांचनम्' पढ़ लीजिए आप नहाते समय। जब ठण्डा-ठण्डा पानी पड़ रहा हो तो उसमें आप बुदबुदाइए और पूरे रामायण के पाठ का पुण्य आपको मिल गया। फिर 'रामचरितमानस' पूरा क्यों पढ़ा जाये?

सिग्नीफिकेंट डिटेल लिटरेरी इमैजिनेशन का पार्ट है, और सोशियोलॉजिकल इमैजिनेशन में यह नहीं होता। इसलिए जो अगला निष्कर्ष है कि साहित्य की समाजशास्त्रीय व्याख्या सम्भव ही नहीं है। दो प्रकार से सम्भव नहीं है। एक तो साहित्य का सत्य समाजशास्त्र का सत्य नहीं हो सकता और दूसरा यह है

कि साहित्य में जो सार्थक है समाजशास्त्र के लिए उस सार्थकता का कोई उपयोग नहीं है। अब आप बताइए कि 'इंडिया इन कालिदास' नाम की कोई किताब लिख रहे हों, तो उसमें हिमालय का वर्णन और पार्वती का वर्णन, सौन्दर्य का वर्णन किया गया है, वह इतिहासकार के लिए क्या मूल्य रखता है? जो श्लोक मैंने अभी आपको उद्धृत किया कालिदास का, जो अच्छा कहा जायेगा इस सुन्दर श्लोक का 'इंडिया इन कालिदास' नाम की इतिहास की पुस्तक में कोई मूल्य नहीं होगा। क्योंकि इससे किसी भी ऐतिहासिक तथ्य पर या समाजशास्त्रीय तथ्य पर प्रकाश नहीं पड़ता।

इस प्रकार, निःशेषीकरण के विरोध से चल करके इंग्लिश स्कूल एक-दूसरे छोर पर पहुँचा जहाँ साहित्य का समाजशास्त्र सम्भव ही नहीं था। प्रतीत होता है ऐसा इम्प्रेशन देते हैं कि नहीं हो सकता। मुश्किल यह है कि एक ओर उनको लगता है कि साहित्य की समाजशास्त्रीय व्याख्या नड़ीं हो सकती फिर भी कुछ है जिसके कारण वे साहित्य की समाजशास्त्रीय व्याख्या करना भी चाहते हैं। मेरा ख़याल है कि विवरण जिस तरह से मैंने दिया है, उसमें इसकी समीक्षा भी निहित है। एक अतिवाद से दूसरे अतिवाद तक की व्याख्या है।

(जवाहरलाल नेहरू विश्वविद्यालय की कक्षाओं में शिक्षक के रूप में क्रमशः दिये गये व्याख्यानों का समेकित रूप। 'वसुधा' के नामवर सिंह पर केन्द्रित अंक-54, अप्रैल-जून 2002 में प्रकाशित।)

लेनिन और हम

लेनिन ने हर्जेन की शतवार्षिकी के अवसर पर लिखते हुए कहा था, "हर्जेन की जन्म तिथि को सौ वर्ष बीत चुके हैं। समस्त उदारवादी रूस उन्हें श्रद्धांजलि अर्पित कर रहा है किन्तु समाजवाद के गम्भीर प्रश्नों से बड़ी सावधानी के साथ कतराता हुआ और बड़ी मेहनत से उस बात को छिपाता हुआ जो क्रान्तिकारी हर्जेन को एक उदारवादी से अलग करती है। दक्षिणपन्थी अख़बार भी हर्जेन की वर्षगाँठ मना रहे हैं, लेकिन इस मिथ्या दावे के साथ कि हर्जेन अपने जीवन के अन्तिम वर्षों में क्रान्ति से विमुख हो गये थे। और विदेशों में हर्जेन के बारे में जो उदारवादी तथा नरोदनिक भाषण दिये जा रहे हैं उनमें लफ़्फ़ाजी के अलावा और कुछ नहीं है। मज़दूर वर्ग की पार्टी को हर्जेन की वर्षगाँठ कूपमंडूकों की तरह उनका गौरव-गान करने के लिए नहीं बल्कि स्वयं अपने कर्तव्यों को स्पष्ट करने के लिए और यह मालूम करने के लिए मनानी चाहिए कि जिस लेखक ने रूसी क्रान्ति का पथ प्रशस्त करने में इतनी बड़ी भूमिका अदा की उसका स्थान इतिहास में वस्तुतः क्या था?"

इस कथन की रोशनी में स्वयं लेनिन की जन्मशती मनाते हुए हम कह सकते हैं कि यह अवसर लेनिन के गौरव-गान के लिए नहीं क्योंकि उनके गौरव को अतिरिक्त गान की अपेक्षा नहीं है बल्कि आज की स्थिति में अपने कर्तव्य को स्पष्ट करने के लिए है। ज़ाहिर है कि लेनिन हर्जेन नहीं थे, इसलिए उनके क्रान्तिकारी रूप में न तो शक पैदा करने की गुंजाइश है और न उसे किसी तरह छिपाना ही सम्भव है। फिर भी यहाँ के दक्षिणपन्थी अख़बार लेनिन की जन्मशती के समारोहों के प्रति अपना गुस्सा न छिपा सके। जहाँ तक उदारवादियों का सवाल है उनकी सुविधा के लिए संयोग से गाँधीजी की जन्मशती की तात्कालिक पृष्ठभूमि उपलब्ध हो गयी इसलिए उन्हें लेनिन को गाँधी बनाकर पेश करने की जैसे छूट मिल गयी किन्तु इससे कहीं अधिक भयंकर है लेखकों और

बुद्धिजीवियों के संसार की निपट उदासीनता! यदि यह उदासीनता प्रचलित पाखण्ड और लफ़्फ़ाजी की प्रतिक्रिया भर होती तो एक बात थी लेकिन यहाँ तो सिरे से मैदान साफ़ है। आज हिन्दी के बहुत से लेखकों को इस बात की भी जानकारी नहीं है और न यह जानने की दिलचस्पी ही है कि हमारी स्वाधीनता के संघर्ष का एक वह भी दौर था जब लेखकों और बुद्धिजीवियों ने बड़ी मेहनत से ढूँढ़कर लेनिन की रचनाओं को पढ़ा, उनमें से कुछ एक का अनुवाद किया और फिर भरसक अपनी भाषा में लेनिन के विचार को आम जनता तक पहुँचाने की कोशिश भी की। कहने की आवश्यकता नहीं कि स्वाधीनता आन्दोलन के उस आरम्भिक दौर में सामान्य भारतीय को 1917 की अक्टूबर क्रान्ति में आशा की एक नयी किरण दिखाई पड़ी थी और असन्दिग्ध रूप में उससे राष्ट्रीय स्वाधीनता के संघर्ष को बल मिला था तथा समाजवाद की मंज़िल करीब मालूम हुई थी। शुरू-शुरू में बहुतों को शायद इस बात का पता न था कि भारत के स्वाधीनता आन्दोलन में शुरू से ही लेनिन की गहरी दिलचस्पी रही है और वे रूस की समाजवादी क्रान्ति की सफलता भारत जैसे उपनिवेशों की राष्ट्रीय मुक्ति के प्रयास से सम्बद्ध मानते थे। फिर भी उस दौर के प्रबुद्ध लेखक और बुद्धिजीवी देश के राजनीतिक नेताओं के साथ ही भारत की राष्ट्रीय मुक्ति को सोवियत रूस की समाजवादी क्रान्ति से सम्बद्ध समझते थे और इसी दृष्टि से उन्होंने लेनिन के जीवन, कर्म और विचारों में गहरी रुचि ली थी। 'प्रताप', 'अभ्युदय' और 'वर्तमान' जैसे पत्र ही नहीं बल्कि 'प्रभा', 'माधुरी' और 'सरस्वती' जैसी साहित्यिक पत्रिकाओं के पन्ने भी लेनिन के साथ आम हिन्दी लेखकों और बुद्धिजीवियों के गहरे लगाव की गवाही देते हैं। आज हिन्दी के जो लेखक लेनिन की ओर से उदासीन हैं वे दरअसल अपनी ही प्रगतिशील एवं क्रान्तिकारी परम्परा से भी अनभिज्ञ हैं, और इस तरह उन्होंने अपने आपको अपने ही इतिहास से विच्छिन्न कर लिया है।

यदि यह उदासीनता लेनिन तक ही सीमित होती तो एक बात थी, लेकिन रवीन्द्रनाथ, ग़ालिब और गाँधी की शतवार्षिकियों के प्रति भी रुख यही था जिससे स्पष्ट है कि यह उदासीनता ज़्यादा व्यापक है और इसकी जड़ें भी ज़्यादा गहरी हैं। जैसा कि एक नये कवि ने स्वीकार किया है, "वह हमारी ख़ास दुनिया या तो नक़ली उदासीनता से या सतही दिलचस्पी से कमोबेश छिन्न-भिन्न हो चुकी है।" क्या यह 'नक़ली उदासीनता' और 'सतही दिलचस्पी' एक ही सिक्के के दो पहलू नहीं हैं परस्पर-विरोधी होते हुए भी परस्पर-सम्बद्ध? क्या उस 'लफ़्फ़ाजी'

और इस 'चुप्पी' में कोई आपसी सम्बन्ध नहीं है? कहना न होगा कि लफ़्फ़ाजी और चुप्पी की यह मिली-जुली स्थिति राजनीति में तानाशाही को जन्म देती है तथा नक़ली उदासीनता और सतही दिलचस्पी की मनोभूमि साहित्य को अन्ततः बंजर बनाती है। यह स्थिति इतनी नगण्य नहीं कि इससे कतराकर अपने कर्तव्य को स्पष्ट करना सम्भव हो।

स्पष्टतः इस स्थिति के साथ आज़ादी के 23 वर्षों का इतिहास जुड़ा है जिसे समझने के लिए और समस्याओं की तरह इस विषय में भी 15 अगस्त, 1947 तक जाना होगा क्योंकि वह अनेक अर्थों में भारत के लिए एक गहरी विभाजक रेखा है।

इस दिन इतिहास इस अर्थ में विभक्त हुआ कि स्वाधीनता आन्दोलन की एक क्रान्तिकारी परम्परा खण्डित हुई। उस दौर की अनेक जनवादी प्रतिज्ञाएँ तोड़कर राजनीतिक नेतृत्व ने भारत के लिए पूँजीवादी विकास का रास्ता चुना। इस प्रकार समझौता और सुविधा का वह रास्ता खुला जिसने अनेक टुटपुजिया राजनीतिक नेताओं की तरह टुटपुंजिया मध्यवर्ग के लेखकों और बुद्धिजीवियों को भी पूँजीवादी सुविधा के सोपानों का आरोही बना दिया। स्वाधीनता आन्दोलन के दौरान 'ग़रीब हिन्दी' के 'ग़रीब' लेखकों की जो छोटी-मोटी जनवादी परम्परा बनी थी वह भी देखते-देखते खण्डित हो गयी आज़ादी क्या मिली कि संचित तप के भोग का खुला अवसर उमड़ पड़ा। औरों की तो बात ही क्या पिछले दौर के अनेक जनवादी लेखक भी देर-सबेर एक-एक करके सुविधा की इसी 'क्यू' में जा खड़े हुए। इस प्रकार इन लेखकों ने अपनी ही गौरवशाली परम्परा से नाता तोड़ लिया। विडम्बना यह है कि यह सब राष्ट्र-निर्माण के नाम पर हुआ। मसलन नाम समाजवाद का लिया गया और काम पूँजीवादी रास्ते के लिए हुआ। कथनी और करनी के इस भेद ने उस राष्ट्रीय पाखण्ड को जन्म दिया जिससे लफ़्फ़ाजी पैदा होती है जिसका असर केवल राजनीति में ही नहीं बल्कि साहित्य में भी देखा जा सकता है।

नये लेखकों ने आरम्भ में इस स्थिति के ख़िलाफ़ विद्रोह का झण्डा उठाया जिसका एक उदाहरण 'धुरीहीनता' सम्बन्धी बहस के रूप में तत्कालीन पत्रिकाओं में सुरक्षित है। किन्तु कुछ दिनों बाद ही यह स्पष्ट हो गया कि विद्रोह का सारा नाटक स्वयं वैसी ही सुविधा प्राप्त करने का साधन मात्र था। समाज में टुटपुजिया मध्यवर्ग की स्थिति को देखते हुए लेखकों का यह सोपान-आरोहण तनिक भी आश्चर्यजनक नहीं है। फ़िलहाल स्थिति यह है कि एक लेखक को

लेखक के नाते इस समाज-व्यवस्था में सुविधा ही नहीं बल्कि सम्पन्नता प्राप्त करने की सम्भावना का भी पूरा अहसास हो गया है। और आज इस तथ्य से इनकार नहीं किया जा सकता कि हिन्दी के अधिकांश लेखक शासक वर्ग के किसी-न-किसी प्रकार के प्रतिष्ठान द्वारा हजम कर लिए गये हैं—फिर वह प्रतिष्ठान चाहे सरकारी हो या ग़ैर-सरकारी अथवा अर्ध-सरकारी! इस प्रकार अपनी वस्तुगत स्थिति में आज अधिकांश लेखक व्यवस्था के अंग हैं; निस्सन्देह मानसिक स्तर पर उनमें से बहुतों में असन्तोष है, कुछ में विद्रोह भी है, किन्तु जब तक व्यवस्था से प्राप्त होने वाली सुविधा छोड़ने का साहस नहीं जुटता सारा असन्तोष और सारा आक्रोश क्रमशः एक अपराध-बोध में परिणत होकर सम्पूर्ण चेतना को भोथरा बना रहा है। इसकी एक अभिव्यक्ति है वह 'गुस्सा' जो 'हाशिए पर चुटकुला बन रहा है', और 'नीरो को मात देते हुए व्यंग्य-हास्य की कविताएँ लिखने वाले साहित्यकार' भी शायद इसी वर्ग में आते हैं। इन लेखकों से यह शिकायत नहीं हो सकती कि वे व्यवस्था का खुला समर्थन करते हैं। जब स्वयं यह व्यवस्था ही अपने कल्याणकारी रूप के बारे में आश्वस्त नहीं है, तो वह किसी लेखक से अपनी प्रशस्ति की अपेक्षा कैसे कर सकती है। ऐसी स्थिति में तो विरोध ही प्रशस्ति का काम करता है बशर्ते उसमें एक साथ ही सबका विरोध हो—समग्र विरोध, जैसा कि आज के अनेक लेखकों का अन्दाज़ है।

निस्सन्देह ईमानदार लेखक अपनी इस विडम्बनापूर्ण स्थिति को अच्छी तरह समझता है जैसा कि एक लेखक ने लिखा भी है कि "जब तक मैं सिर्फ़ अपनी दुश्चिन्ता को अभिव्यक्ति देता हूँ, समाज के प्रति अपने क्षोभ को व्यक्त करता हूँ, तब तक वह केवल एक मनोवैज्ञानिक समस्या ही रहती है जो सत्ताधारियों को ख़तरा नहीं बन सकती। जब मैं अपनी हताश स्थिति का वर्णन करता हूँ तब किसी को कोई आपत्ति नहीं होती, क्योंकि मेरी हताशा उनकी संस्थाओं की शक्ति की ही पुष्टि करती है। मेरे ऊलजलूल-से-ऊलजलूल विचार, मेरी तितीक्षा, मेरा व्यंग्य—सबको ग्राहक मिल जाते हैं क्योंकि इनके माध्यम से मैं सिर्फ़ इसी बात की गवाही देता हूँ कि जो शक्ति-सम्पन्न हैं वे कितने उदार हैं। वे अपनी जगह पर इतना सुरक्षित महसूस करते हैं कि मुझे ऐसी बहुत-सी बातों का पक्ष-समर्थन करने दिया जाता है जो मुझे प्रगतिशील लगती हैं। तात्पर्य यह कि भ्रष्टाचार पर, शोषण पर और निजी स्वामित्व के एकाधिकारों द्वारा जनमानस के विषाक्तीकरण पर प्रहार का कोई फल नहीं हो सकता अगर वे कोई स्पष्ट विकल्प प्रस्तुत न करें।"

किन्तु इससे भिन्न एक स्थिति और है जिसमें नया सुविधाप्राप्त लेखक नये सुविधाभोगी समुदाय की रुचियों का साझीदार बन गया है और इस प्रकार अपनी कृतियों में उस संस्कृति को प्रतिफलित करने लगा है। आज़ादी के बाद जिस तेज़ी से भारत में एक नये सम्पन्न मध्यवर्ग का उदय हुआ है उसके समानान्तर अरसे से 'गँवार' समझा जाने वाला हिन्दी साहित्य भी शहराती और 'आधुनिक' हुआ है। कहने की आवश्यकता नहीं कि यह नया मध्यवर्ग अपनी सम्पन्नता के बावजूद जितना असंस्कृत और फूहड़ है उसकी रुचि को तुष्ट करने वाला साहित्य भी कम फूहड़ नहीं है। आवश्यक नहीं कि वह अनिवार्यतः प्रचलित अर्थ में 'अश्लील' हो-तथाकथित 'अश्लीलता' से नाक सिकोड़ने का तेवर अपनाकर भी यह साहित्य ज़्यादा अश्लील है क्योंकि उसमें ख़ास तरह का बाज़ारूपन है।

इस प्रकार आज साहित्य में यदि एक ओर टुटपुंजिया मध्यवर्ग के पुंसत्वहीन आक्रोश की प्रधानता है तो दूसरी ओर नये सम्पन्न मध्यवर्ग के असंस्कृत आत्मतोष की। स्पष्ट है कि समाज का यह स्तर लेनिन में कोई दिलचस्पी नहीं ले सकता!

लेनिन का 'दो संस्कृतियों' का सिद्धान्त इस सन्दर्भ में विशेष अर्थ रखता है। 1913 में लेनिन ने यह सामान्य स्थापना की थी कि "प्रत्येक आधुनिक राष्ट्र में दो राष्ट्र हैं।...प्रत्येक राष्ट्रीय संस्कृति में दो राष्ट्रीय संस्कृतियाँ हैं।" आगे इस सूत्र की व्याख्या करते हुए लेनिन ने स्पष्ट किया कि तीव्र वर्ग संघर्ष वाले समाज की राष्ट्रीय संस्कृति में वस्तुतः दो संस्कृतियाँ होती हैं—एक बुर्जुआ संस्कृति जो प्रायः प्रभुत्वशाली होती है और दूसरी जनवादी तथा समाजवादी संस्कृति जो मेहनतकश और शोषित जनता के जीवन की स्थितियों से उत्पन्न होकर जनवाद और समाजवाद की विचारधाराओं के सहारे विकसित होती है। यह संस्कृति प्रायः बीज रूप में अविकसित रहती है और इसीलिए राष्ट्रीय जीवन में प्रभाव की दृष्टि से इसका स्थान गौण होता है। कहने की आवश्यकता नहीं कि एक राष्ट्र के अन्दर स्थित ये दोनों संस्कृतियाँ ऐकान्तिक रूप से परस्पर-व्यवच्छिन्न नहीं हैं। इनमें घात-प्रतिघात स्वाभाविक है और इस द्वन्द्व के फलस्वरूप बीच में एक 'तीसरी संस्कृति' के अनेक स्तरों का भी निर्माण हो सकता है। आवश्यक नहीं कि इस बिचौलिया संस्कृति में शेष दोनों के गुण-ही-गुण शामिल हों क्योंकि दोनों के दोषों की तलछट के रूप में भी तीसरे का निर्माण सम्भव है। जो हो प्रत्येक स्थिति में इस संस्कृति का स्वरूप अन्य दो संस्कृतियों की शक्ति के सन्तुलन पर निर्भर है।

हिन्दी साहित्य इस नियम से बाहर नहीं है और आजादी के बाद तो विशेष रूप से बुर्जुआ संस्कृति ही प्रभुत्वशाली है। निस्सन्देह यह कड़वा सत्य है किन्तु इसे स्वीकार करने के अलावा कोई चारा नहीं है। स्पष्टतः इस संस्कृति को 'संस्कृति' से कोई सरोकार नहीं है। जो संस्कृति राजनीति और साहित्य के सम्बन्ध के बुनियादी सवाल को बार-तार उठाकर आज तक मुल्तवी करती आ रही हो उसके राजनीतिक आधार के बारे में किसी सन्देह के लिए गुंजाइश नहीं रह जाती। संकट की घड़ी में बुर्जुआ वर्ग ऐसे ही वितंडा का सहारा लेता है और राजनीतिक संघर्ष में पार पाने की सम्भावना न देख धर्म, संस्कृति या साहित्य में आश्रय पाने का प्रयास करता है, इस आशा के साथ कि शायद वहाँ ख़तरनाक राजनीति के प्रभाव से बचाव सम्भव है। आज के भारत में इस बुर्जुआ संस्कृति की यह विशेषता है कि वह उत्पादन से अधिक उपभोग-प्रधान है और उसकी यह उपभोग-प्रकृति साहित्य पर भी हावी है जिसके उदाहरण बड़े पैमाने पर बिकने वाली रंगी-चुंगी पत्रिकाओं में आसानी से मिल जाते हैं। निस्सन्देह इनकी भी अदा साहित्यिक ही होती है, किन्तु इनमें साहित्य विज्ञापन से ज़्यादा अहमियत नहीं रखता और राजनीति भी यहाँ आकर किसी कम्पनी का विज्ञापन या चुटकुला बनकर रह जाती है जिसका उपयोग ज़ायका बदलने से ज़्यादा नहीं है; यह दूसरी बात है कि निहित स्वार्थ की प्रतिक्रियावादी राजनीति की छौंक साफ़ रहती है।

ऐसे माहौल में यदि स्वयं साहित्य की सार्थकता ही सन्दिग्ध हो उठे तो कोई आश्चर्य नहीं। आकस्मिक नहीं जो इस बीच अनेक लेखक 'साहित्य क्यों' के प्रश्न पर एकबारगी गम्भीर हो उठे हैं। यह प्रश्न जहाँ एक ओर सच्चे साहित्य-कर्म के परम्परागत संस्कार के बचे रहने का सूचक है वहीं दूसरी ओर वह व्यवस्था के हितों के रक्षक चतुर बुद्धिजीवियों के उन सामयिक नारों में से एक भी हो सकता है जिन्हें समय-समय पर फुलझड़ी के रूप में छोड़कर आम लोगों का ध्यान असली मुद्दे से हटाने की कोशिश की जाती है। आकस्मिक नहीं है कि आज की स्थिति में 'साहित्य क्यों' का प्रश्न उठाने वाले लेखकों ने स्पष्ट घोषणा कर दी है कि वे प्रतिष्ठान को केवल थोड़ा-सा लचीला बनाना चाहते हैं—इस प्रतिष्ठान को तोड़कर कोई नया प्रतिष्ठान बनाने का इरादा उनमें नहीं है। इन्हीं से सम्बद्ध वे लेखक हैं जिन्होंने साफ़-साफ़ मान लिया है कि साहित्य के किये कुछ नहीं हो सकता, वह एकदम निरर्थक और फालतू है। साहित्य की यह स्थिति स्पष्टतः उस संकट की सूचक है जिससे आज की समूची व्यवस्था गुज़र रही है।

वस्तुतः यह पूँजीवादी व्यवस्था का संकट है जिससे भारतीय लेखक का साक्षात्कार पहली बार हुआ है। जो पूँजीवाद अभी तक भारतीय लेखक के लिए सिर्फ़ एक किताबी शब्द अथवा अधिक-से-अधिक एक मानसिक अवधारणा-मात्र था वह अब उसके जीवन की वास्तविकता बनकर सामने आ खड़ा हुआ है। विडम्बना यह है कि बहुत से लेखक आज भी इस नयी ऐतिहासिक स्थिति को समझने और समझकर स्वीकार करने की ओर से विमुख हैं। कुछ स्मृतिजीवी लेखक आज भी मानसिक स्तर पर अपने बचपन के संसार में जी रहे हैं तो कुछ अनुभव के स्तर पर इस पूँजीवादी संक्रमण के लक्षणों को अभिव्यक्त करते हुए भी बोध के स्तर पर इस नये ऐतिहासिक परिदृश्य से सर्वथा अनजान हैं। जिन्होंने सामाजिक सम्बन्धों में अमानुषिकता, संवेदनहीनता, अजनबीपन, अकेलेपन आदि का साहित्यिक चित्रण किया है उनकी दृष्टि में भी यह सब पूँजीवादी अर्थव्यवस्था की उपज नहीं बल्कि 'मानव-नियति' अथवा कोई अबूझ अभिशाप है। दूसरी ओर ऐसे 'भारतीय लेखक' हैं जिनकी दृष्टि में सामाजिक सम्बन्धों की अमानुषिकता तथा अजनबीपन आदि अधिकांशतः पाश्चात्य साहित्य का कोरा अनुकरण-मात्र है और यदि उनमें से कुछ अनुभूत है तो उसका सम्बन्ध केवल महानगरों के जीवन से है जो स्पष्टतः विशाल भारतीय जीवन का एक छोटा-सा अंग-भर है। इस सीमित, एकांगी एवं अवास्तविक संसार से मुँह फेरकर वे लेखक गलगल भाव से गाँव का वह चित्र उपस्थित कर रहे हैं जिसमें ममतामयी माँ है, स्नेहमयी भाभी है, करुणामयी दादी है और वटवृक्ष के विशाल बाबा हैं। उनकी दृष्टि में पूँजीवाद ऐसी अर्थव्यवस्था है जिसका सम्बन्ध केवल शहरों से होता है और जिससे भारत के गाँव आज भी, बल्कि अभी तक, एकदम अछूते हैं। कहने की आवश्यकता नहीं कि यह दृष्टि पूँजीवाद के स्वरूप से तो अनजान है ही, आज के भारत की वास्तविकता के ढाँचे में होने वाले उस नये परिवर्तन को भी देखने में असमर्थ है। प्रेमचन्द ने जिस 'महाजनी सभ्यता' के समान अडिग आरम्भिक रूप को आज से पैंतीस-छत्तीस साल पहले देख लिया था उससे आज का 'प्रबुद्ध' लेखक इतना अनजान क्यों है? यह भारत की नयी पूँजीवादी व्यवस्था द्वारा फैलाए हुए मोहावरण की सफलता है या स्वयं हिन्दी लेखक की वर्ग-चेतना की विफलता? क्या यह सच नहीं है कि आज ज़्यादातर हिन्दी लेखक अपनी वर्ग-स्थिति दूसरों से तो क्या स्वयं अपने आप से ही छिपाने की विडम्बना के शिकार हैं? क्या आत्म-विस्मरण की इस स्थिति से साहित्य अछूता रह सकता है?

लेखक में वर्ग-चेतना का यह लोप भी एक प्रकार का 'एलियनेशन' अथवा आत्मनिर्वासन है जो पूँजीवादी समाज-व्यवस्था की विशेष देन है। अपने आपसे विच्छिन्न लेखक अपनी शक्ति से विच्छिन्न होता है जिसका परिणाम है निरुपायता और असहायता का अहसास! अपनी असहायता का जैसा चरम अहसास हिन्दी में लेखक को आज है वैसा रोमांटिक दौर में भी न था, बल्कि उस समय तो लेखक अपने आप में ज़मीन-आसमान एक कर देने की ताक़त का अनुभव करते थे! इस स्थिति में यदि साहित्य भी अपनी शक्ति से अलग हो जाये तो कोई आश्चर्य नहीं, क्योंकि विलगाव की इस व्यापक प्रक्रिया से साहित्य का बच सकना कठिन है। व्यवस्था से सम्बद्ध वर्ग-बोध-शून्य लेखक की यह विडम्बना है कि वह व्यवस्था का विरोध करते हुए भी अपने विरोध की निरर्थकता के अहसास से कुंठित रहने को अभिशप्त है। साहित्य की शक्ति में आवश्यकता से अधिक विश्वास करना 'रोमांटिसिज़्म' हो सकता है किन्तु साहित्य को सर्वथा अशक्त मान लेना यथार्थवाद नहीं है। इस विश्वास को लेकर तो व्यवस्था को लचीला बना सकना भी असम्भव है। इसीलिए हिन्दी में 'प्रतिबद्धता' को लेकर पिछले दशक में जो इतनी बहस हुई वह अन्ततः एक ढोंग या पाखण्ड बनकर रह गयी! जहाँ साफ़-साफ़ अपनी वर्ग-स्थिति को स्वीकार करने का भी साहस न हो, वहाँ आम जनता के साथ प्रतिबद्ध होने की बात तो दूर किसी भी वर्ग से प्रतिबद्धता का सवाल गोल ही रहेगा। आकस्मिक नहीं कि प्रतिबद्धता के नाम पर अधिकांश लेखकों ने प्रायः 'अपने समय के साथ प्रतिबद्ध होने' या 'अपने परिवेश के साथ प्रतिबद्ध होने' की गोलमोल बातें कीं।

स्पष्टता का तकाजा है कि हम चीज़ों को उनके सही नाम से पुकारें। सवाल यह है कि हमें साहित्य की निरर्थकता से सन्तोष है या क्षोभ? सवाल यह है कि हमें साहित्यकार की असहायता की स्थिति स्वीकार है या अस्वीकार? यदि सचमुच क्षोभ है और अस्वीकार है तो फिर सवाल यह है कि हम साहित्य को फिर से सार्थक और साहित्यकार को फिर से समर्थ बनाने के लिए क्या कर सकते हैं?

हम क्या करें? यह सवाल आज हिन्दी लेखकों के भी सामने है उसी तरह जैसे लेनिन के सामने इस सदी के आरम्भ में था बल्कि मूलतः यह सवाल तो लेनिन से पहले चेर्निशेव्स्की तथा उनके समकालीन रूसी लेखकों के सामने था! असहायता और निरुपायता की स्थिति वहाँ भी थी। लेनिन स्वयं निर्वासन में थे। किन्तु एक पूर्ववर्ती बुद्धिजीवी के सवाल को लेनिन ने क्रान्तिकारी सिद्धान्त में बदल दिया और इस सवाल का जवाब देने के प्रयास में उस क्रान्तिकारी पार्टी

का जन्म हुआ जिसने पन्द्रह वर्ष के अन्दर ही समाजवादी क्रान्ति को अंजाम दिया। हिन्दी के लेखकों और बुद्धिजीवियों का स्वाभिमान कम नहीं है। ज़ाहिर है कि न तो वे किसी राजनीतिज्ञ के पीछे चलने को तैयार हैं और न किसी लेनिन का इन्तज़ार ही करना चाहेंगे। फिर भी 'क्या करें' का उत्तर तो देना ही पड़ेगा और इसके लिए वे पार्टी बनाने जैसा असाहित्यिक कार्य करने की जहमत भले न उठाएँ, लेकिन वर्तमान 'साहित्यिकता' से कुछ तो मुक्त होना ही पड़ेगा। और इस दिशा में लेखक को पहले इस सवाल का उत्तर देना पड़ेगा कि तुम किधर हो? किसके साथ हो?

और यहीं लेनिन द्वारा निर्दिष्ट दूसरी संस्कृति—जनवादी संस्कृति का सवाल उठता है जो बीज रूप में आज हिन्दी में मौजूद है; किन्तु जनवादी शक्तियों के विभाजन तथा जन-आन्दोलनों के बिखराव के कारण उस संस्कृति में वह शक्ति नहीं आ पा रही है जिससे प्रभुत्वशाली संस्कृति को चुनौती दी जा सके। इसके अतिरिक्त इस वर्ग का साहित्य भी लेखक समुदाय की दृष्टि से अपने निम्नमध्यवर्गीय आधार के कारण अनेक आन्तरिक संकटों से गुज़र रहा है। निस्सन्देह इस वर्ग के लेखकों में व्यवस्था के प्रति घोर विरोध का भाव है, वे इसे जड़ से बदलने के लिए भी आकुल हैं और इसके साथ ही उनके सामने एक विकल्प भी है, किन्तु इन तमाम बातों के बावजूद उनमें अधीरता इतनी है कि वे एक प्रकार के 'क्रान्तिकारी स्वच्छन्दतावाद' की ओर अग्रसर हो चले हैं। सामान्यतः इनके प्रेरणास्रोत हैं गोरों के विरुद्ध काले लोगों का आन्दोलन, विश्वव्यापी उभरती हुई छात्र-शक्ति जिसका चरमोत्कर्ष फ्रांस की 'मई क्रान्ति' है तथा अमेरिकी साम्राज्यवादी आक्रमण के विरुद्ध वियतनाम का संघर्ष! विचारों की दृष्टि से इनमें और भी विविधता है। कुछ हैं जो हर्बर्ट मारकुस के प्रभाव में हैं तो कुछ फैनन और कारमाइकेल के। इनमें जो सबसे क्रान्तिकारी हैं वे चे गुएरा, कास्त्रो, रेजी देब्रे तथा अन्ततः माओ-त्से-तुंग को अपना आदर्श मानते हैं। फिर भी राजनीति के प्रति इनके रुझान में कुछ बातें इतनी समान हैं कि इन सबको सुविधा के लिए 'स्वच्छन्दतावादी क्रान्तिकारी' कहा जा सकता है। इस क्रान्तिकारिता का मूल मन्त्र है : 'नो कम्प्रोमाइज' अर्थात् कोई समझौता नहीं—न वर्ग-शत्रु के साथ कोई फौरी रज़ामन्दी या किसी तरह की छूट और न ही प्रतिकूल परिस्थितियों में अपनी जान बचाने के लिए क्रान्तिकारी सिद्धान्तों की शुद्धता के बारे में तालमेल का प्रयास! इन क्रान्तिकारियों की सामान्य मान्यता यह है कि अब क्रान्ति के हिरावल दस्ते की भूमिका अदा करने की स्थिति में मज़दूर वर्ग नहीं है,

मौजूदा दौर में यह भूमिका मुख्यतः किसान अदा करेंगे और ये किसान भी एशिया, अफ्रीका, लैटिन अमेरिका जैसे 'तीसरी दुनिया' के देशों के किसान होंगे; किसानों के इस हिरावल दस्ते का साथ देंगे छात्र तथा काले लोग। इस दृष्टि से वे संसार की प्रायः सभी कम्युनिस्ट पार्टियों को ग़ैर-क्रान्तिकारी तथा जड़ मानते हैं और सोवियत संघ को विश्व-क्रान्ति का अग्रणी नेता मानने के स्थान पर बुर्जुआ तथा 'सामाजिक-साम्राज्यवादी' कहते हैं। इनके लिए क्रान्ति का एक ही अर्थ है सशस्त्र क्रान्ति जिसका सबसे विकसित रूप है छापामार युद्ध। स्पष्टतः इन क्रान्तिकारियों के लिए लेनिन में विशेष आकर्षण नहीं है। कास्त्रो, चे गुएरा तथा रेजी देब्रे जैसे युवा क्रान्तिकारियों के करिश्मे से ये इतने अभिभूत हैं कि इन्हें लेनिन की ओर देखने का अवकाश ही नहीं। इनकी दृष्टि में चीन की 'सांस्कृतिक क्रान्ति' के प्रभामण्डल के सामने अक्टूबर क्रान्ति फीकी है।

इन नये क्रान्तिकारियों के हृदय में हर तरह के अन्याय के विरुद्ध जो आग भड़क रही है उसकी अनाविल नैतिकता और बलिदान के लिए स्वतःस्फूर्त साहस को देखकर जहाँ मन में आदर का भाव पैदा होता है वहीं उनकी राजनीतिक समझ को देखकर लेनिन की सुप्रसिद्ध पुस्तक 'उग्रपन्थी कम्युनिज़्म : एक बचकाना मर्ज़' की याद आती है। यह सही है कि लेनिन की 1920 की लिखी हुई पुस्तक को 1970 के युवकों पर आँख मूँदकर लागू करना ज़्यादती होगी किन्तु उस उग्रवाद के 'टुटपुँजिया मध्यवर्गीय' आधार का लेनिन का विश्लेषण आज भी सोलहो आने सही है। निस्सन्देह जैसा कि लेनिन ने कहा था यह अराजकतावाद मज़दूर वर्ग के आन्दोलन के अवसरवादी पापों की सज़ा का ही एक प्रकार है; किन्तु इससे उसकी टुटपुँजिया मध्यवर्गीय कमज़ोरियाँ संगत साबित नहीं होतीं। टुटपुंजिया मध्यवर्ग इतनी आसानी से क्रान्तिकारी अतिरेक की ओर इसलिए जाता है कि वह पूँजीवादी व्यवस्था में जितना कष्ट झेलता है उससे ज़्यादा उसका अनुभव करता है। उसमें गुस्से की मात्रा जितनी ज़्यादा होती है, संगठन अनुशासन और दृढ़ता की क्षमता उतनी ही कम होती है। इसलिए वह आवेश में आकर दुस्साहसिक प्रयास तो कर बैठता है किन्तु कड़े संघर्ष में उतनी ही जल्दी पस्त होकर उदासीन भी हो जाता है। लेनिन के ये निष्कर्ष क्रान्तिकारी संघर्ष की लम्बी अवधि के प्रत्यक्ष अनुभव के परिणाम थे। जब भीतर के गृहयुद्ध और बाहर के चौतरफ़ा साम्राज्यवादी आक्रमणों के दबसठ में आकर उन्होंने ब्रेष्ट-लिटोव्स्क की सन्धि की तो उस ज़माने के उग्रवादियों ने भी लेनिन का विरोध किया और महान अक्टूबर क्रान्ति के नेता पर उन्होंने साम्राज्यवाद के साथ समझौता करने का आरोप लगाया।

आगे चलकर इतिहास ने साबित कर दिया कि लेनिन का वह निर्णय कितना समझदारी भरा और सही था। अपने ज़माने के उग्रवादियों के लिए लेनिन के हृदय में भी कम स्नेह और आदर न था, लेकिन सवाल रणनीति और रणकौशल सम्बन्धी क्रान्तिकारी समझ का था और इस मामले में लेनिन समाजवादी क्रान्ति की इतनी बड़ी उपलब्धि को बचकानी दुस्साहसिकता के दाँव पर लगाने को तैयार न थे। निश्चय ही लेनिन की रणनीति और रणकौशल की द्वन्द्वात्मकता उग्रवादियों के लिए काफ़ी पेचीदा है और क्रान्ति की रोमांटिक दृष्टि यदि उसकी ओर उतनी तेज़ी से आकृष्ट नहीं होती तो इसमें आश्चर्य की कोई बात नहीं।

लेकिन आश्चर्य तो इस बात का है कि आज के रोमांटिक क्रान्तिकारी जिस वियतनाम को 'मेरा नाम तेरा नाम' की तरह जपते हैं स्वयं उसके संघर्ष की ग़ैर-रूमानियत की ओर उनका ध्यान नहीं जाता। सभी जानते हैं कि वियतनाम का क्रान्तिकारी संघर्ष चे गुएरा का छापामार युद्ध नहीं है बल्कि इस युद्ध में इसके अलावा भी अनेक रणकौशल अपनाये गये हैं। इस संघर्ष का हिरावल दस्ता केवल किसान नहीं बल्कि मज़दूरों के नेतृत्व में किसानों-मज़दूरों का संगठित मोर्चा है जिसमें वियतनामी जनता का बहुत बड़ा देशभक्त हिस्सा शामिल है। इस संघर्ष का नेतृत्व कम्युनिस्ट पार्टी कर रही है—लेनिनवादी पार्टी के ढाँचे पर निर्मित कम्युनिस्ट पार्टी जिसको नये उग्रवादी ग़ैर-क्रान्तिकारी घोषित कर चुके हैं। इसके अतिरिक्त वियतनाम के इस साम्राज्यवाद-विरोधी युद्ध में सोवियत संघ पूरी तरह वियतनाम के साथ है इतना होते हुए भी यदि नये क्रान्तिकारी क्रान्ति का कोई रोमांटिक ख़याल अपने दिमाग़ में पाल रहे हैं तो इसे बचकानापन ही कहा जायेगा। दूसरी ओर जो युवक मारकुस, फैनन और कारमाइकेल के प्रभाव में आकर मार्क्सवाद-लेनिनवाद को 'पुराना' तथा अप्रासंगिक मान बैठे हैं उन्हें ठंडे दिमाग़ से इस पहलू पर भी सोचना चाहिए कि आख़िर पश्चिम का बुर्जुआ प्रेस इतने 'ख़तरनाक' क्रान्तिकारियों को क्यों इतना उछाल रहा है? निस्सन्देह यह उन विचारकों की आलोचना नहीं है किन्तु उनके विचारों पर रोशनी डालने का एक नुक्ता ज़रूर है।

इसका अर्थ यह नहीं है कि भारत के शासक वर्ग ने नक्सलवादियों का हौवा खड़ा करके उनके ख़िलाफ़ जो जेहाद छेड़ रखा है वह संगत है। शासक वर्ग की इस चाल से भारत के रोमांटिक क्रान्तिकारी भी समझ गये होंगे कि क्रान्ति का रास्ता इतना संक्षिप्त और संकुचित नहीं है। छह महीने का रास्ता छोड़कर छह दिन का रास्ता अपनाना एक राजकुमार के लिए चाहे जितना रोमांचक हो किन्तु

क्रान्ति के लिए कोई 'शॉर्ट कट' नहीं है। यही नहीं बल्कि भारत की वर्तमान स्थिति में यह आग के साथ खिलवाड़ है। जिस समय वामपक्षी दलों में गहरी फूट हो, मज़दूरों और किसानों के संगठन छिन्न-भिन्न और कमज़ोर हों, उदारपन्थी केन्द्रीय सत्ता लड़खड़ा रही हो, तमाम दक्षिणपन्थी शक्तियाँ एकजुट हो रही हों, पूँजीपतियों की इजारेदारी बाढ़ पर हो, गाँव से लेकर शहरों तक के विशाल निम्न मध्यवर्गीय स्तर में गहरा असन्तोष हो तथा अर्थिक संकट के साथ राजनीतिक संकट में तीव्रता आ रही हो, ऐसे समय क्या समाजवादी क्रान्ति की दिशा में दुस्साहसपूर्ण क़दम उठाने में जनवाद को भी खो देने का ख़तरा नहीं है? आख़िर कम्बोडिया के सवाल पर साम्राज्यवाद के ख़तरनाक क़दम का विरोध करने वाले यह क्यों भूल जाते हैं कि अमरीकी साम्राज्यवादी मौक़ा देखकर भारत को भी कम्बोडिया बनाने में न चूकेंगे। जिस समय भारत में चारों ओर से फासिस्ट खतरे की आशंका की जा रही है उस समय आतंकवाद की कोई भी कार्रवाई चाहे वह वामपक्ष की ओर से ही क्यों न की गयी हो, दक्षिणपन्थी आतंकवाद के लिए साक्षात् निमन्त्रण है, जिसकी परिणति असंदिग्ध रूप में फ़ासिज़्म है! दक्षिणपन्थी शक्तियों के साथ वामपक्षी दलों के तालमेल का प्रयास उस ख़तरे को और नज़दीक लाने में सहायक हो सकता है।

बहरहाल, साहित्य के क्षेत्र में इस 'क्रान्तिकारी रोमांटिसिज़्म' ने अपनी ग़लत राजनीतिक धारणाओं के बावजूद आरम्भ में भद्रवर्ग के निष्प्राण साहित्य को परास्त करने में निश्चित रूप से तात्कालिक सफलताएँ प्राप्त कीं। किन्तु दो-तीन वर्ष की अवधि में स्वयं उसी के अन्दर जिस प्रकार ठहराव आ गया उससे स्पष्ट है कि एक अदूरदर्शी जीवन-दृष्टि साहित्य को भी ज़्यादा दूर नहीं ले जा सकती। आज भले ही "कान नहीं सुनते हैं कविताएँ/कविता पेट से सुनी जा रही है," लेकिन निकलेगी कविता 'समूचे आदमी' से ही, बन्दूक़ की नली से नहीं-राजसत्ता भले ही निकल जाये। 'इस वक़्त जबकि कविता माँगती है समूचा आदमी अपनी खुराक के लिए' तो कविता को कविता के ही द्वारा 'समूचा आदमी' देना होगा—इकहरा रोमांटिक क्रान्तिकारी नहीं। और यह समूचा आदमी और कुछ नहीं लेनिन की द्वन्द्वात्मक भौतिकवादी दृष्टि का निचोड़ 'जीवन्त, मूर्त भरा-पूरा सत्य' है। बर्तोल्त ब्रेष्ट के रचनाकक्ष में लेनिन का यही अमर वाक्य था—'ट्रुथ इज़ क्रांक्रीट!'

(आलोचना, अप्रैल-जून 1970 में सम्पादकीय के रूप में प्रकाशित)

व्लादिमिर लेनिन

(कक्षा-व्याख्यान)

पठनीय सामग्री

1. लेनिन के साहित्य एवं कला सम्बन्धी विचारों की संकलित रचनाएँ।
2. Lenin and Problem of Literature.
3. लेनिन : एक साहित्यिक सिद्धान्तकार के रूप में—लेखक : मोराव्स्की-'आलोचना' पत्रिका, अंक 10।
4. Art and Society : Adolfo Sanchez Vazque.
5. लेनिन विशेषांक—'आलोचना' पत्रिका, अंक 11/12

1

लेनिन ने प्लेखानोव के समान मार्क्सवादी आलोचना या सौन्दर्यशास्त्र का कोई व्यापक रूप उपस्थित नहीं किया। इस मामले में प्लेखानोव से उनकी स्थिति भिन्न है। एक दूसरी दृष्टि से मार्क्स एवं एंगेल्स से भी इनकी दृष्टि भिन्न है। मार्क्स एवं एंगेल्स ने किसी एक साहित्यकार पर विस्तार से विचार नहीं किया था। लेनिन ने एक साहित्यकार तॉलस्तॉय पर विस्तार से विचार किया। इस प्रकार लेनिन मार्क्सवादी आलोचना का व्यावहारिक रूप प्रस्तुत करते हैं जो मार्क्स एवं एंगेल्स ने नहीं किया था। साहित्य के बारे में लेनिन के मुख्य विचार उनके दो प्रकार के लेखों में मिलते हैं—(1) Party Organization and Party Literature (2) तॉलस्तॉय पर लिखे 1908 से 1911 तक के छः लेख। इन्हीं दोनों पर लेनिन के साहित्य सम्बन्धी विचार मुख्य रूप से आधारित हैं।

"Materialism and Impirio criticism" (भौतिकवाद और अनुभववादी आलोचना) लेनिन की दार्शनिक कृति मानी जाती है। यह मार्क्सवादी ज्ञान मीमांसा की पुस्तक है। इसमें मुख्यतः अनुभववादियों की आलोचना करते हुए संज्ञान या

मानवीय बोध के भौतिक आधार पर विचार किया गया है, जिसे Theory of Reflection (प्रतिबिम्ब सिद्धान्त) कहते हैं। इसके आधार पर लेनिन की दृष्टि में साहित्य के यथार्थवाद का स्वरूप निर्धारित किया जाता है। इस दार्शनिक पुस्तक के साथ ही साहित्य के सम्बन्ध में लेनिन के अन्य सिन्द्धातों की जानकारी का दूसरा स्रोत "Philosophical Notebooks" है जो "Lenin Collective Works" Vol-38 में संकलित है। यद्यपि इसमें साहित्य की सीधी चर्चा नहीं है, किन्तु इसका अनुप्रयोग साहित्य सिद्धान्त के लिए हो सकता है। ध्यातव्य है कि इस समय तक मार्क्स एवं एंगेल्स के कला-साहित्य सम्बन्धी विचार इन्हें मालूम नहीं थे। "II International" वालों में काउत्स्की आदि ने मार्क्स एवं एंगेल्स के विचारों में इतना संशोधन किया कि उनके विचार क्रान्तिकारिता से शून्य, पानी मिले हुए सामाजिक विकासवाद के सिद्धान्त मात्र रह गये।

लेनिन की दो पुस्तकें इस दृष्टि से महत्त्वपूर्ण हैं–(1) कार्ल काउत्स्की, गद्दार काउत्स्की और सर्वहारा क्रान्ति (2) State and Revolution (राज्य और क्रान्ति)। इसके प्रारम्भ में ही वे एक महान व्यक्ति की मृत्यु पर एक तरफ़ श्रद्धा व्यक्त करते हैं और दूसरी तरफ़ उनके महत्त्वपूर्ण गुणों पर पर्दा डाल देते हैं। मार्क्स के विचारों को राजनीति और साहित्य दोनों के क्षेत्र में लेनिन ने पुनर्स्थापित किया। मोराव्स्की ने कहा है कि (1) "Lenin presented A conception that may be described as an attempt to return to marxs standpoint." (The Lenin as a Literary Theorist, Science and Society Publication 29-1, (winter 1965), p. 25)

(2) "It should be emphasized that there is a certain fragmentation in Marxist esthetics; Its line of development is constantly being broken and its fundamental theses are formulated anew at need, for a second or a third time. For example Lenin didn't have available to him a complete collection of the statements of Marx and Engels on art and literature. If Lenin arrived at similar conclusions, the explanation is to be found in the method of Marxism, which led in that direction." (वही)

इस प्रकार मार्क्सवाद का लिंक टूटा हुआ है, ख़ासकर सौन्दर्यशास्त्रीय चिन्तन का। लेनिन को मार्क्स एवं एंगेल्स के साहित्य सम्बन्धी विचार नहीं मालूम थे, फिर भी "Dialectical Historical Materialism" की आत्मा को

लेनिन सर्वाधिक समझते थे और वे उसी आधार पर गये जिसपर मार्क्स एवं एंगेल्स गये थे। अतः मार्क्स एवं एंगेल्स की सही समझ उन्हें थी। इस क्षेत्र में ये प्लेखानोव से अलग थे।

1905-1911

1905 में क्रान्ति हुई किन्तु असफल रही। यह असफलता 1917 में सफल हुई और समाजवादी व्यवस्था स्थापित करने में सफलता मिली। इसलिए 1905 से 1911 तक का काल रूस में चिन्तन के लिए पस्ती का काल है। किसी क्रान्ति की असफलता के बाद यही होता है। जार का शासन था, क्रान्ति की असफलता के बाद वह शासन और भी आततायी हो उठा था। कम्युनिस्ट पार्टी में भीतरी मतभेद थे। एक दूसरे की आलोचना करते थे। पार्टी में अनुशासनहीनता बढ़ गयी थी। 1910 में तॉलस्तॉय की मृत्यु हुई, जब पादरी वर्ग तॉलस्तॉय की ढोंगपूर्ण व्याख्या कर रहे थे। कम्युनिस्ट पार्टी के लोग उन्हें प्रतिक्रियावादी कहकर छाँट रहे थे, छात्र एवं मज़दूर उन्हें अपना समझकर जुलूस निकाल रहे थे, ऐसे समय में लेनिन ने तॉलस्तॉय की एक तटस्थ व्याख्या की, उनपर विचार किया और उनकी वास्तविकता खोजने की कोशिश की।

(दिनांक 20.02.1981)

2

लेनिन के तॉलस्तॉय सम्बन्धी लेखों का विश्लेषण

इसमें तीन निबन्ध विशेष उल्लेखनीय हैं—(1) रूसी क्रान्ति का दर्पण : लियो तॉलस्तॉय (2) लियो तॉलस्तॉय और उनका युग (3) लियो तॉलस्तॉय (इसे उनकी मृत्यु के तुरन्त बाद लिखा गया था)।

इन निबन्धों में लेनिन ने तीन पक्षों पर विचार किया है—

(1) उत्पत्तिपरक प्रश्न (Genetic)—इसके अन्तर्गत तॉलस्तॉय की विचारधारा और उनके साहित्य के वर्ग-मूल या वर्ग-आधार पर विचार किया गया है।

(2) अनुकरणपरक (Mimatic)—इसमें तॉलस्तॉय और उनके युग के सम्बन्ध पर विचार किया गया। दूसरे शब्दों में, तॉलस्तॉय ने अपने युग की वास्तविकता का प्रतिबिम्बन किस प्रकार किया है।

(3) कार्यपरक (Functional)—इसमें तॉलस्तॉय की विरासत पर विचार किया गया है। दूसरे शब्दों में, क्रान्तिकारी मज़दूर वर्ग को तॉलस्तॉय के साहित्य एवं उनकी विचारधारा से क्या सन्देश प्राप्त होता है, इस विषय पर विचार किया गया है।

किसी आलोचना पद्धति के ये भी तीन पहलू होते हैं। लेनिन ने इन निबन्धों में तॉलस्तॉय सम्बन्धी व्यावहारिक आलोचना में मार्क्सवादी आलोचना के सभी पक्षों को निरूपित किया है।

जेनेटिक पद्धति द्वारा साहित्यकार की दृष्टि एवं विचारधारा पर विचार किया जाता है कि उसकी जीवन-दृष्टि, विश्व-दृष्टि क्या है?

अपने पेशे में लगा मनुष्य या मज़दूर, दार्शनिक नहीं होता, किन्तु उसके कुछ विचार तो होते हैं। परन्तु वे अपने विचारों की अभिव्यक्ति नहीं कर पाते। इस वर्ग के हिमायती बुद्धिजीवी उनके विचारों को सुव्यवस्थित रूप में रखते हैं। प्लेखानोव ने तॉलस्तॉय को अभिजात वर्ग (भू-स्वामी, कुलीन या ज़मींदार) के होने के नाते उनके विचारों को उसी के अनुसार कहा। लेनिन ने तॉलस्तॉय की सतह पर के विचारों को न देखकर गहराई में जाने की कोशिश की और देखा कि उनके विचार जमींदार वर्ग के नहीं; वस्तुतः किसान वर्ग के हैं। यह लेनिन की प्रतिभा का ही चमत्कार था। यह ढूँढ़ना महत्त्वपूर्ण है कि कोई लेखक किसान वर्ग में पैदा न हो, किन्तु उसके विचार किसान वर्ग के हों। लेनिन की इस खोज के पीछे मार्क्स एवं एंगेल्स, मुख्यतः मार्क्स के विचार सहायक हैं। मार्क्स का एक छोटा ग्रन्थ है "लुई बोनापार्ट की 18वीं ब्रूमेर"। नेपोलियन बोनापार्ट यूरोप का महान विजेता था। प्रसिद्ध वाटर-लू की लड़ाई में नाम व Willington ने नेपोलियन बोनापार्ट को हराया। युद्ध में वह हार गया, क़ैद हुआ। हार के बावजूद नेपोलियन की वंश-परम्परा चली। 1851 में बोनापार्ट-III हुआ। इसने जनतन्त्र कायम करने का नाटक किया, किन्तु तानाशाही कायम की। राज्याभिषेक में इसने वैसी ही तैयारी की तथा सज-धज की प्रक्रियाओं को अपनाया जिसे परम्परा से अपनाया जाता था।

ब्रूमेर (Brumaire—A kind of Parliament) मार्क्स ने महीने की 18वीं तारीख़ को कायम किया था। मार्क्स ने 1852 में अपनी "अठारहवीं ब्रूमेर" लिखी। (एंगेल्स ने 'गृह-युद्ध' नामक किताब लिखी है।) मार्क्स ने लिखा है कि फ्रांस में जो पार्लियामेंट (ब्रूमेर) बना उसमें गये मेम्बर, जो अवसरवादी थे, विभिन्न वर्गों से आये थे। किसान वर्ग से भी, उच्च वर्ग से भी।

इसमें से जो छोटे दुकानदारों के वर्ग के नहीं थे, वे भी छोटे दुकानदारों के वर्ग का पक्ष ले रहे थे। वे उसी वर्ग की विचारधारा को व्यक्त कर रहे थे। मार्क्स ने दिखाया कि वे विद्वान, बुद्धिजीवी, नेता उस वर्ग के हितों की हिमायत करते हैं। इससे एक नयी अन्तर्दृष्टि मिली।

एक दूसरा उदाहरण ले सकते हैं। प्रेमचन्द किसानों के हिमायती थे किन्तु वे स्वयं किसान नहीं थे, किसान के घर में पैदा नहीं हुए थे। बाबूगीर घर में पैदा हुए थे। स्वयं नौकरी करते थे, किन्तु उन्होंने किसानों की विचारधारा को व्यक्त किया। इसलिए यह लेनिन का चमत्कार ही था जिसने बताया कि तॉलस्तॉय किसान वर्ग में पैदा नहीं हुए किन्तु वे किसानों के हितों के हिमायती थे। इससे नतीजा निकलता है कि किसी साहित्यकार की विचारधारा जानने के लिए उसका वंशगत एवं व्यक्तिगत परिचय जानना हमेशा सही ही नहीं बल्कि कभी-कभी भ्रामक भी होता है।

दूसरे पक्ष, तॉलस्तॉय का उनके युग से सम्बन्ध, का निरूपण लेनिन ने किस प्रकार किया है, यह आगे देखना है।

तॉलस्तॉय (1828-1910)

तॉलस्तॉय ने 20 वर्ष की अवस्था से लिखना शुरू किया होगा। इसलिए 19वीं सदी के मध्य से लेकर 20वीं सदी के पहले दशक तक क़रीब 50-60 वर्ष तक उनका साहित्य फैला है। किसी लेखक का युग निर्धारण करते हुए लेनिन ने रूसी इतिहास के दो बिन्दुओं को चुना–

(1) 1861 – इस सन् में भू-दास प्रथा का क़ानूनी तौर पर अन्त हुआ।

(2) 1905 – इस सन् में मज़दूरों और किसानों की अगुवाई में असफल क्रान्ति हुई। उनका अधिकांश कृतित्व इसी काल का है। उनके तीन महत्त्वपूर्ण बड़े उपन्यास इसी काल में लिखे गये–(i) अन्ना करेनिना, (ii) वार एंड पीस (युद्ध और शान्ति) और (iii) Resurrection (पुनरुत्थान)। उनकी अनेक कहानियाँ भी इसी काल में लिखी गयीं। इस काल (1861) के पहले भी तॉलस्तॉय ने रचनाएँ की थीं, किन्तु लेनिन की प्रतिभा का दूसरा विश्लेषण यह है कि तॉलस्तॉय की रचनाओं ने 1861 तथा 1905 के बीच जो किया इसे, लेनिन ने कैसे देखा, क्या समझा?

'वार एंड पीस' 1861 के बाद की रचना है। नेपोलियन का जब रूस पर आक्रमण (1805) हुआ, उस समय की घटना वार एंड पीस में ली गयी है।

किन्तु सोचना यह है कि उस युग की घटना से इस युग का क्या सम्बन्ध था कि तॉलस्तॉय ने इसे लिखा। 50 साल पहले का रूस 1861 के बाद इन्हें दिखाई देता है। यह लेनिन की तीसरी प्रतिभा का चमत्कार है। जैसे "बाणभट्ट की आत्मकथा" में वर्तमान भारत की झलक मिलती है, भले ही उसके पात्र ऐतिहासिक हैं। वार एंड पीस में नेपोलियन के आक्रमण और दो अभिजात परिवारों के सम्बन्ध का वर्णन है। इसी बीच प्रेमकथा भी दिखाई गयी है। आज के रूस का, जब तॉलस्तॉय लिख रहे हैं, इससे क्या सम्बन्ध है? फिर भी इस उपन्यास में रूसी समाज की झलक को देखने-समझने में लेनिन की प्रतिभा का चमत्कार ही है। यानि यह प्रतिबिम्ब सिद्धान्त, स्थूल प्रतिबिम्ब का सिद्धान्त नहीं है, उसमें युग का यथार्थ चित्रण नहीं होता है यानि तॉलस्तॉय की रचनाएँ उनके युग का दस्तावेज़ नहीं हैं फिर भी लेनिन ने उनके उपन्यासों का चरित्र बताया, कि वे अपनी विशेष भाषा में अपने युग की सच्चाई को व्यक्त करते हैं। ऊपरी घटनाओं को छोड़ दिया। इस युग का चरित्र लेनिन ने बताया कि भू-दास प्रथा का अन्त क़ानूनी तौर पर हो गया। इसका मतलब ज़मींदारी प्रथा समाप्त हो गयी किन्तु इसके बाद रूस में पूँजीवाद आरम्भ हुआ। इस समय राजा (जार) एक ज़मींदार वर्ग का ही था। अतः रूस में ज़मींदारी ख़त्म होने के बावजूद ज़मींदारी के अवशेष बचे रहे। मुख्यतः सत्ता ज़मींदारों के हाथों में ही रही। ज़मींदारी केवल क़ानूनी तौर पर ख़त्म हुई।

(दिनांक 26.02.1981)

3

Primitive accumulation of capital (पूँजी का आदिकालीन संग्रह) की प्रक्रिया (पूँजी संग्रह) में तबाही और शोषण होता है। इसलिए यह दौर रूस में 1861-1904 का था जिसे पूँजीवादी आन्दोलन या पूँजी संग्रह अभियान कह सकते हैं। इसका सर्वाधिक भार किसानों पर पड़ता है। इसके विरुद्ध किसानों में व्यापक असन्तोष था, विद्रोह की भावना थी। यह काल तॉलस्तॉय का रचना काल है। तॉलस्तॉय ने अपने साहित्य में इस युग को प्रतिबिम्बित किया; किन्तु पुरानी घटनाओं एवं प्रतिकूल चरित्रों के माध्यम से। अब तुलना करें तो कहाँ यह काल और परिस्थितियाँ, तथा कहाँ उनके उपन्यासों की प्रेम कहानियाँ। फिर भी दोनों में तालमेल देखना तथा उस कथा-वस्तु में समसामयिकता देखना, लेनिन की प्रतिभा का ही काम था।

लेनिन ने उस कथा-वस्तु या 'वार एंड पीस' में दूसरी ही बात देखी। अन्य युगों की अपेक्षा यह उथल-पुथल का युग था। समाज में गहरे अन्तर्विरोध थे। अन्तर्विरोध देखना मार्क्सवाद का एक सिद्धान्त है। लेनिन ने इस अन्तर्विरोध की छाया तॉलस्तॉय की रचनाओं में देखी तथा बताया कि तॉलस्तॉय को अपने युग की उथल पुथल का ज्ञान था। निबन्ध 'तॉलस्तॉय और उनका युग' में लेनिन ने 'अन्ना करेनिना' से उद्धरण लेकर दिखाया है कि इस युग की हर चीज़ उलट पुलट गयी है। इस तरह से अपने युग के उथल-पुथल का आभास तॉलस्तॉय को था।

प्लेखानोव ने तॉलस्तॉय में केवल कमज़ोरियों को देखा। उन्होंने तॉलस्तॉय के विचारों और साहित्य में केवल प्रतिक्रियावादी तत्त्वों को देखा और निष्कर्ष निकाल लिया कि वे अभिजात वर्ग के साहित्यकार थे। लेनिन ने द्वन्द्ववाद के आधार पर तॉलस्तॉय के दोनों पक्षों को देखा। एक तरफ़ पादरियों और चर्च को, दूसरी ओर नये धर्म को। एक ओर तो पुलिस-अदालत की आलोचना और दूसरी ओर बुराई का प्रतिरोध हिंसा से मत करो। ये विरोधी बातें हैं। प्रश्न है कि ये विरोधी तत्त्व तॉलस्तॉय में कहाँ से आये? लेनिन कहते हैं कि ये अन्तर्विरोध तत्कालीन समाज में थे। ख़ासकर किसानों में। तॉलस्तॉय का यह व्यक्तिगत अन्तर्विरोध नहीं था। तॉलस्तॉय जिस किसान वर्ग के प्रवक्ता थे, उस वर्ग में यह अन्तर्विरोध था। लेनिन ने दिखाया कि तॉलस्तॉय में यह जो अन्तर्विरोध था, वह उस युग के समाज में था, किसान वर्ग में था, जिस किसान वर्ग के वे प्रवर्तक थे।

एक ओर असन्तोष, दमित पीड़ा और दूसरी ओर अहिंसा का सहारा लेना, यह उस युग के किसानों में था। यह दोहरी मनःस्थिति थी। इसे ही तॉलस्तॉय ने पकड़ा।

इस प्रकार लेनिन ने युग के चरित्र को अन्तर्विरोधों के रूप में देखा और तॉलस्तॉय के साहित्य में भी अन्तर्विरोध देखे और दोनों के बीच बिम्ब-प्रतिबिम्ब भाव का निरूपण किया। अन्तर्विरोधों के ही क्रम में लेनिन ने एक चीज़ और देखी कि तॉलस्तॉय की विचारधारा और उनके साहित्य में भी अन्तर्विरोध है। यह महत्त्वपूर्ण है कि लेखक की विचारधारा और उसकी रचना में भी अन्तर्विरोध है, और हो सकता है।

(दिनांक 20.02.1981)

4

तॉलस्तॉय की रचना का उपयोग कैसे और कौन कर सकता है? लेनिन ने इस पर विचार किया है कि उस समय तॉलस्तॉय की रचनाओं का उपयोग

कौन-कौन लोग और कैसे कर रहे थे। तॉलस्तॉय पर कुछ सरकारी लोगों ने, कुछ उदारतावादी लोगों ने, कुछ मार्क्सवादियों ने लिखा था। तीनों में अन्तर था। लेनिन ने प्रथम दो की आलोचना की है। तॉलस्तॉय की यह आलोचना फंक्शनल या कार्यमूलक प्रवृति के अन्तर्गत आती है। लेनिन ने बताया कि मज़दूर वर्ग तॉलस्तॉय में क्या देखेगा और उस दृष्टि की आलोचना की जायेगी तो क्या होगा? लेनिन ने लिखा कि तॉलस्तॉय के साहित्य से मज़दूर वर्ग अपने दुश्मनों को पहचान सकेगा।

यहाँ लेनिन ने तॉलस्तॉय के साहित्य और कला सिद्धान्तों में अन्तर स्पष्ट किया है। तॉलस्तॉय के सिद्धान्त ही तॉलस्तॉयवाद है। चर्च एवं ईसाई धर्म से अलग एक नये धर्म का समर्थन। 'ओरिएंटलिज़्म' उनका धर्म कहा जाता है। जैसे–गाँधी का अहिंसावाद। तॉलस्तॉयवाद एक विशेष प्रकार का धार्मिक दृष्टिकोण है, जिसमें बुराई के प्रति अप्रतिरोध है। विरोध एवं संघर्ष न करना जो कभी-कभी गाँधी जी के अहिंसावाद में भी प्रतिफलित होता था। ईश्वर की शरण में जाना, परम नैतिकता में विश्वास करना, शुभ की विजय स्वयं होगी आदि आदि। यही तॉलस्तॉयवाद है जिसमें जनता अपनी कमजोरियों को देख सकेगी। यह वाद तॉलस्तॉय के दिमाग़ से नहीं, तत्कालीन रूसी समाज की परिस्थितियों से उत्पन्न है। रूसी किसान असन्तुष्ट, निरुपाय, हताश थे और स्वयं उन बुराइयों को धर्म में ढूँढ़ते थे। इसलिए तॉलस्तॉयवाद रूसी किसानों की दुर्बलताओं का प्रतिबिम्ब था। इसीलिए तॉलस्तॉय ने कहा कि सामूहिक संघर्ष से अधिक अच्छा होगा, अपने-अपने को शुद्ध करना। तॉलस्तॉय किसानों के इस मनोविज्ञान और रुझान को समझते थे जिसे उन्होंने अपने वाद में प्रतिबिम्बित किया। इसलिए तॉलस्तॉयवाद रूसी जनता की कमज़ोरियों का दर्पण है।

तॉलस्तॉय का साहित्य चूँकि यथार्थवादी है, इसलिए उनके चरित्र जीवंत, मूर्तिमान रूप में सामने आये हैं। मुख्यतः वे चरित्र, जो सामाजिक विकास में बाधक हैं, जहाँ उन्होंने ज़मींदारों, अदालतों की क्रूरता, अन्याय, भ्रष्टाचार, निर्दयता, हिपोक्रेसी, निष्ठुर शासन को उद्घाटित किया है। इसलिए तॉलस्तॉय ने चर्च, अदालत, ब्यूरोक्रेसी आदि का नग्न चित्र उपस्थित किया है। इसलिए तॉलस्तॉयवाद एवं साहित्य दोनों उपयोगी हैं, ऐसा लेनिन ने माना है। उन्होंने तॉलस्तॉयवाद को भी उपेक्षित करने को नहीं कहा यह लेनिन की प्रतिभा है। तॉलस्तॉय के सिद्धान्त और साहित्य दोनों किस प्रकार उपयोगी हैं, इसे उन्होंने स्पष्ट किया है। उन्होंने केवल तॉलस्तॉय के साहित्य को नहीं, बल्कि दोनों को पढ़ने के लिए कहा।

लेखक की विचारधारा एवं लेखक की कला के बीच सम्बन्ध

इस सम्बन्ध में जटिलता की ओर ध्यान न देकर लोगों ने सरलीकृत करके उस पर विचार किया है। लेनिन ने दो तॉलस्तॉयों की चर्चा की है। (1) पैगन (Pagan) (2) क्रिश्चियन (christian)। Profane और Sacred। ईसा पूर्व यूरोपीय समाज (क्राइस्ट से पहले, जिसमें एनशिएंट रोम और एनशिएंट एथेंस आता है) में पाप-बोध नाम की कोई चीज़ नहीं थी। दो तॉलस्तॉय थे उनके अन्दर। एक पैगन और दूसरा क्रिश्चियन। पैगन तॉलस्तॉय मुक्त प्रवृत्ति, उन्मुक्त शिकार, जीवन के महोत्सव का वर्णन करता है, दूसरा क्रिश्चियन इसके ठीक विपरीत। तॉलस्तॉय की रचनाओं में पाप-बोध से मुक्त जीवन का महोत्सव मनाने वाला भी सन्दर्भ है। 'पुनरुत्थान' में ये द्वन्द्व स्पष्ट हैं। उनके प्रत्येक उपन्यास में पैगन और क्रिश्चियन का बोध स्पष्ट है। 'अन्ना करेनिना' में अन्ना विवाहित होकर भी अन्य पुरुष से प्रेम करती है और फिर आत्महत्या कर लेती है। इसलिए तॉलस्तॉय में अन्तर्विरोध है। तॉलस्तॉय में लेनिन ने इसे धार्मिक अन्तर्विरोध के रूप में नहीं देखा। उसे बहुआयामी विरोध माना। गोर्की के अनुसार "19वीं सदी के समूचे साहित्य में इतना जटिल लेखक (Complex writer) दूसरा नहीं है।" लेनिन भी इसे मानते थे। बुर्जुआ विचारकों की तरह लेनिन ने तॉलस्तॉय के अन्तर्विरोध को धार्मिक अन्तर्विरोध न मानकर समाज के आधार पर उस अन्तर्विरोध का अध्ययन किया।

तॉलस्तॉय की जीवन दृष्टि और कला दृष्टि में विरोध है। मिखाइल लिफ्शित्ज़ ने इसका जवाब देते हुए कहा कि लेनिन ने ऐसा नहीं माना बल्कि तॉलस्तॉय की जीवन दृष्टि में भी अन्तर्विरोध है, कला दृष्टि में भी अन्तर्विरोध है।

तॉलस्तॉय की कला यथार्थवादी भी है, गैर-यथार्थवादी भी। जीवन के यथार्थ चित्र के अलावा लम्बे-लम्बे उपदेश, दर्शन भी तॉलस्तॉय की रचनाओं में मिलते हैं। इसलिए तॉलस्तॉय की सारी कला यथार्थवादी ही नहीं है, उसमें अन्तर्विरोध भी हैं। इन अन्तर्विरोधों का आपसी सम्बन्ध भी देखना चाहिए।

लेनिन ने दिखाया है कि जीवन दृष्टि और कला परस्पर सम्बद्ध है। प्रत्येक पर एक-दूसरे का प्रभाव पड़ता है। कभी पड़ता है, कभी नहीं भी पड़ता है। अतः इसे देखा जाना चाहिए। लेनिन किसी भी फॉर्मूलावाद के विरोधी थे। इसलिए इस क्षेत्र में मोराव्स्की अधिक ठीक हैं।

इस सम्बन्ध में लेनिन के दो सिद्धान्त

(1) Concrete Analysis of concrete conditons. (Letters on Tactics, Progress Publishers, Moscq, 1964, vol. 42, p. 42-54)

'Truth is concrete-बर्तोल्त ब्रेख्त ने भी कहा।

ट्रुथ का कंक्रीट एनालिसिस करना चाहिए। यह आवश्यक नहीं कि अभिजात कुलोत्पन्न हमेशा समाज का अहित ही करता है

(2) All theory, dear friend, is grey, but the golden tree of Actual life springs ever green. (Letters on Tactics, Progress Publishers, Moscow, 1964, vol. 42, p. 42-54)

थ्योरी हमेशा बदरंग और ज़िन्दगी हमेशा ताज़ा रहती है। यह उद्धरण लेनिन ने गोएथे (J.W. Goethe) से लिया था। इसलिए लेनिन किसी भी चीज़ को फॉर्मूला पर बाँटकर नहीं देखते थे।

लेनिन की दो सामग्रियों—(1) लेख—'पार्टी संगठन और पार्टी साहित्य' (1905) (2) पुस्तक—'Materialism and Impirio Criticism' (1909) के माध्यम से लेनिन की साहित्य सम्बन्धी जानकारी प्राप्त होती है। यह मुख्यतः दर्शन की पुस्तक है।

(दिनांक 03.03.1981)

5

मार्क्सवाद की हिमायत में लिखी पुस्तक 'Materialism and Impirio Criticism' लेनिन के कला और साहित्य सम्बन्धी विचारों को भी स्पष्ट करती है। 'पार्टी संगठन और पार्टी साहित्य' लेख विवादास्पद रहा है। विवाद यह कि इस लेखन का सम्बन्ध ललित साहित्य एवं कला से नहीं, बल्कि केवल पार्टी के प्रचारात्मक साहित्य से है। लूकाच जैसे मार्क्सवादी आलोचक ने भी अपनी पुस्तक 'The Meaning of Contemporary Criticism' की भूमिका में लेनिन की पत्नी के पत्र का ज़िक्र करते हुए कहा कि यह लेख लिखते समय उन्होंने पार्टी से सम्बन्धित विषय और लेखकों को ही सम्बोधित किया था।

किन्तु, लूकाच का यह कथन ग़लत है। वस्तुतः लेख के अन्दर अन्तःसाक्ष्य के आधार पर देखें तो लेनिन का इशारा कला एवं सर्जनात्मक साहित्य की ओर भी है; मात्र पार्टी साहित्य की चर्चा नहीं है।

अतः लूकाच, फिशर और कुछ बुर्जुआ लेखकों ने जो कहा है कि इस लेख का सम्बन्ध सर्जनात्मक साहित्य से नहीं है, वह ग़लत है। इस लेख के अन्तःसाक्ष्य के आधार पर देखने पर यह स्पष्ट हो जाता है। मोराव्स्की मानते हैं कि इसका सम्बन्ध सर्जनात्मक साहित्य से है।

भौतिकवाद और अनुभववादी समीक्षा (Materialism and Impirio criticism)

इस पुस्तक की पृष्ठभूमि है—1905 की रूसी क्रान्ति की असफलता के बाद पार्टी में मतभेद। लेनिन का प्रयास था कि यह मतभेद सैद्धान्तिक, दार्शनिक स्तर पर रहे। किन्तु कार्यप्रणाली के स्तर पर हमें एक होना चाहिए; क्योंकि हम दोनों (मेन्शेविक, बोल्शेविक) का कार्य-उद्देश्य एक ही है। बोग्दानोव, लुनाचार्स्की, गोर्की आदि उस समय एक विशेष प्रकार के मार्क्सवादी सिद्धान्त का प्रचार कर रहे थे, जो भौतिकवाद का विरोधी था। इन विरोधियों ने कहा कि विज्ञान के नये विकास एवं खोजों के अनुसार भौतिकवाद का स्वरूप, परिकल्पना बदल गयी है। अतः उन्होंने एक दार्शनिक माख के आधार पर मार्क्सवाद का खण्डन कर कहा कि अब भौतिकवाद का समर्थन करना कठिन है।

इन लोगों के विचारों का खण्डन करते हुए लेनिन ने इस पुस्तक "Materialism and Impirio criticism' की रचना की। इसमें इन्होंने स्थापना दी है कि—(1) मार्क्स का भौतिकवाद वैज्ञानिक नहीं, दार्शनिक है। अतः लेनिन ने कहा कि विज्ञान ने भले ही भौतिकवाद की परिकल्पना बदल दी हो किन्तु, भौतिकवाद विज्ञान नहीं है।

वस्तुगत सत्य रियलिटी है या नहीं, यही उपर्युक्त अनुभववादी विचारकों का मुख्य मुद्दा था, जिसके आधार पर वे मार्क्सवाद का खण्डन कर रहे थे।

वस्तुगत सत्य और आत्मगत अनुभव—दर्शन की पुरानी धारणाएँ हैं। वस्तुगत सत्य का आत्मगत प्रतिबिम्ब ही ज्ञान है, लेनिन ने माना। इसे लेनिन की रेफ्लेक्शन थ्योरी (Reflection theory) कहते हैं। अर्थात्, प्रत्येक अनुभव का एक वस्तुगत आधार होता है। ज्ञान वस्तुगत और आत्मगत के द्वन्द्वात्मक सम्बन्ध पर निर्भर है। अनुभववादी इन्द्रियबोध को ही प्रधान मानते रहे हैं।

लेनिन ने बताया कि ज्ञान का सम्बन्ध ऑब्जेक्ट और सब्जेक्ट दोनों के द्वन्द्व से है। कभी-कभी वस्तुगत यथार्थ सत्य और फैंटेसी का मिला-जुला रूप होता है और वह मनुष्य पर अत्यधिक प्रभावशाली भी होता है। इसलिए वस्तु-निरपेक्ष सच्चाई में अनेक तत्त्व शामिल होते हैं। 'एम्पिरियो क्रिटिसिज़्म' निबन्ध में लेनिन ने अनुभववादियों के विषय में दिखाया कि वे कोई नयी और

मौलिक बात नहीं, बल्कि वही कह रहे हैं जिसे बर्कले तथा लॉक ने कहा था; एवं आधुनिक युग में माख कह रहे हैं। कांट के विचार भी कुछ ऐसे ही हैं।

'एम्पिरियो क्रिटिसिज़्म' लेनिन की एक दार्शनिक पुस्तक है। किन्तु, इस दर्शन का साहित्य से गहरा सम्बन्ध है; क्योंकि दर्शन में जो भौतिकवाद है, वही साहित्य में यथार्थवाद है। 'एम्पिरियो क्रिटिसिज़्म' में लेनिन ने ज्ञान और सत्य के लिए पक्षधरता एवं पार्टिसिज़्म को महत्त्व दिया। यह सत्य है कि बाह्य जगत की वस्तुगत सत्ता का प्रतिबिम्ब मनोजगत पर पड़ता है।

ऐसा लगता है कि जो पक्षधर होगा, वह वस्तुनिष्ठ नहीं हो सकता और जो वस्तुनिष्ठ होगा, वह पक्षधर नहीं हो सकता। इस पर विवाद भी हुआ है। किन्तु, लेनिन ने उक्त पुस्तक में दिखाया है कि यह आवश्यक नहीं है। हर ज्ञान पक्षधर होता है। अन्तर केवल अपनी पक्षधरता घोषित करने और छिपाने की है। कोई अपनी पक्षधता स्पष्ट कर देता है, कोई उसे छिपाये रहता है। जैसे, पैसे की कमी के कारण मज़दूरों की हड़ताल होती है। इससे बिजली की आपूर्ति बन्द हो जाती है। बिजली नहीं आने से अपना काम हर्ज होता है। हम तत्काल अपना हर्ज सोचकर मज़दूरों को गाली दे सकते हैं। इसमें वास्तव में दोषी कौन है, विभिन्न व्यक्ति विभिन्न बातें कहेंगे। अतः सत्य में यह महत्त्वपूर्ण है कि किस पक्ष से व्यक्ति बात कर रहा है। इसलिए किसी भी घटना के दो पक्ष होते हैं। दोनों पक्षों में कुछ सही और कुछ ग़लतियाँ होती हैं। यह भी सम्भव है कि मध्य मार्ग भी सही बिन्दु नहीं हो। अतः सत्य और न्याय का पक्षधर सत्य वस्तुनिष्ठ ज्ञान के अधिक निकट होगा।

इसलिए पार्टी संगठन और पार्टी साहित्य में ये मुद्दे उठाये गये।

पार्टी संगठन और पार्टी साहित्य में लेनिन की बुनियादी बातें

साहित्य को सर्वहारा वर्ग के संघर्ष का एक अंग होना चाहिए, समूचे हरावल द्वारा संचालित अभिन्न महान सामाजिक जनवादी मशीन का 'दांता और पेंच' होना चाहिए। साहित्य को पार्टी का अभिन्न अंग होना चाहिए।

यह विवाद का विषय है। लेखक को मशीन का पुर्जा बना देने से रचनात्मक स्वतन्त्रता समाप्त हो जाती है। इस आधार पर लेनिन के विचार को ग़लत माना जाता है। किन्तु, आगे ही लेनिन अपनी इस तुलना को लंगड़ी सम्भावना मानते हैं। लेनिन ने कहा कि "एक जर्मन कहावत है कि सभी तुलनाएँ लंगड़ी होती हैं। उसी तरह पेंच के साथ साहित्य की, मशीन के साथ जीवित आन्दोलन की मेरे तुलना भी लँगड़ी है। निर्विवाद है कि साहित्य यांत्रिक समीकरण को, समतलन को,

अल्पमत के ऊपर बहुमत के प्रभुत्व को सबसे कम स्वीकार करता है। यह भी निर्विवाद है कि इस मामले में निजी पहल और वैयक्तिक प्रवृत्ति के लिए, चिन्तन और कल्पना के लिए, रूप और सौन्दर्य के लिए अधिक खुले वातावरण की ज़रूरत बिना शर्त ज़रूरी है। यह सबकुछ निर्विवाद है, लेकिन यह सबकुछ केवल यही प्रदर्शित करता है कि सर्वहारा के पार्टी-हेतु के साहित्यिक पक्ष को यान्त्रिक ढंग से उसके अन्य पक्षों का समरूपी नहीं समझा जा सकता।" (लेनिन, 'साहित्य बारे में', पृ. 7)

'पार्टी संगठन और पार्टी साहित्य' में महत्त्वपूर्ण शब्द 'Party spirit' है। इसके तीन अर्थ हो सकते हैं। मोराव्स्की ने बताया है– (1) Belonging to an organization, (2) Committed to an idea, (3) Committed on the side of proletariat.

किसी ऑर्गनाइजेशन का सदस्य लेखक को होना चाहिए। इसलिए पार्टी के अनुशासन का पालन स्वभावतः आवश्यक होगा। किन्तु, लेनिन ने इस अनुशासन का अर्थ बताया कि साहित्य के मायने में अल्पमत पर बहुमत को थोपा नहीं जा सकता। जबकि पार्टी में ऐसा नहीं होता। उसमें निर्णय बहुमत से ले लिया जाता है। पार्टी का निर्णय बहुमत से ही लिया जाना चाहिए किन्तु, साहित्य में इसे नहीं लागू होना चाहिए। साहित्य में विकास के अपने कुछ विशिष्ट नियम होते हैं, जबकि वह समाज का ही चेतन रूप है। इसमें निजी पहल, अधिक खुले वातावरण की ज़रूरत है। (साहित्य के बारे में)

लेनिन के यान्त्रिक कहने का अर्थ यह नहीं कि हर व्यक्ति एक ही तरह की रचना करे। यह सम्भव है कि एक ही तथ्य पर लिखी अनेक कृतियाँ श्रेष्ठ हो सकती हैं।

तीसरी कोटि, Committed on the side of proletariat, अधिक महत्त्वपूर्ण है। पार्टी-संगठन का सदस्य होते हुए भी, साहित्यकार सर्वहारा का पक्षधर हो सकता है। गोर्की शुद्ध भौतिकवादी नहीं थे। बहुत दिनों तक पार्टी के सदस्य भी नहीं थे। पार्टी के सिद्धान्त से भी उनका अनेकशः विरोध था। लेनिन ने गोर्की से कभी नहीं कहा कि पार्टी का सदस्य बन जाइए तथा उनके साहित्य का समर्थन करते रहे। अतः लेनिन साहित्यकार को यह विशिष्ट छूट देते हैं। इस प्रकार यह देखना चाहिए कि लेनिन पार्टी संगठन से साहित्य को भिन्न मानते हुए रचनात्मक सर्जना को कहाँ तक महत्त्व देते हैं।

(दिनांक 04.03.1981)

6

1962 में लूकाच ने क्रुप्सकाया (लेनिन की सहकर्मी और पत्नी) के पत्र का ज़िक्र किया है, अपनी पुस्तक "The meaning of Contemporary Realism" (1969) की भूमिका में–"the Soviat Magazine Drushba Narodov (1960 No. 4) published a hitherto unknown letter of Krupskaya's, in which she declares that Lenis's famous 1905 essay 'Party organisation and Party literature', was not concerned with literature as fine art. A view I have long held. The importance of this statement is considerable, for this essay was the Bible of sectarianism in the arts during the ideological dictatorship of Stalin and Zhdanov. It is curious, and interesting, that the publication of Krupskaya's letter should have received so little attention." (The Meaning of Contemporary Realism, Merlin Press, London, 1969, p. 7-8)

अर्नस्ट फिशर (Ernst Fischer) की पुस्तक 'Art against Ideology' का अंग्रेज़ी में प्रकाशन 1969 में हुआ। अन्तिम अध्याय में फिशर ने अन्य कई प्रश्नों के बीच पार्टी और साहित्य पर विचार करने के क्रम में पार्टी संगठन और पार्टी साहित्य का भी ज़िक्र किया है। "Lenin's demand for party mindedness was not meant to apply to literature in general but to political writings. Nadezhda Krupskaya, the companion of Lenin's life and struggle, wrote (not latter than 3 May 1937) a commentary on a project by E. Buzkova to issue a 'Collection of Lenin's Article and statement on literature' objecting to an Article entitled 'The Influence of Lenin's Articles and statements on literature upon our pedagogical practice.' On the grounds that is merely strung together quotations taken out of context and not illustrated by example.She wrote It is necessary to say for what motive an Article was written, And in the context of what events. Lenin's Articles on proletarian culture, party organisation and party literature and The Tasks of the Youth Leagues do not concern literature as a fine Art." (Art Against Ideology, G. Braziller Publication, New York, 1969, p. 181)

ये दो मार्क्सवादी आलोचकों के उद्धरण हैं, जिनमें कहा गया है कि लेनिन का लेख 'Party organisation and Party literature' सामान्य साहित्य के लिए नहीं बल्कि एक विशिष्ट प्रकार के साहित्य के लिए था, जिसे राजनीतिक साहित्य कहते हैं।

"What is to be done?" नामक लेनिन की पुस्तक 1902 में प्रकाशित हुई। लेनिन पार्टीहित के साहित्य की बात करते हैं, किन्तु पार्टी का अर्थ यहाँ राजनीतिक पार्टी से नहीं, बल्कि इंटेलेक्चुअल पार्टी से है। इस चेतना में केवल राजनीतिक चेतना ही नहीं, नैतिक और कलात्मक चेतना का भी प्रतिनिधित्व वह पार्टी करती है। दार्शनिक, वैज्ञानिक, साहित्यकार सभी लेनिन की पार्टी में शामिल थे। सभी बातों पर चर्चा होती थी। इसलिए लेनिन के यहाँ पार्टी का कॉन्सेप्ट दूसरा था। यह है कि व्यवहार में अब इसे लागू करने में दिक़्क़त हो सकती है। व्यवहार में विकृतियाँ हो सकती हैं, किन्तु सैद्धान्तिक रूप में कोई विरोध नहीं होना चाहिए। लेनिन ने कहा–'कभी-कभी पाबन्दियों से छूटकर भी दम घुटने लगता है। और जेल वही नहीं होती जिसमें दीवारें हों।'

एक तरफ़ लेखक के पार्टी से सम्बन्ध और दूसरी तरफ़ स्वतन्त्र साहित्य की बात करना अर्थात् साहित्य के साथ बहुमत पर निर्णय नहीं लेने वाली बात में विरोध है। पार्टी में रहकर, इसके अनुशासन में रहकर भी अनेक अच्छे-अच्छे साहित्यकार बने हैं और पार्टी में घुटन महसूस कर उसे छोड़ देनेवाले अच्छे लेखक भी अलग अपनी प्रतिभा का विकास नहीं कर सके। अपनी प्रतिभा का चमत्कार नहीं दिखा सके। बल्कि, लुप्त हो गये।

(दिनांक 06.03.1981)

माओत्से तुंग

(कक्षा-व्याख्यान)

साहित्य एवं कला सम्बन्धी विचार

एनान की गोष्ठी (Yan'an conference) चीन में मुक्ति संग्राम के उस दौर से सम्बद्ध है, जहाँ चीन की कम्युनिस्ट पार्टी के सन्दर्भ में व्यापक जन समुदाय एक ओर जापानी साम्राज्यवादियों के विरुद्ध संघर्ष कर रहा था तथा दूसरी ओर च्यांग काई सेक के जनतन्त्र विरोधी शासन के विरुद्ध भी संघर्ष चल रहा था। जापानी साम्राज्यवादियों एवं च्यांग, दोनों में साँठ-गाँठ भी थी। यह गोष्ठी द्वितीय विश्वयुद्ध के बाद 1942 ई. में हुई थी। माओ लेनिन के विचारों से परिचित थे। उन्होंने 'पार्टी संगठन और पार्टी साहित्य' का स्पष्टीकरण करते हुए और उसे अपने विशेष सन्दर्भ में विकसित करते हुए भाषण दिया था। समापन भाषण के तीसरे खण्ड में इस बात पर विचार किया गया है। कला और साहित्य का निश्चित और सुनिर्धारित स्थान होता है। अर्थ यह कि कला-साहित्य की अपनी विशिष्टता उस क्रान्तिकारी कार्यक्रम में स्पष्ट होती है।

कला यदि क्रान्तिकारी कार्यक्रम का अंग नहीं होगी तो उसमें अन्तर्विरोध होगा। क्रान्ति के पूर्व से चले आ रहे कला-रूप, शिल्प आदि वैसे ही कलावादी बने रहेंगे, जबतक कला क्रान्तिकारिता से सम्बद्ध नहीं होगी। इसलिए लेनिन की संपुष्टि करते हुए माओ ने एक नयी बात कही।

दूसरी बात माओ ने कही—राजनीति और साहित्य के बीच सम्बन्ध पर। कला और साहित्य राजनीति के मातहत होते हैं, किन्तु राजनीति को वे प्रभावित भी करते हैं। लेनिन ने इतना स्पष्ट नहीं कहा था। उन्होंने मात्र यही कहा था कि 'साहित्य को पार्टी का अंग होना चाहिए।' कला और साहित्य को अतिरिक्त महत्त्व देने को माओ नहीं मानते। यह बात वह व्यक्ति कह रहा है,

जो कवि भी है और राजनीतिज्ञ भी। मुक्तिबोध ने 'एक साहित्यिक की डायरी' में कहा है कि साहित्य पर अधिक भरोसा नहीं करना चाहिए।

साहित्यिक रचनाएँ मानस का परिवर्तन करती हैं, क्रान्ति नहीं करतीं। क्रान्ति राजनीतिक पार्टी सामान्यतः जनता के सहयोग से करती है। पार्टी नेतृत्व करती है। माओ इसे व्यावहारिक रूप में देखते थे। अतः कहा कि कला-साहित्य राजनीति के मातहत होते हैं, किन्तु वे राजनीति को प्रभावित करते हैं। स्वयं क्रान्ति नहीं करते। वे क्रान्ति में सहायक दो रूपों में होते हैं—(1) जनता को प्रभावित करके और (2) राजनीतिक दल को प्रभावित करके।

तीसरी बात यह कि लेनिन के 'पार्टी संगठन और पार्टी साहित्य' वाले वक्तव्य से राजनीति और साहित्य का सम्बन्ध स्पष्ट नहीं होता। माओ उसे स्पष्ट करते हैं।

जब माओ कहते हैं कि साहित्य को राजनीति का अंग होना चाहिए, तो वे साहित्य-राजनीति का अर्थ वर्ग राजनीति मानते हैं। वर्ग राजनीति के मायने है—जन सामान्य की चेतना को परिष्कृत रूप में आगे बढ़ाना। माओ ने कहा, जनता शिक्षक है। राजनीतिज्ञ जनता से सीखता है और सीखकर उसे परिष्कृत रूप में आगे बढ़ाता है। इसलिए माओ ने 'पार्टी संगठन और पार्टी साहित्य' को पल्लवित किया है, आगे बढ़ाया है।

कला और साहित्य के बारे में माओ का दूसरा विचार है—कलावाद। प्रश्न उठाया कि क्या साहित्य वसन्त में हिमपात की तरह श्रेष्ठ हो सकता है। वसन्त में हिमपात का आनन्द कुछ लोग तो ले सकते हैं किन्तु व्यापक जनसमुदाय नहीं।

उपयोगितावाद

लेनिन के पार्टी संगठन और पार्टी साहित्य में यह स्पष्ट न हो सका था कि साहित्य की पार्टी के सम्बन्ध में क्या उपयोगिता है? माओ ने उपयोगितावाद पर विचार किया है। इसके दो भाग किये हैं। (1) पूँजीवादी वर्ग का उपयोगितावाद (2) सर्वहारा का क्रान्तिकारी उपयोगितावाद। पहली कोटि की उपयोगिता चंद मुट्ठी भर लोगों का ध्यान रखती है। दूसरी, अधिकांश लोगों के हितों का ध्यान रखती है। सर्वहारा की क्रान्तिकारी उपयोगिता केवल तत्कालीन उद्देश्यों के लिए नहीं। उसकी दृष्टि दीर्घकालीन उद्देश्य पर होती है। इसलिए जिस उपयोगितावाद की हिमायत मार्क्सवादी साहित्य करता है, ऐसा वह व्यापक एवं दीर्घकालीन उद्देश्यों को लक्ष्य में रखकर करता है।

चौथी बात माओ ने कही—आलोचना के मानदण्ड के बारे में। यह प्रच्छन्न रूप से प्लेखानोव एवं लेनिन में भी मिलती है। किन्तु, माओ ने इसे स्पष्टतम रूप में रखा है। समापन भाषण के चौथे व्याख्यान में माओ ने कहा कि "कला-साहित्य की आलोचना के दो मानदण्ड होते हैं—राजनीतिक और कलात्मक।"

इन दोनों मापदण्ड में कोई भी निरपेक्ष मापदण्ड नहीं है। अर्थात्, साहित्य के मूल्यांकन के मापदण्ड वर्ग-सापेक्ष होते हैं, ऐसा माओ ने माना। प्रत्येक वर्ग के अपने राजनीतिक और कलात्मक मापदण्ड होते हैं। बुर्जुआ वर्ग सर्वहारा की कला को स्वीकार ही नहीं करता। सर्वहारा वर्ग इसके विपरीत बुर्जुआ वर्ग की कला को भी अपनाता है, भले ही आलोचनात्मक दृष्टि से। इसलिए बुर्जुआ वर्ग की अपेक्षा सर्वहारा का मापदण्ड श्रेष्ठ है।

बुर्जुआ कला पर विचार करते हुए सर्वहारा वर्ग की कला को माओ ने श्रेष्ठ एवं ग्राह्य माना। 'विषरस भरा कनक घट जैसे।' अतः स्वर्ण घट के कारण, सौन्दर्य के कारण हम किसी वस्तु को नहीं अपनाएँगे। छोड़ना ही पड़ेगा, यदि कंटेंट ठीक न हो। माओ ने कहा, उसे छोड़ देना चाहिए। "जब शोषक वर्ग का ह्रास होने लगता है तब कला पर अधिक ज़ोर दिया जाता है।" तप का काल और भोग का काल। तप के काल के बाद भोग का काल आता है और तब व्यक्ति उसे बदलना नहीं चाहता।

नयी राजनीति के साथ कला साहित्य का विरोध नहीं होता। वे नयी राजनीति के साथ नया साहित्य लाते हैं।

कंटेंट कमज़ोर, सड़ा हुआ होने पर फॉर्म लुभावना होता जाता है। माओ यही कह रहे हैं। इसका अर्थ यह नहीं कि मार्क्सवादी या प्रगतिवादी साहित्यकार, रूप की उपेक्षा करते हैं। घी का लड्डू टेढ़ों भला—नहीं मानता मार्क्सवाद। माओ ने रूप और वस्तु की एकता की बात कही। पोस्टबाजी एवं नारेबाज़ी जैसी शैली की आलोचना की। यह तकाजा है कि जब आपके पास अन्तर्वस्तु अच्छी हो तो रूप भी अच्छा हो। माओ यह नहीं मानते कि अच्छी वस्तु बिना रूप के भी ग्राह्य एवं श्रेष्ठ है। जनता से सीखकर ही साहित्य एवं कला को श्रेष्ठ बनाया जा सकता है, माओ ऐसा मानते थे। अन्यत्र माओ ने लेनिन के समान ही साहित्य की स्वतन्त्रता की हिमायत की है। उनका प्रसिद्ध नारा था—सौ फूल खिलें। उन्होंने सर्जनात्मक होड़ की हिमायत की है।

(दिनांक 07.03.1981)

(इस व्याख्यान के लिए देखें—MaoZedong's "Talks At Yenan Conference on Literature and Art", Translation and commentary by Bonnie S. MeDougall University of Michigan, 1980)

लूकाचोत्तर मार्क्सवादी आलोचना-सिद्धान्तों का सर्वेक्षण

(कक्षा-व्याख्यान)

1

द्वितीय विश्वयुद्ध के बाद भी लूकाच का चिन्तन फैला हुआ है। इसके अलावा, मार्क्सवादी आलोचना के क्षेत्र में अन्य प्रवृत्तियाँ भी आयीं।

फ्रांस में एक महत्त्वपूर्ण प्रवृत्ति संरचनावादी मार्क्सवाद या मार्क्सवादी संरचनावाद के नाम से जानी जाती है। इसके दो प्रमुख विचारक हैं–(1) लुई अल्थूसर (Louis Althusser), (2) पियरे माशरे (Pierre Macherey)।

द्वितीय विश्वयुद्ध के बाद इंग्लैंड में मार्क्सवादी साहित्य चिन्तन का विकास करने वालों में Raymond Williams का नाम लिया जाता है।

इन दोनों धाराओं में कुछ सम्बन्ध भी है। जिस चिन्तन का अल्थूसर और माशरे ने विकास किया उसमें 'विचार प्रणाली की प्रकृति' का विचार Ideology तथा इसके अन्तर्गत साहित्य का स्थान, आधार और अधिरचना आदि आते हैं।

द्वितीय विश्वयुद्ध के पहले अधिकांश मार्क्सवादियों का ध्यान आधार पर, आर्थिक आधार पर था कि किस प्रकार आधार से अलग और स्वतन्त्र माने जानेवाले आर्थिक आधार की खोज एवं उसका निरूपण किया जाये। द्वितीय विश्वयुद्ध के बाद बल अधिरचना (superstructure) पर हुआ। आधार की अपेक्षा अधिरचना पर स्वयं मार्क्स एवं एंगेल्स ने भी कम काम किया था। द्वितीय विश्वयुद्ध के बाद देखा गया कि पूँजीवाद इन कारणों के बावजूद आर्थिक या राजनीतिक कारणों से समाप्त नहीं हो रहा है बल्कि स्थिर हो गया है। क्रान्ति नहीं हो रही है। इसके दो कारण हैं। आधार ही नहीं, अधिरचना भी इसका कारण है।

इसलिए, यदि पश्चिमी देशों में आर्थिक संकट के बावजूद क्रान्ति नहीं हुई तो उसका कारण क्या है? मार्क्सवादियों का ध्यान इस ओर गया कि पूँजीवाद

को कायम रखने में आइडियोलॉजी का हाथ है जो क्रान्ति को रोक रही है और व्यवस्था को कायम रख रही है। इसलिए आइडियोलॉजी तथा साहित्य से इसके सम्बन्ध पर नये सिरे से विचार हुआ। इसमें उपर्युक्त दो विचारक, अल्थूसर और पियरे माशरे प्रमुख हैं। 'Theory of Literary Production' में माशरे ने इस पर विस्तार से विचार किया। आइडियोलॉजी और साहित्य के सम्बन्ध पर विचार किया गया। संरचनावाद के प्रभाव के कारण यह प्रणाली डिस्कोर्स एनालिसिस की प्रणाली थी। जैसे, इन लोगों ने यह देखा कि हर साहित्यिक कृति एक तरह की प्रोक्ति, डिस्कोर्स है। पहले देखते थे कि लेखक क्या कहता है। उसकी आइडियोलॉजी उसकी व्यक्त मुखरता से जानी जाती थी। इस प्रणाली से देखने की कोशिश की गयी कि मौन और रिक्तताएँ भी कभी-कभी ज़्यादा मुखर होती हैं और उससे साहित्य का पता चलता है। चिन्तन की यह नयी प्रवृत्ति, अंशतः इस विचार प्रणाली सम्बन्धी चिन्तन का कुछ सम्बन्ध लूकाच के 'इतिहास और वर्ग चेतना' नामक पुस्तक से भी है। किन्तु, एक अन्तर के साथ। उक्त पुस्तक वस्तुतः युवा मार्क्स के मानववाद पर आधारित है जबकि अल्थूसर तथा अन्य संरचनावादी मार्क्सवादियों का चिन्तन परवर्ती और प्रौढ़ मार्क्सवादी कृतियों पर आधारित है। इस संरचनावादी चिन्तन का प्रभाव दुनिया के दूसरे मार्क्सवादियों पर भी पड़ा। फ्रांस के पड़ोसी इंग्लैंड, जहाँ पड़ोसी होने के बावजूद फ्रांसीसी चिन्तन के प्रति उदासीनता या विरोध का भाव दिखाया जाता है, फ्रांस की किसी भी क्रान्ति या दर्शन का कोई भी प्रभाव इंग्लैंड पर नहीं पड़ा है। जबकि, दोनों के बीच सिर्फ़ एक चैनल का फ़ासला है। यही बात संरचनावाद के सम्बन्ध में भी हुई। लेवी स्ट्रास से लेकर ज्याँ लाकां (Jacques Lacan) आदि अनेक संरचनावादी चिन्तक साहित्य में, भाषा विज्ञान में हुए किन्तु, इंग्लैंड हमेशा इसके विरुद्ध लड़ता रहा। बावजूद इसके, संरचनावादी मार्क्सवाद के प्रभाव को रेमंड विलियम्स कुछ स्वीकार करते हैं। इस प्रक्रिया में रेमंड ने ज़्यादा ध्यान आधार और अधिरचना पर दिया है तथा इसके सम्बन्ध की गहरी छानबीन की दिशा में प्रयास किया है। इसलिए यह ब्रिटिश मार्क्सवादी चिन्तन से भिन्न है। पहले आधार पर बल दिया जाता था। बाद में अधिरचना पर। पर, रेमंड विलियम्स ने दोनों पर बल दिया। इस क्रम में रेमंड विलियम्स ने साहित्य के माध्यम भाषा, की प्रगति पर विचार करना ज़्यादा महत्त्वपूर्ण समझा। Conventions तथा विगत के अवशेष की भूमिका पर भी विचार किया। अन्य तत्त्व, जिन्हें पूर्ववर्ती मार्क्सवादी अधिरचना मानते थे, रेमंड ने आधार मानने पर बल दिया और एक

भौतिकवादी संस्कृति या सांस्कृतिक भौतिकवाद का विकास किया। और, इस आधार पर मुख्यतः नाटकों और उपन्यासों की व्यावहारिक समीक्षाएँ लिखीं। ये दो प्रमुख प्रवृत्तियाँ हैं जो द्वितीय विश्वयुद्ध के बाद विकसित हुईं।

(1) फ्रांसीसी संरचनावाद (2) भौतिकवादी संस्कृति। इसका विकास इंग्लैंड में रेमण्ड ने किया। रेमंड मार्क्सवाद से प्रभावित होते हुए भी प्रत्यक्ष प्रभाव को अस्वीकार करते रहे। किन्तु, आठवें दशक में स्पष्टतः (इंग्लैंड) नव मार्क्सवादी चिन्तकों के साथ हैं।

इसके साथ एक और प्रवृत्ति है—तीसरी प्रवृत्ति। फ्रैंकफर्ट स्कूल ऑफ़ सोशल साइंस। यह जर्मनी में है। इसके प्रमुख विचारक थियोडोर एडोर्नो हैं। इस संस्थान से द्वितीय विश्वयुद्ध के पूर्व के प्रमुख मार्क्सवादी आलोचक एवं चिन्तक वाल्टर बेन्ज़ामिन का भी सम्बन्ध रहा है। इस स्कूल ने जन संचार के साधनों का, युग के अनुरूप समूह संस्कृति का, विस्तार से अध्ययन किया, जिसे 'Mass Literature' कहते हैं। टेलीविज़न आदि टेक्नीक के विकसित युग में साहित्य का क्या महत्त्व है, इस पर विचार किया गया।

(दिनांक 20.3.1981)

2

एक सामान्य धारणा है कि साहित्य और समाज का विवेचन ही मार्क्सवादी साहित्य की विशेषता है और यह ठीक नहीं है। कभी-कभी इसे ऐसे भी कहा जाता है कि मार्क्सवादी आलोचना साहित्य की समाजशास्त्रीय आलोचना है। इस प्रकार दो बातें सामान्यतः समझी जाती हैं। (1) साहित्य और समाज का सम्बन्ध मार्क्सवादी आलोचना का केन्द्र या मुख्य आधार है। (2) मार्क्सवादी आलोचना साहित्य के समाजशास्त्रीय अध्ययन का एक प्रकार है। और, इन दोनों धारणाओं को ग़लत माना जाता है। गैर-मार्क्सवादी आलोचना में साहित्य का अध्ययन साहित्य के रूप में, कला का अध्ययन कला के रूप में माना जाता है। साहित्य को स्वतः सम्पूर्ण माना जाता है। मार्क्सवादी सिद्धान्त इसके विरुद्ध है। रूपवादी और कलावादी धारणाओं के विरुद्ध मार्क्सवादी धारणा साहित्य को समाज के सन्दर्भ में देखने का प्रयत्न करती है और इसी मायने में यह उनसे विशिष्ट है। किन्तु, साहित्य को समाज के सन्दर्भ में रखकर देखने की परम्परा मार्क्सवाद के पहले भी थी और बाद में भी चल रही है। ग़ैर-मार्क्सवादी विचारकों ने भी साहित्य को समाज से जोड़कर देखा है। मार्क्स के पूर्व यह धारणा किस रूप में रही है, यह द्रष्टव्य है।

फ्रांस में मादाम दे स्ताले (Madame de Stael), कोन्सतांत (Benjamin Constant) और ह्यूगो (Victor Hugo)। जर्मनी में हर्डर (Johann Gottfried Herder), लेसिंग (Gotthold Ephraim Lessing), हेगेल (Hegel), कवि हेनरिक हाइने (Heinrich Heine) इन सभी ने व्यापक रूप से संस्कृति और कला तथा विशेषतः साहित्य का सामाजिक विश्लेषण किया था।

फ्रांस और जर्मनी में मार्क्स से पहले और संस्कृति तथा साहित्य और समाज में सम्बन्ध देखने की परम्परा रही है। फ्रांस में हिपोलाइत तेन (Hippolyte Taine) ने साहित्य के सामाजिक विश्लेषण की वैज्ञानिक पद्धति अपनाई। समाज द्वारा साहित्य के नियमन पर भी विचार किया और 'social determinism' का सिद्धान्त दिया। यहाँ तक कहा कि साहित्य समाज द्वारा निर्धारित होता है। इस प्रकार उन्होंने आज मार्क्सवादी कही जानेवाली धारणा को प्रश्रय दिया। इस प्रकार तेन यह सिद्धान्त निर्धारित कर चुके थे। यह मूलतः या प्रथमतः मार्क्सवादी धारणा नहीं है। तेन का एक उद्धरण–"When we have considered race, milieu and moment, that is the internal motion, the external pressure and the impulse already acquired, we have exhausted, not only all the real causes but indeed all the possible causes of motion." (Inquiries into the Fundamentals of Aesthetics, The Mit Press Cambridge, Massachusetts and London, England, 1974, p. 316)

इतने आत्मविश्वास के साथ तेन ने कहा कि गति या विकास के सभी सम्भव कारण निःशेष हो जाते हैं, यदि हम तीन चीज़ों race, milieu और moment का नाम लें। ये तीन चीज़ें ऐसी हैं जो तेन के अनुसार साहित्य को निर्धारित करती हैं। साहित्य और समाज के इन तीन तत्त्वों के बीच एक कठोर कार्य कारण का सम्बन्ध स्थापित किया। मार्क्स ने कभी ऐसी नियतिवाद की घोषणा नहीं की। इसलिए मार्क्स से पहले और बाद भी परम्परा रही है। बाद में भी 'साहित्य का समाजशास्त्र' नाम से एक साहित्य-शाखा का विकास ही हुआ है।

कुछ मार्क्सवादी आलोचकों ने इस धारणा का खण्डन किया है। उनमें से कुछ के उद्धरण निम्नलिखित हैं–

(1) स्तेफान मोराव्स्की ने अपनी पुस्तक–''Inquiries into Fundamental of Aesthetics' के आठवें अध्याय (Art and Society) में लिखा है कि–

"It is banal and can even be misleading to say that the problem of "art and society" is a basic one for Marxist aesthetics. The phrase gives no due to the traits that demarcate the Marxist standpoint from other positions with which it may be confused and, consequently, marxist aesthetic thought has often and erroneously been regarded, at a superficial estimate, as a sociology of art, on the whole or primarily (if with distinctive tenets)." (Marxism and Literary Criticism, Routledge Publication, 2002, p. 3)

स्पष्ट है कि कला और समाज की यह जो समस्या या फ्रेज है, इससे यह भ्रामक हो सकता है, यदि इसे हम मार्क्सवादी सौन्दर्यवाद समझें।

(2) टेरी ईगल्टन ने अपनी पुस्तक 'Marxism and Literary Criticism' के आरम्भ में ही लिखा है कि–"Marxist criticism is not merely a 'sociology of literature' concerned with how novels get published and whether they mention the working class. Its Aim is to explain the literary work more fully; and this means a sensitiveAttention to its forms, styles and meanings. But it also means grasping those forms, styles and meanings as the products of a particular history. But the 'historical' analysis of literature did not of course begin with Marxism.The originality of Marxist criticism, then, lies not in its historical approach to literature, but in its revolutionary understanding of history itself." (Marxism and Literary Criticism, Routledge Publication, 2002, p. 3)

मोराव्स्की ने जो कहा है, उद्धरण के आगे भी, उसे और स्पष्ट करते हुए सूत्ररूप में ही इन्होंने कहा कि उपन्यासों में मज़दूर वर्ग खोजना आदि मार्क्सवादी आलोचना नहीं है। कभी-कभी मार्क्सवादी आलोचक भी ऐसा करते हैं। किन्तु, ईगल्टन के उद्धरण से स्पष्ट है कि यह कह देने से आलोचना मार्क्सवादी नहीं हो जाती। किसी पुस्तक के पब्लिशिंग मार्केट का वर्णन करना तथा उपन्यास में किन वर्गों का चित्रण है, यह खोजना मार्क्सवादी आलोचना नहीं है। अर्थात्, मार्क्सवादी आलोचना साहित्य का समाजशास्त्र नहीं, बल्कि इससे कुछ अधिक भी है। वह ऐतिहासिक व्यवस्था की ओर बढ़ता है।

व्याख्या और अंडरस्टैंडिंग में अन्तर है। व्याख्या मायने कृति की समाजशास्त्रीय व्याख्या। कृति की आन्तरिकता–रूप, मूल प्रवृत्ति आदि पर भी विचार करना, उसे समझना अंडरस्टैंडिंग है। विज्ञान या शास्त्र में एक्स्प्लेन का तात्पर्य ऐतिहासिक-सामाजिक सन्दर्भ में व्याख्या है। निराला के राम एक पौराणिक

चरित्र नहीं, स्वाधीनता संग्राम के एक मनुष्य हो जाते हैं या जब हम 'राम की शक्ति पूजा' को एक्स्प्लेन करते हैं। इसलिए एक्स्प्लेन हमेशा एक तरह का सोशल एक्स्प्लेनेशन हुआ करता है।

Explanation & understanding–दो टर्म हैं। गोल्डमान ने इसकी बार-बार चर्चा की है। मार्क्सवाद अंडरस्टैंड करता है। सामाजिक-ऐतिहासिक सन्दर्भ में कृति की व्याख्या करता है। किन्तु, मार्क्सवाद सामान्य इतिहासवाद या इतिहास दर्शन नहीं है। एक विशेष प्रकार का इतिहासवाद या इतिहास दर्शन है। 'Revolutionary understanding of history itself'. इतिहास की अपनी क्रान्तिकारी समझ। इस प्रकार, टेरी ईगल्टन के अनुसार मार्क्सवाद के तीन बिन्दु या स्तर हैं–

(1) साहित्य और समाज का सम्बन्ध ही मार्क्सवाद नहीं है।

(2) साहित्य और समाज के सम्बन्ध का ऐतिहासिक अध्ययन मार्क्सवाद है।

(3) साहित्य और समाज के ऐतिहासिक सम्बन्ध की क्रान्तिकारी धारणा मार्क्सवाद है।

अर्थात्, साहित्य और समाज में, यानी मार्क्सवाद इतिहास की ऐसी क्रान्तिकारी धारणा है जो सामाजिक सन्दर्भ में साहित्य का विशेष दृष्टि से अध्ययन करता है।

इसी तरह मार्क्सवाद एक अर्थशास्त्र नहीं है। नियतिवाद के शिकार व्यक्ति ही इसे अर्थशास्त्रीय अध्ययन मानते हैं। एक पत्र, जिसमें मार्क्स ने राजनीति के बारे में विचार प्रकट किये थे, किन्तु वह साहित्य पर भी लागू होता है। यह पत्र जोजेफ वेडेमेयर को मार्क्स ने 1852 में लिखा था।

समाज में दो वर्ग हैं, एक शोषक और दूसरा शोषित। एक वर्ग दूसरे का शोषण करता है, यह सभी जानते हैं। यदि मार्क्स ने यही कहा तो कुछ नहीं कहा किन्तु, उन्होंने यह नहीं कहा कि उसने नयी चीज़ों को खोजा। समाज में वर्ग है, वर्गों में संघर्ष है; यह मार्क्स के पहले भी खोजा जा चुका था। मार्क्स ने तीन बातों को खोजा–

(1) व्यवस्था (साम्राज्यवाद, पूँजीवाद आदि) बदल जाने से वर्ग भी बदल जाते हैं। समाज में वर्गों का अस्तित्व उत्पादन प्रणाली के ऐतिहासिक दौर से जुड़ा हुआ है।

(2) साहित्य और समाज को ऐतिहासिक दृष्टि से देखना और इतिहास की क्रान्तिकारी समझ मार्क्सवाद है।

(3) मार्क्सवाद ही अन्तिम मंज़िल नहीं है। सर्वहारा का अधिनायकत्व भी नहीं। समाज में कोई अधिनायक नहीं रह जायेगा; कोई वर्ग नहीं रह जायेगा। यह सर्वाधिक महत्त्वपूर्ण बात है।

यही तीन धारणाएँ मार्क्स ने खोजीं। आख़िरी समझ यूटोपिया लगती, किन्तु एक औसत आदमी से क्रान्तिकारी इस मायने में आगे होता है कि वह अपने आगे-पीछे भी दूर तक देखता है; अपनी नाक तक ही नहीं।

(दिनांक 03. 04.1981)

3

साहित्य और समाज का सम्बन्ध मार्क्सवादी आलोचना का केन्द्र नहीं है—यह बताया जा चुका है।

बर्तोल्त ब्रेख्त (जर्मन) ने कहा था—'यदि तुम हमारे नाटक पर पाँच-छह घंटे बहस करो तो अवश्य तुम्हारे देश में आऊँगा।' तात्पर्य कि मार्क्सवाद कला एवं साहित्य को ज़्यादा गम्भीरतापूर्ण दृष्टि से देखता है। उसे ज़्यादा महत्त्वपूर्ण समझता है। इसके बावजूद समाजवादी देशों में अनेक लेखकों को देशनिकाला मिला, जबकि पूँजीवादी देशों में लोग लिखते रहते हैं।

1844 में 'आर्थिक और दार्शनिक पाण्डुलिपि' नाम की पुस्तक मार्क्स ने लिखी। उस समय उनकी उम्र 26 की रही होगी। यह पुस्तक अधूरी है। उनके नोट्स का संग्रह है। इसका प्रकाशन 1932 में हुआ। इसमें उन्होंने हीगेल से अपना अन्तर स्पष्ट किया है। मार्क्सवादी मानववाद की नयी स्थापनाएँ सामने रखी हैं। इसमें मार्क्स ने जिस समस्या पर विचार किया है, उससे उनकी साहित्य एवं कला सम्बन्धी धारणा व्यक्त होती है। इसके सम्बन्ध में एडोल्फो सांचेज़ वाजक्वेज़ ने 'Art and Society' नामक पुस्तक में कहा है कि "Why did Marx insist so vigorously in this early work (economic and philosophical script of 1844) on explaining the aesthetic, on searching out its sources and defining its nature" We believe that it was not the aesthetic as such that he was looking for; he was after something else, and on the way he found aesthetic creation "that confirms to the laws of beauty" to be an essential dimention of that something. He was looking for man, or for more precisely social, concrete man, man who, in the historical and economic conditions of capitalist society, destroys, mutilates, or denies himself. This mutilation or loss of humanity takes place in work; in material production. that is, in the sphere which has made possible aesthetic creation and in which man should affirm his humanity. In his search for the human, for our lost humanity, Marx found in the Aesthetic a stronghold, as well as an essential sphere, of human existence." (Art and Society : Essays in Marxist Aesthestics, Monthly Review Press, New York and London, 1973, p. 51)

महत्त्वपूर्ण प्रश्न है कि–मार्क्स को आर्थिक और दार्शनिक पाण्डुलिपि में सौन्दर्यबोध या सौन्दर्य शास्त्र की व्याख्या करने की ज़रूरत क्यों पड़ी?

मार्क्स कुछ और खोज रहे थे और उस प्रक्रिया में इस सौन्दर्यशास्त्र की आवश्यकता पड़ी। उनकी खोज मनुष्य और सम्पूर्ण मनुष्य की खोज थी। इसकी आवश्यकता इसलिए पड़ी कि पूँजीवादी अर्थव्यवस्था में मार्क्स ने देखा कि मनुष्य मनुष्य नहीं रह जाता। मार्क्स ने देखा कि बड़े उत्पादन की प्रक्रिया में, जो मनुष्य की समृद्धि के लिए ही है, मनुष्य पशु हो जाता है (He mutilies himself)। इस व्यवस्था में इतना ही नहीं कि उसे मज़दूरी कम मिलती है, शोषण होता है, वह भूखा रहता है, बल्कि उसकी इन्द्रियाँ भी घिस जाती हैं। सौन्दर्यबोध कुंठित हो जाता है। हृदय की कोमल भावनाएँ सूख जाती हैं। इस प्रकार मनुष्यता का अभाव (loss of humanity) हो जाता है। उसके सौन्दर्यबोध का विनाश हो जाता है। मनुष्य में अलगाव हो जाता है। इन सबमें सौन्दर्यबोध का विनाश एक मुख्य पहलू है। विलगाव (disalienation) को लगाव (alienation) में कैसे बदला जाये–यह मार्क्स की चिन्ता थी। उत्पादन की ही जिस प्रक्रिया में मनुष्य अपने को मनुष्य बनाता भी है, उसी प्रक्रिया में वह मनुष्यता को खोता भी है। मार्क्स ने कहा कि 'Man makes himself'। वह भगवान से बना-बनाया नहीं आया है। तात्पर्य यह कि मनुष्य अपना निर्माण, उत्पादन (भौतिक उत्पादन) और सृजन (creation), कला-सृजन के रूप में करता है। "This mutilation or loss of humanity takes place in work; in material production– that is, in the sphere which has made possible aesthetic creation and in which man should affirm his humanity." (Art and Society : Essays in Marxist Aesthestics, Monthly Review Press, New York and London, 1973, p. 51)

उत्पादन की एक ही प्रक्रिया दोहरा खेल खेलती है। कारण है बेगार। अपने खेत में काम करने वाले मज़दूर अधिक प्रसन्न और उत्साही होते हैं। वही जब दूसरे के खेत में काम करता है, बेगार की भावना से ग्रसित होता है,

तो दूसरे ही ढंग से काम करता है। इस प्रकार एक ही श्रम जब बेगार होता है तो वह भिन्न होता है।

मार्क्स ने समझाया कि बहुत लोग साहित्य सृजन को बाइ-प्रोडक्ट समझते हैं विशेषतः बुर्जुआ विचारक। जबकि, मार्क्स उसे production और creation समझते हैं और दोनों को अभिन्न मानते हैं। और, मनुष्य जब अपना निर्माण मनुष्य के रूप में करता है तो उसके लिए आर्थिक और सौन्दर्यबोध सम्पन्न मनुष्य (Economic man and Aesthetic man) दोनों एक हैं। साहित्य सृजन और भौतिक उत्पादन दोनों एक ही प्रक्रिया के अभिन्न अंग हैं। ऐसा नहीं कि एक बाइ-प्रोडक्ट है और दूसरा मूल उत्पादन। मनुष्यता का वास्तविक आयाम कला बोध और कला निर्माण है।

आख़िरी वाक्य–'In his search for the human, for our lost humanity, Marx found in the Aesthetic a stronghold, as well as an essential sphere, of human existence.' मार्क्स पूर्ण मनुष्य की खोज में निकले थे और उस खोज में उन्होंने कला, साहित्य और सौन्दर्यबोध को पाया। ये ही मनुष्य को मनुष्य बनाते हैं। भर्तृहरि ने नीतिशतक में कहा है– 'साहित्यसंगीतकलाविहीनः साक्षात्पशुः पुच्छविषाणहीनः'–मार्क्स ऐसी विचारधारा को मानते हैं। प्लेखानोव की तुलना में मार्क्स साहित्य और कला को उपयोगी नहीं, आवश्यक मानते हैं। इसलिए फिशर ने अपनी किताब का नाम 'Necessity of Art' रखा। वह मनुष्य की मनुष्यता के लिए अनिवार्य है। 'काव्य शास्त्र विनोदेन' उस समाज की अभिव्यक्ति है जिसमें कला और साहित्य को समय बिताने की सामग्री माना जाता था। कुछ लोग कला को उपयोगी समझते हैं। जैसे, सामन्त उसे विलास की सामग्री समझते हैं। उद्योगपति उसे उपयोगी सामग्री समझते हैं। सर्वहारा दर्शन में विश्वास करने वाला व्यक्ति इसे आवश्यक समझता है।

इस प्रकार साहित्य के साहित्य के तीन स्तर किये जा सकते हैं। मार्क्सवाद इसी के आधार पर साहित्य को देखता है।

(दिनांक 04.04.1981)

4

मनुष्य को मनुष्य बनाने के लिए साहित्य और कला ज़रूरी है। ऐसा मार्क्स ने भी माना। मार्क्स ने अपने सम्पूर्ण दर्शन को आधार और अधिरचना के मॉडल में प्रस्तुत किया। इसी आधार और अधिरचना के मॉडल पर ही राजनीति,

साहित्य आदि पर विचार किया जा सकता है। देखना है कि मार्क्स के इस मॉडल में साहित्य और कला का क्या स्थान है।

(1) Introduction—भूमिका, (2) Preface—आमुख। दोनों भिन्न चीज़ें हैं। 'A Critic to the Political Economy' के आमुख में मार्क्स ने अपने सिद्धान्त का सार प्रस्तुत किया है। यह बड़ा विवादास्पद रहा है। स्वयं एंगेल्स ने मार्क्स को चिट्ठी लिखी थी और उसकी असंगतियों की चर्चा की थी। उसमें कुछ अस्पष्ट पारिभाषिक शब्दावलियाँ हैं। रेमंड विलियम्स की पुस्तक 'Marxism and Literature' में उसके पारिभाषिक शब्दों की व्याख्या की गयी है।

A Contribution to the Critic of Political Economy' के आमुख में मार्क्स ने कहा है—

"In the social production of their existence, men inevitably enter into definite relations, which are independent of their will, namely relations of production to a given stage in the development of their material forces of production. The totality of these relations of production appropriate constitutes the economic structure of society, the real foundation, on which arises a legal and political superstructure and to which correspond definite forms of social consciousness." (A Contribution to the critic of Political Economy, Progress Publishers, Moscow, 1859, p. 2)

इस पंक्ति का महत्त्व साहित्य और कला के सम्बन्ध में भी है। वैज्ञानिक चिन्तन में सुनिश्चित शब्दों का प्रयोग करना पड़ता है, इसलिए वह कुछ जटिल होता है।

मार्क्स की मृत्यु पर लेनिन ने जो भाषण दिया, उसमें मार्क्सवाद का सार तत्त्व है। चूँकि, वह मृत्यु के अवसर पर दिया गया भाषण है, इसलिए उसमें वैज्ञानिक शब्दावली का प्रयोग नहीं है। वहाँ इसी तथ्य को आसान भाषा में रखा गया है। सोचने, विचारने, कविता लिखने, अर्थात्, कला के पहले आवश्यक है कि मनुष्य जीवित रहे। इस प्रक्रिया (अर्थात्, कला के पहले जीवित रहने का उपाय करने की प्रक्रिया) को 'उत्पादन की प्रणाली' (Mode of production) कहते हैं। इस उत्पादन में कुछ शक्तियाँ होती हैं जैसे, सामाजिक शक्तियाँ। इन्हें 'उत्पादन की शक्तियाँ' (Forces of production) कहते हैं। इसमें श्रम शक्ति प्रमुख है। इसमें प्राकृतिक शक्तियाँ, औजार आदि भी शामिल हैं। यानी, ह्यूमन पावर, नेचुरल पावर और टेक्नोलॉजिकल पावर—सभी इसमें सम्मिलित हैं।

इनके बिना उत्पादन नहीं हो सकता। प्राकृतिक शक्तियों के लिए मनुष्य औजार का निर्माण करता है, श्रम करता है। इस प्रकार टेक्नोलॉजी का भी विकास होता है।

प्रारम्भ में शिकार, फल-संचय आदि ही प्रमुख आवश्यकताएँ थीं। घर की भी ज़रूरत नहीं थी। मनुष्य ने धीरे-धीरे खेती करना सीखा। नये-नये टूल बनाये। खाल के बदले चमड़े, ऊन, सूत आदि के कपड़ों का विकास किया। फिर, तकनीक की ज़रूरत पड़ती गयी; टूल्स और तकनीकी का विकास होता गया।

इसलिए, उत्पादन की शक्तियों के अनुसार उत्पादन की प्रणाली विभिन्न युगों में बाँटी जा सकती है। पूँजीवादी समाज के पहले सामन्तवादी युग में टूल अत्यन्त प्रारम्भिक और अविकसित थे। पूँजीवाद में इनका विकास हुआ। उत्पादन की प्रणाली में प्रवेश करने के क्रम में मनुष्य उत्पादन के एक विशेष सम्बन्ध में बँधता है, जिसमें पहला उत्पादन सम्बन्ध 'division of labour' है। श्रम का बुनियादी विभाजन श्रम और मानसिक विभाजन है। इसे ही सम्पत्ति का विभाजन भी कहते हैं। इनसे ही परिवार, राज्य, पंचायत, पॉलिटिकल, इकोनॉमिक, सोशियल इंस्टीट्यूट बनते हैं। ये उत्पादन के सम्बन्धों के ही नाम हैं। उत्पादन के सम्बन्ध के आधार पर ही धीरे-धीरे नैतिकता के नियम, राजनीति के नियम आदि बनते हैं। दर्शन, धर्म आदि का निर्माण होता है। इन तमाम चीज़ों को समझने के लिए मार्क्स ने मॉडल के रूप में रखा। इसके लिए मार्क्स ने 'बेस' (Base) और 'सुपर स्ट्रक्चर' (Super Structure) शब्द दिया। आधार का मायने है आर्थिक या भौतिक आधार। दूसरी ओर, उसे वैचारिक या सांस्कृतिक अधिरचना भी कहते हैं। इन दोनों को मिलाकर मानव जीवन, मानव समाज या कोई युग हुआ करता है। आधार और अधिरचना के आपसी सम्बन्ध पर बड़ी बहस हुई है। आधार अधिरचना को निर्धारित करता है। तो,क्या दोनों में कार्य कारण सम्बन्ध है?

'Determination' (नियमन) एवं 'Condition' (अनुकूलन)–अंग्रेज़ी के दो शब्द हैं। आधार और अधिरचना के सम्बन्ध में मार्क्स ने condition शब्द का प्रयोग किया है।

प्रश्न है कि आधार और अधिरचना का सम्बन्ध अनुकूलन का है या नियमन का? 'जर्मन आइडियोलॉजी' में मार्क्स ने स्पष्ट कहा है कि मनुष्य की चेतना उसके सामाजिक जीवन के अस्तित्व का निर्धारण नहीं करती बल्कि, उसका सामाजिक अस्तित्व उसकी सामाजिक चेतना को निर्धारित करता है।

जैसा सोच-विचार होगा वैसा ही रहन-सहन होगा। किन्तु, रहन-सहन का मूल सोच-विचार है। इसलिए आगे चलकर उसमें बिम्ब-प्रतिबिम्ब भाव हो जाता है। जो मानते हैं कि चेतना मनुष्य के सामाजिक अस्तित्व को निर्धारित करती है, वे भाववादी विचार को माननेवाले हैं। जो यह मानते हैं कि सामाजिक अस्तित्व हमारे सोच-विचार को निर्धारित करता है, वे भौतिकवादी विचारक हैं।

इसलिए सामाजिक अस्तित्व के आधार पर हमारा चिन्तन एवं भाव होगा। पहले सचमुच लड़कियों की विदाई संवेदना का अवसर होता होगा क्योंकि पुनः जल्दी मिलने की निश्चितता नहीं थी। मार्क्स ने कहा कि चेतना का सम्बन्ध सामाजिक जीवन से नहीं माननेवाले, मनुष्य की चेतना को सामाजिक शर्तों से निर्धारित नहीं माननेवाले, 'False consciousness' के शिकार हैं। इसी का नाम मार्क्स ने आइडियोलॉजी (मिथ्या चेतना) दिया है।

भूत-प्रेत, ईश्वर की धारणा मन से नहीं, निश्चित सामाजिक जीवन से उत्पन्न होती है। 'जर्मन आइडियोलॉजी' में मार्क्स ने इसी को आइडियोलॉजी माना। मिथ्या चेतना। जैसे, जाति-पाँति का असर। ऐसी परम्परा है कि छोटी जातियों में भी यह भावना बनी हुई है कि वह अछूत है। बड़ी जाति को अपना पानी पिलाने से उसका धर्म चला जायेगा, यह वह भी सोचता है। छोटी जातियाँ भी बड़ी जातियों द्वारा स्थापित व्यवस्था का इस तरह शिकार हैं कि स्वयं को अछूत समझते हैं। यह मिथ्या चेतना है। वह यह नहीं समझता कि इस व्यवस्था को किसने बनाया। वह इसे भगवान निर्मित मानता है।

मार्क्स के अनुसार सुपर स्ट्रक्चर/आइडियोलॉजी/चेतना सामाजिक अस्तित्व द्वारा निर्धारित होती है और चेतना फिर सामाजिक अस्तित्व को प्रभावित करती है। दोनों में क्रिया-प्रतिक्रिया होती रहती है। अधिरचना आधार पर निर्भर है किन्तु, आधार को प्रभावित भी करती है।

सवाल यह है कि आधार और अधिरचना में कौन प्रधान है और कौन गौण?

मार्क्सवाद में साधारणतः समझा जाता है कि आधार प्रमुख है। किन्तु मार्क्स ने ऐसा कुछ कहा नहीं है। उन्होंने दोनों के मिश्रण से एक सम्पूर्ण मानव जीवन का निर्माण माना। ये दोनों मिलकर मनुष्य की सम्पूर्णता का निर्माण करते हैं। उन्होंने आवयविक समग्रता (organic totality) को माना। उनके अनुसार मानव जीवन एक आवयविक समग्रता है। मात्र अध्ययन की सुविधा के लिए दोनों का विभाजन किया जाता है। इन दोनों में द्वन्द्वात्मक सम्बन्ध होता है।

इनकी भिन्नता में एकता है। इसलिए दोनों में किसी के प्रधान या गौण होने का प्रश्न मार्क्स की दृष्टि में नहीं आया। प्रधान और गौण का प्रश्न इतिहास में परिवर्तन के सन्दर्भ में उठता है।

इतिहास का परिवर्तन या निर्माण किसके द्वारा होता है? इतिहास बनता-बदलता कैसे है? मार्क्स ने बताया कि आम तौर से आधार में परिवर्तन होने पर अधिरचना में परिवर्तन होता है। यानी, आधार में परिवर्तन पहले और अधिरचना में बाद में होता है। इसलिए इतिहास-परिवर्तन पर विचार करने पर, आधार का स्थान प्रथम और अधिरचना का द्वितीय है। किन्तु, इसका अर्थ यह नहीं कि इतिहास-परिवर्तन में अधिरचना की भूमिका नहीं होती। अधिरचना के परिवर्तन द्वारा भी आधार बदलता है।

साहित्य और कला के सम्बन्ध में प्रश्न यह है कि आधार और अधिरचना के इस पूरे मॉडल में साहित्य और कला का स्थान कहाँ है? आधार में या अधिरचना में? दूसरे शब्दों में, साहित्य आइडियोलॉजी से बाहर है या उसके अन्तर्गत? Ideological form में मार्क्स ने दर्शन, धर्म, कलात्मक रूपों (आर्ट एंड लिटरेचर), लॉ आदि का नाम लिया है।

(दिनांक 07.04.1981)

5

आधार को महत्त्वपूर्ण माननेवालों में एक अमेरिकन विचारक मेल्विन रेडर (Melvin Miller Rader) हैं। सौन्दर्यशास्त्र पर इनकी कई पुस्तकें हैं। जिनमें से एक है–'Marx's Interpretation of History'। इस पुस्तक से कुछ उद्धरण देखें–

(1) "Ideally art belongs in the base among the forces of production and not merely in the superstructure. In distinguishing between human beings and lower forms of life, Marx stresses the imaginative character of human production." (Marx's Interpretation of History, Oxford University Press, 1979, p. 48)

(2) The aesthetic element in human nature is no veneer. It is the product of the whole socio-historical development of mankind—inseparable from the humanization of nature and the naturalization of man. (p.49)

(3) Few writers have gone so far as Marx in characterizing human nature in terms of its imaginative and artistic capacities. (p. 49)

मनुष्य टूल मेकिंग (tool making) एनिमल है। दूसरा कोई प्राणी मशीन नहीं बनाता।

वी. गॉर्डन चाइल्ड की दो पुस्तकें महत्त्वपूर्ण और पठनीय हैं। 'What happend in History' और 'Man makes himself.'

टेक्नोलॉजी के इतिहास का मानव विकास के इतिहास से गहरा सम्बन्ध है। किन्तु, मनुष्य कला-निर्माण करने वाला भी है। औजार-निर्माण मनुष्य की सृजनशीलता का परिचायक है। कला निर्माण और मशीन निर्माण दोनों का सम्बन्ध मनुष्य के एक ही मस्तिष्क से है एवं कलात्मकता का परिचय? घातक हथियार भी सुन्दर बनाये जाते थे और अब भी बनाये जाते हैं। आदिम समाज में भी हथियारों की आवश्यकता पड़ी, भले ही वे प्रारम्भ में पत्थर के हों। उन्हें भी नुकीला और सुन्दर बनाया जाता था। औजारों को भी सुन्दर बनाने की कोशिश की जाती थी। शुरू के पत्थर के औजार कलात्मक भी थे। इस प्रकार औजार निर्माण और कला सृजन दोनों में गहरा सम्बन्ध है। इसलिए कहा है–'Man the tool maker and man the artist both are one.'

औजार निर्माण में एक तरह का हस्त-कौशल या शिल्प जुड़ा होता है। मार्क्स ने कहा कि मनुष्य का निर्माण पशु-पक्षियों के निर्माण से भिन्न होता है।

'Economic and Philosophic Manuscripts of 1844' में मार्क्स ने कहा–"Admittedly animals also produce. They build themselves nests, dwellings, like the bees, beavers, ants, etc. But an animal only produces what is immediately needs for itself or it's young. It produces one-sidedly, whilst man produces universally. It produces only under the dominion of immediate physical need and only truly produces in freedom there from. An Animal produces only itself, whilst man reproduces the whole of nature. An Animal's product belongs immediately to it's physical body, whilst man freely confronts his product. An animal forms only in accordance with the standard and the need of the species to which it belongs, whilst man knows how to produce in accordance with the standard of every species, and knows how to apply everywhere the inherent standard to the object. Man therefore also forms objects in accordance with the laws of beauty.

(Economic and Philosophical manuscripts of 1844, First manuscript, Progress Publishers, Moscow, 1959, p. 31-32)

तात्पर्य यह है कि मनुष्य सौन्दर्य के नियमों के अनुसार निर्माण करता है। चिड़िया घोसले बनाती है। मकड़ी महीन, बारीक, कलापूर्ण जाला बनाती है। इस प्रकार पशु-पक्षी, मानवेतर प्राणी भी अपने रहने की जगहों को सुन्दर बनाते हैं। किन्तु, दोनों में अन्तर है। पशु अपनी उपयोगिता, शारीरिक या भौतिक आवश्यकता के अनुरूप निर्माण करता है। मनुष्य मात्र उसी के लिए नहीं, उससे आगे बढ़कर भी निर्माण करता है। पक्षी अपने आकार के ही अनुसार घोंसले बनाते हैं। मनुष्य समस्त प्राणियों के आकार का घर बनाता है। वह पिंजरा भी बना सकता है और महल भी। इसलिए मनुष्य का सेन्स ऑफ़ मैटर अपेक्षाकृत व्यापक एवं बहुदिशोन्मुख होता है। इस प्रकार मनुष्य की निर्माण क्षमता पशुओं की अपेक्षा, मात्रा और गुण दोनों में ज़्यादा है। पशु के निर्माण में एक ही मॉडल होगा। वह उसी की पुनरावृत्ति करेगा। मनुष्य में ऐसी पुनरावृत्ति नहीं होती। वह नवीन का आविष्कार करता है। इसलिए मनुष्य सौन्दर्य के नियमों के अनुसार निर्माण करता है। पशु-पक्षी ऐसा नहीं करते।

इस प्रकार, कला उत्पादन की प्रक्रिया का अंग है। इसलिए उसे उत्पादन की शक्तियों में से एक माना गया है।

मनुष्य निर्माण से पहले अपने मस्तिष्क में निर्माण करता है। पशु ऐसा नहीं करते। चूँकि, मानव की उत्पादन-प्रक्रिया में कला जुड़ी है, इसलिए कला का सम्बन्ध आधार से है। आधार मायने भौतिक आधार, आर्थिक आधार। कला यही भौतिक और आर्थिक आधार है। उसका उपयोग भौतिक-आर्थिक उद्देश्य के लिए, जीने के लिए उत्पादन में होता था।

मार्क्स ने मध्ययुगीन दस्तकारों और शिल्पियों की पूँजीवादी दस्तकारों और शिल्पियों से तुलना कर एक टिप्पणी की है—"मध्य युग (सामन्ती युग की समाज व्यवस्था) में श्रम का शारीरिक श्रम और मानसिक श्रम में विभाजन हो चुका था, तथा वर्ग-विभाजन भी। फिर भी, हस्तशिल्प कम-से-कम आधा कलात्मक था। दस्तकारी में कलात्मकता अभी जीवित थी। उसका उद्देश्य व्यापार नहीं था। ऐसे में, मनुष्य का हृदय निर्माण में लगा रहता था। तात्पर्य यह कि वहाँ दस्तकारी अंशतः अपना लक्ष्य स्वयं थी। जबकि पूँजीवादी समाज व्यवस्था आने के बाद शिल्प फैक्ट्री के नियम के अधीन हो गया और निर्माता के लिए साधन हो गया, साध्य नहीं रह गया।

पूँजीवाद के आने के बाद सारी चीज़ें माल हो गयीं, कला के लिए नहीं रह गयीं। इसलिए मार्क्स ने माना कि पूँजीवाद के पहले उत्पादन की प्रक्रिया में कलात्मकता थी। पूँजीवाद ने इसे विनष्ट कर दिया। इसलिए मार्क्स प्रत्येक निर्माण की प्रक्रिया में कलात्मकता को उत्पादन का अभिन्न अंग मानते थे। तात्पर्य यह कि कला अपने आदर्श रूप में उत्पादन की शक्तियों में से एक है। इसलिए इसका स्थान वस्तुतः आधार में है।

मार्क्स के अनुसार, कला या साहित्य का स्थान आधार में होना चाहिए क्योंकि उसकी बुनियाद उत्पादन में है।

उद्धरण 2 का आशय यह है कि उत्पादन प्रकृति के मानवीकरण का दूसरा नाम है। नेचर का ह्यूमनाइजेशन करने का दूसरा नाम। ऐग्रीकल्चर—कल्चर करना। मनुष्य के हाथ लगाने से प्रकृति जो नया रूप धारण करती है, वही कल्चर है। गेहूँ, धान, गुलाब पहले एक ही प्रकार, एक ही रंग के होते थे। अब अनेक रंग के हैं। गेहूँ (गोधूम) पशुओं के लिए धुआँ बनाने के लिए व्यवहृत किया जाता था। तिन्नी का चावल नेचुरल माना जाता है। धान उसी का विकसित रूप होगा। अतः हम इसे प्राकृतिक नहीं कह सकते। यह मनुष्य की उत्पादन शक्ति द्वारा रूपान्तरित हुआ है। इसलिए, ह्यूमनाइजेशन ऑफ़ नेचर ही प्रोडक्शन है और कला इसी से जुड़ी हुई है।

इस प्रकार मेल्विन रेडर ने कहा कि कला का सम्बन्ध आधार में है। आदर्श रूप में कला और साहित्य आधार का अंग है। उसका स्थान आधार में है।

व्यवहार में क्या है तथा अन्य विचारक क्या कहते हैं, यह विचारणीय है।

(दिनांक 08.04.1981)

6

रेडर की यह स्थापना अकेली नहीं है। इधर कुछ दूसरे विद्वानों ने वैसे ही विचार व्यक्त किये हैं तथा आधार और अधिरचना के सम्बन्ध में नये सिरे से सवाल उठाये गये हैं कि आधार और अधिरचना का मॉडल मार्क्सवादी दृष्टि से कहाँ तक संगत है? आधार के अन्तर्गत क्या आ सकता है और अधिरचना के अन्तर्गत क्या? क्या दोनों के अन्तर्गत आनेवाली वस्तुएँ उनके ही अन्तर्गत हो सकती हैं या अधिरचना के अन्तर्गत आनेवाली वस्तुएँ आधार में भी हो सकती हैं और वाइस वरसा?

आधार और अधिरचना एक प्रकार का रूपक है। और, यह रूपक स्थापत्य कला या एक भवन से लिया गया है। अनेक भ्रम इस भवन के रूपक के कारण ही पैदा होते हैं। उदाहरण के लिए, किसी भवन में आधार नींव है और सारी इमारत अधिरचना है। इस रूपक के अनुसार अधिरचना आधार पर पूर्णतः निर्भर है। इस रूपक को दूर तक ले जायें तो मार्क्सवादी द्वन्द्ववाद की पुष्टि नहीं होती। अर्थात्, भवन के रूपक में भवन किसी भी तरह नींव को प्रभावित नहीं करता। इसलिए इस रूपक में पहली कठिनाई यह है कि आधार और अधिरचना में एक दूसरे को प्रभावित करने का द्वन्द्ववादी सिद्धान्त है, भवन के रूपक में इसकी गुंजाइश नहीं है।

दूसरी कठिनाई यह है कि नींव और भवन दोनों स्थिर, स्टैटिक हैं जबकि मार्क्स द्वारा स्थापित इतिहास दर्शन में आधार भी एक गतिशील प्रक्रिया है और अधिरचना भी। भवन के रूपक के कारण आधार और अधिरचना की प्रक्रियात्मक प्रकृति और उसकी गतिशीलता खण्डित और बाधित होती है। इसलिए, आधार और अधिरचना के इस रूपक को प्रायः अपर्याप्त और भ्रामक पाया गया है।

इसलिए विद्वानों का कहना है कि मार्क्स के इस रूपक, इस सिद्धान्त की अपेक्षा 'जर्मन आइडियोलॉजी' में मार्क्स ने जो कहा है तथा 'Contribution to Political Economy' के आमुख में पुनः दुहराया है कि सामाजिक अस्तित्व मनुष्य की चेतना का नियमन करता है; चेतना मनुष्य के सामाजिक अस्तित्व का नियमन नहीं करती, यह ज़्यादा महत्त्वपूर्ण है।

यह बात स्थिरता से मुक्त है। इसलिए सभी विद्वानों ने स्थापत्य पर आधारित उस रूपक को मार्क्स के सिद्धान्त के क्रम में भ्रामक ठहराया है।

एक अन्य आपत्ति यह है कि आधार और अधिरचना की सीमा क्या है? कौन-कौन वस्तु किसमें आती है? दोनों के सम्बन्ध पर विचार करते हुए मान लिया गया हैं कि ज़्यादातर विचार अधिरचना के अन्तर्गत आते हैं। आधार को भौतिक आधार के रूप में मान लिया गया है। माना गया है कि अधिरचना अव्याख्यायित है। अतः इसी की चर्चा होनी चाहिए। हाल में आधार पर बहुत बहस हुई है और उसे नये सिरे से देखने की आवश्यकता महसूस की गयी है। जिन वस्तुओं को अधिरचना में रखा जाता था उन्हें आधार में रखा गया है।

रेमंड विलियम्स की पुस्तक "Culture and materialism" में संकलित लेख–'Base and superstructure in the Marxist cultural theory' में प्रश्न उठाया गया है कि अनेक वस्तुएँ ऐसी हैं, जिन्हें अधिरचना से निकाल कर आधार में स्थान देना चाहिए। ऐसी ही कुछ अन्य चीज़ें हैं जो दोनों के बीच हैं

या दोनों में शामिल की जा सकती हैं। इसलिए, आधार और अधिरचना की धारणा अनिश्चित सी हो गयी है। Nikolai Yakovlevich Marr ने भाषा को अधिरचना में, विचार प्रणाली के अन्तर्गत माना। स्तालिन ने इसका खण्डन किया।

Marr का तात्पर्य यह है कि भाषा सामाजिक परिवर्तन से बदलती रहती है। किन्तु, यह बात सहज बुद्धि के विरुद्ध है। स्वयं रूसी भाषा सामन्ती काल में भी थी, जार के दौर में भी और वही समाजवादी दौर में भी इस्तेमाल होती है। एक ही भाषा मज़दूर भी इस्तेमाल करता है और पूँजीपति भी। भले ही वह कुछ परिष्कृत हो। कोई भी भाषा बुनियादी तौर से एक ही होती है। व्याकरण, वाक्य-विन्यास सब एक ही होता है। इसलिए स्तालिन ने इसका विरोध किया कि भाषा अधिरचना नहीं है। न वह समाज बदलने से बदलती है। किन्तु, साथ ही, उन्होंने भाषा को आधार का अंग भी नहीं माना।

फिर बाद में अनेक चीज़ें ऐसी उभरीं जो दोनों में या दोनों के बीच आ सकती हैं। इस रोशनी में रेडर के विचार विचारणीय हैं। उसी पुस्तक में रेडर (Rader) ने आगे कहा है कि कुछ ऐसी वस्तुएँ भी हैं जो दोनों में आती हैं।

"Science and technology, law, politics, religion, morality, art and philosophy transcend the dualism of base and superstructure." (Marx's Interpretation of History, Oxford University Press, 1979)

इसलिए जिन वस्तुओं को अधिरचना में माना जाता रहा है, मार्क्स ने भी माना है, रेडर इस हद तक जाते हैं कि धर्म, दर्शन आदि को भी विरोधाभास में डाल देते हैं।

भाषा के बारे में सन्देह हो सकता है किन्तु टेक्नोलॉजी स्पष्ट ही अधिरचना का अंग है। इसलिए विचारणीय है। टेक्नोलॉजी निश्चित रूप से उत्पादन के साधन के अन्तर्गत आती है किन्तु रेडर ने एक भ्रम उत्पन्न किया। अतः, विज्ञान का स्थान कहाँ है, यह भी बहस का विषय बन जाता है। चूँकि, विज्ञान में आइन्स्टीन का सापेक्षतावाद जो उस समय था, वही आज भी है। इसलिए यह आधार है।

(दिनांक 09.04.1981)

7

आधार और अधिरचना की अपनी-अपनी सीमाएँ अनिश्चित हैं। एक के तत्त्व दूसरे में रखने की कोशिश की जा रही है। एक वर्ग ऐसा है जो कला और साहित्य को अधिरचना में नहीं, आधार में मानता है।

अधिरचना का दूसरा नाम विचार प्रणाली, आइडियोलॉजी है। साहित्य और कला को इसके अन्तर्गत माना जाये या नहीं? कुछ विद्वान कला और साहित्य को इसके अन्तर्गत मानने में कठिनाई अनुभव करते हैं।

हिन्दी में रामविलास शर्मा ने पहली बार जो कहा उस मत में अब तक परिवर्तन नहीं हुआ है। 'आस्था और सौन्दर्य' के दूसरे लेख में इस सवाल को उठाया है और बाद की पुस्तकों में भी दुहराया है कि कला और साहित्य को विचार प्रणाली के अन्तर्गत मानना उचित नहीं है। कारण? इन्होंने हवाला वही दिया जो मार्क्स ने, 'राजनीतिक अर्थशास्त्र की आलोचना में योगदान'(A Contribution to the critique of Political Economy) में दिये हैं। मार्क्स ने इसे विचार प्रणाली के अन्तर्गत गिना जो ठीक नहीं है—डॉ. शर्मा।

डॉ. शर्मा का पहला तर्क—साहित्य में विचार, भाव और ऐन्द्रिय बोध—तीनों होते हैं। इसलिए साहित्य को केवल विचार प्रणाली के अन्तर्गत मानने से भाव एवं ऐन्द्रिय बोध विचार प्रणाली से अलग पड़ जाते हैं। विचार तो उसमें आ जाता है। इसलिए साहित्य अंशतः उसके अन्दर, अंशतः उसके बाहर है।

दूसरा तर्क—विचार का गहरा सम्बन्ध भाषा से है। भाषा के बिना ऐन्द्रिय बोध एवं भाव हो सकता है, विचार नहीं। पशुओं के पास भाषा नहीं होती, इसलिए विचार भी नहीं होते। उनमें भाव तो होते हैं। सुखी-दुःखी वे होते हैं। इसलिए विचार का गहरा सम्बन्ध भाषा से है। इसलिए जहाँ भाषा नहीं, वहाँ विचार नहीं हो सकता। साहित्य या काव्य-कला के अलावा अन्य ललित कलाओं का माध्यम भाषा नहीं है। इसलिए उसमें विचार का महत्त्व भी ज़्यादा नहीं होता। इसलिए साहित्य तो अंशतः विचार प्रणाली के अन्तर्गत है भी, कला तो बिल्कुल अलग है।

डॉ. शर्मा के इस कथन की समीक्षा

डॉ. शर्मा ने विचार प्रणाली को विचार समझा है। यह ठीक नहीं है। मार्क्सवाद में विचार प्रणाली विचार मात्र नहीं है। विचार के लिए 'Idea' शब्द के अतिरिक्त Thought, Thinking भी है। किन्तु, idea ज़्यादा व्यापक है। ख़याल (Thought) अपेक्षाकृत संकीर्ण है। idea का विचार thought हो, आवश्यक नहीं। डॉ. शर्मा का विचार thought में आता है जो Idea और Ideology का एक छोटा टुकड़ा है। वे idea को thought समझते हैं।

Idealism का अनुभाव दर्शन में भाववाद है। जो भौतिक नहीं है। Materialism के विपरीत। Idealism में मनःतत्त्व से सम्बन्ध रखनेवाली सारी चीज़ें आ जाती हैं। भाव भी, विचार भी, इन्द्रिय बोध भी। इसलिए डॉ. शर्मा ने

इसे विचार मान कर भूल की है। आइडियोलॉजी में विचार, अनुभूति, इंद्रिय बोध सभी होते हैं। मार्क्स ने जहाँ जर्मन आइडियोलॉजी कहा है, उसका अर्थ मिथ्या चेतना (False consciousness/Awareness), भ्रान्त चेतना है। इसमें भाव, विचार सब कुछ आ जाता है। इसलिए, यदि आइडियोलॉजी इतनी व्यापक है तो साहित्य इसमें आता है।

दूसरी बात, विचार का सम्बन्ध भाषा से है, यह कहना उपयुक्त नहीं है। कलाएँ Non verbal Art है। उनमें विचार नहीं होता, यह कहना ज्यादती है। म्यूजिक एवं चित्रकला में विचार नहीं होता, यह कहना ग़लत है। अमेरिकी मार्क्सवादी आलोचक सिडनी वाल्टर फिन्केल्स्टाइन (Sidney Walter Finkelstein) ने किताब लिखी है–'How Music expresses Ideas' ('संगीत विचारों को कैसे व्यक्त करता है')।

तात्पर्य यह कि संगीत में विचार होते हैं, भले ही अभिव्यक्ति का ढंग सामान्य न हो, प्रत्यक्ष न हो। चित्र एक निश्चित विचार व्यक्त करते हैं। यहाँ तक कि कार्टून में भी। पेंटिंग मात्र रंगों का खेल नहीं है।

विचारों का सम्बन्ध भाषा से नहीं, प्रतीकों (Sign) से है। प्रतीक भाषिक भी होते हैं, अभाषिक भी। प्रतीकों द्वारा विचार व्यक्त कर दिये जाते हैं। प्रतीक मुद्रा, भंगिमा, मूर्ति, संगीत, चित्र आदि सभी में होता है और उससे विचार व्यक्त होते हैं। इसलिए जिसमें भाषा नहीं, वह साहित्य में नहीं आता, यह कहना ग़लत है। इसलिए शर्मा जी की ये युक्तियाँ ठीक नहीं हैं।

कला और साहित्य को विचार प्रणाली से बाहर मानने में दूसरे विद्वानों ने अलग युक्तियाँ दी है। वे भी विचारणीय हैं।

(दिनांक 10.04.1981)

8

अर्नस्ट फिशर

इनकी प्रसिद्ध पुस्तक 'The Necessity of Art' है किन्तु, इनके कला एवं विचार प्रणाली सम्बन्धी विचार 'Art against Ideology' में हैं। 1969 में इसका अंग्रेज़ी संस्करण प्रकाशित हुआ था। इस विषय पर उनका एक दूसरा लेख 'Marxism and Ideology (1964) भी है।

फिशर मुख्यतः कला और साहित्य को विचार प्रणाली से बाहर मानते हैं। उनकी पुस्तक के शीर्षक से स्पष्ट होता है कि वे उन्हें विचार प्रणाली से बाहर ही नहीं, विरुद्ध भी मानते हैं।

(1) " Science is cognition : therefore it is not ideology. Artistic cognition is different in its nature from scientific cognition, but in so far as literature, music and the visual arts are cognition of reality, they also do not belong to the sphere of ideology. (Art against Ideology, George Braziller, New York, 1969, p. 56)

(2) "When I maintain that the arts, by their nature, are not ideology, I do not mean that they are immune from ideology or wholly autonomous. Ideology usually endeavours to enlist the arts in its service. And works of art are frequently no more than ideology objectified and given sensory effect (It is not ideology, however, which determines the quality of a work of art (More frequently, works of art are the opposite : A triumph of reality over ideology." (p. 61)

डॉ. शर्मा ने जब विचार प्रणाली को कला एवं साहित्य की परिधि से बाहर माना, तो उन्होंने विचार प्रणाली को मार्क्सवादी धारणा से भिन्न समझा था। विचार प्रणाली को विचार समझा था। मार्क्सवाद में आइडियोलॉजी का अर्थ idea नहीं, इससे भिन्न है। किन्तु, उसके मूल में जो मुख्य चिन्ता थी, वह फिशर में भी है। वह चिन्ता है कि साहित्य और कला विचार प्रणाली से बाहर है, इसलिए कि ये स्थायी महत्त्व रखते हैं। कोई साहित्यिक कलाकृति पुरानी नहीं पड़ती। अर्थात्, विचार बदल जाते हैं किन्तु, साहित्य का सम्बन्ध हमारे संस्कारों और भावनाओं से है, जो शाश्वत है। यानी, साहित्य और कला की व्याप्ति विचारधारा से व्यापक है। नास्तिक व्यक्ति भी 'मानस' को महत्त्वपूर्ण मानता है। दूसरी बात यह है कि देश-काल परिवर्तन के बाद भी कला पसन्द की जाती है। जो जिस आइडियोलॉजी को नहीं मानते वे भी उसकी कला को पसन्द करते हैं। इसलिए यह एक बुनियादी समस्या है कि क्यों कला-साहित्य विचार प्रणाली के बाहर भी अपना प्रभाव रखते हैं?

फिशर में वह भूल नहीं है। मार्क्स-एंगेल्स द्वारा व्याख्यायित आइडियोलॉजी के कम-से-कम एक अर्थ को वे लेकर चलते हैं। 'Marxism and Ideology' से भी यह मालूम होता है। फिशर के कथन से स्पष्ट है कि विचार प्रणाली वैज्ञानिक या वास्तविक नहीं है। इसलिए विचार प्रणाली एक तरह की भ्रान्ति या मिथक होगी।

इसलिए फिशर मानते हैं कि आइडियोलॉजी एक मिथ्या चेतना है। जर्मन आइडियोलॉजी में मार्क्स-एंगेल्स ने ऐसा ही माना है। विज्ञान और आइडियोलॉजी की उन्होंने चर्चा की है। प्रश्न यह है कि इसमें कला-साहित्य कहाँ है? आगे उन्होंने विज्ञान और कला के सम्बन्ध पर विचार किया है कि कला एवं साहित्य से भी एक प्रकार से वास्तविकता का ज्ञान मिलता है। और, जिस हद तक उससे ज्ञान मिलता है, उस हद तक कला-साहित्य आइडियोलॉजी नहीं है।

वस्तुतः फिशर तो कला-साहित्य को आइडियोलॉजी से अलग मानते हैं। किन्तु, वे कला और साहित्य में फ़र्क़ करना चाहते हैं और जिस हद तक करना चाहते हैं उससे दो बातें स्पष्ट हैं–

(1) अंशतः साहित्यिक कृतियाँ विचार प्रणाली से बाहर हैं, अंशतः अन्दर।

(2) कुछ कृतियाँ उसके बाहर हैं, कुछ कृतियाँ उसके भीतर।

उन्होंने कहा कि जब मैं कहता हूँ कि साहित्य विचार प्रणाली के अन्दर नहीं है, तो मैं यह नहीं मानता कि वह उसके प्रभाव से सर्वथा मुक्त है। यह भी नहीं मानता कि वह पूर्णतः स्वायत्त है।

इस दूसरे कथन से स्पष्ट है कि वे मानते हैं कि साहित्य और कला विचार प्रणाली से पूर्णतः अलग नहीं है। दूसरे में Frequently, पहले में usually शब्द का प्रयोग है। usually (प्रायः) से अधिकता का बोध होता है। अतः फिशर कहना चाहते हैं कि कला और साहित्य विचार प्रणाली द्वारा इस्तेमाल किये जाते हैं और मूर्त विचार प्रणाली के अलावा वे (कला-साहित्य) और कुछ नहीं होते हैं। इससे मालूम होता है कि यह बात सारी कला कृतियों के बारे में कही जाती है। 'More frequently' कला कृतियाँ विचार प्रणाली के विपरीत हैं। साहित्य और कला विचार प्रणाली के ऊपर विजय है। दूसरी तरफ़, 'it is not ideology'... से स्पष्ट है कि कला-कृतियाँ विचार प्रणाली द्वारा निर्धारित नहीं होतीं। श्रेष्ठ विषय पर लिखने से कला श्रेष्ठ नहीं हो जाती। एक ही विषय पर दो लेखकों में अन्तर हो जाता है। अतः कला की गुणवत्ता लेखक की विचार प्रणाली पर निर्भर नहीं है। इस प्रकार लगता है कि साहित्य-कला और विचार प्रणाली को लेकर फिशर के मन में एक द्वन्द्व था, जिसका वे कोई समाधान नहीं कर सके।

फिशर के विचारों की आलोचना ख़ास तौर से रूस के मार्क्सवादी सौन्दर्यवादी आलोचकों ने की है। 'Foundation of Marxist Aesthetics' में उनकी ख़ूब आलोचना की गयी है। संशोधनवादी मार्क्सवादियों में फ्रेंच रोजर गारोदी (Roger Garaudy) ने भी फिशर की आलोचना की है कि मार्क्सवाद की

दृष्टि से आइडियोलॉजी मिथ्या चीज़ ही नहीं, पॉजिटिव चीज़ भी है। मार्क्सवाद भी आइडियोलॉजी है। यानी, मिथ्या चेतना भी है, वैज्ञानिक ज्ञान भी है। इस दृष्टि से साहित्य को विचार प्रणाली से अलग मानना ठीक नहीं है। इस पूरे विचार में, अर्थात् फिशर के इस कथन में साहित्य-कला को अच्छे अर्थों में विचारधारा से मुक्त रखने की बात कही गयी है।

फ्रांस के संरचनावादी मार्क्सवादी लुई अल्थूसर (Louis Althusser) की विचार प्रणाली की परिभाषा फिशर से भिन्न है। ये विचार प्रणाली को ' "Lived" experience of human existence itself' मानते हैं। जिया हुआ, भोगा हुआ मानते हैं, मिथ्या चेतना नहीं मानते। यानी, विचार प्रणाली एक तरह का अनुभव है। ध्यातव्य है कि भोगा हुआ अनुभव, किया हुआ अनुभव नहीं। भोगा हुआ अनुभव है किन्तु, किसी व्यक्ति एवं जाति विशेष का नहीं, मानव अस्तित्व का।

स्पष्ट है कि अल्थूसर के अनुसार आइडियोलॉजी केवल एक दर्शन, विश्व दृष्टि, विचार नहीं है। इसमें भाव, विचार, भोगा हुआ अनुभव सब कुछ शामिल है।

कला और साहित्य तथा विचार प्रणाली के सम्बन्ध पर भी अल्थूसर ने विचार किया है। उनकी पुस्तक 'Lenin and Philosophy and other essays' में एक लेख है–'A letter on art in reply to Andre Daspre'. इसमें उन्होंने लिखा है–

(1) I do not rank real art among the ideologies, although art does have a quite particular and specific relationship with ideology.

(2) I believe that the peculiarity of art is to 'make us see', 'make us perceive', 'make us feel' something which Alludes to reality.

(3) What art makes us see, and therefore gives to us in the form of 'seeing', 'perceiving' and 'feeling' (which is not the form of knowing) is the ideology from which it is born, in which it bathes, from which it detaches itself as art, and to which it alludes. (Lenin and Philosophy and other essays, Monthly Review Press, New York, 1966, p. 221-222)

फिशर की अपेक्षा अल्थूसर की बातें ज़्यादा सूक्ष्म हैं। किन्तु, मूलतः बात वही है कि साहित्य और कला विचार प्रणाली के अन्तर्गत, हैं भी और नहीं भी।

(दिनांक 15.04.1981)

9

लुई अल्थूसर की विचार प्रणाली की व्याख्या एवं समीक्षा

लुई ने विचार प्रणाली का प्रयोग बहुवचन में किया है। यानि कि विचार प्रणालियाँ (ideologies)। पहला उद्धरण स्पष्ट घोषित करता है कि वे कला को विचार प्रणालियों के अन्तर्गत नहीं रखते। क्योंकि, इससे कला विचार प्रणालियों की सीमा से बँध जाती है। वे कला एवं साहित्य को मुक्त रखना चाहते हैं ताकि उस पर स्वतन्त्र विचार किया जा सके।

उन्होंने कला के साथ आइडियोलॉजी का 'quite particular and specific relationship' माना है। अर्थात्, कला और विचार प्रणाली का सम्बन्ध एक विशेष प्रकार का और निश्चित होता है। विचार प्रणाली और कला के बीच के सम्बन्ध को सामान्य नहीं बताया। इस विशेष प्रकार के सम्बन्ध की व्याख्या उन्होंने दूसरे और तीसरे उद्धरण में की है। कला के साथ विचार प्रणाली के इस सम्बन्ध का मतलब एक विशेष प्रकार की प्रकृति से है। कला की विशेषता से यह सम्बन्ध बनता है। कला एवं विचार प्रणाली का यह सम्बन्ध तीन प्रकार का बताया गया है। Make us see, Perceive, Feeling। इन तीन क्रियाओं में कहीं भी ज्ञान (cognition) शब्द नहीं है। perceive भी देखने का ही एक रूप है। यानी, कला हमें दिखाती है, अनुभव कराती है। To make us know नहीं कहा गया है।

इसलिए अल्थूसर की परिभाषा में कला में ज्ञान का कोई रूप नहीं है। कला अनुभव कराती है, दिखाती है, का मतलब है कि कला में चरित्रों को हम सजीव रूप में देखते हैं, मूर्त रूप में। शुक्ल जी ने कहा कि कला बिम्ब रूप ग्रहण कराती है। कलाएँ अनुभव कराती हैं। इसलिए हम हँसते-रोते भी हैं। विज्ञान में ऐसा नहीं होता। किसी पौधे का वर्णन कविता में आनन्द देता है, विज्ञान में नहीं।

कला वास्तविकता को सीधे दिखाती या अनुभव नहीं कराती। 'alludes' अर्थात् संकेत करती है, वास्तविकता का। सीधे वास्तविकता का ज्ञान नहीं कराती। कला में वर्णन और वास्तविकता के बीच थोड़ा अन्तर होता है। Art is not reality but that which alludes the reality. कला उस वस्तु को दिखाती है, जो वास्तविकता की तरफ़ संकेत करती है। सीधे वास्तविकता को नहीं दिखाती। उदाहरण के लिए प्रेमचन्द अपने साहित्य में स्वतन्त्रता संग्राम का वर्णन नहीं करते। संग्राम की तरफ़ घटनाओं के द्वारा संकेत करते हैं।

कला-कृति जिस वस्तु को हमें सीधे दिखाती है, वह रियलिटी नहीं, कुछ 'और' है। यह 'और' क्या है? उपर्युक्त तीसरे उद्धरण में अल्थूसर हमें बताते हैं कि वह विचार प्रणाली है। अर्थात्, वह आइडियोलॉजी है जो कला में सीधे व्यक्त होती है, रियलिटी नहीं।

कला में कलाकार जब कुछ दिखाता या अनुभव कराता है, उसके पहले वह स्वयं देखता और अनुभव करता है। वस्तु उसके मानस रूपी प्रिज़्म से होकर सामने आती है। अर्थात् वास्तविकता कलाकार की नज़र से ही देखी जाती है। इसलिए कला की वह वस्तु एक मानसिक संरचना होती है। 'मेघदूत' में मेघ कालिदास का मेघ है जिसे यक्षिणी की नज़र से नहीं देखा जा सकता। वह आब्जेक्टिव मेघ नहीं है। कालिदास की अनुभूतियों से रंजित मेघ है। उस मेघ को एक संवेदित रूप दे दिया गया है। इसलिए मेघदूत एक विशेष प्रकार का मेघ है। इसलिए साहित्य और कला में जो वस्तु दिखाई जाती है, वह कलाकार की मानसिक संरचना होती है, जो उसकी विशेष दृष्टि से देखी हुई होती है। कोई वस्तु चूँकि दृष्टि विशेष से देखी गयी होती है, इसलिए वह आइडियोलॉजी हो जाती है, सब्जेक्टिव हो जाती है; आब्जेक्टिव नहीं।

बिहारी की नायिका के लिए चन्द्रमा आग बरसा रहा है जबकि लोग कहते हैं कि शीतलता बरसा रहा है। इसलिए वह कह रही है कि या तो मैं पागल हो गयी हूँ या लोग पागल हो गये हैं। इसलिए अपनी-अपनी मनःस्थिति के अनुसार वस्तु बदल जाती है। 'What art gives us...is the ideology.' इतनी दूर तक तो लुई अल्थूसर वैज्ञानिक बात करते हैं किन्तु, साहित्य-कला पर बात करते हुए उनकी वैज्ञानिकता टूट जाती है और वे आलंकारिक भाषा में कहते हैं— 'in which it baths and to which it alludes.' अर्थात्, कला विचार प्रणाली में पैदा होती है, उसमें स्नान करती है और फिर उसमें से निकल आती है। किन्तु फिर, 'from which it detaches.' वह उसी में रह नहीं जाती। उससे मुक्त हो जाती है। इसलिए कला और आइडियोलॉजी में पार्थक्य है। वह (कला) विचार प्रणाली की समीक्षा करती है। कला को पढ़कर उस विचार प्रणाली की सीमा का बोध होता है। उदाहरणार्थ, हृदय एवं बुद्धि में प्रसाद जी ने हृदय को महत्त्व दिया। बुद्धि को नीचे गिराया। शुक्ल जी के यहाँ प्रतिक्रिया हुई कि यह अन्याय है। अतः कहा कि 'रस पगी रही पायी न बुद्धि'।

इसलिए लुई ने कहा कि कला और विचार प्रणाली का सम्बन्ध एक विशेष और निश्चित प्रकार का सम्बन्ध होता है जो, उसके अन्तर्गत नहीं किन्तु उससे

सम्बद्ध होता है। वह विचार प्रणाली के अन्तर्गत शत-प्रतिशत नहीं होती। उनमें एक विशेष सम्बन्ध होता है। वह अंशतः विचार प्रणाली की सीमाओं से मुक्त होती है और अंशतः उससे सम्बद्ध होती है।

एडोल्फो सांचेज़ वाजक्वेज़ ने 'Art and Society' नामक पुस्तक में जो विचार किया है, वह अधिक सन्तुलित है–(1) "The relationship between art and ideology is extremely complex and contradictory] and in dealing with this relationship we must avoid—as two equally noxious extremes—either an identification or a radical opposition between art and ideology. The first is characteristic of ideologizing, subjectivist, or crudely sociological positions; and the second is found at times among those who carry their distinction between art and ideology to the point of denying the ideological character of art, thus placing themselves outside Marxism." (Art and Society : Essays in Marxist Aesthetics, Monthly Review Press, New York, 1973, p. 29)

(2) Marxism has all Along emphatically insisted on the ideological nature of artistic creation. According to its cardinal thesis of the relationship between the economic base and the superstructure, art belongs to the superstructure and, in a society divided into classes, is linked to definite interests of particular social classes. But the expression of these interests takes on form: the artist's political, moral, or religious ideas are integrated in an artistic structure or totality that has its own set of laws. As a result of this process of integration or formation, the artistic work appears to be endowed with a certain internal coherence and relative autonomy which thwarts its reduction to a mere ideological phenomenon." (p. 28)

(दिनांक 16.04.1981)

10

वाजक्वेज़ के उद्धरणों की व्याख्या

विचार प्रणाली और साहित्य के सम्बन्ध के बारे में वाजक्वेज़ ने दो शब्दों का प्रयोग किया है। तादात्म्य और विरोध। प्रश्न है कि विचार प्रणाली और साहित्य के बीच कैसा सम्बन्ध है? तादात्म्य का सम्बन्ध या विरोध का सम्बन्ध?

सांचेज़ के अनुसार दोनों के बीच न तो पूर्ण तादात्म्य का सम्बन्ध (अर्थात्, साहित्य विचार प्रणाली है। इसके अलावा कुछ नहीं।) है और न पूर्ण विरोध (अर्थात्, विचार प्रणाली और साहित्य परस्पर विरोधी हैं। दोनों में कोई सम्बन्ध नहीं है।) का। फिशर ने इस विरोध का समर्थन किया था–'Art is against Ideology.'

सांचेज़ ने दोनों ध्रुवान्तों को ग़लत बताया। उनके अनुसार दोनों के बीच विरोध का सम्बन्ध बिल्कुल नहीं है। मार्क्सवाद और साहित्य के बीच सम्बन्ध विचारधारात्मक है। साहित्य और कला की प्रकृति विचारधारात्मक है।

आइडियोलॉजी वर्ग चेतना (Class consciousness) है। इस प्रकार चेतना के दो उद्देश्य हैं।

(1) यह वर्ग चेतना वर्ग विशेष के हित की रक्षा करती है। (2) यह सामाजिक अन्तर्विरोधों को छिपाती है।

विचारक अपने विचारों को अपने दिमाग़ से पैदा समझते हैं। उसका सामाजिक कारण उन्हें नहीं दिखाई पड़ता। अपने को स्वतन्त्र चिन्तक समझते हैं। भारतीय समाज में पुरुष को देवता मानना स्त्रियों की आइडियोलॉजी है। वह उसका कुछ सामाजिक कारण नहीं मानतीं कि यह एक सामन्ती व्यवस्था की देन है। पुरुष की बनायी परम्परा है, स्त्रियों पर शासन करने के लिए। इस प्रकार आइडियोलॉजी अपने मूल स्रोत को छिपाती है। यह मार्क्सवाद की महती उपलब्धि है कि उसने आइडियोलॉजी को आइडियोलॉजी के रूप में देखा। आइडियोलॉजी का सामाजिक कारण माना।

आइडियोलॉजी किसी एक वर्ग की रक्षा करती है, किन्तु प्रदर्शित ऐसा करती है मानो वह सम्पूर्ण मानव जाति के लिए हो। अंशतः दूसरे वर्गों का हित उसमें कुछ समय के लिए दिखाई भी पड़ता है।

फ्रेंच रेवोल्यूशन के तीन नारे थे–स्वतन्त्रता, समानता और भ्रातृत्व (Liberty, Equality, Fraternity)। इसका नेतृत्व किया था बुर्जुआ वर्ग ने फ्रांस के सामन्त वर्ग के विरुद्ध। वस्तुतः यह नारा बुर्जुआ वर्ग के हित में था। किन्तु, इन नारों को फ्रांस की साधारण जनता भी अपने हित में समझती थी। गाँधी के 'स्वराज' के लिए उच्च, निम्न सभी वर्ग लड़ते थे। प्रोलिटेरियन आइडियोलॉजी में मूलतः प्रोलिटेरियन का हित है किन्तु उसे वह सारे मानवता की मुक्ति और हित कहता है। इस प्रकार आइडियोलॉजी मूलतः क्लास कॉन्शसनेस है।

प्रकृति में विचारधारात्मक होते हुए भी साहित्य और कला अंशतः विचारधाराओं से मुक्त होती है। सांचेज़ ने इसके लिए एक कारण दिया। वह है—फॉर्म। 'But the expression of these interests takes on form: the artist's political, moral, or religious ideas are integrated in an artistic structure or totality that has its own set of laws.' (Art and Society : Essays in Marxist Aesthetics, Monthly Review Press, New York, 1973, p. 29)

साहित्य और कलाकृतियों का एक रूप होता है। उस रूप विन्यास के अपने नियम होते हैं, जिन्हें मार्क्स ने 'Laws of Beauty' (सौन्दर्य के नियम) कहा है। इस सौन्दर्य के नियम का अपना एक इतिहास है जिसे हम विधाओं के रूप में पहचानते हैं। सदियों से महाकाव्य के कुछ नियम हैं। ऐसे ही प्रत्येक साहित्य-विधाओं के लिए नियम हैं।

साहित्यिक कृति और कलाकृति में एक अन्तःसंगति (Coherence) होती है। इसलिए कहीं-कहीं विचार प्रणाली और इस रूप विन्यास में अन्तर होता है। आइडियोलॉजी कभी-कभी कलाकार या लेखक के रास्ते में रोड़े भी अटकाती है। अतः कभी-कभी वह आइडियोलॉजी के अनुसार कला को तोड़ने-मरोड़ने की भी कोशिश करता है। इसलिए कलाकृति विकृत हो जाती है। कभी-कभी वह आइडियोलॉजी छोड़ने को बाध्य होता है। इस प्रकार विभिन्न सामाजिक वर्गों का अतिक्रमण करता हुआ कलाकृति का एक इतिहास है। इसलिए विचारधारात्मक प्रकृति होते हुए भी अपने आन्तरिक नियमों के कारण वह उससे मुक्त होती है, स्वायत्त होती है। विचारधारा और साहित्य के सम्बन्ध का विचार एक कलाकार और कृति के बीच नहीं होता। व्यापक रूप से साहित्यिक प्रवृत्तियों एवं युगों पर विचार करते हुए इसकी ज़रूरत पड़ती है। एक साहित्यकार या एक कृति पर जब विचार किया जाता है, तो उसे 'विश्व दृष्टि' (world outlook) कहते हैं—लेखक या साहित्यिक कृति की विश्व दृष्टि, जीवन दृष्टि। भ्रम से कभी-कभी उसे भी विचार प्रणाली कह देते हैं।

(दिनांक 22.04.1981)

खण्ड-3

उत्तर-आधुनिकतावाद

साहित्य की मुक्ति या कछुआ धर्म?

फ्रांस में एक और क्रान्ति हुई जिसका धमाका विद्या के क्षेत्र तक ही सीमित है। इसे 'भाषावैज्ञानिक क्रान्ति' कहते हैं। यह घटना बीसवीं शती के उत्तरार्द्ध की है। इसके मूल प्रेरणास्रोत हैं—फर्दिनान्द दि सोस्यूर, जो 1916 में गुमनाम ही दुनिया से चल बसे। उनकी मृत्यु के कई दशक बाद शिष्यों ने अपने 'नोट्स' के आधार पर उनके व्याख्यान प्रकाशित किये तो यूरोप और अमेरिका में तहलका मच गया। पश्चिम के विद्वानों के सामने जैसे एक सर्वथा नया भाषालोक प्रकट हुआ। भाषा और लोक के बीच एक नये सम्बन्ध का प्रत्यभिज्ञान। बीज विचार इतना ही है कि भाषा और संसार के बीच किसी प्रकार की अनुरूपता का सम्बन्ध नहीं है, बल्कि यह सम्बन्ध एक प्रकार की रूढ़ि मात्र है। संस्कृत व्याकरण के जानकारों के लिए यह कोई नयी बात नहीं है। सोस्यूर स्वयं भी संस्कृत के पण्डित थे, किन्तु इस विचार-बीज में कितना बड़ा विस्फोटक छिपा है, इसका अन्दाज़ा उन्हें न था। उत्तरशती की यूरोपीय मनीषा के सम्मुख शब्द और संसार के सम्बन्ध इतने शिथिल हो गये कि शब्दों से रचे हुए सभी शास्त्र गल्प (फिक्शन) की हैसियत पर आ पहुँचे, कहानी-उपन्यास तो पहले ही से गल्प कहलाते हैं, अब कविता भी गल्प कही जाने लगी और इसके बाद प्रतीत हुआ कि इतिहास भी गल्प ही है और दर्शन भी गल्प का एक प्रकार। यहाँ तक कि समाजविज्ञानों के सिद्धान्त भी अपनी संरचना में इस गल्प के दायरे से बाहर नहीं हैं। गरज यह कि तथ्यात्मकता के दावेदार सभी शास्त्रों और विज्ञानों की तथ्यनिष्ठा के सामने प्रश्नचिह्न लग गया और इस प्रकार वे सब गल्पधर्मी होने के कारण साहित्य के घेरे में आ गये।

बोलबाला अब हर जगह 'टेक्स्ट', 'डिस्कोर्स' और 'राइटिंग' का है। जॉक देरिदा ने साबित कर दिखाया कि दर्शन चिन्तन की कोई पद्धति नहीं, बल्कि 'लेखन' का ही एक रूप है। फ्रेडरिक जेमसन ने 'अधि-इतिहास' (मेटा हिस्ट्री)

नामक युगान्तकारी ग्रन्थ से यह तथ्य उद्घाटित किया कि इतिहास-लेखन भी अलंकार-शास्त्र की उन्हीं विधियों से अनुशासित होता है जो साहित्यिक आख्यानों में पहले से स्वीकृत हैं। फलश्रुति यह कि हर तरह का लेखन, चाहे वह जिस शास्त्र का हो, साहित्य-विद्या की विश्लेषण विधि के अधीन है। इसलिए अपने यहाँ जो लेखक फ़िलहाल साहित्य के 'उपनिवेश' बन जाने पर शोकाकुल हैं, चाहें तो गर्व कर सकते हैं कि साहित्यशास्त्र ने अन्य सभी शास्त्रों को अपना 'उपनिवेश' बना लिया है। अमेरिकी विश्वविद्यालयों में 'सिद्धान्त' (थियरी) का मतलब ही है साहित्यिक सिद्धान्त। वर्चस्व सर्वत्र साहित्य का है और आधिपत्य साहित्यशास्त्र का। अमीर खुसरो के शब्दों में हम भी आज उनसे यह कहने का साहस कर सकते हैं :

मुल्के दिल कर दी खराबल तीरे नाज़।
व दरीं वीराना सुल्तानी हनोज़ ॥
दिल के मुल्क को तूने अपने नाज के तीर से उखाड़ दिया
और अब तू इस वीराने में सुल्तान बना बैठा है।

विडम्बना तो यह है कि साहित्य को यह सुल्तानी अन्य शास्त्रों ने सौंपी है या कि कबूल की है। देरिदा साहित्य के समालोचक नहीं हैं। वे दर्शन से आये हैं और साहित्य के सामने सिर झुकाने वाले वे अकेले गैर-साहित्यिक चिन्तक नहीं हैं। देरिदा के प्रेरणास्रोत हाइडेगर पहले ही कवि होल्डरलिन का ऋण स्वीकार कर चुके हैं और अब तो प्रत्येक ज्ञान शाखा में देरिदा के शिष्य तैयार हो गये हैं। तय करना मुश्किल है कि इन्हें किस अनुशासन के वर्ग में रखा जाये क्योंकि ये पुरानी चाल के किसी अनुशासन की सीमा में नहीं अँटते। दरअसल इनका क्षेत्र वही 'थियरी' है—साहित्यिक सिद्धान्त का संक्षिप्त रूप।

साहित्य की यह पदोन्नति अचानक एक दिन में नहीं हुई। शुरुआत, निस्सन्देह, साहित्य की स्वायत्तता की माँग से ही हुई। लेकिन पहले सौन्दर्यशास्त्र/कलाशास्त्र को अलग किया गया—एक-एक कर धर्म से, दर्शन से, राजनीति से और नीतिशास्त्र से फिर स्वयं साहित्यशास्त्र को भी सौन्दर्यशास्त्र/कलाशास्त्र के शिकंजे से मुक्त करने की ज़रूरत महसूस हुई। ज्ञान की शाखाओं के बीच साफ़-साफ़ हदबन्दी के सबसे बड़े माहिर कांट थे। उन्होंने अपनी 'शुद्ध बुद्धि मीमांसा' से सौन्दर्यशास्त्र को अठारहवीं सदी में ही स्वायत्त कर दिया। इस प्रक्रिया को अन्तिम परिणति तक पहुँचाया मार्क्सवादी लूकाच ने बीसवीं सदी के उत्तरार्द्ध में। 'सौन्दर्यशास्त्र की विशिष्टता' नामक विशाल ग्रन्थ इस अथक

चिन्तक की दीर्घ साधना की अन्तिम पूर्ण कृति है। किन्तु इस बीच यह अनुभव किया गया कि 'सौन्दर्यशास्त्र भी वस्तुतः एक विचारधारा' ही है, कोई निरपेक्ष शास्त्र नहीं, इसलिए साहित्यशास्त्र को इस ख़तरनाक विचारधारा सौन्दर्यशास्त्रीय विचारधारा—से मुक्त करना आवश्यक हो गया। यह मुक्तियज्ञ सम्पन्न किया अमेरिका में येल विश्वविद्यालय के प्रोफ़ेसर पाल डि मान ने। बीसवीं शती के अन्तिम दशकों में (रिटर्न टु रेटॉरिक) साहित्यशास्त्र की इस मुक्ति का ऐतिहासिक घोषणा-पत्र है। इस प्रयास में एक युवा मार्क्सवादी आलोचक टेरी ईगल्टन ने भी कन्धा दिया 'सौन्दर्यशास्त्र की विचारधारा' नामक पुस्तक लिखकर। इस प्रकार साहित्यशास्त्र, कम-से-कम सिद्धान्त के स्तर पर, अब पूर्णतः मुक्त है। इस मुक्तिप्रयास में मार्क्सवादी और ग़ैरमार्क्सवादी सभी शामिल हैं। फलतः अब साहित्य की स्वायत्तता सर्वस्वीकृत है। अब साहित्य का 'स्वराज' ही नहीं 'पूर्ण स्वराज' है। 'परम स्वतन्त्र न सिर पर कोई'। मम्मट के शब्दों में 'अनन्यपरतन्त्र' ही नहीं, 'नियतिकृत-नियमरहित' भी। भारत ने साहित्य की जिस स्वायत्तता की घोषणा ग्यारहवीं शती में ही कर दी थी उसे प्राप्त करने के लिए यूरोप को इतना लम्बा संघर्ष करना पड़ा।

किन्तु हर मुक्ति की तरह साहित्य की यह मुक्ति भी विडम्बनापूर्ण सिद्ध हुई। जिस स्वायत्तता के लिए मुक्ति संघर्ष हुआ, वही स्वायत्तता मुक्ति मिलने पर गायब हो गयी सिद्धान्त के इस नये जनतन्त्र में घोषणा हुई कि सभी शब्द-निर्मित विद्याओं का सिर्फ़ एक नाम है—लेखन (राइटिंग)। जैसे और 'टेक्स्ट' वैसे साहित्य। 'साहित्य' जैसे किसी विशेषाधिकार-सम्पन्न लेखन का अभिधान वर्जित। जब सभी शास्त्र 'वाग्विकल्प' हैं और सभी वाग्विकल्प 'लेखन' मात्र तो साहित्यिक लेखन में ही कौन-सा सुरखाब का पर लगा है कि उसे विशेष दर्जा दिया जाय। विचार करने पर यह सत्य प्रकट हुआ कि कोई लेखन अपने कर्म से साहित्य कहलाता है, किसी आन्तरिक गुण के कारण नहीं। साहित्य की 'साहित्यिकता' के निरूपण के लिए रूसी रूपवादियों ने कितनी कवायद की थी; इस नयी 'भाषावैज्ञानिक क्रान्ति' ने एक पल में सारे किये-धरे पर पानी फेर दिया। साहित्य 'लेखन' भर होकर रह गया।

एक तरह से देखें तो यह घटना भी कोई आज की नहीं। बकौल ज्याँ पाल सार्त्र, पहला कवि मालार्मे है जिसने यह सवाल उठाया था कि क्या साहित्य जैसी किसी चीज़ का कोई अस्तित्व है। यह वही कवि है जिसने कहा था कि कोई वास्तविकता बची नहीं है, वह लेखन में लुप्त हो चुकी है। इस प्रकार जहाँ देखिए वहीं लेखन। लेखन ही लेखन। यत्र-तत्र सर्वत्र। लेखन के अलावा और कुछ नहीं।

कोई वास्तविकता नहीं। जॉक देरिदा के शब्दों में 'टेक्स्ट के परे कुछ भी नहीं', अन्यत्र भी नहीं। वैसे, मार्क्सवादी चिन्तक वाल्टर बेन्ज़ामिन साहित्य का सारा 'प्रभामण्डल' पहले ही छीन चुके थे। बेचारे बेन्ज़ामिन भला ऐसी हिमाकत क्यों करते। वे तो साहित्य के प्रेमी और कला-मर्मज्ञ थे। प्रभामण्डल (ऑरा) छीना 'मशीनी उत्पादन' के युग ने। एक कलाकृति की लाखों-करोड़ों प्रतिलिपियाँ तैयार करके मशीन ने कलाकृति की दुर्लभ अद्वितीयता ही समाप्त कर दी। बेन्ज़ामिन तो इस कड़वे सच की ओर ध्यान भर खींचा था। उन्हें क्या पता था कि यह प्रभामण्डल आगे चलकर इस हद तक मिट जायेगा और साहित्य लेखन मात्र कहलायेगा। साहित्य की मुक्ति का यह पहला 'शापमय वर' है। साहित्य की मुक्ति का दूसरा शापमय वर यह है कि अब साहित्य का शास्त्र स्वयं साहित्य से मुक्त होकर अपनी स्वायत्तता घोषित करने लगा है। साहित्यशास्त्र का काम अब यह बताना नहीं रहा कि क्या साहित्य है और क्या साहित्य नहीं है। जब 'साहित्य' जैसी किसी चीज़ का अस्तित्व ही नहीं तो फिर इसकी तलाश में वक़्त बर्बाद कौन करे। जब यहाँ–वहाँ सब कहीं 'टेक्स्ट', 'लेखन' है तो एक ही काम बचा रहता है–मीमांसा या व्याख्या का। इन नये मीमांसकों की बोली में 'रीडिंग'। 'साहित्यिक आलोचना' तो क्या 'आलोचना' मात्र जैसे शब्द का चलन उठ चला है। ज़रूरी नहीं कि व्याख्या का सम्बन्ध प्रस्तुत पाठ से हो ही। पाठ स्वायत्त है तो व्याख्या स्वायत्त क्यों न हो? पाठ केवल मुद्रित शब्द तो नहीं। शब्दों के बीच की ख़ाली जगह भी तो पाठ का ही अंग है। जो कहा नहीं गया, वह कहीं ज़्यादा अर्थगर्भी है। निर्णायक व्याख्याकार है–केवल व्याख्याकार सर्वोच्च न्यायालय यहाँ कोई नहीं। किसी सर्वस्वीकृत विधि-विधान के होने का तो सवाल ही नहीं उठता। गरज कि मनमानी व्याख्या की पूरी छूट है। और व्याख्या भी क्या? शब्द पर शब्द का जाल और इस जाल का सिलसिला भी ऐसा कि कहीं ख़त्म होने का नाम न ले। मूल पाठ तो छूट गया। बहस उन शब्दों को लेकर हो रही है जिनसे बहस की जा रही है। पढ़कर संस्कृत के पुराने नव्य-नैयायिकों की 'अवच्छेकावच्छिन्न' वाली बहस याद आती है। इस प्रकार साहित्यशास्त्र भी पूरी तरह मुक्त है। मूल पाठ भी खुला हुआ और व्याख्या भी कहीं ज़्यादा खुली हुई। नज़ारा ऐसा कि ग़ालिब का यह शेर बेसाख्ता याद आता है :

वा कर दिये हैं शौक़ ने बन्द-ए-नक़ाब-ए-हुस्न।
ग़ैर-अज-निगाह अब कोई हाइल नहीं रहा॥

[मेरे शौक़ ने हुस्न के नक़ाब के सारे बन्द खोल दिये हैं, अब अपनी निगाह के अलावा और कोई बाधा नहीं है।]

साहित्य पर भी कोई पाबन्दी नहीं है और न कोई बाधा ही है, सिवा साहित्य की अपनी दृष्टि के। बौद्ध दर्शन की पुरानी शब्दावली में दिछि। आधुनिक पाश्चात्य चिन्तन की शब्दावली में 'आइडियोलाजी' यानी विचारधारा। इस विचारधारा को एक नाम देने की भी कोशिश हुई है—'पोस्ट-माडर्निज़्म', जिसे हिन्दी में ग़लत या सही 'उत्तर-आधुनिकता' कहा जा रहा है।

यह उत्तर-आधुनिकता ही पश्चिम के चिन्तन की दुनिया में उत्तरशती की सबसे नयी क्रान्ति है। इस क्रान्ति की एक हलकी सी धमक हिन्दी में भी सुनाई पड़ रही है। 'साहित्य का स्वराज' उसी क्रान्ति के नारे का भारतीय संस्करण है। साहित्य के इस स्वराज में एक 'स्वराज' शब्द को छोड़कर सारी शब्दावली पश्चिमी 'उत्तर-आधुनिकतावाद' की है। साहित्य का यह कैसा 'स्वराज' है जो हर चीज़ से मुक्ति चाहता है—सिवा 'पश्चिम' के। फिर भी ये नये सुराजी कहते हैं कि ज़माना 'उत्तर-उपनिवेशवाद' का है। कहने की ज़रूरत नहीं कि यह पद भी उसी पश्चिम का है। गरज कि 'जितने चिराग हैं तेरी महफ़िल से आये हैं।' इसके बाद यह बात तो सख़्त हो जायेगी कि 'सब क़त्ल होके तेरे मुक़ाबिल से आये हैं।'

'क्रान्ति का निर्यात नहीं हो सकता' यह बात जैसे अब ग़लत साबित हो रही है। बात ग़लत थी तो समाजवादी क्रान्ति के सन्दर्भ में। उत्तर-आधुनिकतावादी क्रान्ति और चीज़ है। इस क्रान्ति के निर्यात का दोष अमेरिका को कोई क्यों दे? हिन्दी के कुछ उत्साही लेखक ख़ुशी-ख़ुशी इस क्रान्ति का आयात कर रहे हैं। यह हिन्दी साहित्य के पिछड़ेपन को दूर करने का साहसिक प्रयास है। दिक़्क़त यह है कि पश्चिमी नज़र में जो साहित्य अभी पूरी तरह 'आधुनिक' ही नहीं हुआ वह इतनी जल्दी छलाँग लगाकर 'उत्तर-आधुनिक' क्यों होने लगा। फिर एक दिक़्क़त यह भी है कि उत्तर-आधुनिकता से ऊबकर, जैसा कि अक्सर हुआ है, पश्चिम कुछ और करने लगा तो हमारे नित-नवीनता प्रेमियों के इस 'स्वराज' का क्या होगा?

उत्तर-आधुनिकतावाद तो इतिहास को भी नहीं मानता। लेकिन हम देखते हैं कि हमारा इतिहास हर क़दम पर हमारा पैर पकड़े है। पैर तो झटका जा सकता है लेकिन उस इतिहास को नज़रअन्दाज़ नहीं किया जा सकता। आगे बढ़ने से पहले पीछे मुड़कर देखना ही पड़ेगा। पीछे ही नहीं, अगल-बगल भी।

उत्तर-आधुनिकतावाद जिस भाषा-वैज्ञानिक क्रान्ति की उपज है, बहुत-कुछ वैसी ही क्रान्ति अपने यहाँ भी एक बार हो चुकी है—शताब्दियों पहले बौद्ध दर्शन के उदय के समय। यह वाक्य धर्मकीर्ति का है—"ननुनार्थं शब्दाः स्पृश्यन्ति।"

शब्द अर्थ का स्पर्श तक नहीं करते। तात्पर्य यह कि किसी शब्द से वास्तविक पदार्थ का नहीं, बल्कि उस पदार्थ के भाव का बोध होता है। शब्द और अर्थ के बीच का सम्बन्ध कामचलाऊ है, इसी समझ के साथ शब्दों के सहारे दुनिया का सारा कारोबार चलता है। बौद्ध दार्शनिकों की यह स्थापना उस ज़माने के लिए भी कम विस्फोटक न थी। आज भी पश्चिम के अनेक विद्वान जॉक देरिदा के 'डिफरेंस' में बौद्ध 'अपोहवाद' की छाया देख रहे हैं। इस क्रान्तिकारी भाषा-दर्शन ने भारतीय साहित्य को कितना मुक्त किया, यह तो हम नहीं जानते, किन्तु इतना निश्चित है कि विशाल संस्कृत-साहित्यशास्त्र के अन्तर्गत कहने के लिए भी कोई बौद्ध साहित्यशास्त्र नहीं बचा है।

इसके बावजूद संस्कृत के साहित्यशास्त्रियों को साहित्य-विद्या की स्वायत्तता स्वीकार करने में कोई हिचक नहीं हुई। विस्तार में न जाकर यदि यायावरीय राजशेखर को ही देखें तो उन्होंने साहित्य विद्या को आन्वीक्षिकी, त्रयी, वार्ता और अर्थशास्त्र (दण्डनीति) नामक चारों विद्याओं का निष्यन्द (सार) मानते हुए भी उसे पाँचवीं विद्या का स्वतन्त्र स्थान दिया। आनन्दवर्धन ने तो यहाँ तक कहा कि इस संसार के लिए भले ही कोई और प्रजापति हो, काव्य के अपार संसार का प्रजापति तो एक कवि ही है और वहाँ किसी दूसरे का दखल नहीं, बल्कि एक उसी का शासन चलता है—उसे जैसा रुचता है, विश्व को उसी रूप में बदल लेता है : "यथास्मै रोचते विश्वं तथा विपरिवर्तते"। यह साहित्य की स्वतन्त्रता नहीं तो और क्या है? साहित्य-सृजन की भी और साहित्यशास्त्र की भी। इस स्वतन्त्र दृष्टि के बावजूद साहित्यशास्त्र के युग में संस्कृत साहित्य के अन्तर्गत महाभारत जैसा कोई काव्य न लिखा जा सका जो आत्मविश्वास के साथ यह कह सके : "यदिहास्ति तद्न्यत्र यन्नेहास्ति न तत् क्वचित।" (जो यहाँ है वही अन्यत्र है, जो यहाँ नहीं है वह कहीं नहीं है।)

क्या इसलिए कि इस स्वतन्त्र साहित्यशास्त्र की भी एक 'दृष्टि' थी और वह 'दृष्टि' उस स्वतन्त्रता की एक सीमा थी? क्या इस 'दृष्टि' से भी अनवरत मुक्त होने का प्रयास आवश्यक नहीं? साहित्य-दृष्टि से साहित्य की मुक्ति। साहित्य की यह मुक्ति भी साहित्य के अन्दर साहित्य के द्वारा ही उचित है। उचित और सम्भव भी। "पश्चिम की उक्ति नहीं, गीता है, गीता है।"—(निराला) 'उद्धरेदात्मानम्'—अपना उद्धार आप ही। आत्मा ही बन्धु है, सहायक है। लेकिन इसके साथ ही शत्रु भी आत्मा ही है—'आत्मवैरिपुरात्मनः'।—साहित्य का शत्रु भी साहित्य ही है। ज़ाहिर है कि इस स्थिति में साहित्य की मुक्ति का प्रयास 'क्षुरस्य धारा' है।

क्या इसीलिए हमारे प्राचीन भक्त कवियों ने मुक्ति को छोड़कर भक्ति का पथ अपनाया था? तुलसीदासजी ने आख़िर क्यों लिखा :

अस विचारि हरि भगत सयाने। मुक्ति निरादर भगति लुभाने—मुक्ति नहीं, जनम-जनम रघुपति भगति। पुनर्जन्म से हमेशा-हमेशा के लिए छुटकारा पाने से बेहतर है भगवान के लिए प्रेम और उस प्रेम के लिए इसी संसार में बार-बार जन्म। ख़ुशी-ख़ुशी बन्धन स्वीकार करने की यह अनूठी प्रतिबद्धता। भारतीय भाषाओं का भक्ति-साहित्य इसी बन्धन को स्वीकार कर मुक्त हुआ था। इसी रास्ते चलकर भाषा-काव्य का ऐसा सर्जनात्मक उन्मोचन हुआ कि उसके सामने कालिदास के बाद सारा संस्कृत काव्य फीका लगता है। निःसन्देह यह शुद्ध साहित्य न था, स्वायत्त साहित्य भी नहीं। मुक्ति न जीवन में, न काव्य में। धुन न साहित्य को मुक्त करने की, न मनुष्य को। सफ़ाई की ऐसी सनक भी नहीं कि कविता के घर से गर्द-गुबार के साथ-साथ घर के प्राणी भी बाहर फेंक दिये जायें। मुक्ति के भी अपने-अपने खतरे हैं और हमारे भक्त कवि उन ख़तरों से वाक़िफ़ थे। आज यदि हममें से कुछ लोग इन ख़तरों से अनजान हैं तो इसलिए कि उनके लेखे इतिहास का अस्तित्व नहीं। वे उत्तर-इतिहास युग के अधिवासी हैं। उस देश के वासी जहाँ 'इतिहास का अन्त' हो चुका है।

वैसे भक्तिकाल में यदा-कदा दिलचस्पी उत्तर-आधुनिकतावादियों की भी देखी जाती है। पश्चिम के ईसाई सन्तों में ज़्यादा, भारतीय भक्त कवियों में कुछ कम। आकर्षण का कारण वह नहीं, जो जनसाधारण में है। असाधारण जनों को तलाश भी असाधारण की ही रहती है। वह असाधारण तत्त्व है रहस्यभावना। इस नये रहस्यवाद का एक रूप है शब्द-रहस्य। अनहद आदि। आकस्मिक नहीं कि हिन्दी के कुछ उत्तर-आधुनिकतावादी कवियों की ढेर सारी कविताओं का विषय 'शब्द' है—शब्द का रहस्य। जैसे अशोक वाजपेयी के नवीनतम कविता संग्रह 'कहीं नहीं वहीं' की एक कविता :

सबसे सुन्दर और भयानक बात यही थी कि शब्द का अर्थ शब्द ही थे।
या कि हैं।

कितने बड़े रहस्य का साक्षात्कार किया है कवि ने। यह बात सबसे 'सुन्दर' और 'भयानक' हो न हो, निरर्थक निश्चित है। अपने कथन के सर्वथा अनुरूप। निःसन्देह इन शब्दों का अर्थ शब्द ही हैं। आभास किसी गूढ़ बात का ज़रूर होता है, पर वह भी छद्म-रहस्यवाद ही है। इसे 'उलटबाँसी' कहना भी कबीर का अपमान है।

अब साहित्य की मुक्ति-यात्रा का एक ही चरण और शेष है और वह सम्भवतः अन्तिम चरण है—शब्द से मुक्ति। विडम्बना यह है कि शब्द-मुक्ति का लेखन भी शब्दों में ही होने के लिए अभिशप्त है। और शब्द है कि हर शब्द पर कोई-न-कोई छाप लगी है। छाप मिटाने की लाख कोशिश करें, निशान (देरिदा का 'ट्रेस') कुछ-न-कुछ बने ही रहते हैं। 'स्वायत्तता' और 'स्वराज' पर राजनीति की छाप है तो 'मुक्ति' पर धर्म की। राजनीतिक शब्द छोड़ें तो धार्मिक शब्द। आकस्मिक नहीं कि उत्तर-आधुनिकतावादी शब्दावली में धर्म-छाप शब्द काफ़ी हैं।

अन्ततः साहित्य की यह मुक्ति-यात्रा प्रत्यावर्तन है या पलायन? अपनी पहले की खोह में वापसी या अपने आप से निरन्तर भागते जाना? पं. चन्द्रधर शर्मा गुलेरी का 'कछुआ—धर्म', आत्मरक्षा में अपने ही अन्दर सिकुड़ते जाने की दयनीय कोशिश। प्रसंगवश, अश्वघोष की वह फड़कती उपमा, प्रसंग, बुद्धि का तपोवन-प्रवेश :

देशादनारभिभूयमानान्महर्षयो धर्ममिवापयान्तम् ।

अनार्य लोग देश पर चढ़ाई कर रहे हैं। धर्म भागा जा रहा है। महर्षि भी पीछे-पीछे चले जा रहे हैं। यह कर लेंगे कि दक्षिण के अप्रकाश देश को कोई अत्रि या अगस्त्य यज्ञों और वेदों के योग्य बना लें—तब तक ही जब तक कि दूसरे कोई राक्षस या अनार्य उसे भी रहने के अयोग्य कर दें—पर यह नहीं कि डटकर सामने खड़े हो जावें और अनार्यों की बाढ़ को रोकें।

ये शब्द हैं एक सनातनी संस्कृत पण्डित के जिन्हें हिन्दी जगत 'उसने कहा था' जैसी अमर कहानी के यशस्वी लेखक के रूप में जानता है। ये शब्द हैं बीसवीं शती के आरम्भ की उस तेजस्वी भारतीय मनीषा के जो पश्चिम की आक्रान्ता संस्कृति के सम्मुख डटकर खड़े होने और उसकी बाढ़ को रोकने के लिए सन्नद्ध थी। वैसे, कुछ अधर्मी पण्डित उस समय भी थे। उनके पास इतिहास के नाम पर एक अतीत था। जाना-पहचाना एकमात्र क्षेत्र। वे उस अतीत की ओर भाग रहे थे। आज के उत्तर-आधुनिकतावादी इतिहास-वंचित हैं कि इतिहास-मुक्त, भागने के लिए इनके सामने एक ही दिशा है-पश्चिम। कुछ सुनी-सुनाई, कुछ जानी-पहचानी। शायद इसीलिए आकर्षक। इनके तपोवन यही हैं।

साहित्य की मुक्ति के नाम पर क्या हम जगत को तपोवन बनाना चाहते हैं? तपोवन न जगत बन सकता है, न साहित्य। इलियट का 'पवित्र वन' (द सेक्रेड वुड) भी नहीं। पवित्रता की प्यास अन्ततः हमें कहाँ ले जायेगी? पहले एक तपोवन, फिर दूसरा तपोवन। तपोवनों का यह सिलसिला कहाँ ख़त्म होगा? इस मुक्ति का अन्त कहाँ होगा? अन्ततः क्या बचेगा?

एक जवाब है विनोदकुमार शुक्ल की कविता का प्रस्तुत अंश। कविता 'पूर्वग्रह' के शतांक में प्रकाशित है :

जाते-जाते कुछ भी नहीं बचेगा
जब तब सब कुछ पीछे बचा रहेगा
और कुछ भी नहीं में
सब कुछ होना बचा रहेगा।

(समास-1, 1992)

सृजनशीलता का सवाल : उत्तर-आधुनिकता और मार्क्सवाद

कहा जा रहा है कि उत्तर-आधुनिकतावाद ने सृजनशीलता की अवधारणा पर प्रश्नचिह्न लगा दिया है और उसमें लेखक मुख्य नहीं, पाठक मुख्य है! लेकिन उत्तर-आधुनिकता के बारे में मेरी जो समझ है, उससे मुझे ऐसा नहीं लगता। दरअसल यह एक रोमैंटिक अवधारणा रही है कि लेखक में ही सृजनशीलता होती है और उसके अलावा जो लोग हैं, उनमें नहीं होती। उत्तर-आधुनिकता ने यह कहा है कि पाठक भी सर्जक होता है। मैं अपने को पाठक मानता हूँ। आलोचना-कर्म में लगे होने के कारण मुख्यतः मैं सर्जनात्मक साहित्य का पाठक ही हूँ। लेकिन पाठक भी सर्जक होता है। कविता को पढ़ते समय, उसकी व्याख्या करते समय, वह उसी कविता को फिर रचता है। और हर पाठक उस कविता को अपने तरीक़े से रचता है। व्यवहार में भी हम देखते हैं कि लोग अपनी पढ़ी-सुनी चीज़ों में अपना कुछ जोड़ देते हैं। 'रामचरितमानस' पिछले पाँच सौ वर्षों में वही नहीं रह गया है, जिस रूप में उस समय लोगों ने पढ़ा होगा। आज भी हम देखते हैं कि 'रामचरितमानस' की लोग तरह-तरह से व्याख्या करते हैं और नये-नये अर्थ उसमें से उद्घाटित होते हैं। इसलिए उत्तर आधुनिकता अगर यह कहती है कि लेखक की कृति को पाठक भी रचता है, तो ऐसा कहकर वह सृजनशीलता को ख़ारिज नहीं करती, बल्कि सृजनशीलता के क्षेत्र का विस्तार करती है। कृतिकार तो सर्जक है ही, लेकिन उसका पाठक या व्याख्याता भी सर्जक है।

बड़े पुराने ज़माने में एक बहस यह रही है कि कृति में—जैसे कविता, कहानी, उपन्यास या नाटक में—जो सृजनशीलता है, वह क्या है और उसका मूल स्रोत क्या है। हमारे यहाँ उसको 'प्रतिभा' कहते थे। पश्चिम में उसे 'सर्जनात्मक कल्पना' कहा गया। 'कल्पना' शब्द हमारे यहाँ भी है, लेकिन सृजनशीलता का मूल स्रोत हमारे यहाँ 'प्रतिभा' को माना जाता था। यदि पहले की किसी कृति का अनुकरण ही किसी कृति में है—जैसे प्रकृति पर पहले जो कुछ लिखा गया,

बाद का कोई आदमी थोड़ा-सा बदलकर उसी को दोहरा देता है तो माना जायेगा कि वह 'अनुकृति' है। सर्जनात्मक कृति वह तब होती है जब उसमें दो गुण हो– एक तो 'नवनवोन्मेषशालिनी प्रज्ञा' हो और दूसरे 'अपूर्वनिर्माणक्षमा प्रतिभा' हो। अर्थात् कृति में नवीनता, अपूर्वता, अद्वितीयता होनी चाहिए। अभिनवगुप्त ने इस पर बहुत गहराई से विचार किया है। इन गुणों का निवास वहीं हो सकता है, जहाँ चित्त स्वतन्त्र या उन्मुक्त हो। उन्मुक्त चित्त ही कुछ अपूर्व देख सकता है और कुछ नया दे सकता है। तो इन चीज़ों पर लोगों ने विचार किया और यह कहते समय उनके दिमाग़ में मुख्यतः कवि था। लेकिन 'कवि' का अर्थ बहुत व्यापक होता था। वह कथाकार भी हो सकता है, नाटककार भी हो सकता है, यहाँ तक कि वैज्ञानिक भी हो सकता है।

यह धारणा बहुत दिनों तक चली। इसका नया उत्थान पहली बार रोमैंटिक युग में हुआ। रोमैंटिक कवियों ने, सारी दुनिया में, 'कल्पना' शब्द पर सबसे ज़्यादा ज़ोर दिया। मैंने अपनी पुस्तक 'छायावाद' में दिखाया है कि कविता को 'कल्पना के कानन की रानी' कहा गया था। 'कल्प', 'कल्पना', 'कल्पसृष्टि', 'कायाकल्प' जैसे तमाम शब्द सृजनशीलता से सम्बन्धित थे। इस प्रकार कल्पना सृजनशीलता का ही दूसरा नाम है। रोमैंटिक लोगों ने इस पर बहुत बल दिया और कहा कि जिसके पास कल्पना है, वही सृजनशील है। उनका कहना था कि मध्यकाल की कविता में कल्पना पर ज़ोर नहीं था, इसलिए वह अनुकरणमूलक थी। अपने यहाँ रीतिकाल में हम देख सकते हैं कि लोग एक ही बात को जरा घुमाकर दूसरे ढंग से कहा करते थे। अतः वहाँ 'अन्दाज़-ए-बयाँ' पर ज़ोर ज़्यादा है, कुछ नया रचने का उत्साह नहीं है। साहित्य के इतिहास में रोमैंटिक आन्दोलन का महत्त्व इसी बात में है कि रचना में सब कुछ नया होता है–नयी विषयवस्तु, नया अर्थ, कहने का नया ढंग।

मैं 'रोमैंटिसिज़्म' का नाम इसलिए ले रहा हूँ कि रोमैंटिक उत्थान और उत्तर आधुनिकता के बीच एक और कड़ी है, जिसने कल्पनाशीलता पर उतना बल नहीं दिया। वह है आधुनिकतावाद। उत्तर आधुनिकतावादियों ने वह गुनाह नहीं किया, जो आधुनिकतावादियों ने किया था। उदाहरण के लिए, टी.एस. इलियट, जिनके साथ कविता में आधुनिकतावदी आन्दोलन शुरू हुआ, कल्पना को महत्त्वपूर्ण नहीं मानते थे। उन्होंने कहा कि कवि को परम्परा का ज्ञान होना चाहिए। अपने लेख 'ट्रेडिशन एंड इंडिविजुअल टैलेंट' में उन्होंने व्यक्तिगत प्रज्ञा के बजाय परम्परा को ज़्यादा महत्त्व दिया और लिखा कि यूरोप की जो दो-ढाई हज़ार साल

की परम्परा है, उसे हम अपनी अस्थि-मज्जा में लेकर लिखते हैं। रोमैंटिकों के बारे में उन्होंने कहा कि ये तो लोग हैं, भावुकता से लिखते हैं। रोमैंटिक लोग जिसको सृजनशीलता कहते थे, उसको आधुनिकतावादियों ने भावुकता कहकर ख़ारिज कर दिया। इस प्रकार सृजनशीलता का विरोध और निषेध सच्चे अर्थों में आधुनिकतावाद ने किया। टी.एस. इलियट की आलोचना इसका सबसे बड़ा उदाहरण है। यह और बात है कि अपनी कविता में अपने ढंग की सृजनशीलता उन्होंने भी दिखाई, लेकिन सिद्धान्त रूप में उन्होंने कल्पना या सर्जनात्मक कल्पना का, अर्थात् सृजनशीलता का विरोध किया।

इसलिए मुझे उत्तर-आधुनिकता में सृजनशीलता का विरोध या निषेध नज़र नहीं आता। आधुनिकतावादी 'पोयम ऑन दि पेज' की बात करते थे—कि छपी हुई चीज़ स्थिर है, जड़ है, एक पाठ है, और उस मूल पाठ का अनुगमन करना ही आलोचना है, जबकि उत्तर-आधुनिकतावादी कहते हैं कि पाठ कोई जड़ वस्तु नहीं है, पाठक उसको जिस रूप में ग्रहण करता है, वही रचना का पाठ है। इसलिए जहाँ तक साहित्य का सवाल है, उत्तर आधुनिकतावादी सर्जनात्मकता के विरोधी नहीं हैं। कुछ लोग उत्तर आधुनिकतावाद को मार्क्सवाद का विरोधी मानते हैं, लेकिन आधुनिकतावादी लोग मार्क्सवाद के ज़्यादा विरोधी रहे हैं। मार्क्सवाद तो रोमैंटिक दौर में भी था। शेली स्वयं अपने को समजावादी कहता था। मार्क्स के प्रिय कवियों में शेली था। उनके प्रिय कवियों में जर्मन कवि हाइने था। ये दोनों कवि रोमैंटिक थे। रूस में पुश्किन रोमैंटिक कवि था और उसको प्रतिष्ठा देने वाला बेलिस्की मार्क्सवादी आलोचक था। पुश्किन को लेनिन तक मानते थे। लेकिन आधुनिकतावादी लोग, 'नयी आलोचना वाले लोग, रोमैंटिक साहित्य के साथ-साथ मार्क्सवाद के भी विरोधी थे। वे कहते थे कि मार्क्सवाद तो एक यूटोपिया है, भविष्य का सपना देखता है और भविष्य के लिए वर्तमान का बलिदान कर देना चाहता है।

इस प्रकार आधुनिक युग में सृजनशीलता का सम्बन्ध रोमैंटिक आन्दोलन और मार्क्सवाद से है। फ़र्क़ यह है कि रोमैंटिक लोगों की कल्पना और मार्क्सवादी लोगों की कल्पना में अन्तर है। साम्यवाद या वर्गहीन समाज कोई यूटोपिया नहीं है, बल्कि वैज्ञानिक पद्धति से उसे लाया जा सकता है। वह कोरा ख़याल या खामख़याली नहीं है। ठीक है, मार्क्सवाद भविष्य का स्वप्न देखता है, लेकिन भविष्य का स्वप्न तो मार्क्सवाद के बहुत पहले से लोग देखते आ रहे थे। मार्क्सवाद ने यह बताया कि हम उस स्वप्न को यथार्थ में बदल सकते हैं।

उसमें समय लगेगा, संघर्ष करना पड़ेगा, लेकिन वह कोई दिवास्वप्न या कोरी कल्पना नहीं, एक वास्तविकता है। मार्क्सवाद का यह भविष्य-स्वप्न एक सर्जनात्मक कल्पना है। रोमैंटिक आन्दोलन वाली सर्जनात्मक कल्पना इससे भिन्न है, लेकिन वह इसकी विरोधी नहीं है। इसका विरोधी तो आधुनिकतावाद है, जो रोमैंटिसिज़्म को भावुकता और मार्क्सवाद को यूटोपिया कहकर ख़ारिज करता है।

आधुनिकतावादियों ने 'नये' पर बड़ा ज़ोर दिया-जैसे साहित्य में नयी कविता', 'नयी आलोचना'—लेकिन वास्तव में 'नये' पर ज़ोर रोमैंटिकों ने दिया था और उनके बाद उनकी विरासत अगर किसी को मिली, तो मार्क्सवादियों को मिली, जो कहते थे कि हम नया समाज बनायेंगे और नया साहित्य रचेंगे। इसीलिए उन्होंने नयी दुनिया, नये युग और नये इन्सान की बात की। हमारे यहाँ 'नया पथ' और 'नया इतिहास जैसी पत्रिकाएँ निकलती थीं।

पहले के लोग मानते थे, और आज भी बहुत-से लोग विश्वास करते हैं कि सृजनशीलता रचनाकार में होती है और कुछ लोग यों भी कहते हैं कि इसीलिए वह प्रकृति-प्रदत्त होती है। धीरे-धीरे यह मालूम हुआ कि एक और धारणा है, जो रोमैंटिकों से भिन्न है। वह यह कि जिसे कवि या लेखक कहते हैं वह रचना का कर्ता नहीं, बल्कि रचना की भूमि है। अर्थात् वह एक माध्यम है, जिससे चीज़ रची जाती है। इसलिए वह कर्ता न होकर कर्म का स्थान है। और वह ऐसा स्थान है, जहाँ बाह्य जगत और स्वयं अपना अनुभव, दोनों मिलते हैं, जिसके कारण वह द्वन्द्व और तनाव की भूमि है। मुक्तिबोध ने 'कला का तीसरा क्षण' नामक जो लेख लिखा है, उसमें बताया है कि सृजनशीलता कोई विस्फोट नहीं, बल्कि एक तनावपूर्ण द्वन्द्व की स्थिति है, जिसकी भूमि रचनाकार का मानस है। इसीलिए कभी-कभी कहा जाता है कि नितान्त वैयक्तिक होते हुए भी रचना निर्वैयक्तिक होती है। तभी तो कहा जाता है कि हमारे मुँह से युग बोलता है, हमारे मुँह से समाज बोलता है, हमारे मुँह से दलितपीड़ित-शोषित वर्ग बोलता है, हम तो मात्र उनके प्रवक्ता हैं, निमित्त मात्र हैं।

इसलिए रोमैंटिक लोगों के बाद सृजनशीलता से सम्बन्धित जो मुख्य मुद्दा बना, वह यह कि हममें कर्ता का अहंकार नहीं है कि हम सर्जक हैं। प्रगतिशील कवियों ने सृजनशीलता पर बहुत ध्यान दिया है। मुक्तिबोध ने रचना-प्रक्रिया पर सबसे ज़्यादा लिखा है। उन्होंने रचना-प्रक्रिया के जो तीन क्षण गिनाये हैं, उनमें सबसे निर्णायक तीसरा क्षण होता है, जिसमें रचनाकार की स्थिति अत्यन्त वैयक्तिक होने के साथ ही निर्वैयक्तिक होती है। रचनाकार को लगता है कि

मैं तो निमित्त हूँ, लिखा कोई और रहा है मुझसे। यह 'कोई' कौन है? यह वे लोग हैं, जिनसे आप अपनों को जोड़ते हैं। कभी-कभी आप उनसे जुड़े हुए नहीं होते, लेकिन वे आपके पूर्वग्रहों को तोड़कर आपसे लिखवा लेते हैं। यह सृजनशीलता की एक नयी परिकल्पना है कि सृजन में कर्ता का अहंकार नहीं होना चाहिए।

यहाँ मैं एक और पहलू पर ध्यान देना चाहूँगा। मुक्तिबोध ने लिखा है कि वह क्षण ऐसा होता है, जिसमें भाषा और भाव के बीच द्वन्द्व और तनाव होता है। इस बात का एक सिरा फूको की इस बात से जुड़ता है कि लेखक की मृत्यु हो गयी है, क्योंकि लेखक नहीं लिखता, भाषा लिखती है। लेखक भाषा में लिखता है और भाषा उसकी बनायी हुई नहीं है। उसे बहुत दिनों में एक पूरे समाज ने बनाया है। इसीलिए अक्सर ऐसा होता है कि लेखक लिखना कुछ और चाहता है, लिख और जाता है। जैसे फ़ैज़ ने लिखा है कि "दिल से तो हर मुआमला करके चले थे साफ़ हम, कहने में उनके सामने बात बदल-बदल गयी" इसका मतलब है कि लेखन में भाषा का बहुत दखल होता है। आप जो लिखना चाहते हैं और जो लिखते हैं, उसे देखकर लगता है कि यह उपयुक्त शब्द नहीं है। मसलन, आज का कोई हिन्दी कवि सुमित्रानन्दन पन्त की भाषा में लिखना चाहे, छायावादी भाषा में लिखना चाहे, तो वह जो बात कहना चाहता है, वह बात बदल जायेगी या फिर वह उस बात को पंतजी की भाषा में नहीं, अपनी भाषा में, यानी आज की भाषा में लिखेगा। इस प्रकार भाषा नियामक है और सृजनशीलता के लिए सबसे बड़ी चुनौती है भाषा का नियन्त्रण और नियमन करने की क्षमता। इसलिए अब आप कोई क्रान्तिकारी बात कहना चाहेंगे, तो उसमें बाधा देने वाली राजसत्ता और सामाजिक व्यवस्था तो बाद में आयेगी, सबसे पहले तो भाषा आयेगी, जो आपकी बनायी हुई नहीं है। इसीलिए सृजनशील रचनाकार अपने लिए नयी भाषा बनाता है। हालाँकि वह कोई बिल्कुल नयी भाषा नहीं होती, पुरानी में ही नयी होती है, लेकिन रचनाकार उसको नवोन्मेष के द्वारा नया रूप देता है, नये शब्द गढ़ता है, वाक्यों के गठन को भी तोड़ता-बदलता है। इसीलिए हम कहते हैं कि रचनाकार का चित्त सृजन की भूमि है, जो तनाव और द्वन्द्व से ग्रस्त है। अब उसमें रचनाकार की अपनी भूमिका कितनी है, यह बहुत विश्वासपूर्वक कहना मुश्किल है, क्योंकि इस पर बहुत कम काम हुआ है। लेकिन उसकी अपनी भूमिका भी होती है और 'लेखक की मृत्यु' के उत्तर-आधुनिकतावादी मुहावरे को हमें इस अर्थ में नहीं लेना चाहिए कि उसकी कोई भूमिका नहीं होती।

'लेखक की मृत्यु' को हमें एक रूपक या अलंकृत वाक्य के रूप में लेना चाहिए। लेखक का मरना यहाँ लगभग वैसा ही है, जैसा सन्तों की भाषा में 'मरजीवा' होना होता है। किसी में अपने 'स्व' को, अपने अहंकार को, अपने पूर्वग्रहों और संस्कारों को विलीन या दफ़न कर देना। इससे रचना के क्षण में लेखक एक नया इन्सान बनता है, अपनी ही राख से फ़ीनिक्स की तरह पैदा होता है। उसके अपने अन्दर से ही एक नया सर्जक पैदा होता है, जिसमें उसका युग होता है, उसका समाज होता है, उस युग तथा समाज के लोगों के भाव होते हैं और इन तमाम चीज़ों के द्वन्द्व तथा तनाव होते हैं। इन सब चीज़ों के योग या संयोग से जो चीज़ बनती है, वह सृजनशीलता है।

लेकिन मैं यहाँ यह कह दूँ कि ये सब चीज़ें लेखकों, कलाकारों, विचारकों, वैज्ञानिकों आदि में भले ही अधिक विकसित होकर व्यक्त होती हों, लेकिन सृजनशीलता थोड़ी-बहुत हर आदमी में होती है, जो मेहनतकशों में जैसे मज़दूरों में, किसानों में, दस्तकारों में, घर-बाहर तरह-तरह के काम करने वाली स्त्रियों में। कभी-कभी तो उनमें ऐसी अद्भुत सृजनशीलता दिखाई पड़ती है कि दंग रह जाना पड़ता है। लोकगीत गाने वाले, लोकनृत्य करने वाले, लोककथाएँ कहने वाले, लोकनाट्यों में अभिनय करने वाले बहुत से लोग शिक्षित या प्रशिक्षित नहीं होते, पर अद्भुत कलाकार होते हैं। अतः यह मानना चाहिए कि सृजनशीलता कमोबेश मनुष्य मात्र में होती है।

ऐसा मान लेने पर साहित्य की यह बहस भी ख़त्म हो जाती है कि लेखक सृजनशील होता है और आलोचक सृजनशील नहीं होता। मेरे विचार में दोनों सृजनशील होते हैं। अभिनवगुप्त ने कहा था कि 'कवि' और 'सहृदय' दोनों सरस्वती के पुत्र हैं। 'सहृदय' का अर्थ है कवि के समान हृदय रखने वाला। आज की भाषा में कहें, तो समान 'वेव-लैंथ' या लहरमान पर कवि के साथ बहने वाला। अगर आप प्रयत्न करके उस लहरमान पर पहुँच गये, जिस पर रचनाकार है, तो फिर आप दोनों एक धारा में साथ बह रहे हैं। दोनों सृजनशील हैं। अज्ञेय जी ने 1961 में 'कल्पना' में रचना-प्रक्रिया पर एक लेख लिखा था। उसमें उन्होंने कहा था कि रचना-प्रक्रिया के प्रति आत्मसजग होने से रचना बाधित होती है। अनेक लोग जब उपन्यास लिखते हैं, तो उसमें यह भी लिखने लगते हैं कि उपन्यास कैसे लिखा जाता है। मुझे लगता है कि अज्ञेय जी की बात सच है। किसी ने कहा था कि रचना तो ऐसे सहज भाव से होती है, जैसे किसी टहनी पर फूल अपने-आप खिल उठता है। रचना मशक्कत की चीज़ नहीं है।

वह दण्ड पेलकर नहीं लिखी जाती, नहीं तो ख़राब होती है। वैसे, जिसे अंग्रेज़ी में 'लेबर्ड' कहते हैं, सायास लिखी हुई, जिस कविता में मशक्कत की गयी दिखाई पड़ती है, उसका असर कम होता है। उसका सौन्दर्य धूमिल हो जाता है। मुक्तिबोध अपनी रचना-प्रक्रिया के प्रति बहुत आत्मसजग थे और इसका असर उनकी कविता में कहीं-कहीं दिखाई पड़ता है। यह सही है कि अपनी रचना का सबसे पहला आलोचक तो स्वयं रचनाकार ही होता है—इसीलिए वह रचना करते समय अपने भावों और विचारों को काटता-छाँटता, तराशता या उसमें संशोधन करता है लेकिन रचना करते समय यदि वह आलोचक का काम भी करने लगेगा, तो सृजनशीलता की क्षति होगी। अतः उसे सहज भाव से रचना करनी चाहिए और आलोचना का काम सहृदय आलोचक के लिए छोड़ देना चाहिए।

लेकिन सहजता के बारे में एक बात मैं कह दूँ। अक्सर यह होता है कि आप कहानी लिखने बैठते हैं और वह सर्र से लिखी जाती है, उसमें कोई काट-छाँट या फेर-बदल नहीं करनी पड़ती और वह अव्वल दर्जे की रचना होती है—जैसे प्रेमचन्द की 'कफ़न', जो यहीं दिल्ली में उन्होंने एक रात ठहरने पर रात में लिखी थी और सुबह देकर चले गये थे। लेकिन ऐसी सहजता से कोई रचना तभी लिखी जाती थी, जब उसके पहले लेखक ने बहुत साधना की हो। मेरे गुरु हज़ारी प्रसाद द्विवेदी कहा करते थे कि सीधी रेखा खींचना बड़ा टेढ़ा काम है। तो सहजता बड़ी साधना से मिलती है। संस्कृत काव्यशास्त्र में रचना की मनःस्थिति को समाधि की दशा कहा गया है, योग-भूमि कहा गया है। यह स्थिति लम्बी साधना के बाद आती है। कई लोग समझते हैं कि सृजनशीलता प्रतिभा का विस्फोट होती है, उसके लिए पढ़ने-लिखने की ज़रूरत नहीं है, मेहनत करने की ज़रूरत नहीं है। यह रोमैंटिक अवधारणा कही जाती है, लेकिन रोमैंटिक कवि स्वयं बड़ी मेहनत करते थे।

अभी तक मैंने सृजनशीलता की चर्चा मुख्यतः साहित्य के सन्दर्भ में की है, लेकिन सृजनशीलता अन्य कलाओं में और जीवन के अन्य क्षेत्रों में भी होती है। 'कला' के साथ अक्सर 'कौशल' का ज़िक्र आता है, जिसे अंग्रेज़ी में 'स्किल' कहते हैं। कौशल में अक्सर लोग सृजनशीलता नहीं देखते, क्योंकि वह अक्सर बँधी-बँधाई लीक पर चलने में होता है। लेकिन कुछ कलाएँ भी ऐसी होती हैं, जो बँधी-बँधाई लीक पर चलती हैं, जैसे शास्त्रीय गायन और नृत्य। लेकिन उसमें भी 'इम्प्रोवाइजेशन' की गुंजाइश होती है। उदाहरण के लिए, मान लीजिए, भीमसेन जोशी राग भैरवी गा रहे हैं। अब राग तो बँधा हुआ है। गाने की कला वही है।

लेकिन भीमसेन जोशी एक बार एक तरह से गायेंगे और दूसरी बार उसमें 'इम्प्रोवाइज' करके कोई नवोन्मेष कर देंगे। नृत्य में भी यही होता है। मसलन, भरतनाट्यम और कुचीपुड़ी नृत्य में शास्त्रीय ढंग से हर कील-काँटा अपनी जगह दुरुस्त है। फिर भी सबका भरतनाट्यम या सबका कुचीपुड़ी एक तरह का नहीं होता। 'इम्प्रोवाइजेशन' को हमारे यहाँ व्युत्पत्ति कहते हैं और इससे बँधी लीक या कौशल में भी सृजनशीलता पैदा हो जाती है। संगीत और नृत्य के मुकाबले चित्रकला में प्रयोगधर्मिता ज़्यादा होती है। उसमें आप रंगों से जैसे चाहें, खेल सकते हैं। इसीलिए सबसे ज़्यादा नवोन्मेष चित्रकला की दुनिया में दिखाई पड़ता है। नये प्रयोगों वाले अनेक आन्दोलन पहले चित्रकला में चले हैं, फिर साहित्य में आये हैं।

जीवन के अन्य क्षेत्रों में भी, मनुष्य के कलात्मक कार्यों की तरह ही सृजनशीलता होती है—जैसे समाज-निर्माण के क्षेत्र में लेकिन वहाँ सृजनशीलता का रूप कुछ और होता है। इस बारे में मार्क्स ने एक बड़ी महत्त्वपूर्ण बात कही है कि मनुष्य अपने इतिहास का निर्माता तो है, लेकिन वह अपनी इच्छा से इतिहास नहीं बना सकता। वह कुछ निश्चित ऐतिहासिक परिस्थितियों में ही इतिहास बना सकता है। स्वेच्छा से या ज़बर्दस्ती बनाने की कोशिश करेगा, तो असफल भी हो सकता है। उदाहरण के लिए, लेनिन ने समाजवाद की स्थापना एक ऐसे देश में की, जहाँ परिस्थितियाँ समाजवाद के अनुकूल नहीं थीं। इसीलिए, जब रूस की क्रान्ति हुई, अन्तोनियो ग्राम्शी ने एक लेख लिखा 'दि रिवोल्यूशन अगेंस्ट दास कैपिटल'। यानी मार्क्स के ग्रन्थ 'पूँजी' के विरुद्ध की गयी क्रान्ति। और आज हम देख रहे हैं कि रूस की क्रान्ति विफल हो गयी वहाँ ज़बर्दस्ती लाया गया समाजवाद फेल हो गया।

ऐसी स्थितियों में सृजनशीलता वहाँ होती है, जहाँ ऐतिहासिक परिस्थितियों में मौजूद विकल्पों में से सही विकल्प चुना जाता है। उस विकल्प को चुनना, पहचानना और साथ ही विकल्प के रूप में प्रस्तुत करना राजनीति में सृजनशीलता का उदाहरण होगा। गाँधीजी ने जब 'स्वराज' का नारा दिया और अहिंसात्मक साधन का विकल्प प्रस्तुत किया, सत्याग्रह पर बल दिया, तो उनके सामने दो विकल्प थे। एक सशस्त्र क्रान्ति और दूसरा अहिंसात्मक आन्दोलन। लेकिन उनके सामने 1857 का उदाहरण था कि हम लोगों ने सशस्त्र क्रान्ति के ज़रिये अंग्रेज़ी राज को हटाना चाहा और नहीं हटा सके। भगतसिंह वग़ैरह क्रान्तिकारी लोग समझते थे कि उसे हटाने का एकमात्र उपाय सशस्त्र क्रान्ति है।

लेकिन गाँधीजी ने दूसरा विकल्प चुना। उन्होंने सत्याग्रह के ज़रिये जनता को लामबन्द किया। यह गाँधीजी की सृजनशीलता थी। इसके बाद जब देश आज़ाद हुआ, तो जवाहरलाल नेहरू ने देश के विकास के लिए जो योजनाएँ बनायीं, उसमें भी सृजनशीलता थी। नेहरू के बाद भारतीय राजनीति में वैसी सृजनशीलता फिर दिखाई नहीं पड़ी।

दुःख की बात यह है कि हमारे यहाँ का वामपन्थ भी सृजनशील नहीं है। और हम लोग पुराने विचारों से ही काम चला रहे हैं। जहाँ सिद्धान्त में सृजनशीलता नहीं होगी, वहाँ व्यवहार में कहाँ से आयेगी? इसीलिए हम लोगों ने संसदीय लोकतन्त्र को स्वीकार कर लिया है और संसद के बाहर किये जाने वाले संघर्ष को लगभग छोड़ दिया है। इसी का नतीजा है कि हम हाशिए पर चले गये हैं। यही कारण है कि विदेशों में तो लोग भूमण्डलीकरण और बाज़ारवाद के विरुद्ध सोच-विचार कर रहे हैं, पर हमारे यहाँ ऐसी कोई बहस नहीं चल रही है कि भूमण्डलीकरण का विकल्प क्या हो सकता है। जैसे यह मान लिया गया कि यही नियति है और इसका कोई विकल्प नहीं है। कैसी विडम्बना है कि इस मामले में भाजपा, कांग्रेस और वामपन्थ में कोई अन्तर नहीं है। उदारीकरण की नीति को, निजीकरण की नीति को, हमने राष्ट्रीय नीति के रूप में स्वीकार कर लिया है। ज़ाहिर है, इसका मतलब है कि हमने समाजवाद का सपना छोड़ दिया है और उसकी दिशा में सृजनशील ढंग से कुछ नया करने और सोचने में जैसे हमारी कोई दिलचस्पी ही नहीं रह गयी है। मैं समझता हूँ कि इससे पहले वामपन्थ में चिन्तन और कर्म की ऐसी दरिद्रता कभी नहीं देखी गयी—फ़ासीवाद का पूरा ख़तरा सामने मौजूद है, और यह बिल्कुल नयी चीज़ है, जिससे हमें बिल्कुल नये ढंग से निपटना चाहिए। लेकिन हम क्या कर रहे हैं? प्रतिरोध के पुराने ही ढंग हमने अपना रखे हैं। जैसे सभा-संगोष्ठी, जुलूस-प्रदर्शन, हस्ताक्षर अभियान और अख़बारों में वक्तव्य आदि। क्या इन तरीक़ों से फ़ासीवाद से लड़ा जा सकता है? इस प्रश्न का उत्तर हमारी राजनीति को सृजनशील ढंग से देना चाहिए।

अमेरिका से एक किताब आयी है 'एम्पायर'। उसके लेखक है अन्तोनियो नेग्री और माइकल हार्ट। पढ़कर लगता है कि दोनों लेखक मार्क्सवाद के अच्छे जानकार हैं। उन्होंने लिखा है कि साम्राज्यवाद के नाम से जिस चीज़ को अब तक मार्क्सवादी जानते रहे हैं वह चीज़ अब नहीं रही। लेनिन ने 1918 में 'पूँजीवाद की आख़िरी मंज़िल साम्राज्यवाद' नाम की जो किताब लिखी थी, उसके अनुसार

साम्राज्यवाद का कोई केन्द्र होता है। जैसे ब्रिटिश साम्राज्य का केन्द्र इंग्लैंड था। दूसरे विश्वयुद्ध के बाद यह हुआ कि अमरीकी साम्राज्यवाद का वर्चस्व हो गया। लेकिन 1991 में रूस में समाजवाद के ख़त्म होने के बाद साम्राज्यवाद का कोई केन्द्र नहीं रहा। उसका केन्द्र अब न अमरीका है, न जी-8 है, न विश्व बैंक है, न अन्तर्राष्ट्रीय मुद्रा कोष है, न तथाकथित 'मल्टीनेशनल' है। इसीलिए, जब केन्द्र नहीं है, तो परिधि भी कोई नहीं है। दूसरे देशों में इस किताब की चर्चा हुई है, आलोचना भी हुई है, कि इसके लेखक अराजकतावादी हैं। लेकिन अपने यहाँ हम लोगों ने न तो इस किताब की चर्चा की, न समीक्षा की, न इसका प्रतिवाद ही किया। हम साम्राज्यवाद के विरुद्ध, अमेरिका के विरुद्ध नारे लगाये जा रहे हैं, लेकिन यह समझने की कोशिश नहीं कर रहे हैं कि आज साम्राज्य और साम्राज्यवाद जैसी कोई चीज़ है भी या नहीं। यदि वह किसी बदले हुए रूप में है, तो उसका चरित्र कैसे बदल गया है।

अब भी हम अमरीकी साम्राज्यवाद को कोसते चले जा रहे हैं और आसमान में मुक्का मार रहे हैं। मगर नतीजा कुछ नहीं निकल रहा है। भूमण्डलीकरण को कोसते चले जा रहे हैं, लेकिन उसका कोई अच्छा 'क्रिटीक' प्रस्तुत नहीं कर पा रहे हैं। इसका मतलब है कि हम आज से शायद कई दशक पहले के युग में जी रहे हैं लेकिन जब नयी सच्चाई का आपको ज्ञान ही नहीं है, तो विकल्प कहाँ से ढूँढ़ेंगे? इसलिए कम-से-कम साहित्यकारों से, और विशेष रूप से नये लेखकों से मेरा कहना यह है कि वे आज की इस नयी परिस्थिति को नयी नज़र से देखें, नये ढंग से इसे जाँचे-परखें, इसकी एक नयी आलोचना प्रस्तुत करें और उसमें से प्रतिरोध और संघर्ष के नये और सर्जनात्मक तरीक़े निकालें। और मुझे ख़ुशी है कि आज की नयी पीढ़ी में मुझे ऐसी क्षमता दिखलाई पड़ रही है कि वह इस काम को कर सकेगी। आज यही चीज़ बल देती है और आशा जगाती है।

(प्रस्तुति : रमेश उपाध्याय, कथन-36 में 'सृजनशीलता के क्षेत्र का विस्तार' शीर्षक से प्रकाशित)

□□